课题组组长：李本和
课题组成员：赵菁奇　许卡佳　张海林　周　鹏　朱厚任
　　　　　　赵家俊　孙都光　秦国伟　李宇涵　江增辉

本书由中共安徽省委党校（安徽行政学院）资助出版

国家社科基金丛书
GUOJIA SHEKE JIJIN CONGSHU

建设"丝绸之路经济带"与我国区域开发战略升级研究

Research on building the Silk Road Economic Belt and
the upgrading of China's regional development strategy

李本和　等著

人民出版社

目　　录

第二篇 │ 因素分析与贸易效应

第三篇 | 内外统筹与互动发展

前　言

　　本书是在 2019 年结项的国家社会科学基金重点项目《建设"丝绸之路经济带"与我国区域开发战略升级研究》(批准号:14AJL014)基础上修改而成。旨在通过以习近平新时代中国特色社会主义思想为指导,以新发展理念为引领,把建设"丝绸之路经济带"与我国区域开发战略升级有机联系起来加以研究,创新区域开发战略的发展思路,形成以国内大循环为主体、国内国际双循环相互促进的新发展格局,根据我国经济发展的新时代特点,综合考察我国区域开发战略升级问题,提出相应的对策思考。一方面,为国家深入推进"丝绸之路经济带"建设提供理论支撑;另一方面,可以充实和丰富我国区域经济研究的内容,为沿线有关省市区实现与"一带一路"建设的高质量对接提供决策参考。本书的出版将为我国广大读者加快推动形成新发展格局提供有益的借鉴与启示。

一、本书的总体思路与研究方法

　　该书的总体思路,根据习近平总书记在 2016 年 5 月 17 日哲学社会科学工作座谈会上提出的"立足中国、借鉴国外,挖掘历史、把握当代,关怀人类、面向未来,充分体现继承性、民族性、原创性、时代性、系统性、专业性"要求,坚持以马克思主义、毛泽东思想、邓小平理论和习近平新时代中国特色社会主义思想为指导,以新发展理念为引领,以有关国际贸易理论、区域经济理论及其方法为基础,把我国区域开发战略看成一个由不同层面区域开发战略有机构成的内外统筹的动态化战略体系,从分析组成这一战略体系中的不同发展战略的功能作用及其协调发展方式入手,以建设"丝绸之路经济带"与我国区域开发战略升级的互动关系为主线,以建设"丝绸之路经济带"促进我国各地区区域开发战略升级为重点,以在有关社会实践方面遇到的矛盾和问题为突破口,以实现"一带一路"背景下我国区域协调可持续发展为目标,从理论到实践、从宏观到微观、从整体到局部,分专题进行系统而深入的研究。这也是本书的突出特色。

本书在内容的创新上主要体现在:一是对我们党关于区域开发战略方面的科学理论及其传承关系进行了比较系统的梳理,突出了马克思主义、毛泽东思想、邓小平理论和习近平新时代中国特色社会主义思想对"一带一路"框架下建设"丝绸之路经济带"的指导意义。二是应用新发展理念,提出了把"丝绸之路经济带"建成创新发展带、协调发展带、绿色发展带、开放发展带、共享发展带的新命题,并具体展开了分析,突出了我们党的新发展理念对建设"丝绸之路经济带"与我国区域开发战略升级的引领作用。三是以"一带一路"作为顶层设计,以区域协调发展战略、区域发展总体战略、区域开放发展战略为骨架、以各种具体区域发展战略为基础,以其不同的功能作用及其协调发展机制为纽带,构建起了我国内外统筹与动态化的区域开发战略体系,突出了建设"丝绸之路经济带"与我国区域开发战略升级形成机制及其互动关系的研究。四是以建设"丝绸之路经济带"引起了我国区域发展总体战略中"四大区域政策板块"新的空间组合变化为契入点,以区域开放联动发展为主线,突出了建设"丝绸之路经济带"对促进我国东部率先、西部开发、东北振兴、中部崛起等区域开发战略升级中加强区域分工合作及其协调发展机制的研究。

在研究方法的创新上主要体现在:一是用唯物辩证法的观点具体分析了

"一带"与"一路"、建设"丝绸之路经济带"与我国区域开发战略升级之间的辩证统一关系。二是应用系统论的方法,揭示了我国各种区域开发战略之间的内在有机联系和相互作用机制。从统筹我国区域开发战略宏观大系统研究中把握各种发展战略微观子系统在整体布局中的功能定位,在有关发展战略微观子系统的研究中,分析其在宏观大系统布局中的作用及影响。三是力求把理论分析方法、实证分析方法和实地调研方法有机结合起来,用理论分析统筹实证分析与实地调研,把有关实证分析上升到理论分析,并通过实地调研加以验证推论和完善对策,从而克服了由于单纯采用某种研究方法而带来分析问题和解决问题的局限性。

这一成果的主要建树具体体现在以下四个方面的突破:一是突破就区域经济谈区域经济的学科局限性,跨学科从经济、政治、文化、社会、环境等制约因素来综合考察建设"丝绸之路经济带"与我国区域开发战略升级问题。其中,特别突出了新发展理念对建设"丝绸之路经济带"与我国区域开发战略升级的引领作用。二是突破了孤立地就某一区域发展战略问题研究的局限性,从各种区域发展战略之间关联性中来研究区域发展战略的转型升级问题。突出了"一带一路"框架下"丝绸之路经济带"建设对我国相关区域发展战略的优化整合作用。三是突破了仅仅从实证分析的模式研究区域发展战略问题的局限性,把理论分析、实证分析与实地调研紧密结合起来,特别强调了实地调研在课题研究中的作用。四是突破了目前课题研究中存在的学术研究与应用研究"两张皮"的不良影响,在实地调研的基础上及时撰写出了相应的咨政报告,其中三篇咨政报告获得了有关省委书记的批示,对促进本地区发展战略的转型升级发挥了良好的咨政服务功能。

二、本书的主要内容和重要观点

本书共分为五篇,其主要内容共有十七章。第一篇:理论基础与实践探索,由第一、二、三章组成。第二篇:因素分析与贸易效应,由第四、五章组成。第三篇:内外统筹与互动发展,由第六、七、八章组成。第四篇:理念创新与全面转型,由第九、十、十一、十二、十三章组成。第五篇:区域合作与战略升级,由第十四、十五、十六、十七章组成。本书研究的顺序为:先从宏观层面对我国"一带一路"框架下的"丝绸之路经济带"建设从理论到实践进行探讨,然后从中观层面对我国区域开发战略系统的构成要素及其互动关系进行了有关理论与实证分析,最后从微观层面在各种战略要素相互作用的结合上,分别对我国东中西部和东北地区如何实现与建设"丝绸之路经济带"的战略对接与转型升级,进行了有关实地调研和实证分析,并提出相应的对策思考。从而使五篇之间以及章与章之间既相对独立又有机统一,形成了一个相对比较完整的成果体系。其重要观点概括起来有以下几个方面。

1. 建设"丝绸之路经济带"与"21世纪海上丝绸之路"是"一带一路"建设的两个方面,既相对独立,又有机统一。二者之间既有着不同的发展领域,又存在着许多交汇的地区。建设"丝绸之路经济带"通过"21世纪海上丝绸之路"才能实现亚欧非等各大洲之间的互联互通,不断得到延伸和拓展。"21世纪海上丝绸之路"在建设"丝绸之路经济带"中才能更好地发挥应有的作用,实现自身的价值和归宿。现阶段推进"一带一路"建设,应扬长补短,促进"一带"与"一路"有机协调发展。"一带"建设要扬长,即发挥高铁等优势,大力加强基础设施建设,尽快实现设施联通。"一路"建设要补短,即加强港口建设与海上防卫力量,确保海路畅通,并与"一带"实现多层面对接。

2. 建设"丝绸之路经济带"作为我国"一带一路"倡议的重要组成部分,具有着重要的理论基础与实践依据。从理论基础看,建设"丝绸之路经济带",有我们党的有关科学理论提供指导,有丰富的有关国际贸易理论和区域经济理论提供借鉴。从实践依据看,建设"丝绸之路经济带"有古代丝绸之路历史实践和当代丝绸之路建设成功经验的启示,中国与中亚、西亚、南亚、俄欧、拉美在经济上互补互利、合作共赢是其合作的基础,新亚欧大陆桥的基础设施建设和"21世纪海上丝绸之路"新航线的开辟以及中欧班列的开通是其联系的重要纽带,中国高铁的发展和北斗导航系统建设为其提供了加速发展的先进运载工具和现代技术手段,亚投行和丝路基金的建立及有关金融组织机构的参与为其提供了强有力的资金支持,上海合作组织、中国与中东欧国家的"16+1"模式、金砖国家组织和中国—东盟"10+1"自贸区的建立与升级为其提供了良好的多边合作机制及其经验借鉴,中国经济持续稳定增长和新发展格局的形成将为其提供强大的发展动力。因此,我们对建设"丝绸之路经济带"应充满必胜的信心。

3. 建设"丝绸之路经济带"可以为中国乃至世界经济发展带来巨大发展机遇。从国内看,有助于我国形成全方位对外开放新格局,可以为全面深化供给侧结构性改革注入新活力,成为我国区域开发战略升级的新动力,有利于加快我国区域承接产业转移和新型城镇化建设的步伐,对外输出和化解我国优质富余产能,培育产业综合竞争新优势,更好地促进我国区域经济协调发展。从国际看,建设"丝绸之路经济带"有利于加快全球资源的有效配置与优化整合,提振世界经济发展,成为推进新型全球化进程的重要引擎,共享中国经济发展带来的文明成果。

4. 新形势下建设"丝绸之路经济带"在取得重大成效的同时,也面临着新挑战。自从2013年习近平主席提出建设"丝绸之路经济带"倡议以来,经过六年多的发展,在政策沟通、设施联通、贸易畅通、资金融通和民心相通等方面,取得了积极成效,"丝绸之路经济带"建设逐渐从理念转化为行动,从愿景变为现实,建设成果丰硕。但是,也遇到一些新的矛盾和挑战需要加以解决。具体表现在政治、经济、文化、社会和环境等多个方面。其中,国际上中东局势目前尚不稳定,美俄等大国在这些国家和地区的政治经济博弈依然错综复杂,英国脱欧、美国退出TPP等"逆全球化"倾向的出现和一些西方发达国家的贸易保护主义有所抬头,2019年底和2020年初爆发的新冠肺炎疫情仍在世界各国到处蔓延,给世界经济发展带来了很多不确定性因素。国内也面临着经济下行压力较大、资源环境制约因素趋紧,乡村振兴任务繁重和如何实现全面协调可持续发展等诸多问题。我们遇到的很多问题是中长期的,必须从持久战的角度加以认识。因此,建设"丝绸之路经济带"应加强对国内外各种制约因素的分析,把握好国内区域开发战略升级的发展趋势,以防患于未然。

5. 我国区域开发战略是一个由不同层面的区域发展战略有机构成的内外统筹的互动式战略体系。建设"丝绸之路经济带"与我国区域开发战略升级相辅相成,新形势下就是为了加快形成以国内大循环为主体、国内国际双循环相互促进的新发展格局。建设"丝绸之路经济带"与我国区域开发战略升级是一种相互依存、相互促进的辩证统一关系。前者为后者提供更大的发展空间和广阔市场,后者为前者提供强大的发展动力和有力支撑。二者之间只有统筹协调与互动发展,才能相互促进。建设"丝绸之路经济带"对我国区域开发战略升级具有优化整合作用、动力转换作用、联动发展作用、市场开拓作用。我国区域开发战略升级对建设"丝绸之路经济带"具有引领示范作用、辐射带动作用、动力支撑作用、创新驱动作用。建设"丝绸之路经济带"为我国区域开发开放战略升级提供新平台,引起了我国区域开发战略格局的变化,促进了我国区域开发战略内涵的深化,带来了我国区域开发战略功能的提升。我国在推进区域开发战略升级过程中,稳中趋好的经济发展态势和加快形成的新发展格局将为建设"丝绸之路经济带"增添持久动力。

6. 建设"丝绸之路经济带"与我国区域开发战略升级需要以先进理念为引领。新形势下,要按照新发展理念的要求,把"丝绸之路经济带"建设成创新发展带、协调发展带、绿色发展带、开放发展带和共享发展带,以促进我国区域开发战略向创新发展、协调发展、绿色发展、开放发展、共享发展方向转型。建设"丝绸之路经济带"通过分工合作与联动发展,将促进东部率先、西部开发、东北振兴、中部崛起等区域发展战略全面升级。

三、本书的学术价值和应用价值

该项成果的学术价值主要体现在三个方面。一是坚持以我们党的有关科学理论为指导方向,加强了对马克思国际价值理论、毛泽东十大关系思想、邓小平关于对外开放的理论、习近平总书记关于"一带一路"重要论述的研究,丰富了我们党有关科学理论体系的内容,增添了我们党的有关理论应用创新的生命力。二是在总结有关国际贸易理论和区域经济理论及其方法的基础上,应用有关引力模型对建设"丝绸之路经济带"的贸易效应进行了分析与预测,从而进一步拓展了这一模型的应用领域。三是提出了我国区域开发战略是一个由不同空间层面的区域发展战略有机构成的内外统筹的互动式战略体系。在整个区域开发战略体系中,要求各种区域开发战略之间在不断互动升级中客观上形成一种协调发展关系,并重点分析了建设"丝绸之路经济带"与我国区域开发战略升级之间的相互作用与转化机制,从而丰富了有关国际贸易理论和区域经济理论研究的内容。

该项成果的应用价值主要表现在:一是把建设"丝绸之路经济带"与我国区域开发战略升级结合起来,创新区域开发战略的发展思路,按照中央提出的加快形成国内大循环为主体、国内国际双循环相互促进的新发展格局的要求,综合考虑我国区域开发战略升级问题,提出相应的发展对策,可以为国家在这方面完善政策设计提供决策参考,有利于加快推动形成国内为主体的大循环。二是通过实地调研和实证分析我国各地区对接"丝绸之路经济带"的发展情况,发现问题,分析原因,提出建议,可以为沿线有关地区加快对外开放步伐,实现多层面的互联互通,促进本地区经济转型升级提供咨政服务,有利于加快推动形成国内市场与国际市场相互促进的双循环。三是通过总结我国各地区深化改革开放和对接"丝绸之路经济带"建设的成功经验,可以为国外沿线国家和地区对接"一带一路"建设提供有益的借鉴和启示,有利于加快形成国内大循环为主体、国内国际双循环相互促进的新发展格局。

在此项目的前期论证准备和立项后的实施调研过程中,我们课题组得到了中共安徽省委党校(安徽行政学院)领导的大力支持和安徽省外办等有关部门的积极配合,先后赴"丝绸之路经济带"沿线 12 个国家和地区进行实地考察,赴国内 20 多个省区市进行专题调研,尽可能掌握更多的第一手资料,建立了此项目研究的专题数据库,撰写了 10 多篇调研报告,在有关报刊上发表了 20 多篇文章,在此基础上经过应用有关理论和方法不断加工整理和修改完善,才形成了本书的成果内容。在该成果的研究与撰写过程中,尽管笔者克服了许多困难,想尽最大力量把这项工作做好做优,但是,由于研究水平有限和形势变化较快等主客观因素的制约,该项成果还有许多不尽如人意之处,仍存在着许多不足和欠缺,还有一些尚需深入研究的问题,衷心地希望有关专家学者阅后多多提出宝贵意见。

在本书内容的研究与撰写过程中,中共安徽省委宣传部原副部长黄传新同志给予了精心指导,特别是笔者在新疆调研期间,得到了新疆维吾尔自治区区委党校以及和田、喀什、库车、伊犁、阿勒泰、布尔津等市县委党校的大力支持,得到了安徽援疆指挥部和阿拉山口市委组织部的热情帮助,同时我们借鉴和引用了国内外有关专家学者在这方面的研究成果,在本书的修改出版过程中我们还得到了人民出版社有关编审专家的细心指导,在此表示衷心感谢!

作　者

2020 年 12 月

第一篇

理论基础与实践探索

1

本篇总结揭示了党的有关科学理论对我国区域开发战略发展的实践探索过程及其与"一带一路"倡议的内在逻辑关系。概括阐述了习近平总书记关于"一带一路"重要论述的主要内容、基本特征及其对建设"丝绸之路经济带"与我国区域开发战略升级的指导意义。从理论与实践的结合上，重点探讨了我国在"一带一路"框架下建设"丝绸之路经济带"的发展目标与基本路径、主要内容与合作机制、我国区域开放新格局的形成及其重大意义，并对取得的积极成效、面临的主要问题和未来的发展趋势进行了分析。

第一章　建设"丝绸之路经济带"的理论基础及其指导意义

建设"丝绸之路经济带"作为"一带一路"建设中最有新意和尤为重要的组成部分,有其悠久的历史积淀,也有其科学的理论基础;既来自古丝绸之路灵感的启示,也是我们党的几代领导人坚持把马克思主义与中国实际相结合,对我国区域开发战略长期实践探索的结果。胡鞍钢等专家学者曾指出:建设"丝绸之路经济带","在性质上,它是集政治经济、内政外交与时空跨越为一体的历史超越版;在内容上,它是集向西开放与西部开发为一体的政策综合版;在形成上,它是历经几代领导集体谋划国家安全战略和经济战略的当代升级版"[1]。因此,建设"丝绸之路经济带"构想的提出与实施,在实践中既需要传承和弘扬反映人类文明进步成果的丝绸之路精神,同时更需要坚持以我们党反映人类社会发展规律和当前时代精神的科学理论为指导,才能更好地实现其发展目标。

---

[1]　胡鞍钢、马伟、鄢一龙:《"丝绸之路经济带":战略内涵、定位和实现路径》,《新疆师范大学学报(哲学社会科学版)》2014年第2期。

一、马克思国际价值理论及其对
"一带一路"建设的现实意义

马克思创立的国际价值理论,虽然阐述的"是资本主义生产方式及和它相适应的生产关系和交换关系",但同时也"是揭示现代社会的经济运动规律"①,反映的是人类社会发展规律的研究成果,与推进人类文明进步的丝绸之路精神有着一定的内在联系。因此,重温马克思国际价值理论,对当前推进"一带一路"建设仍具有着重要的现实意义。

(一)马克思所创立的国际价值理论及其主要思想内容

马克思所创立的国际价值理论,主要体现在《共产党宣言》《资本论》及有关经济学手稿中。马克思在这些著作中留下了许多有关国际价值理论方面的宝贵思想,后经恩格斯整理和出版的过程中做了进一步的论述,从而形成了马克思关于国际价值理论的基本框架。其主要思想内容可以概括为以下几个方面。

1. 经济全球化是世界市场形成和发展的历史必然趋势

早在 1848 年马克思在《共产党宣言》中就指出:"由于开拓了世界市场,使一切国家的生产和消费都成为世界性的了。"②他在《经济学手稿 1857—1858》中又强调:"创造世界市场的趋势已经直接包含在资本概念本身中"③。他在《资本论》中又进一步提出:"在这里商品的独立的价值形态,也是作为世界货币与商品相对立。只有在世界市场上,货币才充分地作为这样一种商品

---

① 《资本论》第一卷,人民出版社 2018 年版,第 10 页。
② 《共产党宣言》,人民出版社 2018 年版,第 31 页。
③ 《马克思恩格斯全集》第 46 卷(上),人民出版社 1979 年版,第 391 页。

起作用,这种商品的自然形式同时就是抽象人类劳动的直接的社会实现形式"①。当代经济全球化和区域经济一体化发展的现实足以证明马克思这一理论的科学预见性。

2. 对外开放合作发展是一切文明民族的生命攸关问题

马克思在《共产党宣言》中指出:"新的工业的建立已经成为一切文明民族的生命攸关的问题;这些工业所加工的,已经不是本地的原料,而是来自极其遥远的地区的原料;它们的产品不仅供本国消费,而且同时供世界各地消费。旧的,靠国产品来满足的需要,被新的,要靠极其遥远的国家和地带的产品来满足的需要所替代了。"②马克思认为,"对外贸易,只有市场发展为世界市场,才使货币发展为世界货币,抽象劳动发展为社会劳动。"③当前,我国提出的共建"一带一路"的重大倡议之所以能得到沿线广大国家和地区的积极响应,说明共建"丝绸之路经济带"符合国际社会的根本利益,同时也显示了马克思这一理论的科学生命力。

3. 在世界市场上国际价值是国际商品交换的基础

马克思在《资本论》第一卷阐述工资的国民差异时,提出了国际价值范畴。他认为在国内商品交换的基础是商品的价值。在世界市场上,商品交换的基础不再是国别价值,而是国际价值。他说:"在世界贸易中,商品普遍地展开自己的价值。"④"不同国家在同一劳动时间内所生产的同种商品的不同量,有不同的国际价值,从而表现为不同的价格,即表现为按各自的国际价值

---

① 《资本论》第一卷,人民出版社 2018 年版,第 166 页。
② 《共产党宣言》,人民出版社 2018 年版,第 31 页。
③ 《马克思恩格斯全集》第 26 卷 III,人民出版社 1975 年版,第 278 页。
④ 《资本论》第一卷,人民出版社 2018 年版,第 166 页。

而不同的货币额"①。因此,我国在建设"丝绸之路经济带"的国际商品交换中要遵循国际价值规律,充分发挥市场在资源配置中的决定性作用。

4. 不同国家劳动强度和生产率对国际价值量有直接影响

马克思认为,当商品进入世界市场进行交换时,由于国际价值是在国际竞争中以各个国家的国别价值为基础均衡形成的,因此,会经常出现国别价值与国际价值的背离。这种背离状况的产生源自各国劳动强度和劳动生产率的差别。首先,他认为,"强度较大的国民劳动比强度较小的国民劳动,会在同一时间内生产出更多的价值,而表现为更多的货币。"②其次,他还认为,生产率较高的国民劳动在世界市场上也被看作劳动强度大于"世界劳动的平均单位"的劳动,从而同一时间形成的商品价值量更大。他说:"价值规律在国际上的应用,还会由于下述情况而发生更大的变化,只要生产效率较高的国家没有因竞争而被迫把它们的商品的出售价格降低到和商品的价值相等的程度,生产效率较高的国民劳动在世界市场上被算作强度较大的劳动。"③由此可以看出,我国要在建设"丝绸之路经济带"中创造更多的国际价值量,就应使自己的国民劳动的强度和生产率超过国际水平,大于"世界劳动的平均单位"的劳动。

5. 发达国家与发展中国家在国际交换中获得的利益不同

在以国际价值为基础的国际商品交换中,发达国家凭借先进的技术和较高的劳动生产率获得超额利润,而发展中国家则只能获得比较利益。马克思认为,"这好比一个工厂主采用了一种尚未普遍采用的新发明,他卖得比它的竞争者便宜,但仍然高于他的商品的个别价值出售,就是说,他把它所使用的

---

① 《资本论》第一卷,人民出版社 2018 年版,第 645 页。
② 《资本论》第一卷,人民出版社 2018 年版,第 645 页。
③ 《资本论》第一卷,人民出版社 2018 年版,第 645 页。

劳动的特别高的生产力作为剩余劳动来实现。因此,他实现了一个超额利润"①。因此,我国在建设"丝绸之路经济带"中需要坚持互利共赢的原则,兼顾各方利益和关切,寻求利益契合点和合作最大公约数,既要考虑到发达国家从中获得超额利润,也要同时兼顾到一些发展中国家从中获得比较利益。

6. 在国际贸易中国际价值会转化为国际生产价格

国际生产价格范畴是恩格斯在《资本论》第三卷增补一文中提出来的。他说:"在国内单个生产者之间进行的零售贸易中,商品平均说来是按照价值出售的。但是在国际贸易中,由于上面所说的理由,通常都不是如此。这种情况完全和现在的世界相反。现在生产价格适用于国际贸易和批发商业。"②在这段论述中,恩格斯明确地提出了国际生产价格范畴,并认为在国际贸易中国际生产价格是商品交换的基础。因此,我国在建设"丝绸之路经济带"中遵循国际价值规律的同时,也要遵循国际生产价格规律,按国际通行规则办事。

(二)马克思国际价值理论对"一带一路"建设的现实意义

马克思由于历史的局限,并没有完成国际价值理论体系的构建,但是,他的主要思想观点、研究思路及方法,为我们当前推进"一带一路"建设提供了许多有益的启示和借鉴,具有着重要的现实意义。习近平总书记明确指出:"马克思、恩格斯的这些洞见和论述,深刻揭示了经济全球化的本质、逻辑、过程,奠定了我们今天认识经济全球化的理论基础。"③

1. 顺应经济全球化的趋势,积极探索全球治理新模式

当代社会随着经济全球化的发展,商品、资本、技术、劳动力在各国之间大

---

① 《资本论》第三卷,人民出版社 2018 年版,第 265 页。
② 《资本论》第三卷,人民出版社 2018 年版,第 1023 页。
③ 《习近平谈"一带一路"》,中央文献出版社 2018 年版,第 99、100 页。

规模的流动,这与马克思的时代相比,发生了翻天覆地的变化。但是,马克思在国际价值理论中所揭示的"现代社会的经济运动规律"没有变。正如马克思所指出的"随着经济基础的变更,全部庞大的上层建筑也或慢或快地发生变革"①。世界经济格局的变化必然引起世界政治格局的变化。我国提出共建"一带一路"的主张顺应经济全球化的发展趋势,是对国际合作以及全球治理新模式的积极探索。尽管在探索中会遇到各种困难和风险,但我们应树立信心,在马克思国际价值理论等有关科学理论指引下,大力弘扬丝绸之路精神,坚定不移地推进"丝绸之路经济带"建设,为建立国际经济政治新秩序作出应有的贡献。

2. 扩大对外开放合作发展,打造全新的区域合作框架

进入 21 世纪,在以和平、发展、合作、共赢为主题的新时代,面对复苏乏力的全球经济形势,纷繁复杂的国际和地区局面,不仅新工业的建立"已经成为一切文明民族的生命攸关的问题"②,而且成为整个人类经济社会发展的生命攸关的问题。我国提出"一带一路"倡议旨在通过扩大对外开放合作发展,推动"丝绸之路经济带"建设,打造全新的区域合作架构,在促进本国经济开放发展的同时,将为世界和平发展增添新的正能量。

3. 转变经济发展方式,扩大我国商品国际交换比较利益

根据马克思的国际价值理论,国际商品交换要以商品的国际价值为基础。如果国别价值偏离国际价值,由国际分工带来的比较利益就小;如果趋近国际价值,比较利益就会扩大。目前,我国多数产业主要靠低廉的劳动力成本优势参与国际市场竞争,尽管在短期内能够增加出口,赢得利润,但是,我国劳动效率较低、消耗资源过多的缺陷,也导致生产成本增加,比较效益降低。从长期

---

① 《马克思恩格斯文集》第 2 卷,人民出版社 2009 年版,第 592 页。
② 《共产党宣言》,人民出版社 2018 年版,第 31 页。

看,我国劳动力的工资水平也呈现上涨的趋势,劳动力成本低廉的优势将不断被削弱。这表明,我国在建设"丝绸之路经济带"中,必须尽快转变经济发展方式,走资源节约型、技术密集型的发展道路,缩短与世界先进技术的距离,加强产、供、销各环节的管理,加快"走出去"的步伐,以便在共建"丝绸之路经济带"的国际商品交换中,获得更多的比较利益。

4. 发挥国际价值规律作用,推进产业结构的转型升级

从马克思的国际价值理论来看,各国的技术水平和产业结构决定了其在国际分工链条中的地位,从而也决定了各国在交换中获得利益的大小。发展中国家在这方面的弱势,决定了其一般都处在国际分工体系低端位置。由于"一带一路"沿线大多数国家包括我国在内都是发展中国家,从而决定了低端产业的输出只能在发展中国家之间形成相互竞争关系,而不是互补关系,不利于吸引发展中国家参与共建"丝绸之路经济带"。为此,我国在共建"丝绸之路经济带"的国际贸易体系中,应充分利用国际价值规律的作用,淘汰高能耗、低价值的产业,通过科技创新推进产业结构的转型升级,在国际分工体系中,实现从低中端产业向中高端产业的跨越,发展技术密集型、高附加值的产业,延长产业链条,从加工制造向科技创新拓展,尽快形成我国与"丝绸之路经济带"沿线国家在产业发展方面的互补合作关系。

5. 构造局部的核心竞争力,发展壮大战略性新兴产业

从总体上看,我国目前作为发展中国家,在国际市场竞争中处于弱势地位,特别是在一些高新技术产业领域"缺核少芯"现象严重,缺乏核心竞争力。全面扭转这种状况是一个很长的实力较量过程,但这并不排除我国在某些产业领域形成局部的竞争优势,在劳动生产率、先进技术、资本有机构成等方面达到或超过国际平均水平,使自己产品的国别价值高于国际价值,获得超额利润的可能性。因此,在建设"丝绸之路经济带"中,我国可以以高新技术为基

础,发展具有我国优势的高科技产业和战略性新兴产业,在技术创新、产业组织、商业物流、品牌培育、顾客服务等环节上形成产品的核心竞争力。简言之,就是要在共建"丝绸之路经济带"的国际贸易体系中,打造我国局部产业优势,逐步实现以较少的国内价值换取较多的国际价值。

二、毛泽东十大关系思想对我国区域
开发战略的探索及其启示

20世纪50年代中期,毛泽东同志开始对我国区域开发战略进行探索。他在《论十大关系》中,提出了关于沿海与内地工业布局等区域开发战略思想,对后来中国区域发展格局具有深远影响,包括对后来邓小平同志提出的对外开放的"两个大局"战略构想的形成都有着一定的影响。认真总结毛泽东同志《论十大关系》中有关促进沿海与内地工业布局等区域开发战略思想方面的科学因素,对推进当今时代"一带一路"框架下的"丝绸之路经济带"建设仍具有十分重要的启示作用和现实意义。

(一)毛泽东十大关系思想的主要内容及其历史背景分析

毛泽东同志在《论十大关系》中指出:"我国的工业过去集中在沿海。所谓沿海,是指辽宁、河北、北京、天津、河南东部、山东、安徽、江苏、上海、浙江、福建、广东、广西。我国全部轻工业和重工业,都有约百分之七十在沿海,只有百分之三十在内地。这是历史上形成的一种不合理的状况。沿海的工业基地必须充分利用,但是,为了平衡工业发展的布局,内地工业必须大力发展。"[①]在这里,毛泽东同志首先对我国的工业布局情况,从社会历史的角度进行了客观的分析,并根据当时沿海工业与内地工业发展不平衡的状况,特别强调了内

---

① 《毛泽东文集》第七卷,人民出版社1999年版,第25页。

地工业必须大力发展。同时,围绕着促进地区经济平衡协调发展,毛泽东同志提出了一系列应正确处理的若干重大关系。

在如何推进我国沿海与内地工业布局平衡协调发展的问题上,毛泽东提出:一是要正确处理好沿海工业和内地工业的关系。他认为,要"好好地利用和发展沿海工业老底子,可以使我们更有力量来发展和支持内地工业。如果采取消极态度,就会妨碍内地工业的迅速发展"①。因此,毛泽东同志主张把沿海工业建设与内地工业发展结合起来,以沿海工业建设支持内地工业加快发展。二是要正确处理好物的因素和人的因素的关系。他认为,在加快工业发展中,要特别注重人的因素。毛泽东同志指出:"天上的空气、地上的森林、地下的宝藏,都是建设社会主义所需要的重要因素,而一切物质因素只有通过人的因素,才能加以开发利用。"②因此,他主张在经济建设中要充分调动和发挥人的主观能动性。特别是在西部开发建设中,"必须搞好汉族和少数民族的关系,巩固各民族的团结,来共同努力建设伟大的社会主义祖国"。③ 三是要正确处理好中央与地方的关系。毛泽东同志指出:"为了建设一个强大的社会主义国家,必须有中央的强有力的统一领导,必须有全国的统一计划和统一纪律,破坏这种必要的统一,是不允许的。同时,又必须充分发挥地方的积极性,各地都要有适合当地情况的特殊。"④因此,毛泽东主张应当"在巩固中央统一领导的前提下,扩大一点地方的权力,给地方更多的独立性,让地方办更多的事情","我们的国家这样大,人口这样多,情况这样复杂,有中央和地方两个积极性,比只有一个积极性好得多"⑤。四是要正确处理好中国和外国的关系。毛泽东同志认为,在促进国内经济发展问题上要学习和借鉴外国的先进经验,包括"去学习资本主义国家的先进的技术和企业管理方法中合乎

① 《毛泽东文集》第七卷,人民出版社 1999 年版,第 26 页。
② 《毛泽东文集》第七卷,人民出版社 1999 年版,第 34 页。
③ 《毛泽东文集》第七卷,人民出版社 1999 年版,第 34 页。
④ 《毛泽东文集》第七卷,人民出版社 1999 年版,第 32 页。
⑤ 《毛泽东文集》第七卷,人民出版社 1999 年版,第 31 页。

科学的方面。工业发达国家的企业,用人少、效率高,会做生意,这些都应当有原则地好好学过来,以利于改进我们的工作"①。

毛泽东同志当时在《论十大关系》中提出的有关沿海与内地工业布局等平衡协调发展的区域战略思想,有其深刻的国内外历史背景,当时主要是出于经济、军事、政治等方面的考虑。首先,在经济上可以使工业布局趋于平衡,促进区域经济协调发展。毛泽东同志认为,"为了平衡工业发展的布局,内地工业必须大力发展"②,使新的经济建设重点转向内地。其次,在军事上有利于备战,可以拓展我国安全战略的空间范围。毛泽东同志认为,当时朝鲜还在打仗,国际形势还很紧张,不能不影响我们对沿海工业的看法。"新的工业大部分应当摆在内地,使工业布局逐步平衡,并且有利于备战。"③第三,在政治上有利于民族团结,正确处理好汉族和少数民族的关系。他指出:"我们说中国地大物博,人口众多,实际上是汉族'人口众多',少数民族'地大物博',至少地下资源很可能是少数民族'物博'。"为了搞好汉族和少数民族的关系,巩固各民族的团结,共同努力于建设伟大的社会主义祖国,"我们要诚心诚意地积极帮助少数民族发展经济建设和文化建设"④。

(二)毛泽东同志十大关系思想对"一带一路"建设的启示

毛泽东同志在《论十大关系》中提出的有关我国工业布局等各方面平衡协调发展的战略思想,是应用唯物辩证法分析矛盾、解决问题的典范,处处体现了辩证统一的观点。例如,在工业布局中正确处理好沿海工业和内地工业关系,使沿海工业建设促进内地工业发展的思想;在区域开发中正确处理好物的因素和人的因素的关系,搞好汉族与少数民族团结的思想;在管理体制方面

---

① 《毛泽东文集》第七卷,人民出版社 1999 年版,第 43 页。
② 《毛泽东文集》第七卷,人民出版社 1999 年版,第 25 页。
③ 《毛泽东文集》第七卷,人民出版社 1999 年版,第 26 页。
④ 《毛泽东文集》第七卷,人民出版社 1999 年版,第 33、34 页。

正确处理好中央与地方的关系,充分发挥中央和地方两个积极性的思想;在经济建设中正确处理中国和外国的关系,有原则地学习和借鉴外国先进的科学技术和管理方法的思想,等等。毛泽东同志所提出的这些战略思想及其所体现的辩证统一观点,至今在实践中仍具有着强大的生命力。当前,随着中国的和平发展,我国国内外环境与建国初期相比,已发生了巨大的变化。其中,最明显的标志,就是我国提出了向外发展的"一带一路"倡议,中国正在成为经济全球化的领跑者。但是,以美国为代表的西方国家试图对中国进行的围堵战略至今仍没有改变,我国沿海等地区的周边环境并不安宁。因此,毛泽东同志关于工业布局等战略思想对我国当前推进"丝绸之路经济带"建设仍具有着重要的启示作用和指导意义。

1. 对推进"一带"与"一路"的协调发展具有启示作用

目前,从我国周边沿海地区的安全环境看,由于美国实施对中国崛起围堵的战略,地区矛盾热点层出不穷,安全形势日趋紧张。但我国的资源进入在现在还主要是通过沿海海路,而沿海直接暴露于外部威胁,在战时极为脆弱。我国的主要工业和基础设施也集中于沿海,如果遇到外部的打击,整个中国会瞬时失去核心设施。不仅如此,还严重威胁到我国推进"21世纪海上丝绸之路"建设。因此,毛泽东同志当年提出的"新的工业大部分应当摆在内地,使工业布局逐步平衡,并且利于备战"的思想,在当今时代东南沿海形势趋于紧张的情况下,仍具有重要启示作用。我国应把推进"一带一路"建设的战略重点,从沿海地区向内陆地区逐步进行转移。同时,要"好好地利用和发展沿海工业老底子,可以使我们更有力量来发展和支持内地工业",应适应周边形势对外开放的新变化,加快推进东部沿海地区的优化升级,大力加强"21世纪海上丝绸之路"建设,增强我国海防力量,做好沿海防御和远海护卫工作。通过"21世纪海上丝绸之路"建设来对接和支持陆上的"丝绸之路经济带"建设。通过建设"丝绸之路经济带",加大对西部开发和中部崛起的支持力度,将有利于我国战略纵深的开拓和国家安全的强化。

2. 对我国如何建设"丝绸之路经济带"具有重要现实意义

建设"丝绸之路经济带"是一个庞大的系统工程,如何建设?当前社会各界都在探讨。当年,毛泽东同志在《论十大关系》中提出的大力发展内地工业的战略思想及其具体举措,至今仍具有重要现实意义。一是"丝绸之路经济带"建设要特别注重人的因素,要加强对沿线国家和地区的政策沟通和人文交流,促进民心相通,充分调动沿线国家参与"丝绸之路经济带"建设的积极性和主动性。二是在推进"丝绸之路经济带"建设中,"必须搞好汉族和少数民族的关系,巩固各民族的团结,来共同努力建设伟大的社会主义祖国"。三是在推进"丝绸之路经济带"建设中,要进行管理体制创新,在沿线国家之间和地区之间形成良好的区域经济合作体制机制,为投资贸易便利化积极创造良好的市场环境。四是在推进"丝绸之路经济带"建设中,要学习和借鉴外国的先进经验,不仅要学习和掌握先进技术和管理方法,还要学习和掌握沿线各国在推进区域合作方面的经验教训以及在法律、经济、文化、社会等方面的发展情况,只有学进去了,才能更好地融入进去,形成利益共同体、责任共同体和命运共同体,以利于加快共同推进"丝绸之路经济带"建设。

三、邓小平关于对外开放的理论奠定了 "一带一路"倡议的理论基础

我国提出的"一带一路"倡议主要是依据邓小平关于对外开放的理论所制定的基本国策,并紧密结合当前国内外新形势,以传承和弘扬丝绸之路精神为纽带,提出来的美好愿景。同时,这一愿景的实现也需要以坚持和发展邓小平关于对外开放的理论为基础,才能更好地共创美好未来。

（一）邓小平关于对外开放的理论的形成及其主要思想内容

邓小平关于对外开放的理论是在我国对外开放的实践中逐步形成的，又是被实践证明是正确的科学理论。1978 年党的十一届三中全会以后，与我国的经济改革相适应，邓小平同志提出了中国的经济开放政策，并在中国的改革开放实践中不断加以总结和完善，逐步形成了邓小平关于对外开放的理论，包括在对外开放战略意义的认识上，提出对外开放是一项长期基本国策；在对外开放战略布局的把握上，提出了"两个大局"的战略构想；在对外开放对象范围的界定上，提出对外开放是"三个方面"的全方位开放；在对外开放基本原则的把握上，提出了合作发展与互利共赢的思想；在对外开放发展方向的选择上，提出了对外对内双向开放的主张；在对外开放发展目标的设计上，提出了建立国际经济政治新秩序的构想；在对外开放主要任务的安排上，提出了加强国际交往、扩大国际贸易、合理利用外资、引进技术设备和人才，等等，是一个比较系统的思想体系。

1. 对外开放是我国一项长期的基本国策

对外开放是我国一项长期的基本国策，是邓小平理论的重要组成部分。1984 年 10 月，邓小平同志明确指出："中国的经济开放政策，这是我提出来的。"①邓小平同志认为，现在的世界是开放的世界。这是我国为什么要实行对外开放政策的国际背景和现实基础。邓小平同志指出："总结历史经验，中国长期处于停滞和落后状态的一个重要原因，是闭关自守。经验证明，关起门来搞建设是不能成功的，中国的发展离不开世界。"②不仅如此，邓小平同志还认为对外开放是一个长期的政策。他指出："对外经济开放，这不是短期的政

① 《邓小平文选》第三卷，人民出版社 1993 年版，第 77 页。
② 《邓小平文选》第三卷，人民出版社 1993 年版，第 78 页。

策,是个长期的政策,最少五十年到七十年不会变。"①对于中国的对外开放,邓小平同志提出了一整套的理论和政策,他是我国对外开放这个基本国策的总设计师。

2. 对外开放要坚持"两个大局"的战略构想

邓小平同志指出:"沿海地区要加快对外开放,使这个拥有两亿人口广大地带较快地先发展起来,从而带动内地更好地发展,这是一个事关大局的问题。内地要顾全这个大局。反过来,发展到一定的时候,又要求沿海拿出更多力量来帮助内地发展,这也是个大局。那时沿海也要服从这个大局。"②邓小平同志不仅提出了对外开放的"两个大局"的战略构想,同时还提出了"两个大局"实现转换的时间节点。他认为:"可以设想,在本世纪末达到小康水平的时候,就要突出地提出和解决这个问题。"③于是才有了 20 世纪 80 年代深圳等经济特区的出现和 20 世纪末到 21 世纪初的西部开发、东北振兴和中部崛起等区域开发政策的出台。

3. 对外开放是"三个方面"的全方位开放

邓小平同志指出:"对外开放,我们还有一些人没有弄清楚,认为只是对西方开放,其实我们是三个方面的开放。一个是对西方发达国家的开放,……一个是对苏联和东欧国家的开放,……还有一个是对第三世界发展中国家的开放,……对外开放是三个方面,不是一个方面"。④ 后来,邓小平同志把这些归纳为对世界所有国家开放,对所有类型的国家开放,也就是现在我们所讲的,中国的对外开放是面向世界的全方位开放。

---

① 《邓小平文选》第三卷,人民出版社 1993 年版,第 39 页。
② 《邓小平文选》第三卷,人民出版社 1993 年版,第 278 页。
③ 《邓小平文选》第三卷,人民出版社 1993 年版,第 374 页。
④ 《邓小平文选》第三卷,人民出版社 1993 年版,第 98—99 页。

4. 对外开放的基本原则是坚持互利共赢

邓小平同志认为,我们的开放合作不是单方面的。帮助是双方的,贡献也是双方的。他在 1985 年说:"中国这么一个大的第三世界国家,对外贸易额去年刚刚达到五百亿美元,如果对外贸易额翻一番,达到一千亿美元,国际上的市场不就扩大了吗? 如果翻两番,达到两千亿美元,中国同国际上交往的范围不就更大了吗? 贸易总是一进一出的,如果达到翻两番,中国容纳资金、商品的能力就大了。"①中国会对世界经济作出更大的贡献。其中,邓小平同志特别强调,应积极发展我国同发展中国家的平等互利关系,在对外开放中坚持互利共赢的基本原则。邓小平同志认为,我国同发展中国家的平等合作具有广阔的前景,因为"这些国家都有自己的特点和长处,这里有很多文章可以做"②。

5. 对外开放要坚持对外对内的双向开放

邓小平同志认为,对外是开放,对内也是开放。邓小平同志指出:"三十几年的经验教训告诉我们,关起门来搞建设是不行的,发展不起来。关起门有两种,一种是对国外;还有一种是对国内,就是一个地区对另一个地区,一个部门对另外一个部门。两种关门都不行。我们提出要发展得快一点,太快不切合实际,要尽可能快一点,这就要求对内把经济搞活,对外实行开放政策。"③对于把经济搞活,对内开放,邓小平同志讲了很多意见,中心是扩大自主权,实行社会主义市场经济,发挥人的积极性创造性。在地区部门关系上,邓小平同志特别重视打破地区封锁,加强经济协作。他认为,地区封锁、画地为牢,是封建主义影响的表现,必须改变。他认为,加强经济协作,搞好横向经济联合,具

---

① 《邓小平文选》第三卷,人民出版社 1993 年版,第 106 页。
② 《邓小平文选》第三卷,人民出版社 1993 年版,第 99 页。
③ 《邓小平文选》第三卷,人民出版社 1993 年版,第 64—65 页。

有重要意义。1992 年年初,邓小平同志在南方谈话中,强调要加快内地的对外开放。他指出:"有条件的地方要尽可能搞快点,只要是讲效益,讲质量,搞外向型经济,就没有什么可以担心的。"①

6. 对外开放要建立国际经济政治新秩序

基于对国际形势的深刻判断,邓小平同志指出:"国际上有两大问题非常突出,一个是和平问题,一个是南北问题。还有其他许多问题,但都不像这两个问题关系全局,带有全球性、战略性的意义。"②邓小平同志提出,在新的国际形势下,有两件事情要做。一件是建立国际政治新秩序,就是用和平共处五项原则来代替霸权主义政治,按和平共处五项原则来处理国际事务,解决世界和平问题。一件是建立国际经济新秩序,就是通过南南合作、南北合作,缩小南北发展差距,解决发展问题。邓小平同志认为:"现在世界上北方发达、富裕,南方不发达、贫困,而且相对地说,富的愈来愈富,穷的愈来愈穷。南方要改变贫困和落后,北方也需要南方发展。南方不发展,北方还有什么市场? 资本主义发达国家遇到的最大问题是发展速度问题,再发展问题。所以,南南合作还有一个意义,可以推动南北合作。"③

7. 对外开放要扩大各方面交流合作发展

邓小平同志关于对外开放主要任务的论述,是基于为实现四化建设的总任务和"三步走"的发展战略目标而提出来的。一是扩大国际贸易。邓小平同志认为实现国民生产总值翻两番,不但要有国内市场,还要有国际市场。"我国年国民生产总值达一万亿美元的时候,我们的产品怎么办? 统统在国

---

① 《邓小平文选》第三卷,人民出版社 1993 年版,第 375 页。
② 《邓小平文选》第三卷,人民出版社 1993 年版,第 96 页。
③ 《邓小平文选》第三卷,人民出版社 1993 年版,第 96 页。

内销？什么都自己造？还不是要从外面买进一批，自己的卖出去一批？"①二是吸收利用外资。邓小平同志提出，要广泛利用国外资金，既包括发达国家的资金，也包括华侨和港台资金。为了给吸引外资创造条件，要搞好交通、通讯等基础设施建设。三是引进技术设备和人才。邓小平同志提出，不但要引进外国先进技术设备，还要引进外国先进的管理方法。四是加强国际交往。邓小平同志认为，加强国际交往是全方位的，不仅是指加强经济交流，既包括经济，也包括政治和学术文化；既包括政府间的政策沟通，也包括民间友好往来。按照邓小平的观点，扩大国际交往，加强国际合作，也是建立国际经济政治新秩序的要求。

（二）邓小平关于对外开放的理论对"一带一路"建设的指导意义

邓小平同志对外开放理论是被我国对外开放实践证明了的正确科学理论，不仅为我国整个对外开放事业提供了指导思想，同时也为我国提出和实施"一带一路"倡议奠定了理论基础。但是，邓小平关于对外开放的理论在新的伟大实践中也需要进一步丰富和发展。当前，坚持和发展邓小平关于对外开放的理论对推进"丝绸之路经济带"建设，仍具有着重要的指导意义。

1. 坚持对外开放的长期基本国策，深度融入世界经济体系

我国改革开放四十多年的实践证明，邓小平对外开放理论是我国经济持续高速发展，取得举世瞩目伟大成就的理论指导，同时也是我国提出的"一带一路"倡议的主要理论依据。我国在"一带一路"建设中，根据邓小平同志提出的对外开放理论，在全面总结我国对外开放实践经验的基础上，提出"中国将一以贯之地坚持对外开放的基本国策，构建全方位开放新格局，深度融入世

---

① 《邓小平文选》第三卷，人民出版社1993年版，第90页。

界经济体系","促进经济要素有序自由流动、资源高效配置和市场深度融合，推动沿线各国实现经济政策协调，开展更大范围、更高水平、更深层次的区域合作"。① 习近平总书记进一步强调指出："我们必须坚持对外开放的基本国策，奉行互利共赢的开放战略，深化人文交流，完善对外开放区域布局、对外贸易布局、投资布局，形成对外开放新体制，发展更高层次的开放型经济，以扩大开放带动创新、推动改革、促进发展。'一带一路'建设是扩大开放的重大战略举措和经济外交的顶层设计，要找准突破口，以点带面、串点成线，步步为营、久久为功。要推动全球经济治理体系改革完善，引导全球经济议程，维护多边贸易体制，加快实施自由贸易区战略，积极承担与我国能力和地位相适应的国际责任和义务"。② 这实际上是对邓小平同志对外开放这一长期基本国策在新的伟大实践中的全面深化。

2. 坚持"两个大局"战略构想，形成陆海内外联动开放格局

沿海地区与内陆地区之间的发展关系问题，一直是党的几代领导集体所关注的事关全国区域发展格局的问题。依据毛泽东同志对沿海工业与内地工业布局的探索，邓小平同志创造性地提出了"两个大局"的战略构想，对中国开放经济的发展起到了巨大的推动作用。但是，沿海与内地的发展差距仍然没有得到根本性改变，如何通过沿海支持内地，促进我国区域协调发展自然是摆在全面建成小康社会面前的迫切任务。习近平总书记提出的"一带一路"倡议，形成陆海内外联动、东西双向互济的开放格局，为解决这一区域发展难题指明了方向，"21世纪海上丝绸之路"是对沿海地区开放发展的延伸，"丝绸之路经济带"建设则是对内陆地区开放发展的拓展。因此，"一带一路"实际上是对邓小平同志"两个大局"战略构想的丰富和发展。所以，坚持邓小平

---

① 国家发展改革委、外交部、商务部:《推进共建丝绸之路经济带和21世纪海上丝绸之路的愿景与行动》，人民出版社2015年版，第3、4页。

② 《习近平谈"一带一路"》，中央文献出版社2018年版，第83、84页。

同志提出的"两个大局"战略构想,对依托"一带一路"开放合作平台,推动形成陆海联动发展格局和促进我国区域协调发展仍具有重要现实意义。

3. 坚持"三个方面"全方位开放,形成新的发展空间布局

我国倡议的"丝绸之路经济带"建设布局是一个贯穿亚欧非大陆的全新的发展空间布局。在"丝绸之路经济带"沿线国家和地区中,既有欧洲和东亚的发达国家,也有东南亚、南亚、西亚和非洲等发展中国家,还有俄罗斯和中亚等经济转型国家。实际上我国提出的"丝绸之路经济带"发展空间布局,是对邓小平同志提出的"三个方面"全方位对外开放思想在国际新形势下的具体化和系统化。在组织实施"丝绸之路经济带"建设中,如何实现"三个方面"对外开放的全面对接与协调统一,还需要坚持以邓小平关于对外开放的理论为指导。

4. 坚持开放合作与互利共赢原则,打造包容的利益共同体

我国提出的"一带一路"《愿景与行动》中关于坚持共商、共建、共享原则,主要是依据邓小平同志提出的开放合作和互利共赢的思想而提出的,并结合新形势使之更加具体化。在坚持开放合作原则方面,提出"'一带一路'相关的国家基于但不限于古代丝绸之路的范围,各国和国际、地区组织均可参与,让共建成果惠及更广泛的区域"。在坚持互利共赢原则方面,提出"兼顾各方利益和关切,寻求利益契合点和合作最大公约数,体现各方智慧和创意,各施所长,各尽所能,把各方优势和潜力发挥出来"①。这些原则内容的提出,既是对邓小平同志关于开放合作与互利共赢思想的继承和发展,同时也反映了广大沿线国家和地区的利益诉求。只有坚持共商、共建、共享原则,才能更好地全面推进"丝绸之路经济带"建设。

---

① 国家发展改革委、外交部、商务部:《推进共建丝绸之路经济带和 21 世纪海上丝绸之路的愿景与行动》,人民出版社 2015 年版,第 5 页。

5. 坚持对外对内双向开放政策,全面提升经济开放水平

在推进"丝绸之路经济带"建设中,我国将实行更加积极主动的开放战略,加强东中西部互动合作,实行沿海沿边内陆地区全方位开放,全面提升开放型经济水平。目前,邓小平同志关于对外对内双向开放、互相促进的主张,正在转化为我国各地区抢抓建设"丝绸之路经济带"发展机遇的实际行动。各地区正在按照中央提出的更高层次开放和更高质量发展的要求,充分发挥各自比较优势,调整经济结构,转变发展方式,促进产业升级,从过去的"引进来"为主转变为实施"引进来"与"走出去"并重的战略,推动区域开发战略全面转型升级,加快形成国内大循环为主体、国内国际双循环相互促进的新发展格局。

6. 坚持建立国际经济政治新秩序,探索新的全球治理模式

我国提出的"共建'一带一路'顺应世界多极化、经济全球化、文化多样化、社会信息化潮流,秉持开放的区域合作精神,致力于维护全球自由贸易体系和开放型世界经济"①的主张,是对国际合作以及全球治理新模式的积极探索,目前已得到沿线许多国家和地区的积极响应。这在很大程度上得益于邓小平同志提出的建立国际经济政治新秩序的构想。新的国际形势下,我国将继承和发展邓小平同志这一战略构想,与"丝绸之路经济带"沿线国家和地区共同打造开放、包容、均衡、普惠的区域经济合作架构,积极探索国际合作及全球治理新模式。

7. 坚持扩大各方面交流合作发展,实现多领域合作新发展

目前,邓小平同志关于对外开放要扩大各方面交流合作发展的思想,经过

---

① 国家发展改革委、外交部、商务部:《推进共建丝绸之路经济带和21世纪海上丝绸之路的愿景与行动》,人民出版社2015年版,第3页。

我国在对外开放实践中的不断总结,已发展成为推进"丝绸之路经济带"建设的"五通"合作内容,即政策沟通、设施联通、贸易畅通、资金融通、民心相通。"五通"的内容作为一个有机统一的整体,既相互影响,又相互促进,有机统一于"一带一路"建设的伟大实践。因此,在组织实施"丝绸之路经济带"建设中,只有在深入理解邓小平对外开放理论基础上,坚持"五通"协调推进、同步发展,才能更好地实现其发展目标。

四、习近平总书记关于"一带一路"
重要论述及其重要指导意义

党的十八大以来,以习近平同志为核心的党中央统筹国内国际两个大局,以开放促改革、促发展、促创新,加快建设开放型经济强国,谱写了中国与世界互利共赢的新篇章,并在对外开放的实践中不断探索,提出了"一带一路"重大倡议。在实践基础上,不断总结形成了习近平总书记关于"一带一路"的一系列重要论述,对在"一带一路"框架下推进建设"丝绸之路经济带"和促进我国区域开发战略升级具有重要指导意义。

（一）习近平总书记关于"一带一路"重要论述的主要内容

习近平总书记关于"一带一路"的重要论述,深刻阐明了新时代"一带一路"建设的时代内涵、发展理念、空间布局、国际合作、实践路径、重大举措,包含着丰富的理论内涵和深刻的意蕴,是习近平新时代中国特色社会主义思想的有机组成部分。其主要内容可以简要地概括为以下几个方面。

1. 中国梦与世界各国梦相通的时代内涵

习近平总书记指出:"在新的历史条件下,我们提出'一带一路'倡议,就是要继承和发扬丝绸之路精神,把我国发展同沿线国家发展结合起来,把中国梦同沿线各国人民的梦想结合起来,赋予古代丝绸之路以全新的时代内涵。"①习近平总书记认为:"我国是'一带一路'的倡导者和推动者,但建设'一带一路'不是我们一家的事。'一带一路'建设不应仅仅着眼于我国自身发展,而是要以我国发展为契机,让更多国家搭上我国发展快车,帮助他们实现发展目标。我们要在发展自身利益的同时,更多考虑和照顾其他国家利益。"②作为"一带一路"的倡议者,是联通中国梦与世界梦的桥梁和纽带,率先提出的版权是中国的,但带来发展的机遇是世界的。当前建设"丝绸之路经济带"的实践,正在证明中国梦与世界各国人民的梦是相通的,中国发展是世界和平稳定发展的重要力量。为此,习近平总书记提出,要"更好统筹国内国际两个大局,坚持开放的发展、合作的发展、共赢的发展,通过争取和平国际环境发展自己,又以自身发展维护和促进世界和平,不断提高我国综合国力,不断让广大人民群众享受到和平发展带来的利益,不断夯实走和平发展道路的物质基础和社会基础"③。

2. 同心打造人类命运共同体的发展理念

自从党的十八大报告中首次提出"要倡导人类命运共同体意识",并把这一发展理念作为实现中国梦与世界梦相通的共同发展理念,习近平总书记走到哪里,就把"命运共同体"的理念带到哪里。习近平总书记曾明确指出:"我提出'一带一路'倡议,就是要实践人类命运共同体理念"。他认为:"'一带一路'建设是我们推动构建人类命运共同体的重要实践平台。"④通过实现"一带一路"与各国的战略对接,在竞争比较中取长补短,在交流互鉴中共同发展。习近平总书记深信,"只要各方树立人类命运共同体理念,一起来规划,

---

① 《习近平谈"一带一路"》,中央文献出版社 2018 年版,第 104 页。
② 《习近平谈"一带一路"》,中央文献出版社 2018 年版,第 104 页。
③ 《习近平谈治国理政》,外文出版社 2014 年版,第 247 页。
④ 《习近平谈"一带一路"》,中央文献出版社 2018 年版,第 216、218 页。

一起来实践,一点一滴坚持努力,日积月累不懈奋斗,构建人类命运共同体的目标就一定能够实现"。①

3. 共同推进"一带一路"建设的空间布局

习近平总书记提出:"'一带一路'贯穿欧亚大陆,东边连接亚太经济圈,西边进入欧洲经济圈。"②他认为,"共建'一带一路'倡议的核心内涵,就是促进基础设施建设和互联互通,加强经济政策协调和发展战略对接,促进协同联动发展,实现共同繁荣。这一倡议源自中国,更属于世界;根植于历史,更面向未来;重点面向亚欧非大陆,更向所有伙伴开放"。③"一带一路"和互联互通相融相近,相辅相成。习近平总书记指出,如果将"一带一路"比喻为两只翅膀,那么互联互通就是这两只翅膀的血脉经络。我们要建设的互联互通,不仅是修路架桥,不光是平面化和单线条的联通,而是全方位、立体化、网络化的大联通,是生机勃勃、群策群力的开放系统。习近平总书记特别强调指出:"网络空间是人类共同的活动空间,网络空间前途命运应由世界各国共同掌握。各国应该加强沟通、扩大共识、深化合作,共同构建网络空间命运共同体。"④

4. 推动与各方关系全面发展的国际合作

习近平总书记强调:"一带一路"倡议的实施,不是中国的"独奏曲",而是沿线各国参与的"交响乐"。各国提出的许多发展战略或倡议和"一带一路"倡议有不少契合点,完全可以开展互利合作,实现共同发展。"要谋大势、讲战略、重运筹,把周边外交工作做得更好。"⑤周边是我国安身立命之所、发展繁荣之基。东北亚、东南亚、中亚是我国围绕推进"一带一路"建设开展周边

---

① 《习近平谈"一带一路"》,中央文献出版社 2018 年版,第 216 页。
② 《习近平谈"一带一路"》,中央文献出版社 2018 年版,第 43 页。
③ 《习近平谈"一带一路"》,中央文献出版社 2018 年版,第 209 页。
④ 《习近平谈"一带一路"》,中央文献出版社 2018 年版,第 91 页。
⑤ 《习近平谈治国理政》,外文出版社 2014 年版,第 297 页。

外交的战略重点。我国坚定致力于通过讨论协商解决朝鲜半岛、南海等问题。严格遵循中日四个政治文件精神和四点原则共识,同时对日本日益抬头的军国主义倾向应保持高度警惕,确保两国关系沿着正确方向发展。我国坚定发展同东盟友好合作,坚定支持东盟发展壮大并在东亚区域合作中发挥主导作用,共同建设"21世纪海上丝绸之路"。中国高度重视同中亚各国的友好合作关系,将其视为推动建设"丝绸之路经济带"建设优先方向,以促进共同繁荣。

大国是影响世界和平的决定性力量。我国作为世界人口和经济大国,切实运筹好与其他大国之间的关系。俄罗斯是我国周边最大邻国和世界大国,两国拥有广泛共同利益。习近平总书记指出:"一个高水平、强有力的中俄关系,不仅符合中俄双方利益,也是维护国际战略平衡和世界和平稳定的重要保障。"①中美关系是当今世界最重要的双边关系之一,在中国外交布局中占有特殊重要位置。习近平总书记强调指出:"中美两国合作好了,就可以做世界稳定的压舱石、世界和平的助推器。"②欧洲是多极化世界中的重要一极,是中国的全面战略伙伴,也是共建"一带一路"的重要地区。要从战略高度看待中欧关系,"在亚欧大陆架起一座友谊和合作之桥"③,将中欧两大力量、两大市场、两大文明结合起来,共同打造中欧和平、增长、改革、文明四大伙伴关系。

广大发展中国家是我国走和平发展道路的同路人,也是我国推进"一带一路"建设的重点覆盖地区。中非历来是休戚与共的利益共同体和命运共同体,加强同非洲国家的团结合作是我国长期坚持的战略选择。中国与拉美和加勒比国家将共同致力于构建政治上真诚互信、经贸上合作共赢、人文上互学互鉴、国际事务中密切协作、整体合作和双边关系相互促进的中拉关系五位一体新格局,打造中拉携手共进的命运共同体。中国同阿拉伯国家将弘扬丝绸之路精神,促进文明互鉴、尊重道路选择、坚持合作共赢、倡导对话和平,不断

①《习近平谈治国理政》,外文出版社2014年版,第275页。
②《习近平谈治国理政》,外文出版社2014年版,第279页。
③《习近平谈治国理政》,外文出版社2014年版,第282页。

深化全面合作、共同发展的中阿战略合作关系。

5. 携手推进"一带一路"建设的实践路径

习近平总书记指出:"推进'一带一路'建设要抓落实,由易到难、由近及远,以点带线、由线到面,扎实开展经贸合作,扎实推进重点项目建设,脚踏实地、一步一步干起来"。① 习近平总书记指出:"中国愿同伙伴国家一道,大力推进六大国际经济合作走廊建设,开办更多产业集聚区和经贸合作区,抓好重点领域合作。"②在继续完善基础设施网络、全面推进国际产能合作、加强金融创新合作和人文领域合作的同时,着力深化环保合作,携手打造"绿色丝绸之路";着力深化医疗卫生合作,携手打造"健康丝绸之路";着力深化人才培养合作,携手打造"智力丝绸之路";着力深化安保合作,携手打造"和平丝绸之路"。要将"一带一路"建成和平之路、繁荣之路、开放之路、创新之路、文明之路。

6. "一带一路"建设是扩大开放的重大举措

习近平总书记指出:"'一带一路'建设是我国在新的历史条件下实行全方位对外开放的重大举措,推行互利共赢的重要平台。"③习近平总书记认为,当前国际经济合作和竞争局面正在发生深刻变化,全球经济治理体系和规则正在面临重大调整,引进来、走出去在深度、广度、节奏上都是过去所不可比拟的,应对外部经济风险、维护国家经济安全的压力也是过去所不能比拟的。我国对外开放水平总体上还不够高,用好国际国内两个市场、两种资源的能力还不够强,应对国际经贸摩擦、争取国际经济话语权的能力还比较弱,运用国际经贸规则的本领也不够强,需要加快弥补。为此,我们必须坚持对外开放的基

---

① 《习近平谈"一带一路"》,中央文献出版社 2018 年版,第 44 页。
② 《习近平谈"一带一路"》,中央文献出版社 2018 年版,第 112 页。
③ 《习近平谈"一带一路"》,中央文献出版社 2018 年版,第 103 页。

本国策,奉行互利共赢的开放战略,深化人文交流,完善对外开放区域布局、对外贸易布局、投资布局,形成对外开放新体制,发展更高层次的开放型经济,以扩大开放、带动创新、推动改革、促进发展。

(二)习近平总书记关于"一带一路"重要论述的基本特征

习近平总书记通过对当今世界发展的性质、原因和趋势,尤其是世界格局出现的新情况、新问题的观察和分析,作出了新判断、新阐释、新预见,在此基础上形成了具有鲜明时代特点的"一带一路"重要论述。其基本特征主要表现在以下几个方面。

1. 理念的先导性

习近平总书记认为:"发展理念是发展行动的先导,是管全面、管根本、管方向、管长远的东西,是发展思路、发展着力点的集中体现。发展理念搞对了,目标任务就好定了,政策举措也就跟着好定了。"①习近平总书记关于"一带一路"建设的先进理念大体上分为三个层次:一是世界各国发展目标上的先进理念,提出"要倡导人类命运共同体意识";二是我国和世界各国治国理政的先进理念,提出要树立"创新、协调、绿色、开放、共享"的新发展理念;三是中国与世界各国共同推进"一带一路"建设的发展理念,提出要传承和弘扬"和平合作、开放包容、互学互鉴、互利共赢"的丝绸之路精神。这些先进理念对实践的发展具有很强的先导性,是我国在发展对外关系上的行动指南,也是中国与沿线各国共同推进"丝绸之路经济带"建设的重要思想引擎。

2. 理论的创新性

近年来,在以往相当长一个时期影响广泛的西方国际关系理论趋于僵化

---

① 习近平:《关于〈中共中央关于制定国民经济和社会发展第十三个五年规划的建议〉的说明》,《光明日报》2015 年 11 月 4 日。

和保守,认为中国发展起来了必然是一种"威胁",一定会跌入所谓大国冲突对抗的"修昔底德陷阱"。这一学说在解释复杂而深刻变化的世界时表现出严重的局限性。习近平总书记关于"一带一路"的重要论述,超越现有理论框架,主张决定人类社会稳定和发展的因素不在于以对立和对抗为出发点的权力制衡,而在于以和平与发展为出发点的合作与共赢。习近平总书记指出:"要跟上时代前进步伐,就不能身体已进入21世纪,而脑袋还停留在过去,停留在殖民扩张的旧时代里,停留在冷战思维、零和博弈的老框框内"①。特别是针对如何处理好中美两个大国之间的关系问题,习近平总书记指出:"面对经济全球化迅速发展和各国同舟共济的客观要求,中美应该也可以走出一条不同于历史上大国冲突对抗的新路。"②习近平总书记强调指出:"我们推动共建'一带一路'、建立丝路基金、倡议成立亚洲基础设施投资银行等,目的是支持各国共同发展,而不是要谋求政治势力范围。'一带一路'是开放包容的,我们欢迎包括美国在内的世界各国和国际组织参与到合作中来。"③习近平总书记关于"一带一路"的重要论述,打破了西方"国强必霸"的冷战思维模式和把西方"自由民主"作为世界所有国家唯一选择的神话,是对传统国际关系理论的超越与创新。

3. 宏观的战略性

2013年10月24日,习近平总书记在周边外交工作座谈会上的讲话中指出:"做好新形势下周边外交工作,需从战略高度分析和处理问题,提高驾驭全局、统筹谋划、操作实施能力,全面推进周边外交。"④党的十八大以来,以习近平同志为核心的党中央根据对当前国内外发展形势的新判断,注重运用战

---

① 《习近平谈治国理政》,外文出版社2014年版,第273页。
② 《习近平谈治国理政》,外文出版社2014年版,第279页。
③ 《习近平谈"一带一路"》,中央文献出版社2018年版,第75页。
④ 《习近平谈治理理政》,外文出版社2014年版,第298页。

略思维治国理政和发展对外关系。这一点在习近平总书记关于"一带一路"的重要论述中体现得尤为突出。习近平总书记明确指出:"'一带一路'建设是扩大开放的重大战略举措和经济外交的顶层设计"①,"要深入推进'一带一路'建设,推动各方加强规划和战略对接"②。具体包括对当今国际形势作出的和平、发展、合作、共赢成为时代潮流的战略判断,我国坚定不移走和平发展道路的战略选择,携手打造人类命运共同体的战略愿景,制定实施"一带一路"建设的战略规划,推动与各方关系全面发展的战略合作,始终保持坚决维护国家核心利益的战略定力,推动全球经济治理体系改革完善的战略视野,等等,处处都体现了习近平同志为核心的党中央对我国及全球问题的宏观战略思考。

4. 政策的协同性

习近平总书记关于"一带一路"建设的论述不仅关注宏观上的战略性,还特别关注政策上的协同性,特别是体现在推进"一带一路"建设时注意应用马克思主义辩证统一的观点来处理好各方面的关系。例如,在推进"一带一路"建设的路径选择上,提出要正确处理好点、线、面之间的关系;在推进"一带一路"建设的合作内容上,提出要正确处理好政策沟通、设施联通、贸易畅通、资金融通和民心相通之间的关系;在推进"一带一路"建设的合作机制上,提出要正确处理好我国利益和沿线国家利益的关系,政府、市场、企业的关系,经贸合作和人文交流的关系;在推进"一带一路"建设的政策导向上,提出要正确处理好对外开放合作和维护国家安全的关系,务实推进和舆论引导的关系,国家总体目标和地方具体目标的关系,等等。所有这些重大关系的提出及其有益探索,都体现了习近平关于"一带一路"重要论述的政策协同性特征。

---

① 《习近平谈"一带一路"》,中央文献出版社 2018 年版,第 84 页。

② 《习近平谈"一带一路"》,中央文献出版社 2018 年版,第 140 页。

（三）习近平总书记关于"一带一路"重要论述的指导意义

习近平关于"一带一路"重要论述是我们党治国理政整个思想体系中的重要组成部分,也是新时代中国特色大国外交实践活动的理论总结与创新,其中有不少涉及与统筹推进扩大对外开放与深化改革发展的内容,因而对建设"丝绸之路经济带"与我国区域开发战略升级具有着重大的指导意义。

1. 揭示了建设"丝绸之路经济带"与我国区域开发战略升级的内在联系

习近平总书记指出:"我们所处的是一个风云变幻的时代,面对的是一个日新月异的世界。"①习近平总书记认为:"和平、发展、合作、共赢成为时代潮流,旧的殖民体系土崩瓦解,冷战时期的集团对抗不复存在,任何国家或国家集团都再也无法单独主宰世界事务"。② 随着时代发展,现行全球治理体系不适应的地方越来越多,国际和社会对变革全球治理体系的呼声越来越高。"一带一路"倡议是中国根据古丝绸之路留下的宝贵启示,着眼于各国人民追求和平与发展的共同梦想,为世界提供的一项充满东方智慧的共同繁荣发展的方案。这个倡议符合我国经济发展内生性要求,也有助于带动我国边疆民族地区发展。习近平总书记指出:"现在的问题不是要不要对外开放,而是如何提高对外开放的质量和发展的内外联动性"③。为此,习近平总书记提出:"要切实推进统筹协调,坚持陆海统筹,坚持内外统筹,加强政企统筹","加强'一带一路'建设同京津冀协同发展、长江经济带发展等国家战略的对接,同西部开发、东北振兴、中部崛起、东部率先发展、沿边开发开放的结合,带动形

---

① 《习近平谈治国理政》,外文出版社 2014 年版,第 272 页。
② 《习近平谈治国理政》,外文出版社 2014 年版,第 272 页。
③ 《习近平谈"一带一路"》,中央文献出版社 2018 年版,第 83 页。

成全方位开放、东中西部联动发展的局面"。① 这是习近平总书记对建设"丝绸之路经济带"与我国区域开发战略升级内在联系的深刻揭示。一方面,坚定了人们对实现"一带一路"合作共赢的信心;另一方面,也为我国沿线地区共建"丝绸之路经济带"与促进区域开发战略升级指明了努力方向。

2. 描绘了建设"丝绸之路经济带"与我国区域开发战略升级的美好愿景

习近平总书记指出,在新的历史条件下,我们提出"一带一路"倡议,就是要继承和发扬丝绸之路精神,把我国发展同沿线国家发展结合起来,把中国梦同沿线各国人民的梦想结合起来,赋予古代丝绸之路以全新的时代内涵。这就是全方位推进务实合作,打造政治互信、经济融合、文化包容的利益共同体、责任共同体和命运共同体。具体来说,在推进"一带一路"建设中,我们现在对第三世界讲"责任共同体",对发达国家讲"利益共同体",对周边国家讲"命运共同体",最终使整个国际社会日益成为一个你中有我、我中有你的人类命运共同体。建设"丝绸之路经济带",融通了中国梦与世界梦,打造人类命运共同体,就是要建立平等相待、互商互谅的伙伴关系,营造公道正义、共建共享的安全格局,谋求开放创新、包容互惠的发展前景,促进和而不同、兼收并蓄的文明交流,构筑尊重自然、绿色发展的生态体系。这既是推进"一带一路"建设的宏伟发展图景,也是建设"丝绸之路经济带"的美好发展愿景。习近平总书记指出:"全球治理格局取决于国际力量对比,全球治理体系变革源于国际力量对比变化。我们要坚持以经济发展为中心,集中力量办好自己的事情,不断增强我们在国际上说话办事的实力。"②"二〇二〇年,中国将全面建成小康社会。到二〇三五年,中国将基本实现社会主义现代化。到本世纪中叶,中国

---

① 《习近平谈"一带一路"》,中央文献出版社 2018 年版,第 116 页。
② 《习近平谈"一带一路"》,中央文献出版社 2018 年版,第 139 页。

将建成富强民主文明和谐美丽的社会主义现代化强国。"①

3. 树立了建设"丝绸之路经济带"与我国区域开发战略升级的先进理念

习近平关于"一带一路"的重要论述中提出了许多先进的发展理念,其中对建设"丝绸之路经济带"与促进我国区域开发战略升级具有指导意义的先进理念,主要体现在以下几个方面。

一是和平合作的发展理念。习近平总书记提出:"要同心维护和平,为促进共同发展提供安全保障"。同时,他还提出"着力推进合作,为促进共同发展提供有效途径"。② 二是开放包容的发展理念。习近平总书记指出:"弘扬丝路精神,就是要尊重道路选择。'履不必同,期于适足;治不必同,期于利民'。一个国家发展道路合不合适,只有这个国家的人民才最有发言权。"③这说明,在建设"丝绸之路经济带"过程中,就是要求同存异、聚同化异,将世界多样和各国差异性、复杂性转化为发展活力和动力,从而引导沿线不同文明、不同发展道路和社会制度的国家共同参与、共同发展。三是互学互鉴的发展理念。习近平总书记指出:"弘扬丝路精神,就是要促进文明互鉴。人类文明没有高低优劣之分,因为平等交流而变得丰富多彩,正所谓'五色交辉,相得益彰;八音合奏,终和且平'。"④四是互利共赢的发展理念。习近平总书记指出:"弘扬丝路精神,就是要坚持合作共赢。中国追求的是共同发展。我国既要让自己过得好,也要让别人过得好。"⑤建设"丝绸之路经济带",要照顾各方利益关切,积极树立双赢、多赢、共赢的新理念,将政治关系优势、地理毗邻

---

① 《习近平谈"一带一路"》,中央文献出版社 2018 年版,第 211 页。
② 《习近平谈治理理政》,外交出版社 2014 年版,第 315 页。
③ 《习近平谈治理理政》,外交出版社 2014 年版,第 315 页。
④ 《习近平谈治理理政》,外交出版社 2014 年版,第 314—315 页。
⑤ 《习近平谈治理理政》,外交出版社 2014 年版,第 331 页。

优势、经济互补优势转化为务实合作优势,持续增长优势。五是创新、协调、绿色、开放、共享的新发展理念。习近平总书记指出:"我们将深入贯彻创新、协调、绿色、开放、共享的发展理念,不断适应、把握、引领经济发展新常态,积极推进供给侧结构性改革,实现持续发展,为'一带一路'注入强大动力,为世界发展带来新的机遇"。① 因此,这五大新发展理念将对建设"丝绸之路经济带"与我国区域开发战略升级的可持续发展产生重大而深远的影响。

4. 指明了建设"丝绸之路经济带"与我国区域开发战略升级的发展路径

关于建设"丝绸之路经济带",习近平总书记曾提出"以点带面,从线到片,逐步形成区域大合作"的发展路径。② 这是从建设"丝绸之路经济带"区域空间布局的战略走向方面来讲的,打破了原有点状、块状的区域发展模式。无论是早期的经济特区和近几年成立的自贸试验区,还是东部率先、西部开发、东北振兴和中部崛起的区域发展总体战略,都是以单一区域为发展突破口。建设"丝绸之路经济带"彻底改变了之前的点状、块状的发展格局,实现了从点轴开发向网络开发、从分区推进向联动发展的区域发展模式的创新,更多强调的是国内省市区之间、国外沿线国家之间的互联互通、产业承接与转移,有利于加快我国区域开发与经济结构的转型升级。"丝绸之路经济带"强调的是"经济带"概念,体现了沿线国家和地区之间平衡协调发展的思路。在国外,由于建设"丝绸之路经济带"沿线国家之间以及各国内部地区之间经济社会发展的不平衡性,只能按照"以点带面、从线到片"的发展思路,逐步形成区域大合作的发展态势。在国内,"一带一路"建设既要确立国家总体目标,也要发挥地方积极性。地方的规划和目标要符合国家总体目标,服从大局和全局。要把主要精力放在提高对外开放水平、增强参与国际竞争能力、倒逼转

---

① 《习近平谈"一带一路"》,中央文献出版社 2018 年版,第 185 页。
② 《习近平谈"一带一路"》,中央文献出版社 2018 年版,第 4 页。

变经济发展方式和调整经济结构上来。要立足本地实际,找准位置,发挥优势,取得扎扎实实的成果,努力拓展改革发展新空间。

5. 提出了建设"丝绸之路经济带"与我国区域开发战略升级的合作内容

习近平总书记在倡议如何建设"丝绸之路经济带"时,提出了加强"五通"的合作内容,即加强政策沟通、道路联通、贸易畅通、货币流通、民心相通。①根据习近平的讲话精神,在我国政府发布的共建"一带一路"《愿景与行动》中,又进一步表述为,以"政策沟通、设施联通、贸易畅通、资金融通、民心相通为主要内容"②,推进"一带一路"建设。在"五通"内容中,政策沟通是建设"丝绸之路经济带"的重要保障,设施联通是建设"丝绸之路经济带"的优先领域,贸易畅通是建设"丝绸之路经济带"的重点内容,资金融通是建设"丝绸之路经济带"的重要支撑,民心相通是建设"丝绸之路经济带"的社会根基。它们共同形成了一个紧密联系、相互促进的有机统一整体。这说明新时代的"丝绸之路经济带"建设,贸易畅通仅仅是其中的一个重要方面,同时还包括围绕贸易畅通的政策沟通、设施联通、资金融通、民心相通等全方位的互联互通,从而为我国与"丝绸之路经济带"沿线国家和地区之间的全面合作指明了发展途径。

6. 创新了建设"丝绸之路经济带"与我国区域开发战略升级的合作模式

建设"丝绸之路经济带",其主体范围仍遵循古丝绸之路的路径,实现沿线各区域之间的互联互通。但是,我国在"丝绸之路经济带"建设过程中,根

---

① 《习近平谈治国理政》,外文出版社 2014 年版,第 289—290 页。
② 国家发展改革委、外交部、商务部:《推动共建丝绸之路经济带和 21 世纪海上丝绸之路的愿景与行动》,《人民日报》2015 年 3 月 29 日。

据习近平同志提出的"以点带面、从线到片,逐步形成区域大合作"以及实现"五通"的发展思路,开展了与其相配套的"经济走廊"建设,通过经济走廊建设,将历史上并非陆上丝绸之路主体的区域也纳入"丝绸之路经济带"建设的过程中。① 通过各种"经济走廊"实现与"丝绸之路经济带"的对接,是对地区经济合作模式的创新。作为与"丝绸之路经济带"建设相互补充、相互协调的配套措施,我国根据"丝绸之路经济带"的走向,因地制宜地建立了不同的"经济走廊"模式,主要包括新亚欧大陆桥经济走廊、中蒙俄经济走廊、孟中印缅经济走廊、中巴经济走廊、中国—中亚—西亚、中国—中南半岛经济走廊等。正是通过这些不同模式的"经济走廊"建设,将东亚、东北亚、东南亚、南亚、中亚、西亚地区等国家紧密地联系在一起,通过与不同区域国家深化经贸合作,开展互联互通,将局部统一于整体,以其"开放包容性"与"全面整体性"开创了经济发展的新局面,为区域之间的经济合作提供了新模式。

总之,我国推进"一带一路"框架下的"丝绸之路经济带"建设与促进我国区域开发战略升级具有着科学的理论依据,既有马克思国际价值理论、毛泽东同志十大关系思想、邓小平同志对外开放理论作为理论基础,又是在习近平总书记关于"一带一路"重要论述指导下进行的一项伟大实践。因此,新形势下坚持和发展马克思国际价值理论、毛泽东同志十大关系思想和邓小平同志对外开放理论,坚持以习近平新时代中国特色社会主义思想为行动指南,对推进"丝绸之路经济带"建设和促进我国区域开发战略升级具有着极其重要的指导意义。

---

① 王义桅:《"一带一路":机遇与挑战》,人民出版社2015年版,第24页。

第二章 建设"丝绸之路经济带"的总体构想及其重大意义

建设"丝绸之路经济带"作为"一带一路"倡议的重要组成部分,其总体构想是要着力提升世界陆路沿线国家的交流合作与共同发展水平,推动全球经济社会治理的现代化,构建人类命运共同体。由于所涉及地域范围的广泛性以及国际关系的复杂性,使其总体构想在发展目标、基本路径、主要内容、合作机制等方面,都具有着全新的科学内涵、丰富的实践内容和鲜明的时代特征。建设"丝绸之路经济带"既是对古丝绸之路的伟大复兴,也是对传统的区域一体化合作模式的创新,将加快形成我国区域开放发展新格局,对推进经济全球化进程和促进我国区域开发战略升级,都具有着重大意义。

一、"丝绸之路经济带"概念、内涵的界定与区域范围的划分

由于"丝绸之路经济带"是一个动态发展的范畴,目前学术界关于其概念、内涵的界定以及区域范围的划分还没有形成一个统一的认识,仅仅是形成了一些有关的研究思路和基本框架,随着实践的发展,还有待进一步深化。但是,为了研究的需要,有必要在总结一些专家学者观点的基础上,进行一些界

定和探讨。

（一）关于"丝绸之路经济带"的概念与科学内涵的界定

关于"丝绸之路经济带"的概念和内涵的界定，一些专家和学者主要从其所包含的要素内容、空间范围和时间序列上进行了有关界定和探讨。

1. 关于"丝绸之路经济带"概念的界定及探讨

白永秀、王颂吉认为，"丝绸之路经济带"是以丝绸之路为文化象征，以上海合作组织和欧亚经济共同体为主要合作平台，以立体综合交通运输网络为纽带，以沿线城市群和中心城市为支点，以跨国贸易投资自由化和生产要素优化配置为动力，以区域发展规划和发展战略为基础，以货币自由兑换和人民友好往来为保障，以实现各国互利共赢和亚欧大陆经济一体化为目标的带状经济合作区，并且指出这一概念具有历史性、国际性、综合性三大特征。他们认为，"丝绸之路经济带"既是历史性概念，又是现实性概念；既是区域性概念，又是全球性概念；既是经济性概念，又是综合性概念。① 郭爱君、毛锦凤认为，"丝绸之路经济带"是以产业与人口的"点—轴"集聚为根本动力，以交通基础设施和自由流动的要素为基本框架，以中国与中亚地区共同利益为根基，以地缘政治与能源合作为现实基础，以建立区域经济一体化组织为战略目标的特定区域空间结构。② 王义桅认为，"丝绸之路经济带"是在"古丝绸之路"概念基础上形成的一个新的经济发展区域。"丝绸之路经济带"首先是一个"经济带"概念，体现的是经济带上各城市集中协调发展的思路。③ 随着"一带一路"倡议的深入实施，有关"丝绸之路经济带"的内涵也在深化。

---

① 白永秀、王颂吉：《丝绸之路经济带：中国走向世界的战略走廊》，《西北大学学报（哲学社会科学版）》2014 年第 3 期。

② 郭爱君、毛锦凤：《丝绸之路经济带：优势产业空间差异与产业空间布局战略研究》，《兰州大学学报（社会科学版）》2014 年第 1 期。

③ 王义桅：《"一带一路"：机遇与挑战》，人民出版社 2015 年版，第 17 页。

从有关专家学者对"丝绸之路经济带"的概念与内涵的界定来看,尽管界定的角度各有所侧重,但在以下几个方面是有共识的。第一,"丝绸之路经济带"与古丝绸之路是既有区别又有联系的一个概念。二者的区别在于古丝绸之路作为一条商旅文化之路呈"线"状,而"丝绸之路经济带"是由这条"线"串联起来的一个面,呈片状;古丝绸之路是一条单一的狭窄的线路,而"丝绸之路经济带"是由现代公路、铁路、航空、油气管道、光缆等组成的综合性立体化通道。二者的联系在于"带"跟着"线"走,"带"的范围由"线"的伸延或发展而决定。第二,"丝绸之路经济带"是一个动态的开放的区域,"丝绸之路经济带"基于但不限于古代丝绸之路的范围,各国和国际、地区组织均可参与,让其成果惠及更广泛的区域。第三,"丝绸之路经济带"是分层次的。大体上可分为核心区、重要区和扩展区三个层次。例如,胡鞍钢等认为,以哈萨克斯坦等中亚五国为主的中亚地区和欧洲、非洲等为核心的亚欧经济带分别是"丝绸之路经济带"的核心区、重要区、扩展区。[①] 第四,不同层次范围的"丝绸之路经济带"又可以分为若干个地段。例如,冯宗宪认为,"丝绸之路经济带"分为国内路段和国外路段两大部分,国外路段包括中亚地段、南亚地段、中东欧地段以及相关的俄罗斯和西欧、北欧地段等在内的若干个主要地段。[②]上述共识的形成对"丝绸之路经济带"概念和内涵的科学界定及其区域范围的合理划分起到了重要的推动作用。

2. 关于"丝绸之路经济带"科学内涵的分析

笔者认为,除了应从要素内容、时间序列和空间范围上来界定"丝绸之路经济带"的概念之外,还应该从其科学内涵上进一步挖掘。在"丝绸之路经济带"概念的界定上,应根据习近平总书记提出的"一带一路"倡议的一系列讲

---

① 胡鞍钢、马伟、焉一龙:《丝绸之路经济带:战略内涵、定位和实现路径》,《新疆师范大学学报(哲学社会科学版)》2014 年第 2 期。

② 冯宗宪:《中国向欧亚大陆延伸的战略动脉》,《人民论坛·学术前沿》2014 年第 2 期。

话精神,并把在实践中形成的最新研究成果吸收进来,把它所包括的科学内涵、要素内容、时代特征与空间范围的划分有机统一起来,应在更高的发展层次和战略定位上来统筹考虑"丝绸之路经济带"的概念界定及其科学内涵的理解问题。

综合上述因素考虑,笔者认为"丝绸之路经济带"是指以古代丝绸之路途径的陆路区域为基础,以共商共建共享为原则,以传承和弘扬丝绸之路精神为纽带,以政策沟通、设施联通、贸易畅通、资金融通、民心相通为合作主要内容,以构建国际经济合作走廊为骨架,以建设和平之路、繁荣之路、开放之路、绿色之路、创新之路、文明之路、廉洁之路为努力方向,并与21世纪海上丝绸之路建设有机衔接与协调发展,通过以点带面、从线到片,不断向世界各国拓展,由沿途国家和地区共建而形成的多层次区域大合作的利益共同体、责任共同体和命运共同体。

笔者认为对"丝绸之路经济带"的概念和内涵进行这样界定,一是既可以反映"丝绸之路经济带"与古代丝绸之路的联系,又体现了二者之间的区别;二是既可以适应以合作共赢为特征的区域一体化时代潮流,又与其他的区域合作模式相区别;三是既可以立足当前的"丝绸之路经济带"建设,又可以放眼于"丝绸之路经济带"发展的美好未来;四是既着眼于"丝绸之路经济带"与21世纪海上丝绸之路的内在统一性,又反映了"丝绸之路经济带"建设的个性化特征。

"丝绸之路经济带"这一概念和内涵的界定,与其他国际区域一体化模式相比较,有以下特征:一是合作范围的动态性,既基于古丝绸之路,又不局限于古丝绸之路的范围,具有不断向沿线周边国家和地区进行延伸和拓展性;二是合作内容的综合性,既包括经济领域合作,也包括政治、文化、社会、安全等诸多领域的合作;三是合作模式的多样性,既有双方的合作,也有与第三方的合作;四是合作水平的层次性,既有与发展中国家的合作,也有与发达国家的合作;五是合作对象的开放性,既包括与沿线国家的合作,也包括与有关地区组织的合作;六是合作机制的灵活性,既有双边的合作,也有多边的合作。正是由于"丝绸之路经济带"建设具有上述特征,才使其在区域一体化发展中充满了生机与活力,呈现出突飞猛进的发展态势。

(二)"丝绸之路经济带"的空间布局、区域范围与类型划分

根据我国提出的"一带一路"《愿景与行动》的总体布局,在"一带一路"框架范围内,可以把"丝绸之路经济带"划分为国外路段和国内路段两大部分,在其空间范围上分别进行区域界定和类型划分。

1."丝绸之路经济带"国外的空间布局、区域范围与类型划分

我国公布的"一带一路"《愿景与行动》提出:"丝绸之路经济带重点畅通中国经中亚、俄罗斯至欧洲(波罗的海);中国经中亚、西亚至波斯湾、地中海;中国至东南亚、南亚、印度洋"[①]。其中,中巴、孟中印缅、新亚欧大陆桥、中国—中亚—西亚(中伊土)、中国—中南半岛以及中蒙俄等六大国际经济走廊构成"丝绸之路经济带"的基本陆地骨架。

根据"丝绸之路经济带"的基本走向和空间布局,在国家信息中心"一带一路"大数据报告提供的"一带一路"涉及的国外 6 个地区、64 个国家中(如表 2-1 所示),除了海上少数岛国和有关沿海国家和地区之外,绝大多数都属于"丝绸之路经济带"沿线国家。

表 2-1 "一带一路"国外路段沿线地区及国家

所属地区	国家	国家数量
东北亚	蒙古、俄罗斯	2
东南亚	新加坡、印度尼西亚、马来西亚、泰国、越南、菲律宾、柬埔寨、缅甸、老挝、文莱、东帝汶	11

① 国家发展改革委、外交部、商务部:《推动共建丝绸之路经济带和 21 世纪海上丝绸之路的愿景与行动》,《人民日报》2015 年 3 月 29 日。

续表

所属地区	国家	国家数量
南亚	印度、巴基斯坦、斯里兰卡、孟加拉国、尼泊尔、马尔代夫、不丹	7
西亚北非	阿联酋、科威特、土耳其、卡塔尔、阿曼、黎巴嫩、沙特阿拉伯、巴林、以色列、也门、埃及、伊朗、约旦、叙利亚、伊拉克、阿富汗、巴勒斯坦、阿塞拜疆、格鲁吉亚、亚美尼亚	20
中东欧	波兰、阿尔巴尼亚、爱沙尼亚、文陶宛、斯洛文尼亚、保加利亚、捷克、匈牙利、马其顿、塞尔维亚、罗马尼亚、斯洛伐克、克罗地亚、拉脱维亚、波黑、黑山、乌克兰、白俄罗斯、摩尔多瓦	19
中亚	哈萨克斯坦、吉尔吉斯斯坦、土库曼斯坦、塔吉克斯坦、乌兹别克斯坦	5

资料来源:国家信息中心"一带一路"大数据中心:《"一带一路"大数据报告(2016)》。

实际上,除了上述沿线国家和地区之外,目前,随着要求加入"一带一路"倡议的国家不断增加,原来以古丝绸之路为背景,以欧亚大陆桥为基础,以六大经济走廊为骨架的空间结构已不能满足需求。"一带一路"正从地图上的点和线转变为面向全球的开放平台,不仅美洲、大洋洲和非洲一些国家积极加入,北极圈国家也通过"冰上丝绸之路"与中国开拓新的互联互通路线。同时,"一带一路"的多层次发展,特别是通过"数字丝绸之路"建设,促进了"陆海空网"四位一体的立体化联通和经济合作效率,打开了跨区域合作的新维度。这预示着将有更多的地区和国家参与到"丝绸之路经济带"建设中来。

在推进"丝绸之路经济带"建设中,根据国家信息中心"一带一路"大数据中心《"一带一路"大数据报告(2016)》提供的不同区域一级指标平均得分情况,可以从合作程度上大体划分为东北亚深度合作区、东南亚和中亚快速推进区、南亚逐步扩展区、西亚北非和中东欧有待加强区等四个层次的区域类型(见表2-2)。在推进"丝绸之路经济带"建设中,根据不同层次的区域类型,我国可以分别采取更有针对性的区域合作发展政策。

表 2-2 丝绸之路国外不同区域合作平均得分及类型划分

地区	政策 沟通度	设施 联通度	贸易 畅通度	资金 融通度	民心 相通度	类型
东北亚	17.50	15.95	13.80	13.00	16.11	深度合作区
东南亚	13.00	7.25	13.82	10.18	14.62	快速推进区
中亚	13.80	9.12	10.36	10.00	12.46	快速推进区
南亚	11.36	5.20	11.65	7.14	12.20	逐步扩展区
西亚北非	7.65	4.61	9.14	6.00	9.77	有待加强区
中东欧	8.39	4.87	6.62	3.58	9.81	有待加强区

资料来源:国家信息中心"一带一路"大数据中心:《"一带一路"大数据报告(2016)》。

除了上述四种类型区的划分之外,中巴、孟中印缅、新亚欧大陆桥、中蒙俄、中国—中亚—西亚、中国—中南半岛等六大经济走廊可以划分为协调发展区,并赋予每条经济走廊以不同的功能定位。其中,中巴经济走廊侧重石油等能源的运输与安全合作,孟中印缅经济走廊突出与东盟和印度的贸易往来,新亚欧大陆桥是中国直通欧洲的物流大通道,中蒙俄经济走廊侧重于国家安全与能源开发合作,中国—中亚—西亚经济走廊侧重于我国与中亚、西亚之间的经济合作联系,中国—中南半岛经济走廊侧重于与21世纪海上丝绸之路对接与维护南海局势的稳定与和平发展。通过协调发展区把各区域板块连接起来,促进区域一体化的发展。

从动态的角度把"丝绸之路经济带"沿线国家和地区划分为深度合作区、快速推进区、逐步拓展区和有待加强区等四个层次的区域类型,有助于把当前建设与长远发展有机结合起来,而协调发展区的设计也是一种动态的协调。随着"丝绸之路经济带"建设的不断向前推进、区域合作程度的逐步提高与区域合作范围的不断扩大,其内涵和外延也应有所变化和调整。"丝绸之路经济带"国外路段之所以进行这样的区域划分,是因为其具有开放性和动态性特征。同时,也有利于我国针对沿线不同国家情况采取有区别的多边和双边区域合作政策,打通国际循环,形成国内国际双循环相互促进的新发展格局。

2."丝绸之路经济带"国内的空间布局、区域范围及类型划分

建设"丝绸之路经济带"国内段的空间布局主要是围绕着对接六大国际经济合作走廊建设而全面展开。其中,西北和东北地区,主要是围绕对接中巴、新亚欧大陆桥、中蒙俄、中国—中亚—西亚四条国际经济合作走廊建设而开展区域合作。西南地区主要是围绕对接孟中印缅、中国—中南半岛两条国际经济合作走廊开展对外合作。东部沿海发达地区作为推进"一带一路"建设的排头兵和主力军,为其提供战略支撑。中部及广大内陆地区发挥贯通东西、连接南北的通道优势,促进各地区开放联动与协调发展。促进我国东中西部地区的联动发展与地区经济开放合作发展,是贯彻习近平总书记提出的"以点带面、从线到片"发展思路在国内建设"丝绸之路经济带"的具体体现。

根据我国"一带一路"《愿景与行动》提出的要求,"推进'一带一路'建设,中国将充分发挥国内各地区比较优势,实行更加积极主动的开放战略,加强东中西互动合作,全面提升开放型经济水平"①。在"一带一路"框架下,"丝绸之路经济带"的区域空间范围,几乎涵盖了我国所有的省区市。有些地区虽然不在重点规划范围之内,但也直接或间接地参与其中,如表2-3所示。

表2-3 "丝绸之路经济带"国内涉及的省区市

地区	"丝绸之路经济带"国内涉及的省区市
西北地区	新疆、陕西、甘肃、宁夏、青海
东北地区	内蒙古、黑龙江、辽宁、吉林
西南地区	广西、云南、西藏、重庆、四川、贵州
东部地区	天津、北京、河北、山东、江苏、上海、浙江、福建、广东
中部地区	河南、湖北、湖南、江西、安徽、山西

---

① 国家发展改革委、外交部、商务部:《推动共建丝绸之路经济带和21世纪海上丝绸之路的愿景与行动》,《人民日报》2015年3月29日。

"丝绸之路经济带"国内路段的发展类型划分,根据各地区的发展水平、参与程度及其战略定位,可大体分为四种类型区。西北和西南地区开放较晚,且配套设施不够完善,参与度水平得分较低,但在"丝绸之路经济带"建设中战略地位重要,可作为重点加强区。东北地区工业基础较好,基础设施较完善,参与度水平得分较高,在中蒙俄的开放合作中正在创新体制机制,可作为开放合作区。东部沿海地区开放水平高,经济实力雄厚,综合优势明显,参与度水平得分较高,可作为战略支撑区。中部地区承东启西、连接南北的综合交通枢纽优势明显,工业化和城镇化水平相对于西北和西南地区较高,市场潜力巨大,参与度得分一般,可作为协调发展区(见表2-4)。

表2-4　各地区"一带一路"参与度水平得分及其类型划分

地区	"一带一路"参与度水平平均值	最高分	最低分	区域类型
东部地区	71.07	85.61	50.94	战略支撑区
东北地区	57.57	59.17	56.17	开放合作区
中部地区	55.47	69.19	32.51	协调发展区
西北地区	50.70	65.92	34.70	重点加强区
西南地区	54.54	68.90	26.54	

注:各地区"一带一路"参与度水平得分根据《"一带一路"大数据报告(2016)》提供的数据资料整理。

"丝绸之路经济带"国内路段从空间布局角度进行四种区域类型层次划分的意义在于:一是有利于国内各地区分层次与国外不同的地区合作实现对接;二是有利于从宏观角度对各地区及其省份更好地实现对"一带一路"进行准确的功能定位;三是有利于采取有针对性的区域政策,促进区域经济协调发展;四是有利于根据各地区的不同情况,构建供需平衡的内需体系,加快形成与国际循环相互促进的国内大循环发展新格局。

二、建设"丝绸之路经济带"的发展目标与基本路径的探讨

建设"丝绸之路经济带"的发展目标和基本路径服务于"一带一路"建设目标和总体布局的发展要求。随着"一带一路"倡议的不断向前推进,建设"丝绸之路经济带"的发展目标和基本路径有一个不断深化的过程。

(一)建设"丝绸之路经济带"的发展目标分析

建设"丝绸之路经济带"的发展目标可以从科学内涵和时空序列两个角度来进行划分。前者侧重于理论的探讨,后者侧重于实践的探索。

1. 建设"丝绸之路经济带"发展目标科学内涵的探讨

根据我国"一带一路"《愿景与行动》的有关发展布局,建设"丝绸之路经济带"的发展目标在科学内涵上可以分为狭义的发展目标和广义的发展目标两个层次。狭义的发展目标,主要是指在经济合作领域努力的方向。广义的发展目标,除了在经济合作领域之外,还包括政治、文化与社会等领域合作的努力方向,是一个同时涉及到政治、经济、文化、社会、安全等领域的综合性发展目标。其最终目标是通过构建区域合作新模式,同心打造人类命运共同体。

从狭义的发展目标来讲,"丝绸之路经济带"建设是确立符合我国乃至整个沿线国家和地区长远利益的全球贸易及货币体系,最终实现区域经济和社会同步发展。即建设"丝绸之路经济带"旨在"促进要素有序自由流动、资源高效配置和市场深度融合,推动沿线各国实现经济政策协调,开展更大范围、更高水平、更深层次的区域合作,共同打造开放、包容、均衡、普惠的区域经济合作架构"[1]。

---

① 国家发展改革委、外交部、商务部:《推动共建丝绸之路经济带和21世纪海上丝绸之路的愿景与行动》,《人民日报》2015 年 3 月 29 日。

其中,实现交通基础设施的互联互通和推进贸易投资便利化是其近期发展目标,深化经济技术合作是其中期发展目标,自由贸易区建设将成为包括上海合作组织各成员国在内的"丝绸之路经济带"沿线国家长期发展目标。

从广义的发展目标来讲,"丝绸之路经济带"建设是要努力实现区域基础设施更加完善,安全高效的陆海空通道网络基本形成,互联互通达到新水平,投资贸易便利化水平进一步提升,高标准自由贸易区网络基本形成,经济联系更加紧密,政治互信更加深入,人文交流更加广泛,不同文明互鉴共荣,各国人民相知相交,和平友好,联合"打造政治互信、经济融合、文化包容的利益共同体、命运共同体和责任共同体"[①]。2015年9月28日,习近平主席在第七十届联合国大会发表《携手构建合作共赢新伙伴同心打造人类命运共同体》讲话,进一步明确了"一带一路"倡议的最终目标是同心打造人类命运共同体,并系统阐述了人类命运共同体的深刻内涵以及实现路径。从此,人类命运共同体理念与"一带一路"倡议逐渐为国际社会所接纳。

从狭义的发展目标与广义的发展目标的二者关系来讲,既有区别又有联系。二者的区别在于,前者是要实现国际区域经济合作的一体化,后者是要实现国际区域全面合作的一体化。二者的联系在于,前者是后者的重点和基础,后者是前者的延伸和拓展。如果从更宏观的角度来看,推进"一带一路"建设是打造人类命运共同体的重要路径和实践平台,而打造人类命运共同体是推进"一带一路"建设的最终目标。"丝绸之路经济带"建设在发展目标上之所以进行狭义和广义的划分,主要是考虑到沿线各国发展利益诉求上的差异,可以分时序有针对性地采取不同的发展对策。

2. 建设"丝绸之路经济带"发展目标的时空序列安排

关于建设"丝绸之路经济带"发展目标的时空序列安排,我国有关专家和

---

① 国家发展改革委、外交部、商务部:《推动共建丝绸之路经济带和21世纪海上丝绸之路的愿景与行动》,《人民日报》2015年3月29日。

学者曾进行了探讨。其中,比较有代表性的是白永秀等提出的三个阶段划分的观点。白永秀等认为,"丝绸之路经济带"战略构想可用大约 50 年的时间推进,以实现中国—中亚—俄罗斯经济一体化、搭建欧亚经济一体化基本框架和形成全球经济一体化战略平台为三个阶段性目标,分起步阶段、扩展阶段和完善阶段三大阶段有序推进。[①] 一些专家学者对实现建设"丝绸之路经济带"发展目标的这一时空序列安排有一定科学道理,体现了积极推进与务实合作的有机统一。

但是,还需要根据当前世界格局新变化和我国"两个一百年"奋斗目标对其进一步细化,争取提前实现。从 2020 年我国全面建成小康社会开始,可以设想分"两步走",用 30 多年左右时间来推进"丝绸之路经济带"建设狭义发展目标的实现。第一步,是用 15 年左右时间在上合组织、中阿合作论坛、"16+1"中东欧合作机制和中欧合作论坛框架下实现中国—中亚—俄罗斯区域一体化并扩展至欧洲实现亚欧经济一体化;第二步,是再用 15 年左右时间,借助金砖国家组织、中非合作论坛、亚太经合组织等合作平台,延伸至非洲实现亚欧非经济一体化并对接拉美等国家,实现全球经济一体化,从而为打造人类命运共同体创造条件。实现这一发展目标的时空序列安排,是与我国到本地纪中叶全面建成富强民主文明和谐美丽的社会主义现代化强国的目标是基本一致的,体现了中国梦与世界梦协同发展的一致性。

从当前"一带一路"发展形势来看,起步阶段强劲有力。2020 年我国全面建成小康社会,经济实力进一步转化为政治、文化及军事影响力,中国的国际地位将会得到进一步提升,应对和处理地区矛盾热点问题和国际复杂事务的能力也会得到强化,在加快形成国内大循环的同时,更好地促进国内国际双循环的开展,深入推进"一带一路"建设。目前,"丝绸之路经济带"建设已经延伸至欧洲,并已开始向非洲有关国家进行拓展和布局。拉美一些国家已表示出参与"一带

---

① 白永秀、吴航、王泽润:《丝绸之路经济带战略构想、依据、目标及实现步骤》,《人文杂志》2014 年第 6 期。

一路"建设的愿望。因此,在实现上述两个阶段性目标时,并不是截然分开的,有时可以交互或同步进行。同时,伴随着全球范围内科技进步的迅猛发展和人类面临着气候变化、新冠肺炎疫情等诸多的生存发展环境的挑战,更需要加强各国之间的多方面合作发展。所以,在不爆发第三次世界大战的和平发展环境条件下,用三十多年左右的时间实现"丝绸之路经济带"狭义的发展目标是有可能的。然而,要实现"丝绸之路经济带"广义的发展目标,即构建人类命运共同体,实现国际区域全面合作一体化发展,则可能需要更长的一段时间。

(二)建设"丝绸之路经济带"基本路径的探讨

关于建设"丝绸之路经济带"的基本路径,习近平主席曾提出"以点带面,从线到片,逐步形成区域大合作"的发展路径。这是从建设"丝绸之路经济带"的区域空间布局的基本走向方面来讲的,打破了原有点状、块状的区域发展模式,具有时代的创新性。但是,有关"点、线、面"布局的具体内容,还需要在社会实践中不断地加以丰富和完善。

无论是我国早期的经济特区和近几年成立的自贸试验区,还是东部率先、西部开发、东北振兴和中部崛起的区域发展总体战略,都是以单一区域为发展突破口。而建设"丝绸之路经济带"彻底改变了之前的点状、块状的发展格局,实现了从点轴开发向网络开发、从分区推进向联动发展的区域发展模式的创新,更多强调的是国内省区之间、国外沿线国家之间的互联互通、产业承接与转移,这有利于加快我国区域开发与经济结构的转型升级,同时也有利于促进沿线国家和地区的共同发展与繁荣。

我国知名物流专家、现代物流报常务副主编杨达卿指出,丝绸之路需要信息化支撑和系统化服务的现代物流。首先,要在现有的交通枢纽和工业区基础上,建设适合的物流园区和信息平台,建设园区平台是"圈点"。其次,要规划和嫁接好贯穿东西泛亚铁路和泛亚公路等物流主干线,嫁接物流干线是"连线"。再则,要完善运输干线与仓储分拣、信息服务和区域配送相结合的物流网络,建设物流网络是"铺片"。"点线片"结合的交通物流体系,才有利于区域融合,有利于建立经济带。①

然而,作为建设"丝绸之路经济带"的"点、线、片"的结合,不仅仅局限于商贸物流网络的形成,还有其更加广泛而深刻的内涵。这就是在"圈点"上,主要是指一些参与"丝绸之路经济带"建设的沿线国家和地区有关重要的节点城市和重点经贸产业园区的合作建设;在"连线"上,主要是依托铁路、公路、水路、航空、管道、光缆等组成的现代立体化大通道建设,共建各类经济合作走廊;在"铺片"上,主要是通过"丝绸之路经济带"建设与沿线各国发展规划实现对接,建立高标准自贸区网络组成的区域经济一体化组织。

当今的"丝绸之路经济带"建设,其基本路径仍遵循古丝绸之路的路径,依托陆上现代立体化国际大通道,以沿线主要国家和地区的中心城市为支撑,以重点经贸产业园区为合作平台,通过共同打造新亚欧大陆桥、中蒙俄、中巴、孟中印缅、中国—中亚—西亚、中国—中南半岛等国际经济合作走廊,使沿线国家和地区的发展规划对接联通欧洲,在实现互联互通的基础上,形成由高标准自贸区网络组成的区域经济一体化组织。其中,通过开展与其相配套的"经济走廊"建设,对"丝绸之路经济带"建设的延伸和拓展发挥着重要作用。

(三)建设"丝绸之路经济带"实施步骤的设想

根据建设"丝绸之路经济带"发展路径的设计,在实现每个区域合作板块发展目标的阶段划分和实施步骤上,还需要精心设计,并根据实际情况的变化而加以动态的调整。

1. 建设"丝绸之路经济带"的阶段划分

在合理借鉴国外有关区域经济一体化经验的基础上,可以吸纳我国有关

---

① 杨达卿:《物流业热议丝绸之路经济带泛亚铁路将成主动脉》,凤凰网财经频道,2013年9月10日,见 http://finance.ifeng.com/a/20130910/10644886_0. shtml。

专家学者在这方面的建议,一般可采取起步阶段、提升阶段和完善阶段"分三步走"的方式来有序推进。

在起步阶段主要是"点轴发展"。即通过加强政府层面的政策沟通,实现交通等基础设施方面的互联互通,着重推进能源合作、产业对接、信息交流、城市化布局等硬件建设,为实现区域经济一体化打下良好的物质技术基础。在起步阶段,政府层面的政策沟通和企业层面的产业对接是关键环节。只有政府层面的政策沟通好了,才能为企业的跟进创造一个良好的政策法制环境,企业层面的产业对接才能比较顺利进行。

在提升阶段主要"以线结网"。即以设施联通为依托,以贸易畅通为纽带,推进资金融通和安全合作,加强人才、资金、技术、管理等方面的合作交流,商定建设双多边自由贸易区,形成区域经济一体化的基本框架。在提升阶段,如何提高贸易投资的便利化水平是关键环节,也是区域经济一体化过程中的重点和难点。因此,应按照通行的国际贸易规则,通过双多边谈判,采取一些制度性协议文件加以规范。

在完善阶段主要是"以网撑面"。即在多边合作框架范围内,实现各自贸区的合作对接,形成自由贸易区网络,促进各种生产要素在区域范围内自由流动。加强人文交流,促进民心相通,形成价值认同,构建长期稳定的区域经贸合作体制机制,实现真正意义的区域经济一体化。在完善阶段,如何在实践中形成长期稳定的区域经贸合作体制机制是关键。应针对各自由贸易区运行中存在的问题,不断完善区域合作框架内的有关政策举措,并从中总结出在更大区域范围内的地区合作中可复制的经验或方案。

2. 建设"丝绸之路经济带"的实施步骤

从具体实践操作层面来看,可采取先易后难、由近及远、分区推进的方式来进行。

首先,可以在中国—中亚—俄罗斯区域一体化方面率先取得突破。在实现中国—中亚—俄罗斯区域一体化方面,目前起步阶段发展态势良好。主要是在上合组织框架内加强了区域范围内的交通、能源、安全等领域的合作,并通过加强政策沟通,实现了中国与欧亚经济联盟等战略对接,有关工业园区和高铁的建设也在加快推进。下一步,可以在深化中国与中亚、俄罗斯经济技术合作的基础上,商定建立自由贸易区。

其次,在东盟 10 国和中国、日本、韩国、澳大利亚、新西兰共 15 个亚太国家正式签署《区域全面经济伙伴关系协定》(RCEP)的基础上,开辟中日韩国际经济合作走廊,逐步将东北亚地区的朝鲜及蒙古吸引进来,共建东亚自由贸易区组织。

再次,在中欧投资协定如期完成谈判的基础上,可以设想在沿线的中东欧、欧盟、英国、南亚、西亚及非洲等沿线国家和地区,与我国之间建立若干个不同层次的自由贸易区,逐步形成自由贸易区网络,提升区域经济一体化水平,进一步促进各生产要素在区域范围内的自由流动。

最后,通过对分散的不同层次的自由贸易区进行优化整合和相互融通,不断促进各地区自贸区网络的转型升级,在"丝绸之路经济带"沿线国家和地区构建起统一的区域经贸合作体制机制。

三、建设"丝绸之路经济带"的主要
内容与合作机制的分析

建设"丝绸之路经济带"的主要内容,是实现"五通"。最早是在 2013 年 9 月由习近平主席提出,后经过完善,成为"一带一路"的合作重点。合作机制是实现合作内容的重要平台。二者之间存在着密切的依存关系,实现"五通"必须加强合作机制建设。

(一)建设"丝绸之路经济带"主要内容的完善

习近平总书记在倡议如何建设"丝绸之路经济带"时,曾经提出了"五通"

的合作内容,即"政策沟通、道路联通、贸易畅通、货币流通、民心相通"。根据习近平总书记的讲话精神,在我国政府发布的"一带一路"《愿景与行动》中,又进一步表述为,以"政策沟通、设施联通、贸易畅通、资金融通、民心相通为主要内容"[1],推进"一带一路"建设。

在上述"五通"合作内容中,每个方面的合作内容都具有着不同的功能作用,彼此相互联系又相互促进,共同形成了一个有机协调发展的区域合作内容的框架体系。其中,把"道路联通"改为"设施联通","货币流通"改为"资金融通",使"丝绸之路经济带"建设在实现互联互通和资金支持等方面具有了更加广泛的含义,也体现了新丝绸之路与古丝绸之路相比具有着鲜明的时代特征。同时,在"五通"合作内容的实施方面,与"21世纪海上丝绸之路"建设相比,推进"丝绸之路经济带"建设,也有着一些不同的区域地理特点和重点努力方向,有些合作内容和实施方面在实践中还有待进一步丰富和不断完善。

1. 政策沟通要突出战略合作和增强政治互信

"丝绸之路经济带"沿线国家基本上是发展中国家,其中有些国家还是我国周边国家,是与我国结成战略合作和战略协作伙伴关系比较密集的地区,无论从区域地理方位、自然生态环境,还是从贸易投资往来、能源安全合作来看,这些国家对我国都具有极为重要的战略意义。因此,在国际区域合作中,一定要从战略上思考问题,突出战略合作和政治互信,使"丝绸之路经济带"建设成果能够惠及沿线所有国家,共同推动区域一体化发展。在政策沟通渠道方面,一方面,要充分发挥上海合作组织的作用,建立起国家领导人之间经常互访和政策沟通的长效机制,为推进"丝绸之路经济带"提供政策保障;另一方面,要充分发挥中俄"两江地区"合作机制的示范作用,

---

① 国家发展改革委、外交部、商务部《推动共建丝绸之路经济带和21世纪海上丝绸之路的愿景与行动》,《人民日报》2015年3月29日。

加强国家地方政府层面的政策沟通,促进沿线地区的务实合作,不断深化国际区域合作的基础。

2. 设施联通要重点加强交通等基础设施建设

设施联通可以为推进"丝绸之路经济带"建设提供必要的现代物质技术条件,并对其发展走势具有重要导向作用。"丝绸之路经济带"沿线国家基本上是陆地国家,有些还是内陆国家,迫切需要打通陆海通道。因此,应围绕"六大经济走廊"建设,积极推动沿线国家和地区铁路、公路、水路、航空、管道、信息高速路的互联互通,加快"六大路网"建设。

3. 贸易畅通要突出能源安全和加强产能合作

"丝绸之路经济带"沿线的俄罗斯、中亚和西亚地区石油、天然气等矿产资源丰富,与我国在产能合作上有很强的经济互补性。加强以能源安全和产能合作为重点的贸易畅通,是推进"丝绸之路经济带"建设的重要内容,也是深化沿线地区合作的物质载体,可以为沿线各国互利共赢、共同发展奠定坚实的经济基础。因此,建设"丝绸之路经济带",应以能源安全和产能合作为基础,开展各种产业园区建设,扩大农业、生态、旅游等方面合作,全面加强多领域的贸易畅通。

4. 资金融通要突出人民币使用的国际化水平

随着亚投行的正式运营和丝路基金的成功组建,人民币正在成为"丝绸之路经济带"建设的主要流通货币之一。以人民币为主的资金融通是实现贸易畅通的重要媒介,同时也可以为推进设施联通提供金融支持。因此,为了更好地进行"丝绸之路经济带"建设,必须深入加强沿线各国之间以人民币为主的资金融通,尽快提升人民币跨境使用的国际化水平。要开展多边金融合作,建立和完善上海合作组织融资合作平台。

5. 民心相通要体现亲、诚、惠、容的发展理念

这是建设"丝绸之路经济带"的社会根基。"丝绸之路经济带"沿线国家和地区与我国民间交流历史悠久、交往密切,同时也是不同宗教文化信仰交汇融合的密集地区。因此,促进民心相通,一定要体现亲、诚、惠、容的理念。即在推进我国与"丝绸之路经济带"沿线国家和地区交流合作中,要讲亲情、重诚意、惠民生,实现包容发展,为促进民心相通在各个领域搭建多种交流合作平台。

（二）建设"丝绸之路经济带"合作机制的创新

当前,世界经济融合加速发展,区域合作方兴未艾。改革开放以来,我国在融入经济全球化过程中已与世界许多国家和地区建立了多双边关系。推动"丝绸之路经济带"建设,要创新现有多双边合作机制,采取分区推进、各取所长、连区成带的渐近性合作发展模式,促进区域合作模式联动转型升级。

1. 扩大和提升上海合作组织的规模和水平

上海合作组织在支撑共建"丝绸之路经济带"中发挥着重要作用。上海合作组织的前身是1996年4月26日建立的"上海五国"会晤机制。现有成员国主要为中国、俄罗斯、哈萨克斯坦、吉尔吉斯斯坦、塔吉克斯坦、乌兹别克斯坦、巴基斯坦和印度,观察员国为伊朗、阿富汗,对话伙伴国为斯里兰卡、白俄罗斯、土耳其。峰会主席国客人包括土库曼斯坦、独联体和东盟。工作语言为汉语和俄语。其中,印度和巴基斯坦作为最新加入的成员国,在推进"丝绸之路经济带"建设中,将有助于中巴经济走廊建设和孟中印缅经济走廊建设的全面展开。应在推进上海合作组织的扩员和合作机制的完善以及"丝绸之路经济带"内涵深化的基础上,率先实现区域一体化,使上海合作组织在推进沿线国家和地区的政策沟通、经贸往来、文化交流及联合反恐和维护地区和平稳

定发展等方面发挥越来越重要的作用。

2. 深化中国与中东欧国家的"16+1"合作

中东欧国家是亚欧"丝绸之路经济带"建设的重要节点地区。因此,要积极扩大我国与中东欧国家在旅游、机电、制造业等领域的国际合作,加强文化、教育等领域的合作交流,创新合作内容和方式,帮助化解中东欧国家与俄罗斯之间的地区矛盾和冲突,使中东欧地区成为"丝绸之路经济带"延伸至欧洲的重要桥梁和纽带。积极推动中欧投资协定的落实,放宽欧盟企业进入中国的条件,倒逼国内企业提升内功和监管升级。

3. 大力推动亚洲地区自由贸易区网络建设

依托亚信会议加强政策沟通与协调,总结和推广中国与东盟"10+1"自贸区建设的经验。积极推进中国与东盟10国和日本、韩国、澳大利亚、新西兰共15个亚太国家于2020年11月15日正式签署的《区域全面经济伙伴关系协定》的组织实施,并与南亚、西亚地区的自贸区建设相对接,在亚洲率先建设自由贸易区网络。

4. 积极创新"金砖国家+"区域合作模式

以南非、俄罗斯、印度、巴西分别作为"一带一路"国际合作在非洲、欧洲、亚洲和拉丁美洲地区的重要节点国家,形成长期而稳固的合作机制,打造成为"南南合作"的典范,积极推进"丝绸之路经济带"建设向沿线国家和地区延伸和拓展,使其在建立全球性自由贸易区网络格局中发挥积极作用。

5. 充分发挥国际论坛展会等合作平台作用

不断赋予中欧合作论坛、中非合作论坛、"一带一路"国际经济合作高峰论坛等新的时代内涵,继续开展"世博会""进博会"等大型国际会展活动,加强国际经济文化交流合作,传承和弘扬丝绸之路精神,展示中华文明成果,使其逐渐成为推进"丝绸之路经济带"建设的常态化的国际合作论坛和国际会展中心,为实现"丝绸之路经济带"的不断延伸并与"21世纪海上丝绸之路"在世界范围内的全面对接创造条件。

四、建设"丝绸之路经济带"与我国 区域开放新格局的形成

推进"丝绸之路经济带"建设加快了中国对外开放新格局形成的步伐,使国内开发开放格局从分区推进向联动发展进行转变,加强了东中西部互动合作,并通过"一带一路"建设与长江经济带建设、京津冀协同发展、长三角一体化发展、粤港澳大湾区建设的协调发展,全面提升沿海、沿江、沿边和内陆地区开放型经济水平,有力地促进各地区发展战略的转型升级。

(一)西北地区正在从内陆腹地变为对外开放前沿

新疆发挥独特的区位优势和向西开放重要窗口作用,打造"丝绸之路经济带核心区",正在形成"丝绸之路经济带"上"一通道、三基地、五中心"的战略布局。① 陕西通过建设"丝绸之路经济带新起点",加快形成"一高地、六中心"的战略格局。② 甘肃通过建设"丝绸之路经济带黄金段",把省会兰州打造成黄金段上的"钻石节点"。宁夏通过发挥宗教文化优势,着力打造"丝绸之路经济带"上的重要战略支点。青海发挥民族人文优势,打造"丝绸之路经济带"上的战略高地。

---

① "一通道"是指国家能源资源陆上大通道;"三基地"是指国家大型油气生产和储备基地、大型煤炭煤电煤化工基地、大型风电基地;"五中心"是指"丝绸之路经济带"重要的交通枢纽中心、商贸物流中心、金融中心、文化科技中心、医疗服务中心。

② "一高地、六中心"是指"丝绸之路经济带"开发开放高地和金融商贸物流中心、机械制造中心、能源储运交易中心、文化旅游中心、科技研发中心、高端人才培养中心。

（二）东北地区正在积极建设向北开放的重要窗口

东北地区凭借沿边、靠海、连接内陆的区位优势，加快建设中蒙俄经济走廊，正在积极打造向北开放的重要窗口。其中，内蒙古发挥联通俄蒙的区位优势，对接蒙古的"草原之路"。黑龙江积极配合国家"中蒙俄经济走廊"建设规划，积极做好衔接实施方案。吉林重点是进行"长吉图开发开放先导区"的通道建设。辽宁主要是在实现陆上"丝绸之路经济带"和"21世纪海上丝绸之路"的对接方面发挥战略支点作用，全域打造"一带一路"建设的重要枢纽。

（三）西南地区正在建设面向南亚、东南亚辐射中心

广西发挥与东盟国家陆海相邻的独特优势，加快北部湾经济区和珠江—西江经济带开放发展，构建中国—中南半岛经济走廊，打造西南、中南地区开放发展新的战略支点，形成"21世纪海上丝绸之路"与"丝绸之路经济带"有机衔接的重要门户。云南发挥地理区位优势，振兴南方丝绸之路，推进孟中印缅经济走廊建设，打造大湄公河次区域经济合作新高地，建设成为面向南亚、东南亚的辐射中心。西藏凭借美丽的雪域高原、神秘的宗教文化和独特的民族风情，在吸引内地人口和产业转移的同时，积极推进与尼泊尔等国家边境贸易和旅游文化合作，正在打造我国西南地区新的区域增长极。

（四）沿海地区正在形成引领国际竞争合作新优势

沿海地区的长三角、珠三角、环渤海等经济区利用开放程度高、经济实力强、辐射带动作用大的优势，加快区域开发战略的优化升级，在大力推进"21世纪海上丝绸之路"建设的同时，积极对接"丝绸之路经济带"，正在形成引领国际竞争合作的新优势。京津冀协同发展取得新突破，山东正在加强与德国等国家的制造业对接，江苏打造连云港竞争新优势，浙江的义乌小商品城通过

"一带一路"已走向世界,上海在加快推进中国(上海)自由贸易试验区新片区建设,广东正在努力成为"一带一路"特别是"21世纪海上丝绸之路"建设的排头兵,海南正在加大自由贸易港建设的开发开放力度。粤港澳大湾区建设加快推进,发挥海外侨胞独特优势作用,积极参与"一带一路"建设。

（五）内陆地区正在打造内陆开放型经济新高地

内陆地区的长江中游城市群、成渝城市群、中原城市群、呼包鄂榆城市群、哈长城市群等重点区域,利用内陆纵深广阔、人力资源丰富、产业基础好等优势,推动区域互动合作和产业集聚发展,积极打造内陆开放型经济新高地。长江中上游地区的安徽、江西、湖南、湖北、四川、重庆"五省一市",在推动长江中上游地区和俄罗斯伏尔加河沿岸联邦区合作中取得积极进展。围绕对接国际经济走廊建设,内陆有关省市区依托新亚欧大陆桥,积极打造"中欧班列"品牌,多条沟通内外、连接东中西的国际运输大通道正在形成。郑州等内陆城市正在打造"空中丝绸之路",开展跨境贸易电子商务服务试点,深化与"丝绸之路经济带"沿线国家和地区的经贸合作。

五、我国推动"丝绸之路经济带"建设的国内国际重大意义

建设"丝绸之路经济带"作为"一带一路"倡议的重要内容之一,不仅是中国实现和平发展、中华民族伟大复兴的重要组成部分,同时也是引领世界各国广泛参与全球治理的积极行动,具有着国内外重大意义。

（一）我国推动"丝绸之路经济带"建设的国内重大意义

"丝绸之路经济带"建设作为我国最具有影响的区域开发开放发展的重大战略举措,从对国内经济社会发展的作用来看,主要是解决中国过剩产能的市

场、资源的获取、战略纵深的开拓和国家安全的强化这三个重要的战略问题。①同时,还将有利于全面推动我国产业结构调整与经济转型升级,促进我国东中西部地区的协调发展与经济社会的可持续发展。

1. 有利于解决中国富裕优质产能的国际市场开拓问题

当前,钢铁、建材等产能过剩对我国经济的运行造成了很大的影响,但对于"丝绸之路经济带"沿线一些基础设施薄弱和经济发展落后的国家和地区而言,紧缺的可能是优质产能。特别是对于位于"丝绸之路经济带"上的中东地区国家而言,连年的战乱已使许多基础设施遭到严重破坏,战后基础设施的重建和修复将形成庞大的钢铁和建材等方面的市场需求。因此,在中国传统的出口市场已经开拓的较为充分和增量空间已经不大的情况下,通过推进"丝绸之路经济带"建设加强国际产能合作,来开辟新的出口市场是一条很好的途径。

2. 有利于解决中国的资源获取与实现可持续发展问题

中国的油气和矿产等资源对国外市场的依存度较高,这些资源主要通过沿海海路进入中国,而且市场来源较为单一,使得资源获取方面的合作不稳定和经济可持续发展的基础不够牢固。"丝绸之路经济带"建设通过中巴、孟中印缅、中蒙俄等经济走廊建设,新增了大量有效的陆路资源进入通道,对资源获取的多样化与实现经济可持续发展十分重要,有助于进一步拓展中国发展的战略资源的来源渠道。

3. 有利于解决中国战略纵深拓展和国家安全的强化问题

改革开放以来,我国的一些先进工业和核心基础设施主要集中于沿海。

---

① 王义桅:《"一带一路":机遇与挑战》,人民出版社 2015 年版,第 19 页。

在战略纵深的中部和西部地区,还有很大的工业和基础设施发展潜力,在战时受到外部的威胁相对较少。因此,通过建设"丝绸之路经济带"加大对中西部的开发力度,推动中国经济重心西移,培育新的经济增长极,将有利于战略纵深的拓展和国家安全的强化。

4. 有利于形成国内国际双循环相互促进的新发展格局

当前,我国经济发展进入新时代。速度换挡、结构优化和动力转换是新时代呈现出来的基本特征。为了适应和引领新时代,应对疫情之下全球市场萎缩带来的挑战,我国正在进行供给侧结构性改革,通过扩大内需形成国内大循环。推动"丝绸之路经济带"建设,有利于我国发挥内需潜力,以国内的复苏繁荣推动国际的经济复苏繁荣,使国内市场和国际市场更好联通,形成国内国际双循环相互促进的新发展格局。

5. 有利于解决我国东中西部地区开放发展不平衡问题

我国改革开放以来,在沿海、沿江、沿边开放政策的实施过程中,由于受到地域特征等诸多因素的影响,其实际效果有很大差别,总体上呈现"东强西弱、海强边弱"的局面。在我国经济进入新时代的背景下,建设"丝绸之路经济带"将会对在对外开放政策推行中形成的不平衡发展态势进行必要的政策性调整,使西部地区由过去的内陆腹地变为对外开放的前沿,中部地区也由此可以依托对外开放的经济走廊而成为内陆开放型经济高地,从而在地域上形成我国东中西部地区协调对外开放发展的新局面。

(二)我国推动"丝绸之路经济带"建设的国际重大意义

作为"一带一路"框架下的"丝绸之路经济带"建设,不仅仅是基于中国现实问题与长远发展的战略考量,同时也基于人类利益的共同性,基于人类文明共同发展和进步的崇高理念和历史担当。因而,具有着国际重大意义。

1. 建设"丝绸之路经济带"是创新区域合作模式的新思路

当今时代是经济全球化时代,世界各国、各地区之间经济上的相互联系和依存日益紧密,也是区域经济合作模式升级的主要驱动力。中国所在的亚洲地区,是当今世界经济发展最为活跃、增长潜力最大的一个地区。但是,由于历史的现实的种种原因,亚洲国家经济合作的意愿较低,经济一体化水平不高,相互间经济依存度远低于北美国家,更低于欧盟国家的平均水平。[①] 全面考察近年来经济全球化发展趋势和中国周边地区一体化发展的客观要求,特别是中国与周边各国发展的经贸关系,推进技术合作,尤其是共建基础设施的成就和经验,中国以共商、共建、共享为原则,积极推动"丝绸之路经济带"建设,不仅极为重要,而且完全可能。在此基础上,通过加强政策沟通,促进"丝绸之路经济带"建设与沿线各国的发展战略有机衔接,使上海合作组织、东南亚国家联盟、南亚国家联盟、俄罗斯主导的欧亚联盟以及拟议中的中日韩经济合作相互协调,"丝绸之路经济带"建设完全有可能成为打造区域合作新模式、开拓亚洲互利共赢新局面以及提升亚洲经济一体化水平的重要途径。

2. 建设"丝绸之路经济带"是推动全球经济合作的新平台

当前,世界经济面临深度转型调整期,一些国家的贸易保护主义有所抬头,甚至出现了"逆全球化"倾向,并对一些区域一体化组织与世贸组织规则形成了挑战。推动"一带一路"框架下的"丝绸之路经济带"建设,正是打破以邻为壑的思维定式,为全球经济合作提供新平台。通过"丝绸之路经济带"建设与"21世纪海上丝绸之路"的不断延伸和拓展,将把作为世界经济引擎的亚太地区与世界最发达的欧洲经济圈联系起来,不仅亚欧经济可以实现整合和优势互补,包括非洲、南美洲等在地理上较为远离"丝绸之路经济带"区域的

---

① 于洪君:《"一带一路"的时代意义和历史价值》,《环球日报》2016年5月4日。

国家也将被纳入其发展之中,形成全球新兴经济增长区域,从而摆脱全球经济低迷的状态,为解决世界经济发展动力缺乏的问题注入新活力。

3. 建设"丝绸之路经济带"是推动国际秩序重建的新创举

世界上不同国家之间的基础设施联通,以及与此相关联的区域合作与一体化发展,往往与国际关系、贸易格局、金融秩序、行为规则、安全机制的构建或重建相联系。中国倡导的"一带一路"框架下的"丝绸之路经济带"建设,传承和弘扬丝绸之路精神,基于人类文明共同发展和进步的崇高理念。这一理念摒弃冷战思维,拒绝零和博弈,反对丛林法则,超越社会制度差异和意识形态分歧,超越资源禀赋障碍和自然地域阻碍。它不是从根本上打破现有的国际政治经济秩序,不去颠覆现行的金融合作机制和产能转移规则,而是顺应经济全球化的历史潮流,引导世界各国探索相互尊重并相互支持、共担风险和共克时艰、互利共赢与合作共赢的新道路,形成更为公正合理、更为健康稳定、得到广泛认同并使各国人民普遍受益的国际关系新体系。[①]

4. 建设"丝绸之路经济带"是中国履行国际义务的新途径

当今世界属于全球化加速发展的新时代,中国倡导并大力推动"一带一路"框架下的"丝绸之路经济带"建设,首先着眼于帮助广大发展中国家摆脱基础设施建设长期滞后和经济社会发展水平落后的局面,逐步缩小沿线不同国家和地区之间的发展差距。在这个可能相对较长的历史时期,中国将尽最大努力为沿线国家和地区的发展提供多种形式的财力、物力和智力支持。特别是面对不可预测的风险和挑战,中国政府和企业可能为困难和挫折承担必要的损失和牺牲。但是,为了充分兑现和全面履行中国政府对世界的庄严承诺,中国政府和企业将义无反顾、矢志不移地履行自己的国际义务和历史

---

① 郭言:《"一带一路"是世界经济复苏强劲动力》,《经济日报》2016 年 6 月 17 日。

责任。

　　总之,建设"丝绸之路经济带"作为"一带一路"倡议的重要内容,是对传统区域经济合作模式的创新,在空间范围、科学内涵和实现方式上也有着自己的时代特征。依据这些时代特征,对建设"丝绸之路经济带"的发展目标、基本路径、主要内容、合作机制及其影响作用等方面,进行有关理论与实践探讨,将有助于进一步丰富和深化对"一带一路"倡议及其重大意义的认识,从而为我国及各地区研究和采取更加有针对性的对接实施方案提供决策参考和科学依据。

第三章　建设"丝绸之路经济带"
进展情况及其战略思考

　　自从 2013 年我国领导人提出了共建"一带一路"重大倡议以来,截至 2019 年年底已经 6 年多了。6 年多来,"一带一路"从理念转化为行动,从愿景不断转变为现实,从谋篇布局的"大写意"转向精耕细作的"工笔画"。其中,中国与"丝绸之路经济带"沿线国家和地区的国际合作步伐不断加快,为缓慢复苏的全球经济注入了新的增长动力,并为世界各国的共同发展开辟了巨大空间,建设成果丰硕,并呈现出一些新的发展趋势。

一、推进"丝绸之路经济带"
建设取得的积极成效

　　2017 年 5 月,习近平主席出席首届"一带一路"国际合作高峰论坛开幕式并发表题为《携手推进"一带一路"建设》的主旨演讲,对"一带一路"取得的成效给予了高度的概括和充分的肯定。继首届"一带一路"国际合作高峰论坛之后,我国与沿线国家之间的国际合作持续加强。2019 年 4 月,第二届"一带一路"国际合作高峰论坛在北京隆重召开,有 150 多个国家和 90 多个国际组织、37 个国家元首和政府首脑近 5000 多位外宾应邀出席会议,涉及五大洲各地区政府、民间组织、工商界和学术机构等社会各界,各国以行动对"一带一路"投信任票,同时也标志着国际合作进一步升温。其中,我国与"丝绸之路经济带"沿线各国聚焦政策沟通、设施联通、贸易畅通、资金融通、民心相通,不断深化国际合作,已经在多个领域取得积极成效。

(一)政策沟通凝聚共识,战略对接伙伴增多

自从习近平主席提出"一带一路"倡议以来,我国与沿线国家在各领域、各层次就双多边合作进行政策沟通与协调,政治互信明显增强。我国在合作推进"丝绸之路经济带"建设与沿线有关国家的战略对接方面,政策落实正在逐步到位。"丝绸之路经济带"建设把快速发展的中国同沿线国家的利益结合起来,正在共同打造开放、包容、均衡、普惠的区域合作架构。

1."一带一路"倡议助推"丝绸之路经济带"建设

共建"一带一路"倡议得到国际社会的广泛认可,载入国际组织重要文件,助推"丝绸之路经济带"建设,双多边合作文件逐年增多。共建"一带一路"倡议及其核心理念已写入联合国、二十国集团、亚太经合组织以及其他区域组织等有关文件中。截至 2019 年 3 月底,中国政府已与 125 个国家和 29 个国际组织签署了 173 份合作文件。① 在"一带一路"框架下,中国积极推动与"丝绸之路经济带"沿线各国签署合作备忘录或合作规划。其中,签署的第一份双边战略对接合作规划,即中哈《"丝绸之路经济带"建设与"光明之路"新经济政策对接合作规划》;第一份经济走廊合作规划纲要,即《建设中蒙俄经济走廊规划纲要》,都是"丝绸之路经济带"的沿线国家。从签署的文件内容看,我国与俄罗斯、波兰、罗马尼亚、蒙古等国家签订的双边协定涉及领域比较全面,包括投资保护、避免双重征税、航空合作、核能合作、劳务输出等各个

---

① 推进"一带一路"建设工作领导小组办公室:《共建"一带一路"倡议:进展、贡献与展望》,《人民日报》2019 年 4 月 23 日。

方面;与捷克、塞尔维亚、阿塞拜疆等国签署国家层面的合作谅解备案录,主要涉及基础设施建设、金融合作与监管、文化沟通与交流方面;与俄罗斯、印度、老挝等40多个国家签署了联合声明,主要涉及外交关系、区域产能合作、信息通信合作等方面。[1] 同时,中国与"丝绸之路经济带"沿线的阿拉伯、法国、德国、欧盟、科威特、叙利亚、保加利亚等欧亚大陆国家也签署了众多联合声明和文件。

2. 上合组织成为建设"丝绸之路经济带"的合作平台

以上海合作组织为"丝绸之路经济带"国际合作的重要平台,不断增强政治互信,在加强与俄罗斯、中亚、南亚等国合作基础上,共同促进欧亚地区发展繁荣。在上海合作组织成员国中,我国与俄罗斯、哈萨克斯坦的高级别互访次数最多,为推进"丝绸之路经济带"建设发挥了重要作用。2015年5月习近平主席和普京总统代表中俄双方共同签署并发表《关于丝绸之路经济带建设与欧亚经济联盟建设对接合作的联合声明》,标志着"一带一路"倡议与"欧亚经济联盟"建设实现了战略对接。2015年7月,上海合作组织发表了《上海合作组织成员国元首乌法宣言》,支持关于建设"丝绸之路经济带"的倡议,标志着上海合作组织在推进"丝绸之路经济带"建设方面取得了新进展。2018年5月签署的《中华人民共和国与欧亚经济联盟经贸合作协定》,将引领中国与联盟成员国经贸合作进一步走向项目带动和制度引领的新阶段。

3. 中国与东南亚借助"一带一路"展开合作新篇章

2015年中国与东盟双方贸易额达4722亿美元,双向投资累计1565亿美元。2016年,在国家信息中心提供的《"一带一路"大数据报告(2016)》中,我国与沿线国家政策沟通度指标得分在排名前20国家中,东南亚国家有7个,

---

[1] 国家信息中心"一带一路"大数据中心:《"一带一路"大数据报告(2016)》,商务印书馆2016年版,第31—32页。

所占比例最多。①　其中,柬埔寨、老挝、缅甸、新加坡、越南、马来西亚、泰国、印度尼西亚在政治互信指标得分排名都在前20国家之内。总体来看,东南亚在投资和贸易方面均具有不俗表现,在最具有潜力国家榜也有多国上榜。中老、中泰、中缅等泛亚铁路网和管道建设迈开重要步伐。2016年12月25日,中国—老挝铁路全线开工。根据规划,中老铁路将于2021年全线贯通。雅万高铁建设进入全面实施阶段,中泰铁路建设进展顺利。中缅原油管道投入使用,实现了原油通过管道从印度洋进入我国。2017年11月12日,在习近平主席应邀对越南进行国事访问期间,中越签署了共建"一带一路"和"两廊一圈"合作备忘录,以及在产能、能源、跨境经济合作区、电子商务、人力资源、经贸、金融、文化、卫生、新闻、社会科学、边防等领域合作文件的签署。2017年11月14日,习近平主席对老挝进行国事访问后,两国发表了联合声明,指出要加快中国"一带一路"倡议同老挝"变陆锁国为陆联国"战略对接,加快推进中老铁路等标志性项目建设,并以此为依托共建中老经济走廊。

4. 中国与欧盟推进"一带一路"与欧洲发展战略对接

中国与欧盟达成共识,双方同意推进"一带一路"倡议与欧洲的发展战略对接。包括欧盟"容克计划"、英国"英格兰北方经济中心"、波兰"琥珀之路"以及"中国制造2025"与德国的"工业4.0"战略对接等。并通过"16+1"合作,把中东欧地区打造成"丝绸之路经济带"融入欧洲经济圈的重要承接地。2018年伊始,来自法国、北欧和波罗的海、英国、荷兰等欧洲国家领导人在党的十九大后接踵访华,这一波中国外交"欧洲季"高潮,向外界释放出新信号,表明欧洲越来越重视中国的影响力,希望与中国共建"一带一路"以及加强合作的强烈意愿。2019年4月9日李克强总理在布鲁塞尔同欧盟领导人举行

---

①　国家信息中心"一带一路"大数据中心著:《"一带一路"大数据报告(2016)》,商务印书馆2016年版,第31—32页。

会晤,在会晤后发表的《第二十一次中国—欧盟领导人会晤联合声明》中明确提出,双方将继续推动中国"一带一路"倡议和欧盟欧亚互联互通战略、泛欧交通运输网络对接。

5. 金砖国家合作机制携手共推"一带一路"建设

以金砖国家合作机制的稳定发展为纽带,携手共建"一带一路",使"丝绸之路经济带"建设向非洲和拉丁美洲积极拓展。2018 年,中拉论坛第三届部长级会议、中国—阿拉伯国家合作论坛第八届部长级会议、中非合作论坛峰会先后召开,分别形成了中拉《关于"一带一路"倡议的特别声明》《中国和阿拉伯国家合作共建"一带一路"行动宣言》和《关于构建更加紧密的中非命运共同体的北京宣言》等重要成果文件。① 这表明"一带一路"的国际合作理念正在非洲和拉丁美洲落地生根,"丝绸之路经济带"建设正在突破古丝绸之路的区域范围向世界各地延伸和拓展。

（二）设施联通建设提速，经济走廊不断拓展

设施联通在"一带一路"建设和发展中发挥着先导性作用,也是"丝绸之路经济带"建设的优先领域。6 年来,国际经济合作走廊建设和通道建设取得明显进展。通过公路、铁路、港口、跨境油气管道、跨境光缆、跨境输电线路等建设,我国与沿线国家基础设施互联互通的经济走廊架构已基本形成,高效畅通的国际大通道正在加快建设。其中,中国高铁在国外参与的已建成、在建或规划中的高铁项目,主要有中巴、中吉乌、雅万、安伊匈塞、亚吉、蒙内等,并且实现了从中低端到高端的升级,出口市场实现了从亚非拉到欧美的飞跃。

---

① 推进"一带一路"建设工作领导小组办公室:《共建"一带一路"倡议:进展、贡献与展望》,《人民日报》2019 年 4 月 23 日。

1. 中巴经济走廊建设已经取得初步成效

绵延 3000 多公里的中巴经济走廊,起点新疆喀什,终点巴基斯坦瓜达尔港,是一条包括公路、铁路和油气管道在内的贸易通道。其中的瓜达尔港建设不仅是中巴经济走廊建设的门户,更是中巴经济走廊建设的开端之作。瓜达尔港建成之后,将成为中国同南亚、中东及非洲扩大经贸合作的节点。目前,以能源、交通基础设施、产业园区合作、瓜达尔港为重点的合作布局确定实施,中国与巴基斯坦组建了中巴经济走廊联合合作委员会,建立了定期会晤机制。一批项目顺利推进,部分项目已发挥效益。2016 年 11 月 14 日,一支由 50 辆卡车组成的贸易车队从新疆喀什出发后,一路行驶 3000 余公里,直抵印度洋畔的巴基斯坦瓜达尔港。来自中国的货物从这里装上远洋货轮,扬帆出海。我国货运车队首次贯穿"中巴经济走廊",标志着中巴经济走廊上的公路货运班列已正式开通,所载货物经过瓜达尔港可直达中东、非洲和欧洲。2017 年年底发布的《中巴经济走廊远景规划》,标志着中巴经济走廊在经历了多年的建设和探索之后,为未来的建设发展确定了更为清晰可行的目标方案,这将进一步促进中巴经济走廊建设的有序推进。

2. 中蒙俄经济走廊建设合作不断加深

2014 年,习近平主席在出席中蒙俄三国元首理事会时提出中蒙俄经济走廊建设倡议。实现路径是把"丝绸之路经济带"同俄罗斯跨欧亚大通道建设、蒙古国"草原之路"倡议进行对接,加强铁路、公路等方面的互联互通建设,推进通关和运输便利化,促进跨境运输合作。中蒙俄经济走廊分为两条线路:一是华北地区从京津冀到呼和浩特,再到蒙古和俄罗斯;二是东北地区从大连、沈阳、长春、哈尔滨到满洲里和俄罗斯的赤塔。两条走廊互动互补形成一个新的开发开放经济带,统称为中蒙俄经济走廊。其作用在于将中国的环渤海经济圈与欧洲经济圈链接起来,形成一条从亚洲到欧洲的北方通道。

中蒙俄三国积极推动形成以铁路、公路和边境口岸为主体的跨境基础设施联通网络建设。2016 年 6 月 23 日，中蒙俄元首第三次会晤中，一致同意继续围绕中方"丝绸之路经济带"建设、俄方发展战略特别是跨欧亚大通道建设、蒙方"草原之路"倡议对接这条主线，积极推进全面合作，并共同见证签署了《建设中蒙俄经济走廊规划纲要》，标志着"丝绸之路经济带"首个多边经济合作走廊正式实施。2018 年，三国签署了《关于建立中蒙俄经济走廊联合推进机制的谅解备忘录》，进一步完善了三方合作工作机制。中国同江—下列宁斯阔耶界河铁路中方侧工程已于 2018 年 10 月完工。黑河—布拉戈维申斯克界河公路桥建设进展顺利。中俄企业联合体基本完成莫喀高铁项目初步设计。三国签署并核准的《关于沿亚洲公路网国际道路运输政府间协定》正式生效。中蒙俄（二连浩特）跨境陆缆系统已建成。目前，"津满欧""苏满欧""粤满欧""沈满欧"等多条中俄欧铁路国际货物班列已实现常态化运营。

3. 新亚欧大陆桥经济走廊建设进展顺利

新亚欧大陆桥是从江苏省连云港市到荷兰鹿特丹港的国际化铁路之干线，全长超过 1 万公里，辐射 30 多个国家和地区。国内由陇海铁路和兰新铁路组成。大陆桥途径江苏、安徽、河南、陕西、甘肃、青海、新疆 7 个省区，到中哈边界的阿拉山口出境。出境后可经 3 条线路抵达荷兰的鹿特丹港。新亚欧大陆桥经济走廊是一条包括铁路、公路、油气管道等在内的横贯欧亚大陆的贸易通道。2016 年 2 月，由中铁隧道集团承建的中吉乌铁路"安格连—帕普"隧道顺利贯通。这条"中亚第一铁路隧道"，不仅是中国企业在乌兹别克斯坦的一张名片，更将乌两部分国土连接在一起，改变了乌境内运输需绕道他国的窘境，实现了乌兹别克斯坦民众期待已久的梦想。塔吉克斯坦"瓦赫达特—亚湾"铁路通车。另外，中塔公路二期、中国—中亚天然气管道 D 线等项目正在加快推进，中俄高铁项目已经起步。中俄原油管道复线正在投入使用，中俄东线天然气管道建设按计划正在推进。匈塞铁路塞尔维亚境内贝旧段完工。中国西部—西欧国际公路(中国西部—哈萨克斯坦—俄罗斯—西欧)基本建成。我国新疆与"丝绸之路经济带"沿线国家和地区的交通运输合作已驶入"快车道",逐步形成了以乌鲁木齐为中心,辐射中亚、西亚、南亚,集公路、铁路、航空和管道"四位一体"的立体交通综合运输网络。

4. 中国—中亚—西亚经济走廊建设务实推进

中国—中亚—西亚经济走廊从新疆出发,国内部分与新亚欧大陆桥经济走廊重叠,在新亚欧大陆桥从阿拉山口—霍尔果斯越出中国国境后,形成的一条从哈萨克斯坦到乌兹别克斯坦、吉尔吉斯斯坦、塔吉克斯坦、土库曼斯坦、伊朗、伊拉克、土耳其,抵达波斯湾、地中海沿岸和阿拉伯半岛的新经济走廊。中国—中亚—西亚沿线国家和地区的经济走廊是一条能源大通道,是中国—中亚石油管道和天然气管道必经之地。6 年多来,该走廊在能源合作、设施联通、经贸与产能合作等领域合作不断加深。中国与哈萨克斯坦、乌兹别克斯坦、土耳其等国的双边国际道路运输协定,以及中巴哈吉、中哈俄、中吉乌等多边国际道路运输协议或协定相继签署,中亚、西亚地区基础设施不断完善。中国—沙特投资合作论坛围绕共建"一带一路"倡议与沙特"2030 愿景"进行产业对接,签署合作协议,总价值超过 280 亿美元。中国与伊朗发挥在多领域的独特优势,加强涵盖道路、基础设施、能源等领域的对接合作。

5. 中国—中南半岛经济走廊建设稳步发展

中国—中南半岛经济走廊东起珠海经济区,沿南广高速公路、桂广高速铁路,经南宁、凭祥、河内至新加坡,以沿线中心城市为依托,以铁路、公路等基础设施为载体,形成优势互补、区域分工、联动开发、共同发展的区域经济体,是一条连接珠海经济圈与中南半岛国家并把中国与东盟紧密联系起来的一条经济走廊。目前,昆(明)曼(谷)公路全线贯通,中老铁路、中泰铁路等项目稳步推进。中老经济走廊合作建设开始启动,泰国"东部经济走廊"与"一带一路"

倡议加快对接,中国与柬老缅越泰(CLMVT)经济合作稳步推进。中国—东盟(10+1)合作机制、澜湄合作机制、大湄公河次区域经济合作(GMS)发挥的积极作用越来越明显。随着中国与东盟自贸区的发展,特别是亚太15个国家《区域全面经济伙伴关系协定》的签署与实施,中国—中南半岛经济走廊在实现建设"丝绸之路经济带"与"21世纪海上丝绸之路"的对接方面将发挥重要的作用。

6. 孟中印缅经济走廊建设取得积极进展

孟中印缅经济走廊源于20世纪90年代,中国云南提出的中印缅孟地区经济合作构想,1999年在昆明举行了第一次中印缅孟地区经济合作大会,各方共同签署了《昆明倡议》,随后每年召开一次会议推进建设。2013年5月,李克强总理在访问印度期间正式提出推进孟中印缅经济走廊建设,得到印度、孟加拉国、缅甸3国的积极响应。2013年12月,孟中印缅经济走廊联合工作组第一次会议在昆明召开,各方就经济走廊发展前景、优先合作领域和机制建设等深入讨论,签署了联合研究计划,正式建立了4国政府推进的合作机制。孟中印缅四方在联合工作组框架下共同推进经济走廊建设,在机制和制度建设、基础设施互联互通、贸易和产业园区合作、国际金融开放合作、人文交流与民生合作等方面研拟并规划了一批重点项目。中缅两国共同成立了中缅经济走廊联合委员会,签署了关于共建中缅经济走廊的谅解备忘录、木姐—曼德勒铁路项目可行性研究文件和皎漂经济特区深水湾项目建设框架协议。孟中印缅经济走廊建设有利于中国西南部地区提高对外开放水平,加强以云南省为代表的对外联系,将东亚、南亚与东南亚联系在一起,使之成为"一带一路"交汇的枢纽地区。

7. 中欧班列运营的品牌效应开始显现

自2013年起,中欧班列开行呈逐年上升趋势(见图3-1)。截至2018年年底,中国中欧班列累计开行突破 1.3 万列,运送货物超过 110 万标箱。从开行的区域范围看,中欧班列已通达欧亚大陆 16 个国家的 108 个城市,进入常态运营,正在逐步形成连接亚洲各次区域以及亚欧之间的交通运输网络。从去程组织的货源的种类来看,货物已从以前单一的 IT 产品扩展到服饰、食品、小商品、汽车配件、酒类、小家电等各类生活消费用品。从返程组织货源的种类来看,主要是日用品、食品、家具木材、汽配、机械制造等。中欧班列一方面向欧亚大陆国家运出中国大量物美价廉的商品,消化了中国国内的过剩产能;另一方面也从"丝绸之路经济带"沿线国家和地区带回来源源不断的商品,促进了商品贸易的双向流动,扩大了中国对沿线国家和地区的开放。

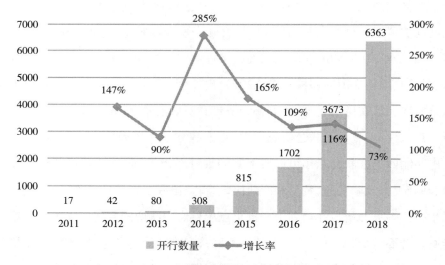

图 3-1　2011—2018 年中欧班列开行数量及增长率

资料来源:工信部"一带一路"数据库。

8."空中丝绸之路"网络正在不断加密

据相关统计数据显示,截至 2018 年年底,中国与"一带一路"沿线 62 个国家签订了双边政府间航空运输协定。中国与 45 个沿线国家实现直航,每周约 5100 个航班。河南的郑州—卢森堡"空中丝绸之路"的建设不断完善,以郑州为中心的航空双枢纽正在形成,郑州机场的货运运力、全货和航线数量、航班量及通航城市数量均居全国第五位,已成为中国"空中丝绸之路"重要节点机场。陕西依托西安咸阳国际机场,加快"一带一路"沿线的航空网络布局。2017年,西安咸阳国际机场共开通国内通航点152个,国内机场覆盖率65%,西北区域覆盖率80%以上。在国际方面,截至2017年,西安咸阳国际机场已开通面向阿拉木图、莫斯科、罗马、布拉格等14个国家26个城市航线。宁夏依托"双枢纽"战略,航空运输也取得重大突破,2012—2017年宁夏民航累计完成运输起降29.8万架次,旅客吞吐量3339.46万人次,货邮吞吐量20.04万吨,年均增速分别达到15.4%、16.1%、9.4%。2018年8月,中国和白俄罗斯两国正式执行互免签证政策,更方便了"空中丝绸之路"人员往来的沟通与交流。

9. 大通道建设促进我国物流业加快增长

自从2013年我国提出和实施"一带一路"倡议以来,随着六大国际经济合作走廊建设的不断推进、中欧班列的开行和空中丝绸之路的开辟,与之相对接的国内各种大通道也在加快建设,各种通道的互联互通极大地促进了我国物流业的发展,使物流业的总收入及其增长率呈现出逐年加快增长的态势(见图3-2)。物流业总收入从2014年的7.1亿万人民币增长到2018年的10.1亿万人民币。2018年物流总收入的增长率猛增到14.8%。物流业已成为支撑"丝绸之路经济带"建设的重要新兴战略性产业。

10. 中非"丝绸之路经济带"合作蓬勃发展

由中国公司承建的投资逾40亿美元的亚吉铁路(亚的斯亚贝巴—吉布提)2016年10月5日正式通车。这是非洲第一条现代化电气化铁路,从投融资、技术标准到运营管理维护,全部采用中国标准,这条铁路通车,标志着中国铁路首次实现全产业链"走出去"。2016年11月2日,中国铁建下属中国土

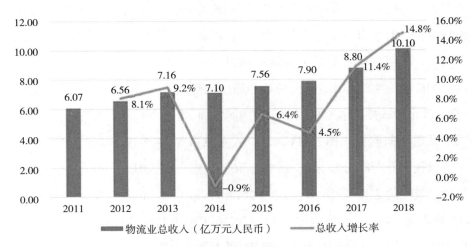

图 3-2　2011—2018 年我国物流业总收入及增长率

资料来源：工信部"一带一路"数据库。

木工程集团有限公司在卢萨卡与赞比亚交通与通信部签署了赞比亚奇帕塔经佩陶克至塞伦杰铁路（赞比亚东线铁路）设计施工合同。项目合同金额约22.6352 亿美元，折合约 150.9766 亿元人民币。赞比亚东线铁路全长 388.8公里，设计客车时速 120 公里，设计货车时速 80 公里，工期 4 年。赞比亚东线铁路将成为赞比亚铁路网的一条新干线，为赞比亚打通另一条出海通道和重要的经济走廊，并将进一步促进双边互利合作。

（三）贸易畅通全面推进，贸易投资稳定增长

自从"一带一路"倡议提出以来，我国在"丝绸之路经济带"建设方面的经贸投资合作取得很大进展。我国与"丝绸之路经济带"沿线国家的贸易领域与结构持续拓宽优化，开展了服务贸易创新发展试点，服务贸易合作快速增长，跨境电子商务等创新贸易方式得到蓬勃发展。同时，我国还积极推进"丝绸之路经济带"的大通关建设，与沿线许多国家签署了税收协定，有力促进了我国面向"丝绸之路经济带"沿线国家的贸易投资稳定增长。

1. 对外贸易投资合作进展顺利,呈现出稳定发展态势

自2013年以来,我国与沿线国家贸易额上升较快,并呈现出逐年稳定发展态势。2013—2018年,中国与沿线国家货物贸易进出口总额超过6万亿美元,年均增长率高于同期中国对外贸易增速,占中国货物贸易总额的比重达27.4%。① 商务部统计,2014—2016年,我国与"一带一路"相关国家贸易总额约20万亿元人民币,增速高于全球平均水平,2017年达7.4万亿元人民币,同比增长17.46%。2018年,我国与"一带一路"沿线国家合计贸易进出口额达8.37万亿元,同比增长13.3%,继续保持较快增长势头(见图3-3)。其中,我国与俄罗斯、乌兹别克斯坦、埃及进出口同比增长23.8%、46.6%和25%。近年来,中国与欧亚经济联盟国家的经贸关系持续发展,势头良好。统计显示,2017年中国与欧亚联盟成员贸易额达1094亿美元。中国与俄罗斯双边贸易额增长迅猛,从2015年的730亿美元增至2017年的约860亿美元,增长17.8%,中国连续8年成为俄罗斯的第一大贸易伙伴国。2018年,中俄双边贸易额持续增长,仅2018年上半年双边贸易额同比增长近30%,总额突破1000亿美元。

中国对沿线国家的直接投资平稳增长。2013—2018年,中国企业对"一带一路"沿线国家直接投资超过900亿美元。在沿线国家完成对外承包工程营业额超过4000亿美元。2018年,中国企业对"一带一路"沿线国家实现非金融类直接投资150亿美元,同比增长8.9%,占同期总额的13.0%;②在"一带一路"沿线新签对外承包工程合同额904.3亿美元,占同期总额的48.8%;完成营业额736.6亿美元,占同期总额的53.4%。

---

① 推进"一带一路"建设工作领导小组办公室:《共建"一带一路"倡议:进展、贡献与展望》,《人民日报》2019年4月23日。

② 推进"一带一路"建设工作领导小组办公室:《共建"一带一路"倡议:进展、贡献与展望》,《人民日报》2019年4月23日。

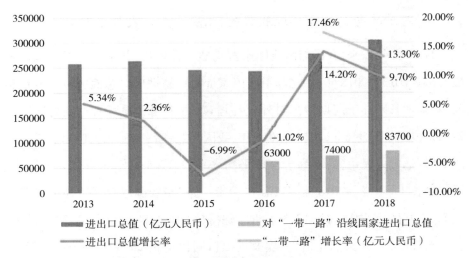

图 3-3 2013—2018 年中国进出口总值及增长率与中国对
"一带一路"沿线国家进出口总值及增长率

资料来源:工信部"一带一路"数据库。

2. 产业合作园区支撑作用凸显,合作项目发展势头良好

截至 2018 年 11 月,我国已在"一带一路"沿线 46 个国家设立了 113 个境外合作区,累计投资 421.4 亿美元,入区企业 4742 家,上缴东道国税费累计 32.4 亿美元,为当地创造了 30.2 万个就业岗位,绝大多数集中分布在"丝绸之路经济带"沿线的中亚和东欧等国家和地区。这些园区成为中国企业"抱团"走向"一带一路"、打造产业集群式"走出去"的平台。主导企业都是我国实力雄厚、管理水平高、技术设施完备的大型企业。正在有序推进钢铁、装备制造、汽车、电子等十多个重点领域产能合作。中国与白俄罗斯共建的中白工业园项目已开工建设,工业园运营管理机制正在进一步完善。截至 2017 年 8 月,已经入驻园区的 37 家企业中,中国企业占 21 家,超过总数的一半,国内企业未来面向的是欧盟 5 亿人口的大市场,准备打造成为"丝绸之路经济带"建设合作的示范产业园区。

3. 国内西北地区开始发力,国际合作产业基地蓬勃发展

中哈霍尔果斯国际边境合作中心等一大批合作园区的建设力度不断加大。新疆已经建成 12 个国家级国际科技合作基地,涉及农业、资源环境、农产品加工、天文、生物医药等领域,涵盖国际创新园、国际联合研究中心、示范型国际科技合作基地、国际技术转移中心等。陕西利用其科教优势,依托产学研平台,布局建设了一批国际科技合作示范基地,基地合作的产业领域主要包括高端装备制造、能源化工和生物医药等方面。据不完全统计,陕西已建立和在建的国际合作园区超过 15 个,其中海外园区超过 7 个,建设国家级国际科技合作基地 24 个,省级国际科技合作基地 71 个。中俄丝路创新园于 2018 年 4 月在西咸新区沣东新城正式开园,俄罗斯多家集团企业以中小企业联盟形式与沣东新城达成了战略合作。

4. 贸易投资产业的结构不断优化,新兴产业的投资规模提升

从中国企业对外贸易投资产业来看,2015 年以前,我国企业在"一带一路"沿线的贸易投资主要集中在采矿业、交通运输业和制造业,2015 年以后虽然对传统产业的投资仍然占主导地位,但对信息技术、基础建设、金融等产业的投资明显上升。2018 年 1—11 月,对外投资主要流向租赁和商务服务业、制造业、批发和零售业、采矿业,占比分别为 38.2%、15.7%、8.5% 和 8.2%。① 新兴产业的投资促进了服务贸易的发展。从对外贸易投资的规模来看,大规模投资案例增多。2018 年 1—11 月,对外承包工程新签合同额在 5000 万美元以上的项目比 2017 年同期增加 47 个,合同总额占新签合同总额的 84.1%。对外承包工程为当地创造就业岗位 82.3 万个,领域主要集中在交通运输和电力工程建设行业,占比 49.2%,有效改善了东道国民生和基础设施条件。② 这

① 王珂:《前 11 月中国对外投资逾千亿美元》,《人民日报》(海外版)2018 年 12 月 15 日。
② 王珂:《前 11 月中国对外投资逾千亿美元》,《人民日报》(海外版)2018 年 12 月 15 日。

种变化表明,建设"丝绸之路经济带"的投资环境和投资领域都在优化升级,从而促进了企业参与境外沿线国家的经贸区建设。

5. 各类经贸平台影响不断扩大,国际经贸合作进一步深化

依托各类国际国内经贸平台和合作论坛,中国与"丝绸之路经济带"沿线国家的经贸合作进一步强化。依托中俄博览会和东方经济论坛等展会平台,中俄两国的经贸合作亮点不断显现。合作机制日臻完善,切实推动了中俄双边经贸关系和经贸务实合作。借助中国—亚欧博览会,哈萨克斯坦、俄罗斯、吉尔吉斯斯坦等 35 个国家和地区的嘉宾及客商、61 家世界 500 强、中国 500 强等企业进行交流和联系,推进沿线国家合作从商品贸易到产业发展。

新疆在第六届中国—亚欧博览会上,与"丝绸之路经济带"沿线国家签订了 29 个外贸协议,贸易总额达 104.88 亿元,合作领域涉及铁矿石、编织品等传统外贸商品以及跨境电商、供应链金融服务等。2015—2017 年新疆累计实现外贸进出口额 3700 亿元。目前,新疆已与全球 192 个国家和地区开展经贸交往,有 54 个国家和地区来新疆投资兴业。

陕西依托丝博会、欧亚经济论坛、丝绸之路国际旅游博览会、西商大会等平台和抓手,与"丝绸之路经济带"沿线国家和地区的交流日益频繁。近年来,陕西立足并发挥古丝路起点的历史文化优势,先后举办了"一带一路"海关高层论坛、上合组织经贸部长会议、丝路旅游市长会议等一系列高规格国际性会议,与 34 个国家建立了 86 对友好城市关系,吸引丝路沿线国家 400 多家企业来陕西投资兴业。陕西也有近 300 家企业在"一带一路"的 48 个国家和地区投资。

6. 网上丝绸之路作用开始凸显,跨境电子商务蓬勃发展

网上"丝绸之路经济带"的建立,使中国电商正在实现"全球化的 2.0",有助于中国在全球范围实现贸易畅通。以阿里巴巴为例,支付宝支持 18 种货

币结算,可以为全球200多个国家和地区的用户提供服务;菜鸟跨境电商物流体系建立了110个跨境仓库,覆盖224个国家和地区。从把中国商品卖到国外,国外商品卖到国内,再到现在把国外商品卖到国外,这种变化体现出中国电商平台全球化的布局正一步步深入,能在更大程度上激活和唤醒全球消费市场,对"丝绸之路经济带"零售业发展是非常大的利好,也为中国制造走向"一带一路"提供了更多机会。据统计,2016年我国跨境电商交易规模达到6.7万亿元,除了传统的热门国家,"一带一路"沿线国家的商品也在逐渐成为我国消费者的热捧对象(见图3-4)。①

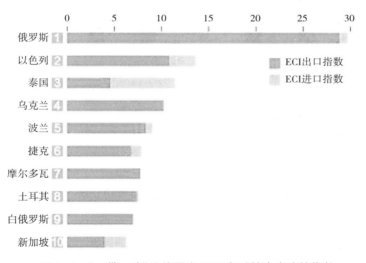

图3-4 "一带一路"沿线国家2016年跨境电商连接指数

资料来源:国家信息中心"一带一路"大数据中心、瀚闻资讯、阿里研究院。

2017年,跨境电商交易额为8.2万亿元,较2016年上升了22.3%。从目前跨境电商政策导向和交易规模来看,出口跨境电商仍然是电商国际贸易的主体,进口占比逐步攀升。2017年,中国出口跨境电商交易规模达到6.3万亿元,同比增长14.5%,占进出口电商交易的78.2%;进口跨境电商交易额为

---

① 曲颂、蒋云龙、方敏、郑稽平:《远航吧,跨境电商》,《人民日报》2017年5月9日。

1.76 万亿元,占进出口电商交易的 14.8%。电商出口覆盖 200 余个国家和地区,消费者高达 70 亿人。① 借助"一带一路"倡议、网上丝绸之路的建立,将使我国更多中小企业实现"走出去"的梦想。

图 3-5　2011—2018 年间我国跨界电商交易规模、增长率、占进出口总值比例
资料来源:工信部"一带一路"数据库。

(四)资金融通逐步到位,投资项目开始启动

在资金融通方面,近年来我国与沿线国家以亚投行、丝路基金为重点的金融合作不断深入,人民币国际化稳步推进。双边投融资便利化程度不断提高。我国与"丝绸之路经济带"沿线国家的国际金融合作规模和水平正在提升,沿线区域性金融中心建设步伐加快。

1. 我国加大了支持企业"走出去"金融政策的支持力度

围绕推进"一带一路"建设,我国不断完善投融资政策体系,为"丝绸之路经济带"企业提供服务。第一,境外投资外汇管理方案从事前登记改为汇兑

---

① 电子商务研究中心:《2017 年度出口跨境电商发展报告》,2018 年 8 月 20 日。

资金时在银行直接办理,取消商业银行及境内企业在境外发行人民币债券的地域限制。第二,简化企业海外上市、并购等的核准手续。第三,改进人民币跨境支付和清算体系。第四,创新出口信用保险产品,扩大政策性保险覆盖面等。上述政策的出台,使人民币跨境交易规模不断扩大,我国与沿线国家的人民币流动性不断增强,投融资合作程度不断深化,国际金融合作规模不断扩大。截至 2018 年 6 月,我国已有 11 家中资银行在 27 个沿线国家设立 71 家一级机构,参与的项目多达 2000 多个,累计发放贷款超过 2000 亿美元。我国金融政策的改善也带动了国际金融合作水平的提升。我国银监会已经和 32 个"一带一路"国家的金融监管当局签订了监管合作备忘录,这为中资银行和"丝绸之路经济带"相关国家和地区银行的合作创造了更好条件,提供了更好的保障。

2. 建设"丝绸之路经济带"的融资渠道不断向多元化发展

我国在"丝绸之路经济带"沿线国家和地区的投资,可以运用中国国家开发银行、中国进出口银行、中国农业发展银行及中国出口信用保险公司这四大政策性银行的融资渠道。在沿线区域合作方面,可以利用东盟基金、中国欧亚经济合作基金、中国—中东欧投资合作基金、中国—东盟投资合作基金等。2015 年国际货币基金组织(IMF)决定将人民币纳入 SDR,标志着人民币国际化迈向世界舞台的新起点。2017 年 6 月 13 日,欧洲央行发表声明,称该行已完成规模相当于 5 亿欧元的人民币外汇储备投资。这是继人民币被纳入国际货币基金组织的特别提款权之后,再次被国际官方机构认可的标志性事件。中国人民银行与近 30 个沿线国家央行签订了双边本币互换协议。这有助于中国企业对外投资时,使用人民币计价的便利化。

3. 我国主导的亚投行和丝路基金等金融合作机构开始运营

亚投行由最初的 57 个国家积极参与其中,现已发展到 103 个国家,并已开始市场化运营,参与投资的基础设施建设项目数已达 26 个,贷款总额超过 45 亿美元,覆盖交通、能源和可持续发展城市项目,主要涉及孟加拉国、印度尼西亚、巴基斯坦、塔吉克斯坦等"丝绸之路经济带"沿线 10 多个国家。以丝路基金等代表的金融合作不断深入。丝路基金服务"一带一路"建设的力度不断加大。截至 2018 年,丝路基金已签约 20 多个项目,承诺投资 70 多亿美元,项目主要涉及丝路沿线的中西亚以及欧洲等国家和地区,投资领域涵盖设施联通、贸易合作、资源开发等方面。支持项目涉及总金额 800 亿美元,其投资包括巴基斯坦卡洛特水电站、俄罗斯亚马尔液化天然气项目等。

4. 人民币跨境贸易结算以及人民币国际化的步伐不断加快

中国成立了规模为 3000 亿元的人民币海外基金,支持人民币在沿线国家包括结算中心、离岸中心、人民币跨境支持系统等。我国在卡塔尔、匈牙利等 5 个沿线国家建立了人民币清算行;在哈萨克斯坦、沙特阿拉伯等 4 个国家建立了本币互换清算网络基础设施;另与俄罗斯、捷克、阿曼等 17 个国家正在建设本币互换清算网络;28 个国家和地区都在使用人民币作为结算货币。中俄金融合作近几年发展迅速,本币结算从无到有,结算资金的规模和地域范围不断扩大,商业银行间业务合作日益密切,金融业务合作范围已扩大到央行间货币合作、保障及金融市场合作等领域,在跨境结算和清算方面的合作发展尤为迅速。[①]

5. 我国西北地区"丝绸之路经济带"金融中心建设步伐加快

新疆"丝绸之路经济带核心区"金融中心建设成效渐显。跨境人民币业务规模稳步扩大。据统计,新疆已与境外 90 个国家和地区开展了跨境人民币结算业务,累计结算量超 2600 亿元,特别是与周边中亚国家的金融合作进一

---

① 付映、黄耀:《发挥优势 加强中俄战略协作》,《中国城乡金融报》2019 年 4 月 26 日。

步深化,有力地促进了新疆贸易投资便利化和核心区建设。新疆全方位、多层次资本市场已成规模。2018年,新疆股权交易中心通过构建中小微企业综合金融服务平台,满足区内企业金融需求的作用更加突出,有力地加快了新疆"丝绸之路经济带"区域金融中心建设的步伐。

陕西西安已经形成以西安金融商务区、创新科技金融示范区、曲江文化金融示范区、西咸金融能源贸易区为新载体的金融中心集聚区,金融机构数量不断增长,金融创新业态趋于丰富,金融中心的影响力和辐射力稳步增强。西安金融商务区的离岸金融发展迅速,"通丝路"跨境电商人民币结算服务平台已于2018年4月17日开通运行。2017年西安实现金融业增加值817.88亿元,位列副省级城市第7位,占GDP比重达11%。西安市基本稳居全国十大区域性金融中心之列。陕西积极建设西部跨国企业集团人民币资金集中运营中心、跨境人民币业务规模持续扩大。目前,陕西跨境人民币结算规模已经突破2000亿元大关,涉及1513家境外银行,交易辐射至108个国家和地区,进一步吸引了跨国企业集团资金向陕西集中,壮大跨国集团总部经济规模,形成带动陕西经济增长的新引擎。

(五)民心相通交往增多,人文交流成效显著

中国与"丝绸之路经济带"沿线国家通过信息沟通、文化交流、教育培训、举办论坛、宣传互动、旅游合作以及建立"二轨"对话机制等方式,积极推进民心相通,人文交流成效显著。

1. 一批有影响力的国际合作交流平台相继建立

2016年9月分别在敦煌和西安召开首届丝绸之路国际文化博览会和致力于推动中华文明与其他文明交流互鉴的"一带一路"国际研究会,旨在促进沿线国家政府、智库、企业交流的"丝路国际论坛"已举办三届,会议规模和层次不断提升,发起成立"一带一路"绿色发展国际联盟倡议。2017年和2019

年,在北京举办的两届"一带一路"国际合作高峰论坛,对凝聚各方共识,明确合作方向,推动项目落地,加快"丝绸之路经济带"建设进程具有重大意义。由陕西主办的丝绸之路国际艺术节经过连续 5 年的举办,形成了良好的品牌价值和效应,国际和社会影响力日益增强,平台作用凸显。2018 年 9 月 7 日,第五届丝绸之路国际艺术节在西安开幕,参与交流的国家和地区从首届的 30 个,第二届的 62 个,第三届的 80 个,第四届的 106 个,增长到第五届的 118 个,进一步表明了丝绸之路国际艺术节作为"丝绸之路经济带"人文交流合作重要平台的影响力。

2. 在文化交流合作方面关系进一步密切

中国与沿线国家互办艺术节、电影节、音乐节、文物展、图书展等活动,合作开展图书广播影视精品创作和互译互播。丝绸之路国际剧院、博物馆、艺术节、图书馆、美术馆联盟相继成立。中国与中东欧、东盟、俄罗斯、尼泊尔、希腊、埃及、南非等国家和地区共同举办文化年活动,形成了"丝路之旅""中非文化聚焦"等 10 余个文化交流品牌。中国在沿线国家先后设立了 17 个中国文化中心。丝绸之路沿线民间组织合作网络成员已达 310 家。中国、哈萨克斯坦、吉尔吉斯斯坦"丝绸之路:长安—天山廊道的路网"联合申遗成功。[①] 我国陆桥沿线地区的安徽、陕西、甘肃、新疆等各类文艺团体赴俄罗斯和中亚国家演出得到广泛好评,对俄罗斯、中亚民众了解和认识中国发挥了积极作用。同时,俄罗斯、中亚国家的艺术团来华演出,也给中国民众留下了深刻印象。

3. 在科技与教育交流合作方面规模不断扩大

中国设立"丝绸之路"中国政府奖学金项目,与 24 个沿线国家签署高等教育学历学位互认协议。中国在 54 个沿线国家设有孔子学院 153 个、孔子课

---

① 推进"一带一路"建设工作领导小组办公室:《共建"一带一路"倡议:进展、贡献与展望》,《人民日报》2019 年 4 月 23 日。

堂 149 个。中国科学院在沿线国家设立硕士、博士生奖学金和科技培训班,已培训 5000 人次。西北地区的新疆和陕西,依托在"丝绸之路经济带"中的历史、区位和科教资源优势,成为参与"丝绸之路经济带"科教合作的主力军。

新疆随着科教体制改革与对外开放发展的深入,与中亚国家间的科技合作不断拓展。新疆已与 30 多个国家(地区)和 10 个国际组织开展了国际科技合作交流,涉及农业、畜牧业、矿产资源数据等多个领域,与中亚国家间的科技合作总量已占全国 80%,新疆科技的魅力正不断扩散。新疆在中亚五国开设孔子学院 13 所、孔子课堂 30 余个,在华留学生数量累计 12 万人。

陕西在科技合作方面,依托高校在工业科技以及农业科技方面的技术优势,促进了与"丝绸之路经济带"沿线国家的科技创新合作体系的形成。西安交通大学通过与俄罗斯合作,在单品器件技术领域取得了重大突破。杨凌依托干旱半干旱地区现代农业国家研究中心、高效用水国家协同创新中心、"一带一路"国际农业科技成果交易示范区建设,推动更多的农业科技成果在中亚国家和地区实现了转化。在教育合作方面,"新丝绸之路大学联盟"得到"丝绸之路经济带"沿线大学的积极响应,已有来自 37 个国家和地区的 150 余所高校参与了联盟。西安石油大学立足石油工程等特色专业,与中亚国家的能源公司合作培养企业所需的国际化、本土化专业技术人才。西安外国语大学启动"知识产权语言服务人才培养"项目,依托陕西省"一带一路"语言服务及大数据平台,结合外语类高校"专业+外语"的优势,为知识产权领域培养专业的语言类复合型人才。

4. 在文化旅游交流合作方面的成效明显

自从我国领导人提出"一带一路"倡议以来,我国坚持将文化旅游作为促进民心相通的重要抓手,与"丝绸之路经济带"沿线许多国家先后签署了双边文化旅游合作文件,推动建立了中国—中东欧、中俄蒙等一系列双多边文化旅游合作机制,拓展了与沿线国家文化旅游合作空间,我国与丝绸之路沿线国家之间的旅游人数呈现出逐年上升的趋势。一些"丝绸之路经济带"沿线国家正在成为我国境外旅游的热点地区。同时,来我国"丝绸之路经济带"沿线地区文化旅游的游客也日益增多。我国以"美丽中国—丝绸之路旅游年"为主题进行系列宣传推广,成功打造"丝路之旅""天路之旅""千年运河""阿拉伯艺术节"等近 30 个中国国际文化旅游品牌。特别是西北地区依托民族特色文化和边境开放区位优势,文化旅游品牌的影响力持续扩大。新疆的霍尔果斯以创建全域旅游示范区、边境旅游试验区、跨境旅游合作区建设为支撑,塑造丝绸之路旅游品牌形象,全力打造丝绸之路经济带国际旅游集散地。截至 2018 年 8 月,霍尔果斯共接待中外游客 315.86 万人次,同比增长 30.9%。另外,随着兰新、宝兰高铁的开通,为甘肃与沿线地区的文化旅游产业带来了新突破。据统计,2018 年上半年,兰州共接待国内外游客 2856.3 万人次,增速为 22.44%,旅游总收入 239.1 亿元,增速为 29.22%。

5. 建立"二轨"对话机制方面有所创新

中国与沿线国家通过政党、议会、智库、地方、民间、工商界、媒体、高校等"二轨"交往渠道,围绕共建"一带一路"开展形式多样的沟通、对话、交流、合作。中国组织召开了中国共产党与世界政党高层对话会,就共建"一带一路"相关议题深入交换意见。中国与相关国家先后组建了"一带一路"智库合作联盟、丝路国际智库网络、高校智库联盟等。中外高校合作设立了"一带一路"研究中心、合作发展学院、联合培训中心等,为共建"一带一路"培养国际化人才。中外媒体加强合作,通过举办媒体论坛、合作拍片、联合采访等形式,提高共建"一带一路"的国际传播能力,让国际社会及时了解共建"一带一路"相关信息,在促进民心相通的渠道方面不断有所创新。

(六)卫生外交深入推进,引领国际合作抗疫

2019 年 12 月爆发的新冠肺炎疫情,截至 2020 年 5 月 31 日,已影响全球

215 个国家和地区,累计确诊超 593 万多例,累计死亡 36.7 万多例。疫情严重威胁人类生命安全,冲击世界经济改变国际关系格局,也为"一带一路"建设增添了新内容。加强公共卫生合作,共建健康丝绸之路,越来越成为沿线各国的共识。中国顺应沿线各国民意,勇于承担大国担当,深入推进卫生外交,引领国际合作抗疫,得到国际社会好评。

1. 高层沟通协调引领国际合作抗疫

自疫情爆发以来,习近平主席与世界卫生组织总干事在内的近 50 位外国领导人和国际组织负责人通话或见面,介绍中国抗疫努力和研究,分享中国经验,呼吁加强双多边合作,支持国际组织发挥作用,携手应对疫情挑战,为推动全球团结抗疫发挥了引领性作用。

2. 提出应对疫情分享并作出庄严承诺

2020 年 5 月 18 日,习近平主席在第 73 届世界卫生大会视频会议开幕式致辞,提出全力搞好疫情防控、发挥世界卫生组织作用、加大对非洲国家支持、加强全球公共卫生治理、恢复经济社会发展、加强国际合作等六点建议,并宣布两年内提供 20 亿美元的国际援助、与联合国合作在华设立全球人道主义应急仓库和枢纽、建立 30 个中非对口医院合作机制、中国新冠疫苗研究完成并投入使用后将作为全球公共产品、同二十国集团成员一道落实"暂缓最贫困国家债务偿付倡议"等中国支持全球抗疫的一系列重大举措。

3. 提供抗疫物资援助并开展科技合作

一是在国内疫情取得阶段性胜利后,中国积极向遭受疫情打击的其他国家提供抗疫援助。截至 2020 年 4 月 10 日,中国已经或正在向 127 个国家和 4 个国际组织提供抗疫物资援助。二是向受疫情严重的有需要的国家派出医疗卫生专家组,提供直接的医疗卫生援助。从 2020 年 2 月 27 日中国开始向伊朗派出医疗专家组,截至 2020 年 5 月 31 日,中国共向 27 个国家派出 29 支医疗专家组,帮助他们抗击新冠肺炎疫情。三是利用现代通信技术,通过远程视频与其他国家的医疗专家交流和分享经验,提供智力支持和帮助。截至 2020 年 4 月 12 日,中国先后同世界 153 个国家地区性国际组织举行 83 场卫生专家视频会议。四是积极为世界抗疫提供中国方案。中国国家卫生健康委汇编了七版新冠肺炎诊疗方案、六版防控方案等整套技术文件,向世界各国提供,及时分享给 180 个国家、10 多个国际和地区组织,助力维护全球卫生安全。

二、推进"丝绸之路经济带" 建设面临的主要问题

随着建设"丝绸之路经济带"的深入推进,在取得重大成效的同时,面临的困难也在不断地增加,特别是美国逐渐地把战略的重点从反恐转向大国竞争,使沿线国家和地区的安全形势出现了一些新变化,同时一些国家的腐败和生态环境等问题也逐渐暴露出来,有些西方国家也开始在不同舆论场合不断地加大对"一带一路"的指责力度。这些都对"丝绸之路经济带"建设形成了新的挑战,从而使一些合作项目不得不在曲折中向前推进。

(一)沿线地区大国博弈加剧,严重影响地区和平发展

随着"丝绸之路经济带"沿线地区反恐斗争形势的缓解,地区大国竞争博弈开始逐渐凸显出来,给沿线国家和地区安全形势带来了很大的不确定性,有的已经直接或间接地影响到"丝绸之路经济带"建设的顺利推进。

1. 大国博弈对沿线国家和地区和平发展形成了新的挑战

美俄在沿线国家和地区博弈不断,在对待乌克兰、叙利亚等问题上冲突不断升级。特别是美国单方面宣布退出反导条约,使美俄两国军备竞赛升级,已

经对世界和平稳定与地区安全形势带来了巨大的挑战,同时也给推进"丝绸之路经济带"建设形成了许多潜在的安全威胁。

美国与伊朗之间由于美国退出伊核协议,制裁与反制裁的斗争不断升级。已经从经济领域冲突向军事冲突不断蔓延,相互指责对方的武装部队为恐怖主义力量,军事对峙不断升级,随时都有擦枪走火的危险,特别是美国限制伊朗石油"零出口"制裁政策,正在挑战"丝绸之路经济带"国际能源合作的"底线"。

2. 沿线国家和地区之间及其内部安全环境存在新的风险

一些沿线国家之间以及国家内部不同派别由于受地区大国的支持,为争夺势力范围军事冲突持续不断,地区安全问题非常突出,不仅造成了当地居民的大量伤亡,也使沿线国家和地区的经济社会发展遭受了巨大的创伤,给我国企业的贸易投资合作带来了许多不利的影响。

由于沿线国家和地区受一些地区大国政治经济博弈的影响,不同族群和宗教势力之间的矛盾和摩擦不断,加之受"三股势力"的影响和破坏,有的国家政局不稳,政策沟通阻力较大,存在着我国与沿线各国经贸往来与政策沟通水平不平衡问题。特别是对于沿线的一些节点国家,如果不及时加强政策沟通,促进贸易畅通,很可能会形成"丝绸之路经济带"上的"肠梗阻"现象。

(二)经贸投资障碍仍然较多,经贸合作水平有待提高

由于沿线国家和地区原有基础设施状况相对落后,加之交通设施联通受地区安全不稳定、地理位置、生态环境、自然条件等因素的影响较大,与我国设施联通水平仍然不高。

1. 国外地区安全和生态问题使经贸投资环境具有不确定性

一是沿线国家和地区政局不稳和地缘政治冲突严重制约对设施联通的经

济需求。如印巴冲突对中巴经济走廊建设的影响,中东乱局对中国—中亚—西亚经济走廊建设的干扰,暴力恐怖势力、宗教极端势力、民族分裂势力三股势力对新亚欧大陆桥经济走廊建设的破坏等。

二是艰苦的自然条件和恶劣的生态环境在一定程度上也影响地面交通运输类基础设施建设。目前中巴经济走廊和孟中缅印通道建设都存在这方面的问题。有的国际经济走廊建设因受恶劣地理和生态环境影响较大,需要克服许多施工困难和技术难题,才能逐步加以推进。在沿线国家和地区设施联通网络还未形成的情况下,目前线型的联通模式随着线路的延展和伸长,其脆弱性也在增加,易受干扰而中断。

2. 国内经贸投资环境存在地区与国家层面发展不平衡问题

一是我国"丝绸之路经济带"沿线各地区实施企业"走出去"战略计划多,但真正落实到位面临较大困难。例如,青海推进千万美元潜力企业和出口自主品牌双有计划,支持盐湖钾肥等重点企业"走出去",开展招商引资突破提质年活动。陕西持续推进跨境合作园区建设,引导企业"走出去",鼓励优势企业开拓中亚市场和沿线新兴市场,等等。但是,由于营商环境不给力和企业自身不过硬以及受新冠疫情等不利因素的影响,给我国企业"走出去"带来很多不利于发展的风险和阻碍,进展较缓慢。

二是对于自由贸易区战略,国家层面强力推进,但地区层面对接相对缓慢。2018年,李克强总理政府报告提出全面复制推广自贸试验区经验,探索建设自由贸易港。但是,推进自由贸易试验区建设面临着纵向升级与横向联合的双重挑战。截至2020年,我国自贸试验区的数量已达到21个,可以说已占到全国省级行政区数量的一半以上。但是,自贸试验区的发展在质量上还有待大力提升。

(三)民心相通基础有待夯实,人文交流合作仍需加强

"丝绸之路经济带"沿线国家和地区宗教信仰多样,利益诉求不同,民族

文化和当地习俗差异较大,有的沿线国家和地区人文交流环境较差,在促进民心相通方面困难也较多。

1. 沿线国家和地区之间及国家内部不同民族意识存在较大差异

一是沿线国家和地区之间及国家内部都存在主体民族与非主体民族之间矛盾,因各国政府偏重于主体民族利益使这种矛盾更加明显,主体民族与非主体民族之间的深层次矛盾由来已久,有时还会激化。这是沿线国家和地区在短期内难以解决的隐患。这些相互缠绕的复杂的民族、宗教、部落之间的矛盾,往往会给中国赴这些国家投资经营者带来意想不到的麻烦,一旦陷入民族利益之争的矛盾之中,可能会让投资经营者陷入人财两空的境地。

二是沿线国家和地区的社会现代化进程较慢,很多地方的居民部落观念和部族意识高于国家意识,法律意识淡漠、族群意识较强,很多部落居民往往会因受到一些西方国家的蛊惑性语言煽动,群起生事。这从一些国家发展的"颜色革命"中就能窥见一斑。部落居民听从部落首领的指示,可能不会服从地方官员的命令。这对中国赴这些地区的投资者来说,也是一个安全隐患。如果投资项目位于该地区,一旦部落的利益诉求没有被满足或被政治反对派煽动,该部落居民可能会以各种借口为难投资者,甚至发生围攻事件。

2. 我国与沿线国家和地区对"丝绸之路经济带"的关注度不同

一是国外民众对中国的关注度低于中国民众对沿线国家和地区的关注度。中国民众对"丝绸之路经济带"沿线国家和地区关注度与两国政治关系、旅游吸引力、对象国国内局势等几个因素明显相关。而国外民众对中国的关注度较低,与我国对外的文化、旅游、经贸合作等方面交流不够广泛深入有很大关系,从而造成沿线有的国家和地区对"丝绸之路经济带"政策不理解和心存各种疑虑。

二是我国在推进"丝绸之路经济带"建设的对外宣传方面声音还比较弱,

在国际上的话语权还有待进一步提升,特别是对沿线国家和地区的跨文化研究不够。目前,除了建立孔子学院和各种文化交流中心之外,还缺乏适合沿线不同宗教文化信仰国家和地区特点的有针对性的跨文化宣传策略。同时,由于受一些地区大国政治经济博弈和少数西方国家对"中国威胁论"的负面宣传,在很大程度上影响到中国与沿线国家和地区的民心相通。

(四)一些国家存在有关制度障碍,腐败问题显得较为突出

沿线一些国家和地区由于开放程度不高,存在一些制度性缺陷,一方面滋生了一些腐败问题,另一方面也给我国对沿线国家和地区的经贸投资合作形成了障碍。

1. 有的沿线国家和地区出入境制度给中籍员工赴当地务工带来不便

有的沿线国家和地区对中国投资企业中的中籍员工普遍实行配额制度和许可证制度,给中籍员工赴当地务工带来了很大不便。有的沿线国家和地区对外国投资企业规定本地员工和外籍员工的比例为9∶1。这种配额制度限制了中国员工的数量,给中资企业的发展造成了不便。有的沿线国家和地区对中籍员工实行严格的审查和签证制度,并且缩短签证期限和居住期限。有的沿线国家和地区对外籍务工的制度还呈紧缩趋势,使赴国外务工的中国人员很难拿到签证,从而也为滋生各种腐败提供了土壤。

2. 有的沿线国家和地区的行业限制已成为阻碍中国企业投资的重要因素

有的沿线国家和地区往往以国家安全为借口,在一些行业和领域规定外资和外籍人员不得进入,人为造成了投资和贸易壁垒。有的沿线国家和地区的通关制度较复杂且限制多,给中国赴这些国家进行投资的公司和经商者造

成很大麻烦,也给海关人员创造了腐败机会,很多企业或个人为了快点通关行贿海关人员。有的沿线国家和地区海关通关效率低下,海关人员腐败已成普遍现象。

（五）生态文明建设任重道远，跨区域协作机制尚未建立

"丝绸之路经济带"沿线国家和地区生态环境脆弱,每个国家以及各个地区之间的自然地理环境各不相同,生态环境保护工作的面广、线长,跨区域合作保护的任务非常艰巨。

1. 国内沿线生态文明建设有规划,但执行中缺乏合作机制

国家在西北地区出台了关中—平原城市群、呼包鄂榆城市群、晋陕豫黄河金三角、兰格西、宁夏沿黄地区、天山北坡等一系列区域发展战略规划,这些规划对共建西北生态文明示范区都提出了明确要求。但由于我国西北地区在山水保护、沙漠治理等方面缺乏统筹规划和协作,保护工作存在省市县区之间各自为政,跨省区的自然生态保护区的合作机制尚未建立。特别是涉及跨省区的河流湿地保护工作的相关部门之间也没有完全形成联动的协作机制。山水湿地保护、沙漠治理等专项规划在执行中往往与区域发展建设不协调,使湿地成为一个孤立的系统,无法与山田林水资源保护开发和城镇化建设、乡村振兴战略统筹兼顾。

2. 国内外沿线生态环境保护标准不统一,彼此缺乏协调机制

一些中亚国家和俄罗斯对农产品的生产有严格禁止使用农药和化肥等法律规定,在环保上与我国在农产品生产方面的做法存在较大差别。一些欧洲国家在绿色发展方面要求更高,不仅在农产品方面,而且在工业制成品方面都有着严格的环保标准的法律规定,有的环保标准要求已经形成了国际贸易的"绿色壁垒"。这一方面有助于倒逼我国在产业发展方面要转型

升级,不断提升绿色发展的质量;另一方面也需要我国通过与沿线国家在生态文明建设方面加强交流合作,建立起跨国界的协调机制,加强文明互学互鉴,增进相互理解与信任,在推进"丝绸之路经济带"建设中,共筑生态绿色发展带。

(六)面对新冠肺炎疫情挑战,全球公共卫生治理存在短板

目前,新冠肺炎疫情呈全球蔓延之势,被世卫组织认定为"全球性大流行",是人类在公共卫生领域面临的一次生死考验,是迄今为止世界各国在非传统安全领域遭遇的最大挑战。全球疫情对世界经济与政治造成剧烈冲击,也对"丝绸之路经济带"建设形成巨大挑战。面对世界疫情带来的冲击和挑战,全球公共卫生治理存在明显短板。

1. 国际组织发挥作用有限

中国支持世卫组织在应对疫情方面发挥积极作用,但实际上,世卫组织所能发挥的只是一种协调功能,可调配的资源有限,其作用仍遭到西方国家的非议,美国甚至对其进行"断供"。联合国安理会直到2020年4月9日才举行疫情以来第一次视频会议,五常特别峰会有人提议却因立场协调不均衡未能召开。

2. 地区联盟抗疫声音较弱

地区联盟如非盟、东盟、欧盟在联合抗疫上声音不多,欧盟有一点声音还是极为负面的,东盟与中日韩(10+3)领导人特别会议虽然展现出东亚国家合作抗疫的曙光,但由于各国国情、文化背景、卫生习惯、社交方式等差异,防疫措施不大相同。2020年3月26日召开的"二十国集团"视频峰会发表联合声明,传递出加强团结、共同应对挑战的有力信号,但其所启动的五万亿美元振兴经济计划,还有待落实。总体上看,各国仍处在自助自保状态。

3. 大国合作抗疫争端较多

大国合作首要的是中美关系,倘若两国能联合起来,凭双方实力与感召力,应能搭建起全球抗疫合作体系,带动国际社会共同有力抗击病毒。这方面是有先例的,中美曾在埃博拉病毒、气候变化及早先的非典等重大议题上进行过非常成功的合作。但是,由于美国有人在病毒冠名、病毒源头等上面大做文章,并主动挑起经济、政治、外交等争端,加之美舰横行台湾海峡和涉足我国南海等挑衅动作,使两国关系受到很大损害,无法形成大国抗疫合作。

三、深入推进"丝绸之路经济带"建设的战略思考

2018 年 8 月,习近平主席在北京主持召开推进"一带一路"建设工作 5 周年座谈会,提出"一带一路"建设要从谋篇布局的"大写意"转入精耕细作的"工笔画",向高质量发展转变,造福沿线国家人民,推动构建人类命运共同体。① 从而为今后"一带一路"国际合作的发展指明了方向,同时也意味着推进"丝绸之路经济带"建设,将从规模数量型向质量提升型转变,并呈现出从单纯的"经济带"将向多领域的"发展带"转变的发展趋势。

(一)安全领域合作将会加强,共建和平发展带

古丝绸之路发展给现代丝绸之路建设的一个重要启示,就是和平安全环境是推进"丝绸之路经济带"建设的前提和保证。因此,面对新形势下的大国地区博弈和各种恐怖主义的新挑战,深入推进"丝绸之路经济带"建设,沿线各国需要通过深入政策沟通和开展政治对话,加强安全领域的合作,携手共建

---

① 推进"一带一路"建设工作领导小组办公室:《共建"一带一路"倡议:进展、贡献与展望》,《人民日报》2019 年 4 月 23 日。

和平发展带。

1. 以弘扬新丝绸之路精神为理念搭建和平合作发展平台

沿线国家和地区需用发展方式消除贫困落后和社会不公,铲除滋生各种恐怖主义和社会不稳定因素的土壤。弘扬丝绸之路精神,坚持以对话解决争端,以协商化解分歧,增进政治互信,减少相互猜疑,搭建和平合作发展平台。一旦发生纠纷,当事方应坐下来就相互利益关切沟通交流,通过对话而不是对抗的方式解决问题,为共建"丝绸之路经济带"营造和平安宁环境。

2. 以维护联合国宪章宗旨为原则构建区域争端解决机制

中国作为维护沿线地区和世界和平、促进共同发展的坚定力量,将以维护联合国宪章宗旨为原则,同沿线各国共同构建区域争端解决机制,共建安全风险预警防控机制,共同制定应急处置工作机制。针对一些地区热点问题与矛盾冲突,应在彼此相互尊重的基础上,加强大国之间、大国与小国之间、小国与小国之间的政策沟通与协调,妥善处理好有关国家主权、领土完整与安全稳定问题,为区域经济发展和人民安居乐业营造良好环境,为深化产业合作和促进共同繁荣保驾护航。

3. 以共建人类命运共同体为目标形成区域安全治理体系

沿线国家和地区需以共建人类命运共同体为目标,努力在沿线形成一个多利益相关方共同参与的区域安全治理体系。针对新形势下的恐怖主义、分裂主义和极端主义以及各种跨国犯罪行为,沿线各国应加强对沿线企业财产保护、社会治安维护与工程项目建设的统筹协调,强化沿线国家和地区的联合执法与安全巡逻,为基础设施建设提供社会安全保障,真正把"丝绸之路经济带"建设成为超越地缘政治和文明隔阂的彼此信任与和平发展的工程。

（二）经贸领域合作将会深化，共建繁荣发展带

经济领域的贸易投资合作是"丝绸之路经济带"建设需要加强的重点内容和主要领域。各国需在坚持 WTO 基本原则基础上，凝聚共识，将共识转化为行动，按照战略对接、规划对接、平台对接、项目对接的工作思路，实现优势互补，共同把"丝绸之路经济带"建成繁荣发展带。

1. 以设施互联互通为重点，深入推进六大经济走廊建设

沿线国家和地区在深入推进六大经济走廊建设中，将以一体化的思维指导相关项目的规划建设管理，加快构建立体化、多层次、多通道的区域基础设施网络化新格局。在沿线一些地区安全环境不稳定和自然生态环境恶劣的条件下，推进"丝绸之路经济带"建设，只有力争打造网络式的联通形式，增加多条回路，才可以降低断路风险，增强其稳定性。①

2. 以制度规范建设为契机，深化地区贸易投资领域合作

沿线国家和地区将围绕"丝绸之路经济带"建设合作项目，深入开展产业合作，探讨消除贸易投资壁垒障碍的新途径，加强有关政策沟通与制度规范建设，深入推进"丝绸之路经济带"沿线国家和地区的经贸和工业园区建设，实现从"经济走廊"向"经济发展带"的转变。以投资共建产业园区促进贸易合作发展，提升贸易自由化和便利化水平，推进人、财、物等生产要素的跨境有序流动。

（三）自贸领域合作将会扩大，共建开放发展带

推进"丝绸之路经济带"建设，就是要打造开放型合作平台，推动形成开

---

① 付晓东：《从区域经济学视角看"一带一路"方略》，《区域与城市经济》2016 年第 3 期。

放型世界经济,共同把"丝绸之路经济带"建成开放发展带。

1. 搭建我国与沿线国家和地区开放合作的平台

整合升级现有的双多边贸易投资协定,与"丝绸之路经济带"相关国家和地区共同探索项目建设和管理运营的便利化合作机制问题,根据政府引导、市场主导、企业主体、协同推进、责权明确、利益共享、风险共担的原则,形成国际贸易与投资合作新模式。发挥我国在全球供应链、产业链中承上启下的优势,在加强与中亚、西亚发展中国家贸易投资合作的同时,应加强与欧盟等西方国家的产能合作,借助第三方力量,协力推进区域合作的制度建设、设施建设和能力建设,努力提升沿线国家和地区的经贸投资的自由化和便利化水平,形成自由贸易区网络,推动"丝绸之路经济带"沿线国家和地区区域经济一体化质量的提升,携手走向共同繁荣。

2. 扎实推进国内各地区的自由贸易试验区建设

要推进"丝绸之路经济带"体制机制建设,在上海合作组织和"16+1"中东欧合作框架基础上,我国应加强与沿线国家和地区的政策沟通与经济协调,探索建立多边合作的亚欧自由贸易区。同时,国内各地区的自贸试验区也应加大对外开放力度,落实好有关开放政策,提升企业的对外开放水平,优化营商环境,形成国内沿线地区贸易投资方面的统一协调机制,从体制上解决我国与沿线国家和地区对接的贸易投资自由化和便利化问题。

(四)生态领域合作将会拓展,共建绿色发展带

共建"丝绸之路经济带"要践行绿色发展理念,倡导绿色、低碳、循环、可持续的生产生活方式,致力于加强生态环保合作,防范生态环境风险,增进我国与沿线各国政府、企业和公众的绿色共识及相互理解与支持,共同打造绿色发展带。

1. 以完善区域合作机制为抓手,推进国内沿线各地区生态文明建设

一是要加强区域统筹协调,形成流域治理机制,加大对黄河流域生态环境的治理力度,把黄河流域建设成"丝绸之路经济带"上的生态文明示范带。二是要加强内外统筹协调,形成区域合作机制,加快"藏水入疆"红旗河工程的组织实施的步伐,从根本上解决新疆等省区长年"缺水少绿"问题,把我国西北地区建设成为面向整个欧亚大陆开放的绿色经济长廊。

2. 以共建绿色发展带为契机,加强与沿线国家和地区生态保护合作

针对"丝绸之路经济带"沿线国家和地区存在一些特殊的生态环境和复杂的地质条件,中国将与沿线国家和地区开展生态环境保护合作,扩大"一带一路"绿色发展国际联盟,建设"丝绸之路经济带"可持续区域联盟。加大沿线国家和地区生态环境治理力度,建设一批绿色产业合作示范基地、绿色技术交流与转移基地、技术示范推广基地、科技园区等国际绿色产业合作平台,打造"丝绸之路经济带"绿色供应链平台,与沿线各国一道保护和建设好我们共有的绿色家园。

(五)科技领域合作将会加强,共建创新发展带

创新是深入推进"一带一路"建设的重要力量。共建"丝绸之路经济带"为大部分处于工业化初级阶段的沿线国家和地区的创新发展提供了新平台。创新发展应以科技合作创新为引领,推动企业合作创新、产业合作创新等多个领域的合作创新发展。通过合作创新,中国将与沿线国家和地区之间联动发展,共同应对挑战,将"丝绸之路经济带"建成创新发展带。

1. 将围绕与沿线国家和地区发展数字经济加强科技合作创新

数字经济是继农业经济、工业经济之后的主要经济形态。在深入推进"丝绸之路经济带"建设中,中国将与沿线国家共建数字经济创新科研平台,深化长期稳定的科技创新合作机制,形成高层次、多元化的科技人文交流机制,提升沿线国家的科技创新能力,共同打造 21 世纪的数字丝绸之路经济带。

2. 将围绕与沿线国家和地区发展战略对接开展区域合作创新

针对沿线国家的不同发展战略,中国将采取更加主动灵活多样的区域合作模式,推进国有企业新一轮的产权改革,在园区建设和企业合作方面,放开和扩大民企资本和海外资本的入股比例,认真落实好国家优化民营企业发展环境的各项政策措施,实现新旧发展动能的转换,进一步释放改革开放活力,为推进"丝绸之路经济带"建设注入强大动力。

3. 将围绕在深化产业"走出去"内涵方面推进企业合作创新

中国将推动产业在推进"丝绸之路经济带"建设中不断得到转型升级,逐步实现从发展对外贸易向发展对外投资、从企业走出去向园区走出去、从制造业走出去向服务业走出去、从输出产品向输出标准、从输出各种产业向输出经济发展模式的转变,努力实现中国企业从"走出去"向"走进去"到"走上去"的历史性跨越。

(六)人文领域合作将会提升,共建文明发展带

针对"丝绸之路经济带"沿线国家和地区区域文化各异、宗教信仰多样的特点,推进"丝绸之路经济带"高质量发展,就是要通过人文领域合作,推动文明交流与互学互鉴,共同构建文明发展带。

1. 体现"亲、诚、惠、容"理念，多种途径促进民心相通

一是充分发挥"一带一路"国际智库合作委员会和"一带一路"新闻合作联盟的作用，加强国际传播和舆论引导，传承和弘扬丝绸之路精神。二是充分发挥好海外华人华侨和各种商会在推动"丝绸之路经济带"建设方面的积极作用，依托他们在沿线国家和地区广泛深厚的人脉资源和熟悉当地民情的人文优势，使之成为促进经贸往来的"催化剂"，化解疑虑的"粘合剂"。三是注重发挥政党、社团和宗教界人士的积极作用，形成沟通多元文明、众多族群和国家的社会文化交流网络，搭建起民心相通的纵横交织的"丝绸之路经济带"桥梁和纽带。

2. 搭建人文领域交流合作平台，多个领域促进民心相通

一是推动沿线国家和地区在科技、卫生、体育、媒体等领域开展广泛合作。二是把大力发展对外文化旅游业使其作为促进民心相通的重要途径，积极推动沿线各国文化旅游市场相互开放，建设丝绸之路国际文化旅游经济带，加强我国与沿线各国的民间往来和经济文化交流。三是推动教育合作，扩大互派留学生规模，提升办学水平。中国将充分利用现有的双多边合作平台，加强与"丝绸之路经济带"沿线国家和地区之间政府和企业高级管理人员的培训合作，在培训合作中把"走出去"与"引进来"有机结合起来，巩固和扩大推进"丝绸之路经济带"建设的社会民意基础。四是将加强对"丝绸之路经济带"沿线不同国家和地区的跨文化研究，促进多元文化融合发展，形成和而不同、多元一体的人类命运共同体。

（七）反腐领域合作将会强化，共建廉洁发展带

针对"丝绸之路经济带"沿线一些国家和地区在对外开放方面存在着的某些制度上的缺陷，沿线国家和地区要努力打造廉洁高效的现代营商环境，必

然要强化反腐领域的国际合作,共同推进"丝绸之路经济带"建设成为廉洁发展带。

1. 中国将与沿线国家和地区一道完善反腐败法治体系

中国将与沿线国家和地区一道加强反腐败国际交流合作,以《联合国反腐败公约》等国际公约和相关双边条约为基础开展司法执法合作,完善有关对外开放制度,加强反腐败法规对接,优化市场营商环境,打击行贿受贿行为,推进双边引渡条约、司法协助协定的签订与履行,构筑更加紧密便捷的司法执法合作网络。

2. 中国将与沿线国家和地区一道加强反腐败机制建设

加强对"丝绸之路经济带"建设项目的监督管理和风险防范,建立规范透明的公共资源交易流程。在项目招投标、施工建设、运营管理等过程中严格遵守相关法律法规,消除权力寻租空间,构建良性市场秩序。沿线地区政府、企业和国际社会三方需共同努力,采取有效措施,建立拒绝腐败分子入境、腐败资本返还等合作机制,通力协作斩断腐败链条,构筑反腐败防线。① 中国将加强对"走出去"企业廉洁教育培养,强化企业合规经营管理,为把"丝绸之路经济带"建成廉洁发展带作出自己应有的贡献。

（八）公共卫生合作将会凸显，共建健康发展带

尽管中国在 2016 年才提出健康丝绸之路概念,但随着新冠肺炎疫情在世界范围内的爆发与传播,其得到的认可越来越多,这也揭示了加强"一带一路"公共卫生合作的紧迫性。

---

① 推进"一带一路"建设工作领导小组办公室:《共建"一带一路"倡议:进展、贡献与展望》,《人民日报》2019 年 4 月 23 日。

1. 中国应对疫情的数字化方案等经验将在各国得到推广

疫情期间,中国在地区联防联控中使用健康码 APP 来监控个人健康,追踪接触者及其行动路线,取得了良好的防控效果。为了抗击疫情,许多国家受中国启发,在数字化解决方案等方面加大了力度。目前,哥伦比亚、捷克、加纳、以色列、挪威、新加坡和印度等国均效仿中国的做法,官方引入了类似的应用程序,以保护公众免受病毒感染,并评估公民的感染风险。苹果和谷歌也宣布了一项合作计划,将智能手机转变为疫情追踪设备。伴随着疫情防控工作的常态化,将会有更多的国家和地区学习借鉴中国联防联控的经验,共建健康丝绸之路发展带。

2. 在共建健康发展带中加强公共卫生合作将会日益凸显

新冠肺炎疫情在全球蔓延所造成的危机表明,中国所提出的健康丝绸之路以及构建人类命运共同体的主张具有极强的预见性,我们应该更好地阐发这一重要理念,并推动其进入"丝绸之路经济带"建设的全过程,切实加强沿线国家和地区的公共卫生领域合作,共同建设健康丝绸之路发展带。应发挥世界卫生组织、沿线国家和地区政府组织以及非政府组织、民间社会等多方面的作用,在防疫物资调配、疫情信息共享和疫苗、特效药研发攻关等方面搭建起合作平台,加快提升全球公共卫生治理水平。

总之,自从 2013 年习近平主席提出"一带一路"重大倡议以来,我国在推进"丝绸之路经济带"建设方面取得了重大成就,建设成果丰硕。同时,在建设实践中也遇到了一些新情况、新问题和新挑战。沿线地区大国竞争加剧,资金融通负担加重,西方质疑之声不断,腐败问题开始显现,生态环境令人担忧,公共安全引人关注。面对这些新情况、新问题和新挑战,推进"丝绸之路经济带"建设,正在实现从规模扩张型向质量提升型的转变,并呈现出从单纯的"经济带"向多领域的"发展带"转型升级的发展趋势,即通过加强安全、经济、自贸、生态、科技、人文、反腐、卫生等领域的合作,共建和平、繁荣、开放、绿色、创新、文明、廉洁、健康发展带,从而保证"丝绸之路经济带"建设健康有序地向前不断推进。

第二篇

因素分析与贸易效应

2

本篇在对我国建设"丝绸之路经济带"进行 SWOT 分析基础上,提出了开放建设发展的组合策略。应用有关引力模型,对我国"一带一路"建设及其"丝绸之路经济带"的贸易效应进行了实证分析,并根据实证分析得出的结论,提出了有针对性的政策建议。

第四章 新形势下我国建设"丝绸之路经济带"的 SWOT 分析

我国推进"丝绸之路经济带"建设,面对新形势下世界格局呈现出的发展趋势及其时代要求,当前既存在许多优势,但也存在一些劣势,既可以给沿线国家和地区带来巨大发展机遇,同时也面临着诸多挑战。SWOT 分析法是 20 世纪 80 年代美国学者威廉姆森(Williamsion)提出的一种态势分析法。这种态势分析法由优势(Strength)、劣势(Weakness)、机会(Opportunity)、威胁(Threat)四部分组成,四个单词首字母"S""W""O""T"缩写为"SWOT"①,即为 SWOT 分析法。本章通过具体分析我国在新的国际背景下建设"丝绸之路经济带"的优势、劣势、机遇与挑战,试图探讨在各种因素综合影响下我国推进"丝绸之路经济带"建设开放发展的组合策略。

一、新形势下世界格局呈现出的发展趋势及其时代要求

当今世界正发生百年巨变。2008 年国际金融危机后,和平与发展的时代

---

① 张弘林:《SWOT 分析方法及其在企业战略管理中的应用》,《外国经济与管理》1993 年第 2 期。

主题没有变,但世界政治经济格局发生了深刻变化。世界多极化新格局显现,经济全球化的深入发展在带来新的机遇的同时,也面临着新挑战。特别是美国政府提出并实施的"印太战略""大国竞争战略"和贸易保护主义政策以及在全球持续蔓延的新冠疫情,给世界和平和稳定发展带来了很大的不确定性。新的国际背景下全球经济正在呈现出一些新的时代特征。

(一)新的国际背景呈现出的基本发展趋势

全球产业分工加快调整,西方国家为代表的主要发达经济体的优势正在减弱,新兴市场国家群体性崛起,文化多样化受到更多尊重,全球治理和区域合作话语权争夺日益加剧。社会信息化给人类生产生活方式带来深刻变化,人工智能、量子通信、大数据、新能源、基因工程等多领域技术集聚突破,新一轮技术革命蓄势待发,创新成为国家间竞争的焦点,国际贸易和投资规则正在进行新的重构。

1. 全球经济发展结构正在发生重大的历史转变

2008 年的金融危机打破了"西方消费、东方制造"的模式,整个世界经济在重构,国际分工在重组。美国、欧洲、日本的消费下降,储蓄增加,依靠借钱高消费的模式已难以维持。新兴经济体和发达经济体实力对比出现变化,新兴经济体在现有多边治理机制中的话语权有所增加,二十国集团峰会和金砖国家峰会机制的形成、金砖国家开发银行的建立,标志着以美国为首的七国集团不再是多边经济政策协调的唯一平台。中国正在成为经济全球化的领跑者。我国提出的"一带一路"倡议,正在成为国际经济合作的新平台。

2. 发达经济体复苏缓慢并出现"逆全球化"倾向

据国际货币基金组织数据,发达经济体 2004—2007 年实际 GDP 平均增速为 2.9%,2011—2013 年期间降为 1.4%,降到原来的一半。2014 年,美国政府债务总额达到历史新高 18 万亿美元,欧元区超过 12 万亿美元,日本超过 11 万亿美元。从这些数据来看,发达经济体经济将持续低速增长,要想走出高负债、低增长的恶性循环,还需要很长一段时间。因此,在有关发达经济体中开始出现"逆全球化"倾向,英国脱欧、美国退出 TPP,就是最好的例证。经济全球化面临着新的挑战。

3. 新兴经济体对全球经济增长贡献率呈上升趋势

从 20 世纪 90 年代以来,以中国、俄罗斯、印度等为代表的"丝绸之路经济带"沿线发展中国家经济呈现加快发展的态势。新兴经济体对外直接投资年均流量从 2004—2007 年的 1600 亿美元提高到 2011—2013 年的 3700 亿美元。近几年因受发达经济体经济发展低迷影响,新兴经济体的增长也出现减速,但对全球 GDP 增长贡献率仍继续提高,2011—2013 年期间平均为 60%。[①] 随着新兴经济体步入后工业社会,引领世界经济增长的地位将会逐步提高,成为经济全球化的重要推动者。

4. 科技创新驱动成为国际市场经济竞争新赛场

新兴经济体科技实力的提升,将深刻改变国家力量对比,成为重塑世界经济结构和国家竞争格局的关键。与此同时,争夺科技前沿制高点的国际竞争日趋激烈,发达经济体纷纷推出"再制造业化"和创新战略,力图在全球价值链中保持高增值。2014 年德国出台第三部高技术战略即"工业 4.0"战略,旨在提升制造业智能化水平;英国提出《我们的增长计划:科学和创新》;法国提出未来工业计划;韩国倡导第一次政府 R&D 中长期投资战略,确定重点投资 9 大领域;日本提出第五个科学技术基本计划,建设"超智能社会";美国出台 3.0 版《美国创新战略》和《国家先进制造创新网络》;欧盟 2020 计划提出"以

---

① 赵晋平等编著:《聚焦"一带一路"经济影响与政策举措》,中国发展出版社 2015 年版,第 3 页。

知识和创新为基础的智能经济"。科技创新已成国际市场经济竞争的大赛场,客观上为经济全球化的深入发展创造了物质技术条件。

5. 国际贸易和投资规则正在加速进行新的重构

当前,世界贸易组织(WTO)正面临着深刻变革,国际贸易规则正在加速重构。美国大力推动的跨太平洋贸易与投资伙伴关系协定(TPP),虽然在特朗普当上美国总统后已宣布退出该协定。但是,从跨太平洋贸易与投资伙伴关系协定(TPP)和跨大西洋贸易与投资伙伴协定(TTIP)的战略意图来看,二者都是依照发达国家经济发展水平而制定的贸易规则标准,所涵盖内容和贸易自由化水平都高于正在谈判的世贸组织多边贸易规则,都试图把包括中国在内的很多发展中国家排除在 TPP 和 TTIP 谈判之外,从而造成这些国家的地缘经济困局。而在美国退出 TPP 和英国脱欧新的国际背景下,说明"逆全球化"倾向和贸易保护主义也在有所抬头。因此,需要第三极来加以平衡,而被排除在 TPP、TTIP 之外的国家,大部分都处在"丝绸之路经济带"沿线。

(二)新的国际背景提出了新的时代发展要求

在世界格局演变、动力转移、秩序重塑等新的国际背景下,国际社会被提出了新的时代发展要求,这就是通过大力发展区域合作,加强各国的基础设施建设和科技创新驱动,促进各地区的经济转型升级来提振和建设开放型世界经济,从而为我国提出"一带一路"倡议,大力推进"丝绸之路经济带"建设创造了有利的国际环境。

1. 世界经济复苏亟须新的增长动力来源

当前,美国、欧盟、日本等世界主要经济体增速普遍在低位徘徊,俄罗斯、巴西、南非等部分新兴经济体增速也在放缓。英国脱欧、美国退出 TPP 以及贸易保护主义政策的实施,更加增加了世界经济发展的不稳定性。面对不利局面,既需要加大结构性改革这样的长远谋划,也需要扩大总需求这样的应急之举。在世界经济低速时期,基础设施建设能够拉动大量投资,带动上下游产业发展,并为新一轮繁荣周期奠定基础。"丝绸之路经济带"沿线基础设施发展水平滞后,即使是欧洲发达国家也面临着设施老化的更新需求,这些都为大规模开展"丝绸之路经济带"的互联互通建设和国际产能合作提供了极为有利的条件。

2. 加强区域合作已成为大多数国家的共识

随着全球化进程不断深入,世界各国的经济联系越来越紧密,一损俱损,一荣俱荣。国际合作也已不是殖民时期的"零和"甚至"负和"博弈,国际合作和区域合作的溢出效应和外部性明显加强,这一点已被 1998 年亚洲金融危机和 2008 年的国际金融危机所证明。二十国集团峰会、APEC 峰会以及一些重要的多边场合,正在发挥着全球经济稳定器的作用。多双边区域、次区域合作层出不穷,更大范围的自由贸易协定、投资协定不断涌现。合作共赢理念成为主流,为"一带一路"框架下的"丝绸之路经济带"建设提供了合作共识基础。

3. 沿线国家和地区经济转型发展愿望强烈

"丝绸之路经济带"沿线国家和地区能源资源丰富,这既为经济发展提供了良好的基础,但同时也是一把"双刃剑",带来了产业结构单一、贫富差距扩大等问题。近年来石油等资源产品价格大幅下降,对相关国家经济造成重创,降低能源产业比重,其大力发展制造业的愿望十分迫切。我国经过改革开放四十多年的发展,工业门类齐全,部分产业处于世界先进水平,与沿线国家存在梯度差异,互补优势突出,可以与沿线不同发展水平国家的产业结构进行匹配,从而为开展"丝绸之路经济带"沿线国家和地区的国际产能合作提供了广阔空间。

4. 中国企业"走出去"已成为客观必然要求

目前,我国已进入"引进来"与"走出去"并重开放发展的新阶段。从国际经验看,在人均 GDP 达到 8000 美元左右,企业对外投资将实现快速增长。当前,我国正处在吸引外商直接投资(FDI)和扩大对外直接投资(ODI)并重的窗口期,扩大对外直接投资平均增速持续保持两位数。2018 年,我国非金融类对外直接投资额 1205 亿美元。① 立足改革开放四十年积累的竞争优势,在国内人口红利逐年减少,土地、资源约束不断强化的同时,客观上需要加大企业"走出去"力度,通过推进"一带一路"框架下的"丝绸之路经济带"建设,在全球范围合作开发资源和市场,提升我国在全球价值链中的分工水平,在给沿线国家带来发展机遇的同时也促进本国经济转型升级。

二、我国建设"丝绸之路经济带"的优势与劣势分析

"一带一路"沿线约 65 个国家,约 44 亿人口,占全世界人口的 63%,经济总量约 21 万亿美元,占全球比重 29%,其整个外贸、外资的流入每年增长 13.9% 和 6.5%,高于全世界平均增长水平。预计未来 10 年,在"一带一路"国家里,整个出口将会占世界的 1/3,真正成为第三极。② "丝绸之路经济带"建设是"一带一路"倡议的重要组成部分,东边牵着活跃的亚太经济圈,西边系着发达的欧洲经济圈。沿线多为发展中国家,发展潜力巨大。我国作为亚欧大陆桥经济带上的重要国家,在推进"丝绸之路经济带"建设方面,既有优势,也有劣势。

---

① 《中华人民共和国 2018 年国民经济和社会发展统计公报》,2019 年 3 月 15 日。
② 厉以宁、林毅夫、郑永年等:《读懂"一带一路"》,中信出版集团 2015 年版,第 9 页。

（一）我国推进"丝绸之路经济带"建设的优势分析

在新的国际背景下，综合各种因素，我国推进建设"丝绸之路经济带"的优势主要表现在以下几个方面。

1. 政策沟通领域有较多双多边合作机制优势

上合组织现有的8个成员国都是"丝绸之路经济带"沿线的国家，目前经过多年的合作运行，在经贸、安全以及联合反恐等方面，已经形成了比较成熟的区域合作机制。在2015年的乌法会议上，随着印度和巴基斯坦的加入，更加扩大了上合组织的成员国数量，为国际经济走廊建设以及"丝绸之路经济带"向这些国家和地区的延伸创造了有利条件。

在上合组织中，中俄之间的政治互信目前也在显著增强，特别是2015年中俄两国元首共同签订了《丝绸之路经济带建设与欧亚经济联盟建设对接的联合声明》，标志着俄罗斯、哈萨克斯坦和白俄罗斯正式加入到共建"丝绸之路经济带"的行列，从而为"丝绸之路经济带"建设中我国与这些国家深化区域经济合作铺平了道路。

在沿线国家和地区中，我国与中东欧国家的"16+1"合作机制以及中欧投资协定如期完成谈判，我国与东盟十国的"10+1"合作机制以及《区域全面经济伙伴关系协定》（RCEP）的签署，分别为"丝绸之路经济带"建设向欧洲和东南亚方向的拓展提供了重要的合作机制保障。而金砖国家组织的建立及其在国际舞台上影响力的不断提升，为"丝绸之路经济带"向非洲国家和拉美地区的延伸奠定了重要的基础。

除此之外，还有亚太经合组织、亚信会议、互联互通合作伙伴等一些多边合作机制提供合作平台，以及"一带一路"国际合作高峰论坛等重大国际交流活动的开展，为共建"丝绸之路经济带"提供了更加广阔的政策沟通与交流合作平台。

2. 中国经济持续快速发展的动力牵引优势

自改革开放以来,中国保持了长达三十多年的高速经济增长。1980—2012年,GDP增速达到10%,对世界GDP增长贡献率平均达到13.4%。2010—2012年,中国经济总量在全球经济增量中的份额提高到25.2%,超过美国的22.2%。[①] 2013年中国的进出口贸易总量超过美国成为世界最大贸易国,中国经济仍保持7.7%的增长,经济总量持续扩大,占全球比重达12.3%;2014年全世界的GDP总量达到77万亿美元,美国17万亿美元,中国10万亿美元,日本4万多亿美元,[②]我国已经成为世界GDP第二大国。2015—2018年中国虽然经济增速放缓,但中国经济奇迹没有结束,仍然在高位运行,经济运行仍保持在合理区间。2018年,中国国内生产总值增长6.6%,总量突破90万亿元。2019年中国国内生产总值达到99万亿元,比上年增长6.1%。2020年中国国内生产总值突破100万亿元,对世界经济的影响日趋凸显。

目前中国正在发生前所未有的经济地理革命。一是交通革命,体现在高速公路、高速铁路革命,从无到有,从少到多,截至2016年年底,高速公路共13万公里,高速铁路超过2.2万公里;2018年新增高速铁路运营里程4100公里,新建改建高速公路6000多公里、农村公路30多万公里。[③] 二是能源革命,建成了覆盖国土面积最大、供电人口最多的世界最大规模的国家电网,实现了特高压长距离大容量输电。三是互联网革命,成为世界最大互联网用户国,截至2017年2月,我国互联网用户达到11.2亿户,成为世界上互联网普及化较为成功的国家之一。四是城镇化革命,2018年我国常住人口城镇化率

① 赵晋平等编著:《聚焦"一带一路"经济影响与政策举措》,中国发展出版社2015年版,第4页。

② 葛剑雄、胡鞍钢、林毅夫等:《改变世界经济地理的"一带一路"》,上海交通大学出版社2015年版,第55页。

③ 李克强:《政府工作报告》(摘登),《人民日报》2019年3月6日。

达到 59.58%,城镇常住人口达到 8.3 亿。2019 年我国城镇常住人口 8.48
亿,常住人口城镇化率为 60.60%。① 中国正在发生的这种经济地理革命,使
之正在成为世界经济发展的领跑者。

3. 中国与沿线国家和地区的资源互补优势

我国与 14 国接壤,与 8 国海上相邻。这为我国与周边国家共建"一带一
路"和实现互联互通提供了非常有利的地缘经济优势。中国作为四大文明古
国之一有着悠久的历史文化,是世界国土面积第三大的国家、世界第一大人口
国。中国现在拥有 14 亿人口,是世界上最大的消费品市场。中国是世界第二
大经济体、世界第一贸易大国、世界第一外汇储备国、世界第一大钢铁生产国、
世界第一大农业国、世界第一大粮食总产量国。中国幅员辽阔,地质条件多
样,矿产资源丰富,矿产 171 种。中国的土地、森林、水资源以及动植物类均居
于世界前列。② 同时,我国有丰富的基础设施建设经验和充足的劳动力资源。
除此之外,我国还有很强的土建与设计能力及强大的融资能力。所有这些资
源,都是周边国家发展所需要的。

"一带一路"是一个开放包容的国际合作平台,"丝绸之路经济带"建设是
我国与陆上沿线国家实现经济互补发展的重要经济纽带,在所涉及的国家中
以俄罗斯及中亚五国与我国之间的经济互补发展优势最为突出。俄罗斯横跨
西伯利亚铁路、高铁和公路等基础设施项目建设,为中俄直接投资基金、中俄
相关企业开展投资合作带来了机遇。在传统产业投资合作中,利用俄罗斯闲
置土地资源,利用我国的资金、技术和人力资源开展中俄农业合作,将满足我
国对非转基因和绿色农产品的需求。在高科技领域,航空、航天、核能等大项

---

① 《中华人民共和国 2019 年国民经济和社会发展统计公报》,《经济日报》2020 年 2 月
28 日。

② 任保平、马莉莉、师博等著:《丝绸之路经济带的合作机制与内陆型改革开放》,中国经
济出版社 2016 年版,第 327 页。

目研发投资合作将打破西方的技术和市场垄断。从中亚五国来看,就经济水平而言,中亚五国中哈萨克斯坦总体较好,其余四国经济发展起步较晚,人均GDP比较落后,经济实力和竞争力相对薄弱;从旅游资源来讲,中亚五国都有丰富的旅游资源,但旅游业发展基本属于起步阶段。我国与中亚各国的经济互补性很强,除了中亚富有的资源是我国所需要之外,我国在商品、技术、设备、资金、管理等方面的优势是中亚十分需要的。

4. 中国参与国际产能合作的优质产业优势

有关数据调查显示,中国钢铁产能超过12亿吨,水泥熟料产能20亿吨,电解铝产能4000万吨,汽车产能3100万辆(仍有600万辆在建产能),造船能力8000万载重吨①(基本上是当前全球的年需求量);中国不但钢、铝、铜、水泥、玻璃等原材料生产规模世界第一,而且电子、通信、家电、纺织、服装、汽车、船舶等20个大类的制造产品产量也已居世界第一。② 特别是在高铁和核电建设领域我国掌握了比较成熟发展技术,成为我国参与国际产能合作的中国品牌。这为我国向沿线国家转移优势产能提供了先决条件,而沿线一些发展中国家恰恰需要承接这些优势产能来加快发展自己。

当前我国参与国际产能合作的产业优势和"丝绸之路经济带"沿线国家产业有明显的互补性。具体来看,俄罗斯经济结构仍以依赖资源出口为主,三大产业结构相对不合理,第二、第三产业内部结构明显低端化,仍具有"资源型经济""技术创新不足"和"现代服务业落后"三个特点。蒙古国矿产业是其支柱产业,但工业基础薄弱,基础设施严重滞后,国民经济发展所需的绝大多数生产、生活资料都依赖进口,主要包括机械及零配件、交通运输工具、工业原料、燃料能源、有色金属及消费品等。哈萨克斯坦石油开采是支柱产业,出口以矿产品为主,轻工业基础差,农牧业发展水平低,机械设备依赖进口。乌兹

---

① 刘卫东、田锦尘、欧晓理等:《"一带一路"战略研究》,商务印书馆2017年版,第27页。
② 刘卫东、田锦尘、欧晓理等:《"一带一路"战略研究》,商务印书馆2017年版,第31页。

别克斯坦农业发达,农产品或农业原材料加工而成的产品占出口 50%以上,工业比重逐年提高。土库曼斯坦支柱产业是石油天然气工业、电力工业和纺织工业,棉花、羊和蚕茧是其农业的三大支柱,基础设施亟待更新。吉尔吉斯斯坦支柱产业是农业,产值约占国内生产总值的一半,产业结构单一,是原材料供应基地。塔吉克斯坦第一产业落后,粮食产品严重依赖进口;第二产业发展不足,轻工业产品依赖进口;第三产业质量不高,主要是劳务经济比重大。

以上这些"丝绸之路经济带"沿线主要国家基本处于工业化初级阶段,而中国总体上已步入工业化中后期,处于快速工业化阶段。我国具有雄厚的工业基础和完善的工业部门,制造业产品门类齐全,价格低廉,但在矿产资源、能源原材料方面具有持续强劲的需求。我国和"丝绸之路经济带"沿线国家和地区在产品和产业结构上存在明显互补性。我国和"丝绸之路经济带"沿线国家和地区的经济互补性,一方面体现在产品贸易方面,即我国向沿线国家和地区出口机电产品、日用消费品等轻工产品,沿线国家和地区向我们出口能源、原材料;另一方面体现在产业资本合作方面,沿线国家和地区更愿意获得外国直接投资以提升自身发展水平,我国也有实力、有条件、有动力推动优势企业"走出去"。

5. 新亚欧大陆桥建设等设施联通优势

目前新亚欧大陆桥已成为推进"丝绸之路经济带"建设的主轴,沿着新亚欧大陆桥开辟的东中西三大通道,把我国境内的第二条亚欧大陆桥与俄罗斯境内的第一条亚欧大陆桥紧密地连接在一起,使具有中国品牌的中欧班列在大陆桥上畅通无阻地来回穿梭,从而实现了亚太经济圈与欧洲经济圈之间在陆上基础设施建设等方面的互联互通。

围绕新亚欧大陆桥建设相配套的沿线高铁的建设,将成为加快实现沿线国家和地区互联互通的重要运载工具。目前,在我国境内,宝(鸡)兰(州)高铁已开通。它标志着我国从徐州至乌鲁木齐的高铁已全线贯通。在国外,土耳其境内已经实现了高铁建设的互联互通,俄罗斯境内和欧洲境内等沿线国家和地区的高铁建设也正在实现互联互通。

除此之外,还有公路、航空、管道、光缆、港口等基础设施也在日益完善。特别是我国北斗导航定位系统的建成和使用,其产品覆盖和服务的范围不仅包括我国,也包括"一带一路"沿线120多个国家和地区。所有这些基础设施建设的开展,将为"丝绸之路经济带"建设提供强有力的物质技术支撑。

6. 亚投行与丝路基金等资金融通优势

亚投行自成立以来,已有103个国家参与,还有进一步扩大的趋势。目前,亚投行已正式投入运行,首次获批的投资项目主要集中在"丝绸之路经济带"沿线国家和地区。我国投资400亿美元成立的丝路基金项目,也主要是围绕着"丝绸之路经济带"建设而开展资金融通。除此之外,上合组织开发银行、金砖国家开发银行等国际金融组织和我国有关金融机构也将为"丝绸之路经济带"建设提供金融支持。我国的中国工商银行、招商银行等金融机构已经在沿线有关国家和地区开展布点业务。

目前,亚投行、丝路基金等国际金融组织以及我国金融机构对"丝绸之路经济带"的投融资主要还是引导性的。随着沿线基础设施建设等领域建设的广泛开展和市场规模的不断扩大,还将会吸引更多的国际金融组织和社会资金参与其中。广泛的资金融通将为"丝绸之路经济带"建设提供重要支撑。

7. 人文交流合作领域的文化融合优势

"丝绸之路经济带"沿线国家和地区与中国人文合作交流历史悠久,一直是中国传播中华文化、开展人文交流领域合作、扩大国家软实力影响的重要对象。人文交流合作对于促进民心相通、建立各国人民之间的理解与共识、传播中华文化意义深远。"丝绸之路经济带"沿线国家和地区由于地缘、历史、文化的临近性,国家之间人文交流具有较好的基础。

我国边境地区与中亚国家有 9 个同源跨国民族,分别是哈萨克族、吉尔吉斯族(柯尔克孜族)、塔吉克族、俄罗斯族、塔塔尔族、乌兹别克族(乌孜别克族)、东干族(回族)、维吾尔族和汉族等民族,同源跨国民族在民族风俗和生活习惯方面有一定的相似性。中国与中亚国家多次互办文化节、电影展、文化展、画展等文化活动。中亚目前已经有 10 多所孔子学院。孔子学院在推广汉语文化的同时促进了中国和中亚文化的交流与融合。

我国在丝绸之路沿线承担文化交流功能并宣传中华文化的组织可分为实体组织和非实体组织两种。实体组织以孔子学院为代表,非实体组织以上海合作组织大学为代表。"丝绸之路经济带"沿线国家 23 国中有 18 个国家建立孔子学院 50 所,孔子课堂 28 个。上海合作组织大学是上海合作组织成员国 74 所院校间开展的合作体系,其中中国以北京大学为首 20 所,俄罗斯 21 所,哈萨克斯坦 14 所,吉尔吉斯斯坦 9 所,塔吉克斯坦 10 所。①

除此之外,全国有关组织机构和高校也发挥着中国与"丝绸之路经济带"沿线国家和地区的文化交流作用。国内"丝绸之路经济带"沿线省市也设立相应奖学金以吸引各国留学生,促进文化教育交流合作。如陕西省设立"三秦外国留学生奖学金",宁夏回族自治区设立"自治区政府来华留学奖学金",黑龙江省实施"留学龙江"计划,吸引俄罗斯优秀青年攻读硕士、博士学位,内蒙古自治区利用"中国政府奖学金"和"内蒙古政府奖学金",积极为俄、蒙学生提供留学机会。利用国家和省的各种奖学金,在华留学生规模扩大效应明显。还有国家旅游年、青年文化节等交流活动,发挥着文化交流合作的功能。

同时,我国针对丝绸之路的国别研究机构日益增多。教育部 2012 年开始在全国部分高校部署设立了 37 个区域和国别研究基地,如兰州大学中亚研究中心、四川大学南亚研究中心、北京大学非洲研究中心、华东师大俄罗斯研究中心、宁夏大学阿拉伯研究中心等。这些区域和国别研究中心为我国开

---

① 任保平、马莉莉、师博等:《丝绸之路经济带的合作机制与内陆型改革开放》,中国经济出版社 2016 年版,第 68—69 页。

展"丝绸之路经济带"相关国家的国别研究与文化交流合作研究奠定了基础。

8. 科技交流合作领域的创新发展优势

目前,中国领先世界的科技主要有北斗系统、2000 预警机、超级计算机、雷达技术、3D 打印、激光技术、微晶钢(超级钢)、脉冲强磁场实验装置、纳米技术、超轻气凝胶、量子存储器、医学、风调、量子物理学、微电子、盾构机、基因技术、云计算、催化剂、引力精密测量、量子保密通讯技术等。我国在一些科技领域领先世界的发展水平,使我国在同丝绸之路沿线一些国家开展科技交流合作方面有了充足的底气。

俄罗斯和欧盟是与中国国际科技合作最为活跃的区域。中国与欧盟、德国、日本等高科技发达国家(地区)以及韩国、新加坡、印度等新兴亚太国家的科技合作多集中在生命科学、基因组和生物技术、信息技术、纳米科学和纳米技术、智能材料等战略性新兴产业和高新技术领域。中国与中亚五国科技交流合作主要涉及有色金属提炼、地质勘探、石油天然气、化工、农业、畜牧业、新能源、建材等领域。近年来中国与巴基斯坦合作主要集中于测绘、地质勘探等基础型领域。中国与孟加拉国、印度、缅甸国家的科技合作主要涉及资源开发利用、生物医药、能源领域等。随着"丝绸之路经济带"建设的深入推进,中国与沿线国家和地区科技交流合作的范围和领域日益广泛。

(二)我国推进"丝绸之路经济带"建设的劣势分析

新的国内外环境下,在看到我国推进"丝绸之路经济带"建设存在诸多优势的同时,也要清醒地认识到,我国发展方式粗放,不平衡、不协调、不可持续问题仍然突出,经济下行压力较大,加之沿线国家和地区也处在经济社会调整和转型时期,在推进"丝绸之路经济带"建设方面还存在着一些困难和问题。

1. 新形势下我国开放型经济运行面临的困难和问题依然较多

一是国内外市场乏力和有效供给不足并存。一方面,国内告别短缺经济时代,衣食住行等传统大宗消费进入平台期,国外需求不确定性增多。另一方面,传统供给向新供给的转型滞后,跟不上需求升级变化,经济创新发展基础不稳固。

二是在国际竞争中传统比较优势减弱,新的竞争优势尚未形成,结构性矛盾更加凸显。21 世纪初在出口、投资和需求的快速增长带动下,能源、原材料、机械等上中游行业企业高速发展,积累了巨大产能,而随着外需低迷以及房地产、汽车等内需市场增长遇到瓶颈,上中游行业产能严重过剩凸显,低价格、低效益和高产能、高库存的局面短期内难以扭转。

三是我国开放型经济还存在对外开放与对内开放非均衡发展、投资层面引进来与走出去不协同、国内要素市场扭曲、产能过剩等内部缺陷。根据 WTO 数据计算,目前我国以境内开放为主的政策覆盖率仅为 24.8%,远低于美、韩 40% 左右的覆盖率,并且在政策有效率方面,我国(39%)也低于美国(74.7%)与韩国(45%)。

2. 我国参与沿线国家和地区国际产能合作水平仍处于中低端

一是我国产业价值链在国际上总体上偏低。特别是在轻工领域,我国大部分轻工企业被锁定在价值链低端,自主创新能力不足,品牌优势不强。而沿线国家和地区对高端产品需求程度高,我国难以在短期内根据市场需求结构变化而升级产品,导致出现低端产品大量过剩而部分高端产品依赖进口的局面。

二是目前我国促进沿线国家和地区的产能合作政策不成体系,缺乏相应的有效措施配套,已有的政策执行效果较差。特别是涉及国有企业在沿线地区投资管理体制机制至今不健全,相应的事中事后监管体制机制没有及时建立和到位,从而导致了有些产能合作项目建设进展缓慢,经济效益不高,投资回报率较低。

三是我国的技术标准和制度环境与国外差异较大。部分沿线国家和地区因长期缺乏技术实力,比较推崇欧盟的工业技术和标准,一些国家在电力、石油化工、交通运输等基础设施上长期执行欧洲标准。一些国家明确规定不能使用中国标准,使得我国企业"走出去"因不熟悉国外商业习惯、法律环境和缺乏国际项目经验而面临巨大投资压力,只能与欧盟一起采取"第三方市场"合作方式来进行项目建设。

四是企业"走出去"合力程度不够。我国企业"走出去"在沿线国家和地区尚未形成贸易和投资网络,我国金融业国际化标准滞后,国际市场开拓难度大,部分领域存在同行竞争现象。我国工程机械在海外竞争,关键技术和关键部位依赖发达国家企业。同时,缺乏具有国际化视野的人才队伍,尤其是中高级管理人才和技术人才。

五是我国相关产业配套能力和联动效应不强。中亚各国急需要发展与第二产业相关的第三产业,使能源产业的产业链得到延伸并具有较强的联动效应。目前中国与中亚地区的相关产业不配套,缺乏生产性服务业方面的合作,还未能充分发挥能源产业的联动效应和实现能源产业链的延伸。

3. 我国对沿线国家和地区文化交流与经济发展要求不太适应

一是对外文化交流合作的力量和内容缺乏集中性和针对性。当前,担当"丝绸之路经济带"文化交流合作的平台,主要有各高校的国际交流中心和有关国别研究所、各级政府的人文交流机构等,这些平台在促进"丝绸之路经济带"沿线国家的文化交流合作方面起到了积极作用。但力量比较分散不集中,合作内容与经济联系不紧密。目前还缺少以"丝绸之路经济带"内容交流为主题的合作平台,这和当前高质量推进"丝绸之路经济带"建设的要求是不相适应的。

二是对外文化交流合作的形式不够灵活多样。随着国际市场化程度加强和"丝绸之路经济带"建设的进展,我国现有的对外文化交流合作的形式显得比较单一,缺乏灵活性和多样性。有关专家通过对中亚外商汉语学习需求的调查发现,多数人比较愿意参加便于师生互动的3—5人的小规模教学班学习。但是,目前我国的文化交流合作缺乏相应的供给,说明现有文化交流合作形式还不能满足沿线国家人们参加培训的多样化需求,还有很大提升空间。

三是对外文化交流合作的主体有些单一。目前"丝绸之路经济带"的文化交流合作的主体主要为政府主导型,民间和市场化为主体的文化交流合作还开展的不够广泛。随着"丝绸之路经济带"建设的进一步发展,来自社会各层面的文化交流合作需求将会越来越多,主要靠政府主导的文化交流合作可能满足不了社会各方面多层次需求。

4. 我国与沿线国家和地区科技交流合作水平有待进一步提升

一是科技交流合作的规模较小。我国目前与"丝绸之路经济带"沿线发展中国家的科技合作开展的还不够广泛深入。中国与乌克兰的军事科技合作起步较早。中俄之间的科技合作近几年有较大进展。中国与中亚、南亚地区等国家的科技合作还较少。从国外技术引进合同的国别统计来看,中亚、南亚国家中只有巴基斯坦和哈萨克斯坦两个国家与中国有技术引进合作,且合同额度较小。一些涉及中亚区域的国际性的大科学研究项目和欧盟的科学研究计划中的研究项目,中国参与的数量不多,深度有限。

二是科技交流合作层次较低。中国除了与俄罗斯和乌克兰的科技合作层次较高外,与中亚、南亚国家的科技合作水平都相对较低。在中亚五国,国家产业体系尤其是工业体系的发展水平较低,科技基础设施和科研装备仍以苏联留下来的设备为主,研究和开发经费投入少。因此,尽管这些国家的科技需求的空间大,能够开展科技合作的领域较多,但由于目前合作能力弱,能够实施科技合作的领域多集中在农业科技、民生科技等方面,在高新技术和高科技领域的合作较少。

三是科技交流合作机制不健全。在对外科技合作中,制度性障碍较多,科研人员出入境签证难度大、效率低;科技合作项目所需的科研仪器和设备运输到境外相关国家的手续繁琐,时间长;科研合作经费无法按照正常途径划拨到境外;沿线部分国家政局不稳定,法制不健全,在外科技合作人员的安全和权益得不到保障。这些问题的存在无形中加大了科研合作的现实困难,造成中国与"丝绸之路经济带"沿线国家和地区科研合作的不顺畅。

5. 我国对沿线国家和地区的教育交流合作不能满足建设需要

一是留学生交流合作存在管理短板。在华留学生缺乏组织管理与人际交流,缺少社会关爱与教育引导。有数据显示,83%的在华留学生与周围同学接触不多,57.51%的留学生有语言障碍等沟通问题,17.92%的留学生经常感到孤独。① 这些因素导致"丝绸路经济带"国家和地区人才双向或多向交流不平衡,影响了国内面向沿线国家和地区人才的培养。

二是沿线国别研究人才不足。我国目前在有关高校和科研院所设立的国别(地区)研究中心为开展"丝绸之路经济带"国家的研究奠定了基础。但由于启动时间短,开展国别研究的规模偏小;国别研究中对外交流合作不够,掌握的第一手资料少,满足不了推进"丝绸之路经济带"建设的需要;开展国别研究的人才明显不足,有突出成果和较大影响力的专家较少,特别是缺乏与推进"丝绸之路经济带"建设相关国别研究的非通用语言(小语种)人才。

三是国际化专业性人才缺乏。随着"丝绸之路经济带"建设的持续推进,中国"走出去"的企业越来越多,但目前企业最缺乏的是既懂专业又懂外语的国际化专业性人才。同时沿线国家,特别是中亚和南亚地区,虽然劳动人口数量较多,但人口受教育水平普遍不高,加之多以农牧业为主,缺乏高素质的产

---

① 赵磊:《"一带一路":中国的文明型崛起》,中信出版社2015年版,第181页。

业工人,如果没有国际化专业性人才对他们进行培训,难以满足中国外出企业对技术工人的需求。

三、我国建设"丝绸之路经济带"
面临的机遇与挑战

在新的国际背景下,经济全球化仍然是时代主流,为我国与沿线国家共同推进"丝绸之路经济带"建设提供了许多发展机遇。但是,贸易保护主义的抬头和"逆全球化"倾向的出现,也使得"丝绸之路经济带"建设面临着诸多的挑战。

（一）我国推进"丝绸之路经济带"建设带来的机遇

关于新的国际背景下建设"丝绸之路经济带"的机遇,可以从两个方面来进行分析。一方面是推进"丝绸之路经济带"建设给国内区域发展带来的机遇;另一方面是建设"丝绸之路经济带"给国外沿线国家和地区发展带来的新机遇。

1. 建设"丝绸之路经济带"给我国东中西部地区发展带来机遇

一是为我国东中西部地区协调发展提供了机遇。在我国对外开放进程中,采取的是多层次、滚动式、由点到面逐步推进的战略方针,实施沿海、沿江、沿边政策,这种不均衡开放战略导致对外开放总体呈现"东强西弱、海强边弱"的局面。建设"丝绸之路经济带"正好对这种不平衡进行调整,使西部地区由我国内陆腹地变成了对外开放的前沿。近几年的统计数据表明,西部地区有的省份已经呈现出加快发展的态势,从而为东中西部地区协调发展以及形成国内大循环系统带来了机遇。

二是为东部沿海地区经济转型升级提供了机遇。建设"丝绸之路经济带"在国内从东向西的产业梯度分布的层次特点,有利于东部沿海地区的产业转型和技术引进。从产业转型角度讲,建设"丝绸之路经济带"推动了产业向国内和国外沿线地区转移,既可以带动落后地区的经济发展,也可以为东部沿海地区的产业升级腾出发展空间。东部沿海地区可以此为契机,通过自贸试验区建设,进一步扩大对外开放,充分发挥京津冀、长三角和粤港澳的创新引领作用,加大高新技术的创新合作力度,加速技术密集型产业的发展,加快打造世界级城市群和世界级产业集群。

三是为中西部内陆地区扩大开放提供了机遇。制约中西部地区对外开放的重要因素之一,在于与经济发展相配套的基础设施建设落后。"丝绸之路经济带"沿线的互联互通建设,特别是沟通我国与中亚、南亚地区的国际大通道建设,给中西部地区联通沿线相关国家的铁路、公路、机场、航运等基础设施项目建设带来机会。中西部地区通过有选择有条件地承接东部沿海地区的产业转移,可以加快经济发展;同时通过国际通道建设的对接,向西扩大对外开放,拓展自己的发展空间,从而有利于以国内循环促进国际循环的开展。

2. 建设"丝绸之路经济带"为沿线国家和地区发展带来的机遇

一是可以为沿线遭受战争创伤国家重建家园提供支持。"丝绸之路经济带"沿线的有关国家和地区,经过阿富汗战争、伊拉克战争、利比亚战争以及反恐战争,基础设施遭到巨大破坏,经济发展受到重大挫折,迫切需要得到恢复与重建。尽管全球经济仍未完全走出金融危机的阴影,有关局部军事冲突还在继续,但沿线广大发展中国家的工业化进程同样势不可挡。随着自由贸易和全球产业分工深化,建设"丝绸之路经济带",将为沿线发展中国家的工业化进程和产业发展提供巨大的市场机遇。从沿线一些遭受战争创伤的发展中国家的角度看,我国一些优质富裕产能,如钢铁、水泥、建材等,正是他们修复基础设施和发展地区经济所急需的。推进"丝绸之路经济带"建设将有助于巩固扩大我国与沿线这些遭受战争创伤的发展中国家和地区的互利合作,帮助他们重建家园、发展经济、维护稳定,重新过上美好幸福的生活,共享我国改革开放带来的文明成果。

二是可以为沿线发展中国家经济社会发展提供合作机会。中国与俄罗斯、中亚地区国家在资源构成、产业结构和工农业产品等方面有着较强的互补性,在商业贸易和服务业贸易领域有着良好的合作基础。中国为俄罗斯、中亚提供市场、带动油气资源、矿产及相关产业的发展。同时,俄罗斯、中亚地区相对落后的基础设施可以为我国转移优质富裕产能提供空间。"丝绸之路经济带"建设,使中国与巴基斯坦的合作围绕瓜达尔港和中巴经济走廊建设展开,双方在电力供应、铁路建设、反对恐怖主义等方面也在展开合作,以促进地区的社会稳定与经济发展。中国和阿拉伯国家经济互补性也较强,阿拉伯国家经济发展的重点是基础设施建设,我国高铁、通讯等领域的开放合作,将给阿拉伯国家基础设施建设的改善带来重大机遇。在致力于经贸合作及相关基础产业合作的同时,"丝绸之路经济带"建设在产业范围上拓展了对外开放的领域,为文化、教育、科技及旅游等诸多领域区域合作带了机遇。

三是有助于推进地区安全合作和携手打击恐怖主义势力。亚太地区错综复杂的周边环境是制约其经济发展的重要因素之一。特别是中亚及我国西部地区的投资环境及安全稳定因受"三股势力"威胁,已严重影响到地区经济社会的发展。通过推进"丝绸之路经济带"建设,在应对这些危险因素时,可以形成反对"三股势力"和恐怖主义的合作平台。我国政府已通过上海合作组织建立了联合反恐演习、大型国际活动安保、情报交流会议等合作机制。这将为沿线国家和地区联合打击恐怖主义提供示范,并形成联动效应。

四是可以为联通亚欧市场和推进亚欧区域合作创造条件。亚太经济圈和欧洲经济圈由于交通、物流,相互间来往不是很方便。建设"丝绸之路经济带"将为整合亚欧市场、推进亚欧合作提供契机。现在欧洲希望跟中国合作开发 5G 通信技术。第一是因为缺钱;第二是因为我国在新的电子技术方面有很大优势;第三是因为共同面临美国网络霸权冲击。通过建设"丝绸之路经济带",我国和欧洲的国际合作至少可以在三大领域展开:一是分享知识产权利润。如我国核电走出去,法国可以分享 34% 的利润;高铁走出去,法、德可以分享 17% 的利润。二是合作开发第三方市场。欧盟单个国家与中国、美国和印度竞争都处于劣势,以前只是单一强调和美国合作,现在美国退出TPP,TTIP 也遭受国内各团体反对,所以与中国合作开发第三方市场是未来的重点。三是共同研发新兴技术。欧盟的容克计划推出基础设施升级换代,也希望和中国一起投资进行 5G 技术研发和智慧城市建设等。

(二)我国推进"丝绸之路经济带"建设面临的挑战

新的国际背景下,由于受新冠肺炎疫情在世界各国不断爆发和持续传播等因素的影响,推进"丝绸之路经济带"建设在给我国及沿线国家带来诸多发展机遇的同时,也带来了各种风险与挑战。

1. 沿线国家政府违约和新冠疫情传播带来的经济风险

一是沿线国家有的政府违约加大了"丝绸之路经济带"建设的风险。沿线国家政府更迭往往会导致已签约的"一带一路"项目"搁浅"或协议失效,使中方企业遭受损失,将会影响"丝绸之路经济带"建设的进程。2018 年,政府违约风险已成为"丝绸之路经济带"建设面临的主要风险,其中以马来西亚较为典型。2018 年 5 月,马来西亚结束大选,马哈蒂尔取代纳吉布成为新一届总理。8 月 21 日,马哈蒂尔正式宣布取消三个由中资支持的项目,使两国的经济合作热度大幅下降。"一带一路"沿线不乏国内政治动荡的国家,政府更迭带来的政策变化对"丝绸之路经济带"建设形成的风险和挑战应引起高度的重视。

二是沿线国家爆发的新冠肺炎疫情对"丝绸之路经济带"建设形成了巨大挑战。2020 年新冠肺炎疫情在沿线国家爆发后,我国及时给予了巴基斯坦、伊朗等国以大力支持,得到了国际社会的好评。但是,同时也应看到,由于受疫情传播的影响,我国在沿线国家的一些工程项目被迫停工停产,有些产业链条被扭曲,许多供应链条被折断,修复与维护起来十分困难。这将对我国在这些国家和地区共同推进"丝绸之路经济带"建设形成巨大的挑战。

2. 一些地区大国的竞争博弈带来的政治风险不断加剧

一是中美大国关系的不确定性。美国过去是而且现在也是世界的霸主,对欧洲北约成员国及沿线的中亚、中东、东南亚等地区都有着重大影响。为了维护其世界霸主地位和遏制"一带一路"倡议在全球的影响力,美国特朗普政府执政时期在挑起中美贸易争端的同时,打压中兴,围堵华为,向台湾出售武器,借助疫情传播"甩锅"给中国、抹黑中国,关闭我国驻美国休斯敦领事馆,实施"印太战略",不断派军舰和飞机非法进入我国南海地区进行挑衅活动,搅局21世纪海上丝绸之路建设,使中美两个大国的关系变得日益紧张和具有很强的不确定性。拜登政府上台后,在策略上有所变化,但其围堵中国的战略是不会改变的。中美关系的不确定性给"丝绸之路经济带"建设带来的风险不是局部的,而会影响整个发展格局的调整。

二是欧盟多种伙伴关系的战略担心。欧盟在欧洲国家影响力很大。欧盟在英国公投脱欧之后,一直试图在提高内部的凝聚力。欧盟主要担心推进"丝绸之路经济带"建设,对其"东部伙伴关系计划""地中海伙伴关系计划""中亚伙伴关系战略"带来不利影响。因此,如何化解欧盟发展战略同"一带一路"建设的竞争,加强二者发展战略的对接将是中欧未来的共同任务。所以,以中欧新型全面战略伙伴关系为纽带,与欧洲国家合作共同经营中亚、中东、西亚和北非市场,应是我国推进"丝绸之路经济带"建设的战略选择。

三是印度大国心态的战略不合作。印度未表态支持"一带一路",主要是担心因推进"一带一路"建设而被中国包围,尤其是从海上和陆上恶化印度安全环境,与其"东进政策"形成对冲等。2017年6月18日印度军队非法进入我国边境,对我国工程施工进行干扰,就是这种大国心态的反映。2020年上半年,印度政府为了转移国内疫情带来的各种矛盾,又在中印边境挑起事端,并与周边的巴基斯坦和尼泊尔发生边境军事冲突;给我国与南亚国家之间共同推进"丝绸之路经济带"建设带来了许多不安定因素。

四是来自中东地区地缘政治风险的挑战。由于受美俄等地区大国博弈的影响,中东地区暴力冲突不断,社会无序长期存在。国别与宗教争端引起社会动乱,阿拉伯世界内部极端主义思想和极端主义团体由来已久,组织机构混乱,深化着各派别的旧矛盾;同时阿拉伯国家同西方和以色列之间矛盾亦由来已久,教派派别争端此起彼伏。这些地区宗教多样,多种文化观、价值观与政治力量相互渗透,"三股势力"在一定时期长期存在。目前,围绕着巴以冲突、伊核问题、叙利亚与以色列之间在戈兰高地的领土之争问题、土叙边境库尔德武装与难民问题、伊拉克内部矛盾冲突问题,美俄大国博弈仍然不断。中东地区作为"丝绸之路经济带"建设途径的重要节点区域,在能源合作方面发挥重大作用,应正视该地区动荡为我国建设"丝绸之路经济带"带来的地缘政治风险。

3. 沿线国家和地区社会问题带来的安全风险不断增加

一是沿线国家和地区存在社会安全风险的挑战。中亚地区安全形势尚好,但隐患仍存;南亚地区安全威胁持续,仍是暴力冲突高发区;东南亚部分国家内部冲突加剧,恐怖势力有再起之势;中东地区一些国家动荡加剧,极端组织在这一地区控制的地盘在政府军的打击下虽然在压缩,但其"外溢效应"将使沿线国家和地区安全形势持续恶化;欧洲受主权债务危机、难民危机和恐怖主义等多重因素的影响,内外环境恶化,动荡与犯罪上升。当前,由于受美国推进"印太战略"的影响,我国周边地区不安全因素也越来越多。台独势力日益嚣张,台海、南海安全形势依然紧张。

二是沿线国家和地区存在经济安全风险的挑战。新的国际背景下,由于受新冠肺炎疫情在世界范围内持续传播的影响,全球经济安全不确定性增多,国际货币汇率频繁易动,人民币面临巨大的考验,石油价格不断受挫。这些重大变化,都必将影响到国际经济金融秩序的结构性重组问题,牵一发而动全身。由此引发的种种反应必将使得"丝绸之路经济带"国家遭遇蝴蝶效应,形成对沿线国家和地区传统经济模式的冲击,甚至将动摇其增长结构、产业结构和资本结构。加之沿线广大发展中国家原有的产业单一、生产链条较短、抗风险能力较弱,很可能会给在这些国家和地区推进"丝绸之路经济带"建设带来经济安全方面巨大风险。

三是沿线国家和地区存在生态安全风险的挑战。"丝绸之路经济带"由亚欧大陆上处于不同地理区位的众多国家组成,生态条件和地貌特征多样复杂。自然环境风险具有不可预测性和突发性,将不可避免地对沿线各国的生态环境产生影响,加重其环境的承载负担,将使能源合作在油气资源开发、运输管道建设等方面面临巨大的民生阻力,导致合作进程受阻,将会影响"丝绸之路经济带"的建设进程及后期维护。特别是粗放型的开矿会破坏土地,草原荒漠化一旦发生就会自行扩展。大型基础设施建设与工业投资项目必然伴随着对生态环境的人为干预。因此,技术可行性、预期营利性与环境可持续性要统筹兼顾。

四、建设"丝绸之路经济带"的开放发展及组合策略

通过上述对新的国际背景下我国建设"丝绸之路经济带"的 SWOT 分析可以看到,是优势与劣势并存,优势占主导;机遇与挑战同在,机遇是潜在的,而挑战却是现实的。新形势下在"一带一路"框架下推进"丝绸之路经济带"建设,只有根据我国加快形成国内大循环为主体、国内国际双循环相互促进的新发展格局的要求,坚持内外统筹,采取开放发展的组合策略,扬长补短,化劣势为优势,化挑战为机遇,才能务实有效推进"丝绸之路经济带"建设。

（一）建设"丝绸之路经济带"的开放发展

在推进"丝绸之路经济带"建设中，要贯彻共商共建共享的基本原则，我国与沿线国家之间以及地区之间，只能通过相互尊重、政策沟通、凝聚共识，加强战略对接，建立和完善有关协调机制，实现优势互补与协同发展，形成国内国际双循环相互促进的新发展格局。

1. 加强对外政策沟通，开放发展形成国内国际双循环

一是通过加强我国与沿线国家和地区的政策沟通、平等协商，找到共同关注点和利益平衡点，避开矛盾焦点，化解矛盾难点，不断深化与沿线国家和地区发展战略的对接。针对美国在全球范围内挑起的贸易争端，我国应加强与俄罗斯和欧盟等地区大国和国家集团的合作，围绕"一带一路"建设构建经贸合作网络，稳步降低关税水平，积极参与国际经贸规则的谈判与制定，推动对外开放朝着更高、更深、更广的方向发展。

二是构建双边为主、多边为辅的区域合作机制。针对美国利用贸易争端对我国采取的打压政策，我国应通过"丝绸之路经济带"建设，加强与中亚、东南亚、中东阿拉伯国家和非洲国家的贸易投资合作。根据沿线各国的疫情防控与社会治理情况，实行有区别的合作对接策略。注重发挥现有的多双边合作机制作用，国内各部门和有关地区应针对沿线不同国家和地区特点，分层次有组织地与沿线国家和地区进行对接，加强深耕细作，打造高效的产业链和供应链，推动合作项目的落地与实施。

三是积极推进新老区域合作机制的协同发展与转型升级。充分利用疫情期间需要加强各国之间联防联控合作机制带来的机遇，协调好上合组织、金砖国家组织、中国与东欧"16+1"、中国与东盟"10+1"、中阿合作论坛、中非合作论坛、亚洲博鳌论坛、"一带一路"国际合作高峰论坛等国际区域合作机制，协商推动"丝绸之路经济带"沿线的双边、多边合作框架建设。积极推进《区域

全面经济伙伴关系协定(RCEP)的实施与东亚区域一体化合作,不断总结经验,形成沿线各具特色的区域合作新模式。

四是加强沿线国家和地区贸易投资合作的体制与法制建设。鉴于沿线国家和地区之间有关经济矛盾纠纷较多,应在现有多双边合作框架基础上,建立"丝绸之路经济带"沿线国家和地区的争端解决机制,成立沿线国际贸易投资仲裁机构,完善有关国际法律法规,加强全球经济社会治理体系建设,为更好地履行好贸易投资合作协议提供必要的体制机制和法律保障。

2. 加强地区统筹协调,区域联动加快形成国内大循环

一是促进"丝绸之路经济带"与沿海经济带之间的联动发展。加强"丝绸之路经济带"与京津冀、长三角、粤港澳大湾区建设等国家战略的协同发展,推动区域一体化高质量创新发展,构建高标准的市场体系,形成陆海联动开放发展格局,更好地实现与国内沿线地区的战略对接。

二是促进"丝绸之路经济带"与长江经济带之间的融合发展。实现水上通道与陆上通道优势互补的发展态势,加强新型城镇化和智慧城市建设,大力发展数字经济,并以此带动沿线地区物流业和先进制造业向智能化方向发展,为"一带一路"国际合作提供强有力的战略支撑。

三是促进"丝绸之路经济带"东中西部地区之间的协调发展。推动沿黄河经济带建设并上升为国家战略,打造扩大内需新的增长极,加快沿黄河经济带各地区的创新发展、协调发展、开放发展、绿色发展、共享发展,推动形成国内良性循环系统,促进国内区域开发战略转型升级。

(二)建设"丝绸之路经济带"的组合策略

由于推进"一带一路"建设是一项系统工程,不仅涉及经贸领域,同时还涉及政治、社会、文化、安全、生态等诸多领域,从而决定了建设"丝绸之路经济带"不能只重视发展经贸关系,同时还需要综合施策,采取组合式发展策

略,以实现与沿线国家和地区不同发展规划的对接。

1. 深入推进设施互联,构建四位一体网络

一是要着力推动"陆、海、空、网"四位一体的互联互通网络建设,在沿线国家和地区大力加强铁路、公路、水路、空路、管道和信息高速公路六大路网建设,形成"丝绸之路经济带"建设的网络体系。

二是要扎实推进六大国际经济合作走廊建设与沿线各国发展规划的对接,加强与俄罗斯等国合作建设"冰上丝绸之路",开辟中日韩经济走廊,全面实现亚太经济圈与欧洲经济圈互联互通的战略对接。

三是以推进设施互联互通为切入点积极开拓新兴国际市场,不断推动"丝绸之路经济带"建设向非洲和拉美国家延伸和拓展,为构建人类命运共同体创造良好的物质技术条件。

2. 积极促进贸易互通,细化产业对接合作

一是要充分发挥我国工业门类齐全、产业技术水平呈梯次结构的优势,适应沿线国家和地区不同的发展阶段、技术水平、资金承受能力等多样化需求,采取分层次对接的合作模式,实现产业之间的相互匹配。产业转移与承接应更多着眼于沿线发展中国家和新兴经济体,产业协同与创新要更多着眼于沿线发达国家。

二是实行有进有出、优进优出的贸易投资政策,要把我国优质富裕产能"走出去"与紧缺优质产能"引进来"有机结合起来,避免出现美国在上一轮全球化中制造业空心化、就业率下降衍生出的逆全球化倾向,大力发展现代实体经济,形成中国制造业品牌,加快实现我国产业的转型升级。

三是充分利用现代网络信息技术,发展沿线国家和地区电子商务,打造网上"丝绸之路经济带"建设合作平台,把网上虚拟经济与线下实体经济发展有机结合起来,把开展贸易畅通与当地共建产业园区结合起来,促进贸易

的进出口平衡。

3. 健全服务体系互融，优化贸易投资环境

一是针对沿线一些国家一、二产业比重大，第三产业发展滞后，服务保障体系不健全的实际情况，应加快推进我国服务业走出去，强化投资、信托、金融、企业管理、法律、审计、咨询等生产性服务业对企业"走出去"的支持力度。

二是建立信息服务平台，重视信息分享。设立保持公开的企业专用的信息在线网站，以便企业通过网站获取面向沿线国家和地区对外投资等相关信息，建立面向企业对外贸易投资的商务人员培训机构，为提高企业对外贸易投资合作水平提供传导机制。建立健全沿线中国企业联盟组织，为交流和讨论在沿线工作的企业经营管理经验和做法提供平台。

三是创新金融支持方式，优化金融服务，创新金融产品，推进金融企业走出去，为制造企业走出去提供金融支持服务，鼓励有条件地区设立专项基金支持企业向沿线发展，制定差异化信贷政策，进行跨境人民币贷款支持企业融资试点。

4. 完善合作法规互建，强化安全保障建设

一是针对沿线一些缺少投资保护法律和制度的国家，应把有关国际贸易投资规则和完善法律及相关制度纳入区域合作内容，以利于依法维护我国对外投资者的权益。合作建立有关风险防范方面的预警机制和应急处理机制。

二是针对沿线国家和地区生态环境恶劣的现实情况，应树立绿色发展理念，完善相关法规，维护生态系统平衡，建立自然资源开发与生态环境保护相结合的区域合作机制，共同维护沿线国家和地区生态安全和加强对生态环境的保护。

三是完善沿线国家和地区有关联合反恐和维护稳定方面的法律法规，建立联合反恐的统一战线，成立联合维护稳定的保安部队，进行联合巡逻和公正

执法,依法打击各种恐怖主义和民族宗教极端势力,为企业对外贸易投资和项目建设提供安全保障。

5. 加强舆论引导互动,促进文化和谐包容

一是针对沿线地区和国家存在着不同民族、不同宗教、不同文化历史背景的特点,要深化文化融合与交流互动,大力传承和弘扬"和平合作、开放包容、互学互鉴、互利共赢"的丝绸之路精神,以丝绸之路精神为基础逐步形成沿线不同地区和不同民族所能接受的共同价值理念。

二是要合作建立有关专门研究机构,开展有关丝路沿线跨文化研究,求同存异,形成新的文明成果,促进文化和谐包容,以开展文化旅游合作为突破口,广泛开展人文交流活动。同时,在对沿线国家和地区的贸易投资中,要加强企业的本地化和跨文化管理,尊重当地民族生活习俗和宗教文化信仰。

三是加强我国与沿线国家和地区的高校、文化部门以及新媒体之间的文化交流合作,同时注意发挥我国沿边地区少数民族文化的优势,依法开展有关宗教文化交流活动,促进民心相通,为经贸投资合作奠定坚实的民意基础。

总之,通过上述的 SWOT 分析,可以看出,新的国内外背景下,我国推进"丝绸之路经济带"建设,优势与劣势并存,机遇与挑战共生。特别是 2020 年上半年,由于受新冠肺炎疫情的影响,使我国面临着经济下行的巨大压力。但是,在党中央的正确领导下我国取得战"疫"胜利,GDP 增长由负转正、从降转升,成为全球最早走出疫情的主要经济体,表现出我国经济发展的强大韧性,同时也体现了社会主义制度的巨大优越性。疫情后,沿线各国政府都希望经济快速复苏,在 WTO 运行机制"停摆"的条件下,"一带一路"倡议等国际经济刺激计划将是使世界经济重新振作的关键,未来将会有更多国家参与到"一带一路"建设中来。因此,我们对加快国内经济发展和推进"丝绸之路经济带"建设应充满必胜信心。同时,针对存在的劣势和面临的挑战,我们也应引起足够的重视和关注,决不能因"一带一路"建设取得了初步成效而丧失应有

的警惕性,同时也不能因为在前进道路上遇到一些挫折而丧失必胜的信心。我国应通过采取开放发展战略与组合发展策略,化劣势为优势,变挑战为机遇,进一步深化与沿线国家不同发展战略的对接,加快形成国内国际循环相互促进的新发展格局,与沿线各国一起深入推进"丝绸之路经济带"建设,共同谱写"一带一路"国际合作新篇章。

第五章　基于引力模型对"丝绸之路经济带"的贸易效应分析

贸易投资合作是推进"一带一路"框架下"丝绸之路经济带"建设的主要内容和重要纽带。从国际贸易理论的视角出发,运用引力模型及双边贸易投资数据,结合现代计量经济学方法,分析中国和沿线有关国家的贸易影响因素并测算"一带一路"建设与"丝绸之路经济带"建设的静态贸易效应与动态贸易效应,探讨制约贸易发展的原因,提出有针对性的对策建议,促进贸易的平衡发展,挖掘贸易增长点。这对于进一步巩固中国贸易大国的地位,充分发挥"丝绸之路经济带"建设优势,在"一带一路"建设中发挥更加积极有效的带动作用,具有着重要的理论和实践意义。

一、应用引力模型研究"一带一路"建设贸易效应的意义

"一带一路"倡议赋予了连接亚洲、非洲和欧洲的古丝绸之路以崭新的时代内涵,成为一条联通亚欧非的世界最大经济网络走廊。据中国经济网公布,"一带一路"沿线人口约为 44 亿,占全世界的 69%;经济规模约达 21 万亿美元,占全世界的 29%;货物和服务的出口占全世界的 23.9%。据商务部统计,

2014 年全年,中国与"一带一路"沿线国家货物贸易额突破 1 万亿美元,达到 11206 亿美元,占全国的 26%。2016 年我国与沿线国家贸易总额为 9535.9 亿美元,占我国与全球贸易额的 25.7%。[①] 中国对"一带一路"沿线国家出口额与这些国家经济规模有着密切关系。

由此可见,"一带一路"框架下的"丝绸之路经济带"建设蕴涵巨大的贸易潜力。中国应抓住机遇,与沿途各国打造互利共赢的"利益共同体"和共同发展繁荣的"命运共同体"。秉承维护开放型世界经济和全球自由贸易体系的宗旨,进行国际贸易投资格局和多边贸易投资规则的深度调整。扩大和各国之间的贸易往来,促进资源的流动和有效配置,发掘经济潜力。但是,关于"一带一路"所能带来的贸易效应究竟有多大,特别是有关建设"丝绸之路经济带"的贸易潜力如何? 还需要通过应用有关科学的方法来加以分析和预测。

将有关影响贸易的因素加入模型,运用扩展的引力模型,探究中国与"一带一路"国家贸易的影响因素,分析"丝路之路经济带"建设的静态与动态贸易效应,有助于为加强我国与"一带一路"沿线国家和地区的贸易往来提供科学依据,具有着重要意义。

基于引力模型对"一带一路"及其框架下"丝绸之路经济带"贸易效应进行研究的理论意义在于,通过采用理论研究与实证分析相结合,在双边贸易的分析框架内,以贸易数据为基础,利用描述性统计和引力模型,分析影响中国与"一带一路"沿线国家贸易的因素,测算"丝绸之路经济带"建设所带来的静态贸易效应与动态贸易效应,在吸收和运用国内外前沿研究成果的基础上,结合有关中国贸易现状研究,得出一些规律性的认识,从而为实现我国与沿线国家和地区贸易的顺利发展和科学预测未来发展态势提供一些有价值的理论依据。

---

① 《一带一路,历史与现实的壮丽乐章》,《人民日报》2017 年 10 月 16 日。

利用引力模型分析"一带一路"及其"丝绸之路经济带"的贸易效应,对进一步完善我国对外贸易发展格局,具有重要的实践意义。第一,利用中国对"一带一路"及其"丝绸之路经济带"国家和地区双边贸易流量的引力模型可以识别影响我国对这些国家贸易流量的主要因素,为我国提出对外贸易政策提供科学依据。第二,运用引力模型分析"一带一路"建设带来的静态与动态贸易效应,有助于探讨"丝绸之路经济带"建设对沿线国家和地区经济的影响,对我国后续调整和实施贸易政策具有一定的决策参考价值。

二、有关引力模型及其应用的国内外研究现状与简要述评

传统贸易引力模型源自物理学中的万有引力定律,最初将此模型引入到国际贸易领域研究的是丁伯根(Tinbergen,1962)和波洪能(Poyhonen,1963),分别独立使用引力模型研究分析双边贸易流量,并得出相同的结论。具体到两国间的贸易流量,就是两国双边贸易规模与其经济总量成正比,而和两国之间的距离成反比。自此,国内外众多学者纷纷在此基础上进行不断创新和研究。

(一)引力模型及其应用研究的发展概况与文献综述

1. 第一类文献专注于为引力模型提供理论基础的研究

安德森(Anderson,1979)是第一个给予引力模型合理理论支持的学者。赫尔普曼(Helpman,1987)和迪尔多夫(Deardorff,1995)分别通过不完全竞争模型和赫克歇尔—俄林模型推导出引力模型,故引力模型可以通过不同的贸易理论推导出不同的形式。安德森(Anderson,2003)和温科普(Wincoop,2003)做了一个很好的综述,他们沿着麦卡伦(McCallum,1995)的研究做了拓

展,不仅考虑了贸易伙伴间相对经济规模的差异,同时还将引力模型置于一个宽泛的模型系统,即从两国贸易模型到多国贸易模型。

2. 第二类文献侧重于对引力模型经验的应用研究

麦卡伦(McCallum,1995)引用加拿大国内的省际贸易和加拿大所属的省与美国所属的州之间的贸易数据进行对比分析,采用引力模型估计了两国之间贸易的边界效应,得出结论认为加拿大各省之间的贸易平均是各省与(相同规模和距离)美国各州贸易量的22倍。姜书竹和张旭昆(2002)运用贸易引力模型对影响东盟各国双边贸易的因素进行定量的估计和考察,并以此为依据估计中国与东盟的贸易潜力。刘青峰和姜书竹(2002)考虑了一些影响中国贸易流量的因素,从实证分析角度应用贸易引力模型分析了中国双边贸易流量因素影响作用的大小,对贸易引力模型的回归结果进行了进一步的探讨,并在此基础上分析了中国应如何在现有的基础上扩大双边贸易,进一步开拓国际市场。

目前,引力模型在国际贸易领域有着广泛的应用,模型的理论基础也在修订中不断完善,对于解释和预测国际贸易效应显示出较高的成熟性和合理性。大量的实证研究也表明了此模型对很多贸易现象具有很强的解释度和说服力。因此,我国一些专家和学者也开始通过应用引力模型对"一带一路"及其框架下的"丝绸之路经济带"贸易问题进行研究。

(二)基于引力模型对"一带一路"贸易问题的研究

孔庆峰等(2015)对"一带一路"沿线69个亚欧国家的贸易便利化水平进行测算,并通过扩展的引力模型验证了贸易便利化对"一带一路"沿线国家之间的贸易促进作用大于区域经济组织、进出口国家GDP、关税减免等。张晓静等(2015)从区分不同区域的贸易便利化措施入手,采用"一带一路"沿线45个国家2008—2013年的样本数据,结合扩展的引力模型,识别出不同区域的不同贸易便利化措施对中国出口影响的异质性。

李丹等(2016)基于随机前沿引力模型实证分析了"一带一路"背景下中国与中东欧国家农产品贸易潜力。研究结果表明:GDP 水平的提升以及人口增长是贸易发展的主要驱动因素;贸易互补性、海运基础设施、"一带一路"对双方贸易效率有显著的正向影响;而关税水平、欧盟一体化进程对双方贸易效率有显著的负向影响。梁琦等(2016)基于 2005—2013 年"一带一路"沿线 39个国家的面板数据,利用拓展的贸易引力模型实证分析其贸易影响因素,研究发现:"一带一路"沿线国家间的贸易活动存在显著的母国市场效应;地理距离与贸易壁垒仍是影响双边贸易的重要因素;低劳动力成本仍是发展中国家获取出口竞争优势的主要渠道。

付韶军(2016)基于面板数据随机前沿引力模型,对"一带一路"沿线国家进行实证分析,实证结果表明:GDP、总人口、中国对外投资、中国从各国进口、是否签订自由贸易协定、是否陆地接壤等指标均对中国出口产生正向效应,距离对中国出口产生负向效应。俞路(2016)基于扩展的引力模型拟合了"一带一路"沿线各国的出口贸易流量模型。研究结果表明:对于"一带一路"各国贸易,进出口双方的 GDP、双边距离、进出口双方的贸易自由度、使用共同语言和共同的宗主国等因素对各国出口贸易产生显著的影响,而相对距离、边界相邻、区域贸易协定、内陆国、殖民联系等因素也对双边贸易有一定的影响。张惠宇(2017)运用贸易引力模型对"一带一路"的"中线"沿线国家进口、出口贸易额进行实证分析,揭示了"中线"上国家的经济发展现状和趋势,并分析了"中线"上有关不同影响因素给不同国家所带来的影响。

（三）基于引力模型对"丝绸之路经济带"贸易发展的研究

在运用引用模型对"一带一路"贸易问题进行研究的同时,我国学术界运用该模型对于新兴的"丝绸之路经济带"贸易发展方面也有不少具体应用研究。

高新才(2014)通过贸易引力模型实证研究得到中国对"丝绸之路经济带"上国家之间的贸易往来的特点,证明国家经济规模是影响中国与"丝绸之路经济带"上国家贸易规模的最重要因素。张亚斌(2015)运用恒定市场份额模型与拓展引力模型,通过对比实际贸易流量与模拟值,判断中国与"丝绸之路经济带"国家的贸易关系、增长源泉、影响因素和发展潜力,结果表明两国GDP、共同边界、WTO贸易安排等因素对双边贸易流量有正向促进作用,两国人均GDP差额与空间距离等对贸易流量有显著阻碍作用。

谭晶荣(2015)采用2000—2014年的农产品贸易数据,基于引力模型分析了中国对"丝绸之路经济带"沿线国家的农产品出口贸易状况及其决定因素,表明空间距离、收入差距、人口、开放水平、政策等是影响中国对"丝绸之路经济带"沿线国家农产品出口贸易的重要因素。王亮(2016)、王瑞(2016)通过建立随机前沿引力模型分别研究了中国对沿线国家出口贸易潜力、贸易非效率程度及其影响因素等,结果表明随机前沿引力模型较好地解释了"丝绸之路经济带"或沿线国家各国间的双边贸易流量状况。

袁洲(2016)以2000—2014年中国与"丝绸之路经济带"核心区中亚及俄罗斯六国贸易额的面板数据为样本,在常规贸易引力模型基础上,引入了金融参与程度、伙伴国出口商品结构、外国投资净流入量三个新变量,对中国贸易的影响因素和贸易潜力进行分析。黄涛(2015)也利用面板数据对新疆与中亚五国及巴基斯坦、俄罗斯之间贸易流量进行了实证分析。

（四）基于引力模型对贸易效应分析方法的应用研究

基于引力模型对贸易效应的分析方法包括静态分析和动态分析。由于静态分析基于面板数据,简单易行,能较清楚地反应贸易效应大小、数据变化趋势、引起变化的主要因素等方面,因此,很多学者运用引力模型对贸易效应分析时多采用静态分析的方法。陈汉林(2007)建立了两个引力模型,利用2000—2004年22个样本国家和地区的面板数据,对中国—东盟自由贸易区下中国的静态贸易效应进行了研究,表明中国—东盟自由贸易区下中国的静态贸易效应中贸易转移效应远远大于贸易创造效应。孟祺(2008)基于我国装备制造业的静态面板数据,利用 F-F 指数计算了我国制造业产业内贸易水平,结果显示产业内贸易处于较高水平并且呈上升趋势。吴学君(2011)运用静态面板数据对 1997—2008 年中国农产品加工业产业内贸易以及垂直型和水平型农产品加工业产业内贸易的产业层面影响因素进行了计量分析,说明规模经济阻碍了中国垂直型和水平型农产品加工业产业内贸易的发展。尽管静态分析被广泛应用于贸易效应的测度,但是也存在模型的设定未考虑时间等因素的弊端,某些变量的滞后效应可能未被观测到,导致得出的结论出现偏误,如有学者(李佳佳,2009)采用经验与实证分析相结合的方法,从投资创造效应、投资转移效应两个方面分析了广西参与中国—东盟自由贸易区建设带来的 FDI 静态效应,结果表明广西参与 CAFTA 的静态投资效应并非理论上这样明显,其中就有滞后变量的影响问题。

运用动态分析可以在深入研究引起变量变化的主要因素、相关的动态均衡关系、数据长期变化趋势、长短期效应等方面,以及分析某些存量变量的滞后影响效应方面具有优势,对贸易效应的测度也常用到此类方法。张平(2006)分析了加工贸易在中国发展二十多年来产生的动态效应,认为加工贸易是我国贸易增长的主要动力,并且加工贸易大大促进了企业技术进步和管理方式的变革。张琦(2010)从规模经济效应、政策预期效应、经济增长效应、技术扩散效应等角度对中国—东盟自由贸易区的投资现状进行了动态效应分析。胡兵(2013)基于贸易引力模型分析框架和 2003—2010 年期间中国与 62个样本国家或地区的双边数据,采用适合样本和数据特征的动态面板模型系统 GMM 实证检验中国 OFDI 的贸易效应,结果表明中国 OFDI 整体上呈现出微弱的贸易替代效应。宋玉臣(2016)从时间维度和时点维度来考虑,采用时变参数向量自回归模型,分析我国对日农产品出口市场受技术性贸易壁垒冲击影响的方向、动态趋势和长短期效应。虽然动态分析运用的数据比较广,建立模型较为复杂,但也只是反映了贸易效应的一方面,如果没有前期静态分析得出的结论作为对照,也会失去一些很重要的价值信息。因此,在实际研究和分析过程中,将动态分析和静态分析结合起来是比较妥善的做法。

（五）关于国内外有关引力模型及其应用研究的简要述评

综上所述,引力模型在分析双边及多边贸易问题上运用的较为成熟,学者们从不同的视角分别关注了对外贸易的静态效应和动态效应,但仍有一些值得商榷之处:(1)模型设定方面,简单对传统引力模型的经验运用会面临遗漏变量的问题,贸易过程中的信息不完全、政策差异、贸易壁垒、通关障碍、交流难题等难以测量的主观贸易阻力因素只能笼统地归于不可观测的随机扰动项,由此会带来一些估计偏误;(2)检验方法方面,如前所述,引力模型并非基于经济学理论严格推理出来的数理模型,单一设置静态效应模型或动态效应模型都有可能造成对结果的误判或预测不准确;(3)数据应用方面,在"一带一路"的贸易效应分析中,大多还是以定性分析为主,未从数量变化中定量探讨引起数据波动的原因、变化趋势和贸易效应大小,小部分定量测算也以截面数据或时间序列数据为主,缺乏长期有效的经验数据支撑;(4)在样本范围方面,现在的"一带一路"范围大,各国情况千差万别,沿线有关国家的数据很难找全,中间可能存在一定误差;(5)在数据的选择方面,现在的研究文献中采用的数据一般较陈旧,不能反映近两年来的实际变化情况,有必要进行一些新的调整。

因此,在前人的研究基础上,本章研究结合引力模型的应用,做以下改进:(1)应用领域及模型设定方面,将贸易引力模型拓展到"一带一路"和"丝绸之路经济带"两个层面进行研究,有助于发现一些共性和个性的问题,并加入组织等制度因素对沿线贸易效应的影响,为中国建设"丝绸之路经济带"提供定量的研究参考;(2)研究方法方面,采用静态分析和动态分析相结合的方式,并根据"一带一路"与"丝绸之路经济带"建设的实际情况,采取了不同的引力模型来进行实证分析,综合反映中国对"一带一路"和"丝绸之路经济带"参与国家的贸易效应,使研究结论更加符合实际状况;(3)在"一带一路"贸易效应分析中为了发现其共性的发展趋势,除 64 个国家外,还增加了相关欧洲国家;在"丝绸之路经济带"贸易效应分析中,为了突出其地区特点,主要采用沿线比较有代表性的 20 个国家的面板数据,运用最小二乘回归、随机效应回归、固定效应回归、系统 GMM 回归的方法,克服伪回归和虚假关系误判问题,提高估计结果的可靠性和稳健性,提升不同研究范围结论的科学性和规范性;(4)在相关数据的选择方面,尽可能地选择一些权威机构发布的最新数据,以减少有关误判,提升其真实性和可靠性。

三、基于引力模型关于建设"一带一路"的贸易效应分析

从以上基于引力模型对"一带一路"贸易问题研究情况来看,虽然将引力模型引入"一带一路"沿线国家贸易问题的研究已经比较成熟,但少有学者研究"一带一路"建设的贸易效应。故将以此为突破口,基于引力模型分析"一带一路"建设所带来的贸易创造效应与贸易转移效应进行实证分析,试图在这方面有新的进展。

(一)贸易引力模型的基本形式

贸易引力模型的基本形式为:

$$X_{ij} = K \frac{GDP_i^{\alpha} GDP_j^{\beta}}{D_{ij}^{\theta}} \tag{5.1}$$

公式(5.1)中,X_{ij} 代表 i 国对 j 国的出口额,GDP_i、GDP_j 分布代表 i 国和 j 国的国内生产总值;D_{ij} 代表 i 国和 j 国的空间距离,K 为常数;α、β、θ 为参数,随着时间的推移,表示双边贸易总额对 GDP 和距离项的弹性系数,即 GDP 或者距离变动一个百分比,出口额相应的变化比率。直接衡量了出口额受

GDP 和距离影响的程度。随着学者对"一带一路"的进一步研究,将关贸协定、边界问题、FDI、汇率、政治制度等引入基本贸易引力方程,研究各种因素对贸易的影响。鉴于引力模型的经验上的成功以及较强的解释力,奠定了其在研究双边贸易流量上的重要地位。由于贸易引力模型是一个经验模型,故在此,对其推导就不再更多的解释。

(二)样本范围及数据来源

商务部 2015 年 4 月公布的"一带一路"沿线国家名单含我国在内共有 65 个国家,但未包括已经响应该建设的日本、韩国、德国、荷兰、法国、意大利、比利时 7 国,本章研究是将这 7 国纳入研究范围。由于数据的可得性,如从世界银行上不能获得缅甸的 GDP,巴勒斯坦、黑山、叙利亚等国数据缺失严重,故最终选取了 64 个国家作为研究对象。横跨东北亚、中亚、东南亚、西亚、欧盟、非洲区域。由于只能获取从 2005—2015 年这 11 年的数据,故选择 2005—2015 年作为样本区间。

我国对"一带一路"沿线国家的进出口数据来源于联合国贸易商品统计数据库(UN comtrade) ;GDP(2005 年不变价美元)、人均 GDP(2005 年不变价美元)、人口总量数据来源于世界银行数据库;国家之间的距离来自 EPII 数据库;是否属于 APEC 组织来源于 APEC 官网;外币对人民币的汇率数据来源于联合国贸易和发展会议统计数据库(UNCTADstat)。为了避免数据的剧烈波动和消除可能存在的异方差性,数据均经过对数化处理。

(三)变量的选择及影响因素

1. 变量的选择

(1)被解释变量:以中国对沿线国家的出口额、进出口总额分别作为被解释变量,来研究中国与"一带一路"沿线国家的贸易情况。

（2）解释变量：选取中国的 GDP、沿线国家的 GDP、两国之间的距离、两国人均 GDP 差值、汇率、外贸依存度、是否与中国接壤、是否为亚太经合组织成员、i 时期是否为"一带一路"成员国家、是否为发达国家等作为解释变量。由于"一带一路"沿线国家与中国拥有共同语言的国家几乎没有，所以剔除了研究中常用的是否拥有共同语言这一变量。

2. 解释变量的影响因素

（1）国内生产总值（GDP）

国内生产总值是一定时期内一个国家所有生产活动的最终结果，是衡量一个国家或地区总体经济状况重要指标。它反映了出口国的供给能力，及进口国的需求能力，经济规模总量（GDP）越大，潜在的出口能力或进口能力越大，进而双边贸易流量也越大。许多文献中采用了基于当期汇率的名义 GDP，但（ITC，2000）表明，当选取的样本中包含发展中国家和转型经济体时，使用名义 GDP 会产生一定的偏差。故名义 GDP 适用于分析短期的贸易流量，而基于购买力评价的实际 GDP 则适用于估计长期的贸易流量。由于"一带一路"沿线国家多为发展中国家，故采用基于购买力平价计算的实际 GDP（即 2005 年美元不变价 GDP）。

（2）距离的远近

国家间的距离代表了两国之间的排斥力，在引力方程中间接代表了运输成本的恒定指标。两国间的距离越远，双边贸易流量越小。因为在控制其他变量的情况下，距离越远，运输成本就越高，产品进口价格与其出口价格的差异就愈大，缩小了盈利空间，而盈利空间的减少便伴随着贸易总额的减少。距离对双边贸易流量的负影响则通过距离对于运输成本的正影响体现。研究中，距离又被大多数学者分为绝对距离和相对距离两个方面。绝对距离一般是两个国家间的直线距离，而对于相对距离的测算则各有不同。骆许蓓（2003）通过构建"运输相对便利程度指数"来衡量相对距离。基于"一带一路"涉及较多国家,数据可得性差,故采用直线距离来衡量运输成本。

（3）人均 GDP

早期的研究大多用人口这一变量来衡量国家的市场规模。近些年,学者更倾向于用人均 GDP 或两国间人均 GDP 的绝对值来衡量。盛斌、廖明中（2004）指出人口与人均 GDP 通过不同方面来影响贸易流量。人口往往代表了国内的市场规模,对贸易流量有负面作用,因为大国一般能提供多样化的产品来满足国内多样化的需求;而小国则更趋向于专业化的生产,对外贸的依赖程度大。因此,出口国人口越多,国内市场规模大,会减少对外贸易,故与贸易流量呈反向关系。但对于进口国,人口规模与贸易流量之间的关系并不明确。一方面,进口国家相对较大的人口规模会促使该国国内生产更多的产品来代替国外产品,从而抑制了出口,与贸易流量呈负相关关系;另一方面,伴随着进口国人口越多,收入水平的增加会促进进口能力,与贸易流量呈正向关系。因此,学者们便从需求角度研究影响贸易的动因。林德尔（1961）认为影响需求结构最主要的因素是国民人均收入水平,人均收入水平的差异是国际贸易的潜在障碍。如果一国拥有某种产品生产上的相对优势,但其他国家国民由于人均收入水平与生产国相距太大而对该产品没有什么需求,国家间贸易也就无法发生。相反,人均收入水平相同或相近的两个国家,其市场需求结构也就具有很大的相似性,两国间产生贸易的可能性也就越大。故两贸易伙伴之间人均收入水平的差别也是影响国际贸易的一个重要因素。

（4）汇率

汇率也是影响对外贸易的主要因素。基于马歇尔—勒纳条件,人民币升值将导致我国出口额的减少、进口额的增加,而人民币贬值将导致我国出口额的增加、进口额的减少。

（5）外贸依存度（Foreign-Trade Dependence,FTD）

外贸依存度代表一个国家或地区在一定时期内的进出口总额占该国国内生产总值的比重,一定程度上反映一个地区的对外贸易活动对该地区经济发

展的影响和依赖程度,以及该国的商品和生产要素在世界市场上的竞争力和流动程度。计算公式为:

$$FTD = (\sum X + \sum M)/GDP \tag{5.2}$$

其中,$\sum X$ 表示一国或地区的出口总额,$\sum M$ 表示一国或地区的进口总额,GDP 表示一国或地区在一段时间内的生产总值。

(四)模型设定与估计策略

1. 模型设定

本章基于引力基本形式模型,引入新的解释变量,得到扩展的引力模型为:

$$EXcit = \beta_0 \ln GDP_{ct}^{\beta_1} \ln GDP_{it}^{\beta_2} \ln DIS_{cit}^{\beta_3} \ln IIT_{cit}^{\beta_4} \ln ER_{ict}^{\beta_5} FTD_{it}^{\beta_6} BORDER_i^{\beta_7}$$
$$AEPC_i^{\beta_8} BR_{it}^{\beta_9} DEVELOP_i^{\beta_{10}} (BR_{it} \times DEVELOP_i)^{\beta_{11}} \tag{5.3}$$

分别对公式(5.3)进行对数处理,得:

$$\ln EXcit = \beta_0 + \beta_1 \ln GDPct + \beta_2 \ln GDPit + \beta_3 \ln DIScit + \beta_4 \ln IITcit$$
$$+ \beta_5 \ln ER_{cit} + \beta_6 FTDit + \beta_7 BORDERi + \beta_8 AEPCi + \beta_9 BR_{it}^{\beta_9} \tag{5.4}$$
$$+ \beta_{10} DEVELOP_i + \beta_{11} (BR_{it} \times DEVELOP_i) + u_{cit}$$

其中,c 代表中国,i 代表"一带一路"沿线国家,t 代表时期(2005—2015年),u_{cit} 为随机扰动项。

表 5-1　变量的含义及预期符号

变量	含义	预期符号
$EXci$	中国对 i 国的出口额(美元)	被解释变量
$TTci$	中国对 i 国的进出口总额(美元)	被解释变量

续表

变量	含义	预期符号
$GDPc$	中国国内生产总值(美元)	+
$GDPi$	i 国国内生产总值(美元)	+
$DISci$	中国与 i 国间的距离(公里)	−
$IITci$	中国与 i 国间人均 GDP 差值的绝对值(美元)	−
$ERci$	t 时期 i 国货币对人民币的汇率	+
$FTDi$	i 国的外贸依存度	+
$BORDERi$	是否与中国接壤	+
$APECi$	是否为亚太经合组织成员	+
BR_{it}	i 时期是否为"一带一路"协议成员国	+
$DEVELOP_i$	是否为发达国家	−

2. 面板数据的估计策略

根据前面所提到的理论与本部分经验分析的主要目的,结合所得的数据特点,将采用如下策略解决回归估计模型中可能产生的问题。

首先,由于中国对"一带一路"国家的进出口水平影响因素除上述变量之外还有很多(比如语言特征、地域特征、贸易政策等),因此将进出口水平对上述变量进行直接回归的结果可能存在偏误。为了缓解该问题,在回归中控制了国家虚拟变量和年份虚拟变量。

其次,由于贸易效应一般包括静态贸易效应和动态贸易效应,而静态贸易效应则包括贸易创造效应与贸易转移效应。为了测算"一带一路"建设带来的静态贸易创造效应,在回归中加入了虚拟变量 BR_{it},其表示一国 i 时期是否为"一带一路"协议成员国,若是成员国则取 1,反之则取 0。回归之后,该虚拟变量的系数符号可以反映"一带一路"建设是否带来静态贸易创造效应,若其系数显著为正,则存在贸易创造效应,反之则不存在贸易创造效应。

再次,为了测算"一带一路"建设的静态贸易转移效应,在回归中加入了虚拟变量 $DEVELOP_i$ 及交互项 $DEVELOP_i \times BR_{it}$,其中 $DEVELOP_i$ 表示一国是否为发达国家,若是发达国家则取 1,若是发展中国家则取 0。而该交互项的回归系数则能够反映"一带一路"建设的静态贸易转移效应,若其回归系数显著为正,则表明"一带一路"建设使得中国与发达国家贸易增多,若其回归系数显著为负,则表明中国与发展中国家贸易增多,即贸易发生转移。此外,大多数文献都只是理论分析动态贸易效应,很少有文献实证研究动态贸易效应。本章为了测算"一带一路"建设的动态贸易效应,在回归中加入了虚拟变量 BR_{it} 的滞后项 $BR_{i(t-1)}$,用以测算上一年的建设实施对本年的作用效果,即反映了"一带一路"建设的动态贸易效应。

最后,为了尽可能准确地识别因果关系,进一步提高回归结果的可信度,先是更换了被解释变量,用中国对"一带一路"的总进出口额作为被解释变量代替出口额进行回归,以此进行稳健性检验。在此之后,又更换了估计方法,使用了 PPML 估计方法来评估回归结果的稳健性。

(五)贸易效应引力模型的回归

1. 计量方法的选择

引力方程中采用何种计量方法对模型进行估计有着重要的意义。由于 Jensen 不等式的存在,在对数线性和其他一系列恒定弹性方程中,误差对数化后,方程会存在异方差。然而普通最小二乘法可能会遗漏某些信息,因此普通最小二乘法可能是有偏估计。在此情况下,可以用"OLS+稳健标准误"的方法对模型进行估计,从而解决了模型存在异方差的问题。

由于本章所使用的贸易数据均以美元计价,忽略不同年份的固定效应可能会忽略美国价格因素引起的偏差,以及不同年份宏观因素对贸易的影响,因此,采用年份国家都固定的模式对模型进行估计。

2. 静态贸易效应

根据模型,"一带一路"建设的静态贸易效应引力模型的回归结果如表 5-2 所示:

表 5-2 "一带一路"建设静态贸易效应模型的 **OLS+Robust** 回归结果

$lnEXci$	（1）	（2）	（3）	（4）	（5）
$lnGDPc$	0.846*** （0.052）	0	0	0	0
$lnGDPi$	0.663*** （0.083）	0.587*** （0.101）	0.710*** （0.111）	0.710*** （0.111）	0.687*** （0.118）
$lnDISci$	−0.515*** （0.114）	−1.071*** （0.167）	−0.849*** （0.103）	−0.849*** （0.103）	−0.551* （0.317）
$lnIITci$					0.035 （0.024）
$lnERci$					0.009 （0.100）
$FTDi$			0.422*** （0.114）	0.422*** （0.114）	0.421*** （0.112）
$BORDERi$				−0.751 （0.538）	−0.399* （0.233）
$APECi$					0.583 （0.460）
$BRit$		1.253*** （0.089）	1.206*** （0.090）	1.206*** （0.090）	1.106*** （0.148）
$DEVELOPi$		−0.840*** （0.137）	−0.698*** （0.144）	−0.698*** （0.144）	−0.828*** （0.211）
$BRit \times DEVELOPi$		−0.144** （0.072）	−0.123* （0.073）	−0.123* （0.073）	−0.114 （0.077）
常数	−14.824*** （2.708）	16.007*** （3.962）	10.656*** （3.667）	10.656*** （3.667）	8.389*** （3.420）
年份控制	YES	YES	YES	YES	YES
国家控制	YES	YES	YES	YES	YES
调整后的 R^2	0.9731	0.9732	0.9738	0.9738	0.9739

注:*、**、*** 分别表示在 10%、5%、1%的显著水平下通过显著性检验。

表 5-2 中所有回归的被解释变量为对数化的中国对"一带一路"沿线国家的出口额。第 1 列回归的解释变量为 $\ln GDPc$、$\ln GDPi$ 和 $\ln DISci$,其中 $\ln GDPc$ 和 $\ln GDPi$ 分别是中国与贸易国对数化的国内生产总值,衡量了两国的总体经济状况,用以度量出口国的供给能力及进口国的需求能力;$\ln DISci$ 则是对数化的两国直接距离,用以衡量运输成本;且在回归中进一步控制了国家固定效应与年份固定效应。回归结果显示,解释变量 $\ln GDPc$ 和 $\ln GDPi$ 拥有正向系数,且在统计上显著,说明 GDP 对出口有正向作用;而 $\ln DISci$ 系数显著为负,说明两国距离越远,出口额越小,回归结果均为前期预测。在该回归的基础上,在第 2 列回归中加入了表示 i 时期是否是"一带一路"国家的虚拟变量 $BRit$、是否为发达国家的虚拟变量 $DEVELOPi$ 以及二者的交互项,以此来分析"一带一路"建设的静态贸易效应。回归结果显示,由于多重共线性问题,$\ln GDPc$ 的系数被忽略,而 $\ln GDPi$ 和 $\ln DISci$ 的系数符号与第一列回归结果一致。$BRit$ 的系数显著为正,表明"一带一路"建设带来了一定的贸易创造效应;$DEVELOPi$ 以及 $BRit$ 与 $DEVELOPi$ 的交互项系数显著为负,说明"一带一路"建设使得中国对"一带一路"沿线发达国家的出口贸易额减少,对发展中国家的出口增加,及存在贸易转移效应。除了上述解释变量,还有一些其他因素也会影响中国对"一带一路"沿线国家的出口额,在第 3—4 列回归中逐步引入 i 国外贸依存度 $FTDi$、两国是否有边界 $BORDERi$。回归结果表明,i 国外贸依存度 $FTDi$ 的系数显著为正,说明 i 国外贸依存度越大,则中国对其出口额越多,符合预期;而 $BORDERi$ 的系数为负,与预期相反,但是其不显著,说明两国是否接壤对出口的影响不明显;其他解释变量的回归系数符号与前期回归结果一致。在第 5 列的回归中,又引入对数化的两国人均 GDP 差值 $\ln IITci$、对数化的 i 国汇率以及对数化 i 国是否为 APEC 国家,结果显示,这三个变量的系数均不显著,对出口的作用不明显,而其余变量的回归结果与之前相符。

3. 动态贸易效应

根据模型,"一带一路"建设的动态贸易效应引力模型的回归结果如表5-3 所示:

表5-3　"一带一路"建设动态贸易效应模型的 **OLS+Robust** 回归结果

ln*EXci*	（1）	（2）	（3）	（4）	（5）
ln*GDPc*	0.838 *** (0.069)	0	0	0	0
ln*GDPi*	0.675 *** (0.108)	0.638 *** (0.109)	0.766 *** (0.120)	0.766 *** (0.120)	0.743 *** (0.126)
ln*DISci*	−0.932 *** (0.178)	−0.991 *** (0.180)	−0.805 *** (0.109)	−0.805 *** (0.109)	−0.599 * (0.314)
ln*IITci*					0.038 (0.024)
ln*ERci*					0.013 (0.099)
FTDi			0.432 *** (0.116)	0.432 *** (0.116)	0.431 *** (0.113)
BORDERi				0.052 (0.262)	−0.328 (0.237)
APECi					0.367 (0.492)
BRit		1.201 *** (0.097)	1.151 *** (0.099)	1.151 *** (0.099)	1.142 *** (0.105)
DEVELOPi	−0.833 *** (0.128)	−0.816 *** (0.135)	−0.757 *** (0.145)	−0.757 *** (0.145)	−0.876 *** (0.209)
BRit × DEVELOPi		−0.322 *** (0.063)	−0.311 *** (0.064)	−0.311 *** (0.064)	−0.310 *** (0.065)
BRi(*t* − 1)	0	0	0	0	0
BRi(*t* − 1) × *DEVELOPi*	0.026 (0.095)	0.295 *** (0.098)	0.313 *** (0.100)	0.313 *** (0.100)	0.329 *** (0.101)
常数	−11.237 *** (3.243)	14.045 *** (4.261)	8.853 ** (3.957)	8.853 ** (3.957)	7.363 ** (3.563)
年份控制	YES	YES	YES	YES	YES

续表

ln$EXci$	（1）	（2）	（3）	（4）	（5）
国家控制	YES	YES	YES	YES	YES
调整后的 R^2	0.9731	0.9734	0.9740	0.9740	0.9742

注：*、**、***分别表示在10%、5%、1%的显著水平下通过显著性检验。

表5-3中所有回归的被解释变量仍为对数化的中国对"一带一路"沿线国家的出口额。第1列回归的解释变量在 ln$GDPc$、ln$GDPi$ 和 ln$DISci$ 的基础上，加入了滞后项 $t-1$ 时期是否为"一带一路"国家、是否为发达国家以及二者的交互项，以此来研究"一带一路"建设的动态效应。回归结果显示，ln$GDPc$、ln$GDPi$ 和 ln$DISci$ 的系数符号及显著性与静态效应中的回归结果一致。而由于多重共线性，$BR(t-1)$ 的系数无法估计；交互项的系数为正，但是不显著，表明此次回归的动态贸易效应不明显。第2列回归中引入了表示 t 时期 i 国是否为"一带一路"国家的虚拟变量 $BRit$ 以及其余 $DEVELOPi$ 的交互项，$BRit$ 的系数仍显著为正，$DEVELOPi$ 以及 $BRit$ 与 $DEVELOPi$ 的交互项系数显著为负，而 $BR(t-1)$ 的系数同样无法估计，并且此时 $BR(t-1)$ 与 $DEVELOPi$ 的交互项系数显著为正，无法判断贸易的动态效应。在第3—4列回归中以此引入外贸依存度 $FTDi$、两国是否有边界 $BORDERi$。回归结果表明，外贸依存度 $FTDi$ 的系数显著为正，$BORDERi$ 的系数为负，但是不显著；其他解释变量的回归系数符号与前期回归结果一致，此时仍无法估计动态贸易效应。在第5列的回归中，同样引入对数化的两国人均GDP差值 ln$IITci$、对数化的 i 国汇率以及 i 国是否为APEC国家，结果显示，这三个变量的系数均不显著，对出口的作用不明显，而其余变量的回归系数和显著性与之前一致。

为了进一步确定"一带一路"建设所带来的不同贸易动态效应，将中国与美国在2005—2015年的GDP增长率差值作为被解释变量，以此研究"一带一路"建设是否存在动态效应。模型的回归结果如表5-4所示：

表 5-4 "一带一路"建设动态效应模型回归结果

DR	（1）	（2）	（3）	（4）	（5）
ln*GDPc*	0.534 （0.496）	7.984* （3.000）	9.558* （4.446）	5.514 （3.480）	2.248 （13.735）
ln*GDPu*	−5.364 （5.064）	−58.046** （22.691）	−70.403 （33.965）	−40.960 （26.296）	−12.507 （116.045）
ln*IITcu*		52.560** （20.270）	65.467 （32.855）	30.157 （27.730）	3.859 （111.371）
ln*ERcu*			−1.088 （1.824）	−2.037 （1.452）	−10.986 （31.242）
FT*Dc*				3.680 （3.285）	13.954 （36.634）
FT*Du*					−21.311 （73.514）
BR	0.200 （0.235）	0.261 （0.230）	0.295 （0.216）	0.324 （0.257）	0.096 （0.925）
常数	146.908 （141.754）	965.772* （388.456）	1158.815 （555.377）	760.751 （414.298）	291.064 （1877.007）
调整后的 R^2	0.3257	0.7337	0.7662	0.8526	0.8615

注：*、**、*** 分别表示在 10%、5%、1% 的显著水平下通过显著性检验。

表 5-4 中回归的被解释变量为中国与美国 GDP 增长率的差额。第一列回归的解释变量分别为中国国内生产总值、美国国内生产总值以及虚拟变量 t 期中国实施"一带一路"建设，以此来实证检验"一带一路"建设是否产生了动态效应。回归结果显示，ln*GDPc* 的系数为正但不显著，ln*GDPu* 的系数为负，同样不显著；虚拟变量 *BR* 的系数为正，表明"一带一路"建设使得中国 GDP 增长率高于美国，但遗憾的是其也是不显著的，难以说明"一带一路"建设产生了动态效应。在第 2—5 列回归依次在第 1 列回归的解释变量基础上加入了两国的人均 GDP 之差、汇率以及两国各自的外贸依存度。从回归结果中可以看到，*BR* 的系数虽然为正，但是同样不显著。对于出现这样的结果，可能是因为：第一，数据量太少。"一带一路"建设于 2013 年提出，到目前仅有几年的时间，缺少有效数据。第二，"一带一路"建设可能产生了动态效应，但是其

存在滞后性,目前难以反映出来。

由于上述两个模型都难以反映"一带一路"建设是否存在动态效应,又将模型中的被解释变量替换为中国在 2005—2015 年的 GDP 增长率,从而进一步观察"一带一路"建设的动态贸易效应。模型的回归结果如表 5-5 所示:

表 5-5 "一带一路"建设动态贸易效应模型回归结果

Rc	(1)	(2)	(3)	(4)
ln*GDPc*	0.208 (0.313)	0.438 (0.572)	0.622 (0.585)	−55.660 (40.520)
ln*ER*		1.146 (1.359)	−0.409 (2.284)	−4.914 (4.678)
FTDc			2.339 (2.941)	1.715 (1.461)
ln*PGDPc*				57.099 (41.124)
BR	0.048 (0.182)	0.011 (0.085)	−0.024 (0.102)	0.167 (0.152)
常数	−5.890 (9.031)	−14.779 (19.134)	−18.282 (18.373)	1166.782 (854.819)
调整后的 R^2	0.2334	0.2962	0.4116	0.6965

注:*、**、*** 分别表示在 10%、5%、1% 的显著水平下通过显著性检验。

表 5-5 中的被解释变量被替换为中国国内生产总值的增长率,借此检验"一带一路"建设对中国 GDP 的影响,进而确定"一带一路"建设是否产生动态贸易效应。第 1 列回归中的解释变量为中国的国内生产总值以及"一带一路"虚拟变量 *BR*。结果显示虚拟变量的系数为正,表明"一带一路"建设对中国 GDP 的增长率有促进作用,但是其仍然是不显著的,因此无法确切地说"一带一路"建设存在动态贸易效应。在第 2—4 列回归中,依次在解释变量中加入了汇率、中国的外贸依存度以及中国人均 GDP,但是在回归结果中,虚拟变量 *BR* 依旧不显著,不能反映"一带一路"建设是否存在动态贸易效应。

（六）稳健性检验

1. 核心变量指标的选择

与出口额一样,进出口总额也是衡量我国与"一带一路"国家贸易水平的重要指标。使用对数化的中国对"一带一路"沿线国家的进出口额作为被解释变量进行回归,检验"一带一路"的贸易效应。表 5-6 和表 5-7 分别是静态贸易效应和动态贸易效应回归结果。

表 5-6 "一带一路"建设静态贸易效应模型的 OLS+Robust 回归结果

$\ln TTci$	（1）	（2）	（3）	（4）	（5）
$\ln GDPc$	0.751 *** （0.052）	0	0	0	0
$\ln GDPi$	0.823 *** （0.101）	0.792 *** （0.117）	0.962 *** （0.119）	0.962 *** （0.119）	0.947 *** （0.121）
$\ln DISci$	−0.690 *** （0.132）	−1.185 *** （0.192）	−1.107 *** （0.110）	−1.107 *** （0.110）	−1.345 *** （0.301）
$\ln IITci$					0.043 * （0.025）
$\ln ERci$					−0.053 （0.107）
$FTDi$			0.586 *** （0.145）	0.586 *** （0.145）	0.582 *** （0.13）
$BORDERi$				−0.057 （0.258）	0.035 （0.197）
$APECi$					−0.086 （0.496）
$BRit$		1.079 *** （0.087）	1.014 *** （0.087）	1.014 *** （0.087）	1.018 *** （0.092）
$DEVELOPi$		−0.855 *** （0.104）	−1.096 *** （0.135）	−1.096 *** （0.135）	−1.315 *** （0.213）
$BRit \times DEVELOPi$		−0.059 （0.066）	−0.029 （0.064）	−0.029 （0.064）	−0.023 （0.069）

续表

ln*TTci*	（1）	（2）	（3）	（4）	（5）
常数	−14.208 *** （3.326）	12.269 *** （4.592）	6.854 * （3.906）	6.854 * （3.906）	9.177 ** （3.958）
年份控制	YES	YES	YES	YES	YES
国家控制	YES	YES	YES	YES	YES
调整后的 R²	0.9771	0.9771	0.9781	0.9781	0.9784

注：*、**、*** 分别表示在 10%、5%、1% 的显著水平下通过显著性检验。

在更换核心变量指标之后，表 5-6 中所有回归的被解释变量都变为对数化的中国对"一带一路"沿线国家的进出口总额。除了更换被解释变量之外，每一列回归加入的解释变量与使用的估计方法均与表 5-2"一带一路"建设静态贸易效应模型中的相同。通过观察第 1—5 列的回归结果可以发现，除了 *BRit* 和 *DEVELOPi* 交叉项的系数不显著之外，*BRit* 的系数是显著为正的，其余变量的系数符号及是否显著均与前面的以出口额为被解释变量时的回归结果相符。由此可见，即使将进出口额作为被解释变量，仍然可以证明"一带一路"建设具有贸易创造效应。虽然 *BRit* 和 *DEVELOPi* 交叉项的系数不显著，但是系数为负，而且 *DEVELOPi* 的系数显著为负，同样可以说明中国与"一带一路"沿线发达国家的贸易部分转移到发展中国家，即存在贸易转移效应。

表 5-7 是更换被解释变量后的"一带一路"建设动态贸易效应模型的回归结果。

表 5-7　"一带一路"建设动态贸易效应模型的 OLS+Robust 回归结果

ln*TTci*	（1）	（2）	（3）	（4）	（5）
ln*GDPc*	0.711 *** （0.067）	0	0	0	0
ln*GDPi*	0.882 *** （0.124）	0.851 *** （0.125）	1.029 *** （0.126）	1.029 *** （0.126）	1.013 *** （0.128）

续表

ln*TTci*	（1）	（2）	（3）	（4）	（5）
ln*DISci*	−1.043 *** （0.203）	−1.092 *** （0.205）			−1.401 *** （0.297）
ln*IITci*					0.046 * （0.025）
ln*ERci*					−0.050 （0.107）
FTDi			0.597 *** （0.148）	0.597 *** （0.148）	0.594 *** （0.140）
BORDERi				−0.202 （0.272）	0.118 （0.204）
APECi					−0.338 （0.525）
BRit		1.020 *** （0.094）	0.950 *** （0.094）	0.950 *** （0.094）	0.950 *** （0.101）
DEVELOPi	−0.840 *** （0.099）	−0.826 *** （0.104）	−1.166 *** （0.137）	−1.166 *** （0.137）	−1.372 *** （0.208）
BRit × DEVELOPi		−0.265 *** （0.061）	−0.249 *** （0.061）	−0.249 *** （0.061）	−0.253 *** （0.062）
BRi（*t*−1）	0	0	0	0	0
BRi（*t* − 1）× *DEVELOPi*	0.121 （0.086）	0.342 *** （0.092）	0.367 *** （0.089）	0.367 *** （0.089）	0.386 *** （0.090）
常数	−11.441 *** （3.940）	9.992 ** （4.896）	4.739 （4.152）	4.739 （4.152）	7.975 * （4.809）
年份控制	YES	YES	YES	YES	YES
国家控制	YES	YES	YES	YES	YES
调整后的 R^2	0.9772	0.9774	0.9784	0.9784	0.9787

注：* 、** 、*** 分别表示在 10%、5%、1%的显著水平下通过显著性检验。

表 5-7 中的被解释变量同样被更换为对数化的中国对"一带一路"沿线国家进出口总额。除此之外，每一列回归加入的解释变量与使用的估计方法

均与表5-3"一带一路"建设动态贸易效应模型中的相同。第1—5列的回归结果显示,除了第5列的 $\ln IITci$ 的系数由之前的不显著变为显著为正之外,其余各解释变量的系数符号及是否显著均与前面的以出口额为被解释变量时的动态贸易效应回归结果一致。$BRit$ 的系数仍显著为正,$DEVELOPi$ 以及 $BRit$ 与 $DEVELOPi$ 的交互项系数显著为负;由于多重共线性,$BR(t-1)$ 的系数依旧无法估计;其与 $DEVELOPi$ 的交互项的系数显著为正,但是还是无法判断是否存在动态贸易效应。

2. 使用估计方法的选择

在引力模型估计计量方法的选择方面,滕雷洛(Silvana Tenreyro,2006)注意到大量的引力方程采用对数线性化的方法,但由于有琴生(Jensen)不等式,即 $E(\ln y)$ 或 $\ln E(y)$ 的存在,这种方法会产生误差。原因在于原始误差在指数方程形式中与自变量独立,一旦转化为对数线性,新的误差则通常与自变量相关,只有在非常严格的条件下才独立于自变量,因此普通最小二乘法(OLS)可能得出有偏差的结果。滕雷洛(2006)建议直接对相乘形式进行估计,即采用 PPML(Poisson Pseudo-Maximum-Likelihood)作为对 OLS 估计量的替代。为了检验估计结果的稳健性,这里同样也采用 PPML 方法进行估计。表5-8为使用 PPML 方法估计"一带一路"建设静态贸易效应的回归结果。

表5-8 "一带一路"建设静态贸易效应模型的 PPML 回归结果

$\ln EXci$	（1）	（2）	（3）	（4）	（5）
$\ln GDPc$	0.039 *** （0.002）		0	0	0
$\ln GDPi$	0.032 *** （0.004）	0.028 *** （0.004）	0.034 *** （0.005）	0.034 *** （0.005）	0.033 *** （0.005）
$\ln DISci$	−0.016 *** （0.005）	−0.043 *** （0.008）	−0.033 *** （0.005）	−0.033 *** （0.005）	−0.024 * （0.014）

续表

ln*EXci*	（1）	（2）	（3）	（4）	（5）
ln*IITci*					0.001 （0.001）
ln*ERci*					0.001 （0.004）
FTDi			0.021*** （0.005）	0.021*** （0.005）	0.021*** （0.005）
BORDERi				−0.020 （0.023）	−0.013 （0.010）
APECi					0.013 （0.021）
BRit		0.059*** （0.004）	0.057*** （0.004）	0.057*** （0.004）	0.052*** （0.007）
DEVELOPi		−0.039*** （0.006）	−0.033*** （0.006）	−0.033*** （0.006）	−0.037*** （0.009）
BRit × *DEVELOPi*		−0.008*** （0.003）	−0.007*** （0.003）	−0.007*** （0.003）	−0.007* （0.003）
常数	1.269*** （0.123）	2.740*** （0.176）	2.470*** （0.163）	2.470*** （0.163）	2.407*** （0.159）
年份控制	YES	YES	YES	YES	YES
国家控制	YES	YES	YES	YES	YES
调整后的 R^2	0.971	0.971	0.972	0.972	0.972

注：*、**、*** 分别表示在10%、5%、1%的显著水平下通过显著性检验。

将 OLS 稳健标准误估计方法更换为 PPML 估计方法，而保持每一列回归中的解释变量、被解释变量与表 5-2"一带一路"建设静态贸易效应模型中的相同。回归结果仍然显示 *BRit* 的系数是显著为正，即存在贸易转移效应；*DEVELOPi* 的系数显著为负，*BRit* 和 *DEVELOPi* 交叉项的系数同样显著为负，即中国与"一带一路"沿线发达国家的贸易部分转移到发展中国家，即存在贸易转移效应。由此表明，回归结果是稳健的。

表 5-9 为使用 PPML 方法估计"一带一路"建设动态贸易效应的回归结果。

表 5-9　"一带一路"建设动态贸易效应模型的 PPML 回归结果

ln*EXci*	（1）	（2）	（3）	（4）	（5）
ln*GDPc*	0.039 *** （0.003）	0	0	0	0
ln*GDPi*	0.032 *** （0.005）	0.030 *** （0.005）	0.037 *** （0.005）	0.037 *** （0.005）	0.036 *** （0.006）
ln*DISci*	−0.036 *** （0.008）	−0.040 *** （0.008）	−0.030 *** （0.005）	−0.030 *** （0.005）	−0.026 * （0.014）
ln*IITci*					0.002 （0.001）
ln*ERci*					0.001 （0.004）
FTDi			0.022 *** （0.005）	0.022 *** （0.005）	0.022 *** （0.005）
BORDERi				−0.006 （0.012）	−0.010 （0.011）
APECi					0.002 （0.022）
BRit		0.057 *** （0.004）	0.054 *** （0.005）	0.054 *** （0.005）	0.053 *** （0.011）
DEVELOPi	−0.039 *** （0.006）	−0.038 *** （0.006）	−0.036 *** （0.006）	−0.036 *** （0.006）	−0.039 *** （0.009）
BRit × DEVELOPi		−0.016 *** （0.003）	−0.016 *** （0.003）	−0.016 *** （0.003）	−0.016 *** （0.003）
BRi(*t* − 1)	0	0	0	0	0
BRi(*t* − 1) × *DEVELOPi*	0.00003 （0.004）	0.014 *** （0.004）	0.015 *** （0.004）	0.015 *** （0.004）	0.016 *** （0.004）
常数	1.446 *** （0.147）	2.642 *** （0.190）	2.376 *** （0.177）	2.376 *** （0.177）	2.352 *** （0.166）

续表

ln*EXci*	（1）	（2）	（3）	（4）	（5）
年份控制	YES	YES	YES	YES	YES
国家控制	YES	YES	YES	YES	YES
调整后的 R^2	0.9710	0.9715	0.9722	0.9722	0.9723

注：*、**、*** 分别表示在 10%、5%、1%的显著水平下通过显著性检验。

为了检验回归结果的稳健性，又使用 PPML 方法估计"一带一路"建设动态贸易效应。估计结果表明，第 1—5 列的回归中各解释变量的系数符号及是否显著均与前面的用 OLS 估计的动态贸易效应结果一致。$BRit$ 的系数仍显著为正，$DEVELOPi$ 以及 $BRit$ 与 $DEVELOPi$ 的交互项系数显著为负；$BR(t-1)$的系数依然无法估计出来；其与 $DEVELOPi$ 的交互项的系数同样为正，除第 1列回归中该项系数不显著，第 2—5 列中都是显著，但是此时依旧不能确定是否存在动态贸易效应。

（七）主要结论与政策建议

通过基于引力模型对"一带一路"贸易效应的分析，笔者发现了推进"一带一路"建设的一些带有共性发展趋势的影响因素，并得出一些主要结论。据此，可以从宏观战略上提出一些带有普遍性的相关政策建议。

1. 主要结论

通过回归估计中国与"一带一路"沿线国家的静态贸易效应与动态贸易效应贸易，有以下发现和结论。

（1）从回归结果可以看出，中国与沿线伙伴国的 GDP 系数全为正，表明中国对"一带一路"的出口贸易量与双方的 GDP 呈正相关关系：中国 GDP 每增长1%，中国对沿线国家的出口量就增加 1.535 个百分点。相似的是，中国和沿线国家 GDP 对进出口总量模型的影响与中国对出口模型的影响程度相近。

（2）两个模型绝对距离的系数均为负，与理论机制相符。即距离代表运输成本，与两个伙伴国间的贸易量呈负相关关系。也就是说对于同质的产品，中国会更倾向于选取距离较近的国家作为贸易伙伴国。

（3）两国间人均 GDP 差值的绝对值系数为正，但是却不显著。表明两国间人均购买力相差较大会抑制两国间贸易往来，两国间人均收入相近会促进两国间的贸易。

（4）沿线国家的外贸依存度对于两个模型都有显著的影响。这表明，沿线国家越开放，贸易投资项目越多，越有利于中国向该国出口产品。

（5）模型中汇率的影响均不显著。不显著的原因可能有以下两点原因：某些国家货币相对于人民币汇率的上升，意味着该国货币的贬值，抑制我国出口的效应，与某些国家货币升值，所带来的促进效应相抵消；近几年，人民币波动比较复杂，对进出口额的影响难以捕捉。

（6）是否属于亚太经合组织，对于出口模型的影响并不显著，但在 10% 的显著性水平上，对于总进出口模型的影响却很显著。由于其系数为正，属于亚太经合组织，有利于扩大中国与"一带一路"沿线国家和地区的进出口总额。

（7）虚拟变量 i 时期是否为"一带一路"国家和地区的系数显著为正，说明"一带一路"建设显著地促进了中国与沿线国家和地区的双边贸易，产生了贸易创造效应。

（8）交叉项 BR_{it} 与 $DEVELOP_i$ 的系数显著为负，表明"一带一路"建设的实施使得中国与沿线发达国家的贸易量有所减少，与沿线发展中国家的贸易量有所增加，即"一带一路"建设加强了"南南贸易"，一定程度上促使中国与"一带一路"沿线国家和地区的贸易由发达国家转移到发展中国家。

（9）边界与贸易量呈正相关关系，两国接壤有利于两国间的贸易往来。一方面，边界接壤常伴随着两国间有相对其他国家更密切的经济文化往来；另一方面，边界接壤某种程度上也意味着贸易成本相对较低，这也会刺激两国间的贸易总量。

（10）在动态贸易引力模型中，$BR(t-1)$ 的系数依然无法估计出来，其与 $DEVELOPi$ 的交互项的系数显著为正。因此，暂时还无法判断"一带一路"建设是否存在贸易动态效应，将在后续有关"丝绸之路经济带"贸易效应研究中继续进行分析。

2. 政策建议

针对上述基于引力模型对"一带一路"贸易效应分析得到的发现和结论，特提出以下几个方面的政策建议。

（1）针对两国之间的距离是影响两国间贸易的重要因素，应加强我国与其他国家间的交通基础设施建设，缩短运输时间，从长期的角度看可以减少贸易成本，有助于发展我国对"一带一路"沿线国家和地区的贸易投资合作关系。

（2）针对我国对"一带一路"沿线国家和地区的贸易潜力存在区域性问题，如贸易不足较多集中在中亚、西亚和非洲，而贸易过度较多集中在东南亚和东欧。应根据每个区域的特点，制定不同的对外贸易战略。在积极发展与东南亚和东欧国家贸易往来的同时，要深入挖掘与中亚、西亚和非洲国家的贸易潜力，促进我国与沿线国家和地区贸易的平衡发展。

（3）由于中国对"一带一路"沿线国家和地区的出口贸易量与双方的 GDP 呈正相关关系，作为"一带一路"主要推动者的中国，应充分发挥辐射带动作用，积极开展与沿线国家和地区的"互补"贸易往来，促进沿线各国经济的增长，实现互利共赢与繁荣发展。

（4）由于沿线国家和地区的开放程度对中国向该国出口产品和贸易往来有着密切的关系，所以要加强政策沟通，积极促进沿线国家和地区的开放水平，大力推进我国与沿线国家和地区的自由贸易区建设，加快构建沿线自贸区网络。

四、基于引力模型对"丝绸之路经济带"的贸易效应分析

鉴于前面基于引力模型对"一带一路"贸易效应的分析中,在样本选择上范围大,虽然能反映"一带一路"贸易效应的一般趋势,但不能反映"丝绸之路经济带"沿线有关发展中国家的贸易效应特点。因此,在研究中专门设计了此节研究内容,选择了"丝绸之路经济带"沿线一些有代表性的国家作为样本,应用贸易引力模型对数化方程进行深入分析,试图发现"丝绸之路经济带"沿线地区一些个性化的特点。

(一)模型设定与估计方法

1. 模型设定

一般而言,贸易引力模型对数化的一般方程可概括如下:

$$\ln F_{ij} = \omega \ln M_i + \xi \ln M_j + \gamma \ln D_{ij} + \theta \ln X_{ij} + \varepsilon_{ij} \tag{5.5}$$

式中, F_{ij} 表示从出口国 i 国流入进口国 j 国的贸易流量; M_j 和 M_i 是两个国家的经济总量; D_{ij} 是两个国家首都或主要港口之间动态的地理距离; X_{ij} 是帮助解释两国之间双边贸易其他变量的向量集合,包括人口、收入、地区经济组织、外部环境及国家政策等; ω、ξ、γ、θ 是待估计参数; ε_{ij} 为随机扰动项。

借鉴经典引力模型,为了考察经济规模、空间距离等对我国与参与国双边贸易的总体影响,采用如下贸易引力模型方程:

$$\ln F_{ij} = \alpha \ln Y_i Y_j + \gamma \ln D_{ij} + \varepsilon_{ij} \tag{5.6}$$

式中, F_{ij} 代表我国和"丝绸之路经济带"参与国,国家之间的双边贸易量,由进、出口量加总而得; $Y_i Y_j$ 分别表示我国与"丝绸之路经济带"参与国经济规模 GDP 乘积;贸易距离上,一般用两国政治或经济中心之间的空间距离

或者两国主要港口之间的航海距离来衡量绝对距离,可以选取我国"丝绸之路经济带"主要节点城市与参与国首都之间的距离作为解释变量 D_{ij}。其他若干影响变量,如人口规模、需求相似、区域性组织如 APEC 对贸易效应的影响等,将其纳入控制变量逐一分析。

2. 研究假说

(1)参与国市场规模。"丝绸之路经济带"参与国(以下简称参与国)市场规模是决定对外直接投资进入的重要因素。大量的研究表明参与国市场规模与对外直接投资成正比。

假设 1:中国对外贸易效应与参与国市场规模正相关。

(2)距离因素。随着与参与国距离的增加,运输成本和交易成本都会增加。同时,距离因素也会影响跨国公司内部管理的效率,因此距离会增加贸易和投资成本。

假设 2:中国对外贸易效应与参与国距离呈负相关。

(3)参与国人口因素。人口因素代表着潜在的需求能力,随着经济发展,中国对资源的需求日趋增加;人口量越大,意味着需求越大,多元化多样化商品的需求就越多。

假设 3:中国对外贸易效应与参与国人口密度正相关。

(4)参与国人均 GDP。我国与参与国之间的人均 GDP 差值,决定国家间是否存在重叠需求,根据需求相似理论所表述,两国的贸易量大小取决于两国的需求偏好。一方面,需求结构相似是两国开展贸易的基础,若偏好相似,则两国贸易均可进口或出口;另一方面,人均 GDP 越高,则参与国的消费能力越强,越能够投资于设备与产品促进经济水平的发展。

假设 4:参与国人均 GDP 与中国对外贸易效应正相关。

(5)参与国制度和贸易环境。参与国制度与我国的相似度影响到国家间贸易往来的频繁度。一般来说,两国若属于同一种区域性组织或两国内属于同一种制度,两国的贸易关系相较来说会更加密切。为考察制度对我国对外贸易的影响,主要选取 APEC 作为制度的代表,我国属于亚太地区,APEC 机制对于贸易具有一定的影响。

假设 5:中国对外贸易效应与参与国相似制度正相关。

3. 估计方法

所研究的贸易数据为 N>T 的短平衡面板数据,通过时间序列与横截面数据的混合,面板数据更加详细叙述了沿线国家的贸易状况,提供了更广泛的贸易信息数据,使得面板数据更容易应对双边贸易中的复杂关系研究。通常处理短面板使用三种方法:混合回归、固定效应回归、随机效应回归。混合回归是不反映个体效应的回归方法。为表现对标准误的有效估计,混合回归将不同个体不同时期的扰动项通过"打包"成聚类,使不同个体的观测值不相关。在处理面板数据中,通常需要考虑个体效应,反映个体效应的回归方法分为固定效应和随机效应。固定效应中有 FE、FD、LSDV 三种估计方法,随机效应又分为 FGLS、MLE 两种估计方法。固定效应的每一种估计方法都有适用的数据和警告,如涉及自由度,在模型中引入较多的虚拟变量则不宜适用 LSDV 估计法;对于 T>2 的面板数据,组内估计会比一阶差分更有效率。FGLS 与 MLE 的系数估计虽然有所差别,但在性质上即在拒绝混合回归的问题上,却相似。本章采取传统的 Hauseman 检验判断使用哪种方法,由于传统检验假设球形扰动项,故估计法不能使用异方差或是聚类稳健标准误。动态分析中将引入被解释变量的滞后期作为解释变量,同时需要使用工具变量。正因为滞后期的引入会让 2SLS 估计法不再有效率,根据传统动态面板数据的处理办法,使用 GMM 两步法来更好地预测和描述贸易量的趋势变化。

4. 样本和数据说明

主要选取陆上"丝绸之路经济带"上的主要 20 个国家,具体有:中亚的哈萨克斯坦、吉尔吉斯斯坦、塔吉克斯坦、乌兹别克斯坦和土库曼斯坦五国;西亚的伊朗、伊拉克、约旦、沙特、土耳其;高加索的阿塞拜疆、格鲁吉亚、亚美尼亚;东欧的乌克兰、白俄罗斯和摩尔多瓦;南亚地区阿富汗、巴基斯坦和印度;亚太地区选取俄罗斯,如表5-10所示。

表 5-10 丝绸之路经济带 20 个主要参与国或地区

中亚	哈萨克斯坦	高加索	阿塞拜疆
	吉尔吉斯斯坦		格鲁吉亚
	塔吉克斯坦		亚美尼亚
	乌兹别克斯坦	东欧	乌克兰
	土库曼斯坦		白俄罗斯
西亚	伊朗		摩尔多瓦
	伊拉克	南亚	阿富汗
	约旦		巴基斯坦
	沙特		印度
	土耳其	亚太	俄罗斯

采用我国与上述 20 个国家 2005—2016 年的双边贸易流量的相关数据为分析依据,包括主要产品贸易流量和相关解释变量的对应数据。由于不同国家官方统计的贸易数据有差别,因此本书以中国官方数据作为两国贸易流量的统一标准。各变量的数据来源、说明及统计描述如下:

(1)主要产品贸易流量数据。主要产品贸易资料来源于联合国 Comtradegood 数据库。

(2)人口规模、GDP 资料来源。人口数据、人均 GDP、GDP 均来自世界银行 World Bank Development Indicator 数据库,其中人口数据选取总体人口数,因为产品贸易受益全球人口,人均 GDP 和 GDP 都是用 GDP 平减指数进行测算,排除物价影响。人均收入水平的接近程度则根据贸易双方的人均 GDP 差额计算取绝对值获得。

（3）与贸易国距离数据。距离数据来自网站 www.indo.com 中的 Distance Calculator 功能模块,采用公里制,选定贸易国首都间距离作为贸易国间距离。

表 5-11　主要变量的统计描述

变量名	观测值	均值	标准差	最小值	最大值
$\ln f_{ij}$	20×10	3.374161	2.09503	−1.45324	6.859557
$\ln y_i y_j$	20×10	17.19612	2.031213	13.04878	21.44381
$\ln d_{ij}$	20×10	8.558442	0.239359	8.152198	8.862201
$\ln p_{ij}$	20×10	2.648268	0.140833	2.570113	3.280746
$\ln dg_{ij}$	20×10	7.337877	1.536773	−0.93828	9.799652

（二）我国与"丝绸之路经济带"参与国贸易的特征化事实

1. 贸易总量及趋势分析

如图 5-1 所示,2009 年我国对 20 国贸易总量呈现下滑趋势,主要是外需受 2008 年金融危机影响所致持续下降。2011 年我国对 20 国产品贸易进口总量为 1779.96 亿美元,出口总量为 1549.94 亿美元,贸易逆差为 66.50 亿美元。2012 年我国对 20 国贸易总量继续保持逆差,逆差额为 43.32 亿美元。总体来说,这一时期的贸易走势与我国整体对外贸易进出口总量走势相近。这是因为在"十二五"规划期间,我国的发展方式不断转型升级,由外需导向型转变为内需导向型,进出口结构的转换是我国对外贸易产生逆差的主要原因。2013—2015 年期间,我国对外保持增长的顺差贸易结构,从国内形势来看,2014 年是全面深化改革的第一年,经济发展稳中求进;从国外形势来看,与世界市场经济缓慢复苏的态势密不可分。2016 年我国对外贸易出口额为 21138.4 亿美元,进口额为 15883.1 亿美元,降幅较 2015 年分别下降 7% 和

14.3%,这主要是由于受全球经济改善迟缓、国际市场大宗商品价格下降等因素影响。

单位：亿美元

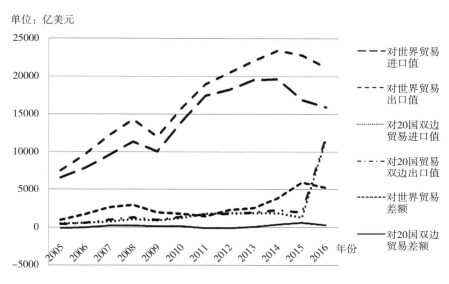

图 5-1　中国对外贸易进出口差额分析图

2. 贸易市场结构分析

我国与陆上丝绸之路主要贸易伙伴双边贸易流量的对比,如表 5-12 所示,2005 年与我国双边贸易量居于前五位国家分别是俄罗斯、印度、沙特阿拉伯、伊朗、哈萨克斯坦,其中俄罗斯为陆上丝绸之路双边贸易的进出口流量最大的国家,进口贸易量与双边贸易量国家排名前五位保持一致。2016 年双边贸易量最多的 5 个国家为印度、俄罗斯、沙特阿拉伯、土耳其、伊拉克。从表5-12 中对比可以看出显著的变化,土耳其、伊拉克取代哈萨克斯坦、伊朗成为对华双边贸易量前五位之一,印度取代俄罗斯成为与我国双边贸易流量第一的国家。

表 5-12　我国与贸易国贸易商品的流量比较　　　　单位:亿美元

年份	进口贸易量		出口贸易量		双边贸易量	
	国家	贸易额	国家	贸易额	国家	贸易额
2005	俄罗斯	158.9	俄罗斯	132.1	俄罗斯	291
	沙特阿拉伯	122.5	印度	89.3	印度	187
	印度	97.7	土耳其	42.5	沙特阿拉伯	160.7
	伊朗	67.9	哈萨克斯坦	39	伊朗	100.8
	哈萨克斯坦	29.1	沙特阿拉伯	38.2	哈萨克斯坦	68.1
2016	印度	3566.8	俄罗斯	3439.1	印度	6176.9
	土耳其	1986	印度	2610.1	俄罗斯	5266.9
	俄罗斯	1827.8	沙特阿拉伯	2014.9	沙特阿拉伯	3653.1
	沙特阿拉伯	1638.2	土耳其	1426.1	土耳其	3412.1
	巴基斯坦	439.9	伊拉克	531	伊拉克	845.6

资料来源:联合国 comtrade-goods 数据库。

　　从进口方面来看,2016 年巴基斯坦对我国出口流量为 439.9 亿美元,跻身于我国对外进口流量第五位,在全球贸易疲软的背景下与我国的贸易额增长较快,是属于经济带上贸易"潜力增长型"的国家之一;而俄罗斯与沙特阿拉伯仍居于我国对外进口前列,主要是因为这些国家的原材料、能源、自然资源具有不可替代性。从出口方面来分析,俄罗斯成为我国对外产品出口流量最大的国家,主要是初级产品,流量额为 3439.1 亿美元,远远超过位于其次的印度,是我国对外商品的主要出口市场。西亚国家中,伊拉克成为我国对陆上丝绸之路贸易出口的主要市场之一,土耳其虽然与中国双边贸易量达到 3412.1 亿美元,但其与中国合作贸易体量中出现了不同程度的下滑,沿线国家中有此贸易趋势的还包括中亚的哈萨克斯坦、西亚的格鲁尼亚、白俄罗斯等东欧国家,因此这些国家与我国的贸易合作还有待加强。

3. 贸易摩擦特征分析

（1）内外部环境差异及其变化

环境分为东道国内部环境和外部环境两个方面。东道国内部环境差异所引起的贸易摩擦指的是,法律制度不健全、市场发展水平低、贸易商品结构单一等经济制度环境不完善的国家在与我国进行贸易时会发生诸多贸易问题的摩擦。结构单一型的沿线国家主要有:以生产棉花为主的乌兹别克斯坦;以矿砂出口为主的亚美尼亚;以能源型产品为主的西亚、北非国家伊朗、伊拉克、沙特阿拉伯、阿塞拜疆等。单一型国家其对中国贸易出口中多以能源或原材料为主,且比重大都超过50%以上,而中国对其出口一般以鞋靴服装、机械机电等多元化普通消费产品为主。出口商品结构单一的国家,其国内发展经济也较为单一,这是本章选取的大多数国家的国内环境特征。土耳其等西亚国家,高加索地区的阿塞拜疆、亚美尼亚,这些国家还因为自然环境、距离、运输条件的恶劣导致与我国经济贸易互补性差,由此引发一些国际收支严重不平衡等贸易争端。不仅如此,我国在对外贸易中,与大多数西亚国家存在语言障碍、宗教信仰繁多等问题,不乏有加大贸易摩擦的可能性。另有阿富汗这样国内政治环境不太稳定的国家,未来在与我国的贸易交往过程中也会产生一定的贸易摩擦。

外部环境的变化指的是诸如全球金融危机、全球变暖等问题的出现,这些问题日渐成为国家间贸易与投资合作中不可避免的一个重要影响因素。当前经济全球化使得国际金融危机蔓延全世界,各国经济发展受到严重打击,需求下降带来的是经济的萎缩。国际金融危机的出现,使得贸易保护主义抬头,一些国家纷纷出台贸易保护政策,这又进一步降低各国间的贸易水平。全球变暖让世界人民的焦点越来越注重于人类持续发展与绿色发展的问题上,各国在谋求经济效益最大化的同时,也开始注重于环境保护与能源可持续发展的问题。外部环境压力的存在,促使国家在选择投资国与保护本国贸易产品和产业上,容易引起国际贸易的摩擦。

(2)新兴经济体国家对市场份额的较量

贸易摩擦产生的本质原因是各国出于对世界资源的争夺和自身发展权利的维护,发达国家与发展中国家之间的矛盾与竞争主要体现在:发达国家忌惮发展中国家经济体,尤其是发展中大国的经济崛起,而发展中国家不断要求维护应有的平等发展权,国家间相互博弈、竞合,体现出新时期的贸易关系特征。"丝绸之路经济带"上的新兴经济体国家主要有俄罗斯与印度,俄罗斯是一个具有单一型的工业化国家,投资环境、基础设施与发达国家存在差距,因此是一个中等的发达国家。以俄罗斯为代表的新兴经济体主要有以下两点贸易摩擦的可能性:一是与我国的贸易产品基础不对等。根据国际贸易比较优势理论,俄对我国贸易商品上具有绝对比较优势。俄具有丰富的自然资源,如石油、天然气、煤矿等,在世界市场上具有难替代性和必需性,而我国对俄出口的劳动密集型商品,如服装、农产品具有可替代性,如大多数东南亚国家都可以生产。二是对中国经济不断崛起的担心。自20世纪90年代开始"中国威胁论"就未停止过,特别是在占有主要贸易量的俄罗斯远东地区有一定影响。这种不攻自破的言论虽然在中俄贸易中不占据主流,但有时会成为一种引起贸易摩擦的诱因。

印度是沿线国家中与我国双边贸易量最大也是全面合作关系的国家之一。在2014年中印两国贸易中,中国对印度主要出口为纺织纱线、钢材、设备及肥料、电话机等初级产品。印度对中国主要出口为铜、钻石、纺织原料及铁矿砂等原材料,出口产品结构相似。就产业而言,印度较中国具有第一、三产业优势,中国较印度具有第二产业优势,两者具有产业结构的互补性。2016年我国与印度之间的出口贸易额有所下降,一方面,由于中国在制造业具有对印优势,大量"中国制造"产品流入印度国内市场,受到我国竞争压力及制造业比较优势的影响,印度国内相关利益集团游说政府对中国进行反倾销调查。另一方面,由于贸易结构的相似性,印度以"市场经济第三国"的商品价格作为中国同类商品贸易价格,认为中国商品存在倾销行为,由此导致贸易摩擦时有发生。

由以上分析可以看出,我国与"丝绸之路经济带"20 国贸易逆差顺差的原因是与我国经济体制改革与转型目标相契合的,建设"丝绸之路经济带"具有贸易量发展潜力的是巴基斯坦等潜在新兴市场国家。我国对印、俄贸易量虽然很大,但同时贸易摩擦问题从未间断。在机遇与挑战并存状态下,判断我国与主要贸易国的贸易效应,分析产生不同贸易效应的影响因素,找到突破问题的关键点尤为重要。下面将采取静态与动态实证分析相结合的方法,分析各国经济指标与贸易量存在的关系,寻求贸易潜力的关键变量,在原有分析基础上进一步分析我国建设"丝绸之路经济带"的贸易潜在市场与未来发展趋势。动态模型中引入贸易量的滞后期,分析未来的趋势变化情况,也与静态分析结果一起作为比照分析,以判断变量的正负相关是否在长期中获得改变。

(三)静态贸易效应实证结果及影响因素分析

采用 stata 软件对模型 1—4 的参数进行回归为检验各解释变量的系数稳定性和解释能力,模型 1 以经济规模 GDP 与地理距离 D 作为初始回归,逐一加入人口、人均 GDP 和制度因素等其他解释变量进行分步回归,主要结果如表 5-13 所示。由拟合优度可以得出,数据基本拟合程度良好,稳定在 0.75 以上。解释变量 GDP、距离、人口的 P 值较高,由此强烈拒绝原假设。表 5-14 是对模型 4 的进一步回归分析结果,主要采用了随机效应、固定效应进行比较分析。在固定效应与混合效应中,主要采用原假设"H0:所有个体效应 $u_i = 0$",即混合回归优于固定效应。检验结果 Prob>F = 0.0000,故强烈拒绝原假设,即应该允许每位个体拥有自己的截距项。在固定效应与随机效应之间,采用了豪斯曼检验方法,原假设"H0:u_i 与假设变量不相关",即随机效应最有效率。检验结果 Prob>chi2 = 0.3493,故接受原假设,即随机效应优于固定效应,建立随机效应模型。

表 5-13　静态贸易效应分步回归实证结果

解释变量	模型 1	模型 2	模型 3	模型 4
Y	0.9139 ***	1.0022 ***	1.0153 ***	1.0055 ***
	(9.55)	(10.67)	(9.73)	(−8.8)
D	−1.9770 *	−2.4827 **	−2.5578 **	−2.5628 **
	(−2.09)	(−2.45)	(−2.65)	(−2.64)
P		−2.2309 **	−2.2958 ***	−2.2447 **
		(−2.69)	(−2.91)	(−2.7)
DG			−0.0394	−0.0422
			(−0.44)	(−0.46)
APEC				0.2269
				(0.68)
常数	4.5787	13.2969	14.1750	14.2602
	(0.53)	(1.28)	(1.44)	(1.45)
调整 R^2	0.7843	0.7965	0.7961	0.7956

注:其中括号内为 t 值, *** 、 ** 、 * 分别表示显著性水平在 1%、5%、10%。

　　两国经济规模 GDP 的回归系数为正,与预期假设保持一致。表 5-13 中逐步回归方程中,除了模型 1 中经济规模的回归系数为 0.91,其余各组回归结果系数为 1.01 左右,且都通过了 1% 的显著性检验,这表明经济规模的扩大,对国家间贸易流量具有正的效应。中国是世界上最大的发展中国家,虽然人均消费水平低,但供给能力却相当强大,即 1% 经济规模的增加将会促进 1.01% 贸易量的增加。距离因素 D 的回归系数为负,与预期假设保持一致。除了模型 1 空间距离的回归系数通过了 10% 的显著性检验,模型 2 和模型 4 的系数都通过了 5% 的显著性检验。在考虑个体效应时,固定效应模型的系数通过了 1% 的显著性检验,由此可知,在贸易引力模型中,空间距离是国际贸易中不可忽视的一个重要考量因素,模型结果意味着空间距离的加大会直接推高物流成本,双边贸易量将会减少。人口因素在模型 1 和模型 4 中系数均为负数,且都通过5%的显著性检验,与预期假设相反。

在贸易引力模型中,经济规模与人口因素分别代表着一个国家的供给与需求能力。理论上,人口规模的增加会增加国内需求量,促进贸易量的增加;实际上,一个国家尤其是发展中国家一定阶段人口的增加,一定阶段内他们优先采购的是国内产品,优先满足的是内需,这就会减少进口,进而降低贸易量。由此与经典贸易引力模型研究结果不同的原因是,人口规模的负效应大于正效应。人均GDP差异的绝对值回归系数均为负,与预期假设保持一致。模型3和模型4中的人均GDP的系数并不显著,表明我国与所选取的20国之间的需求偏好存在微弱的相似关系。20国中大多数国家与中国同为发展中国家,说明消费需求水平应为相似,系数的不显著性表明我国与陆上丝绸之路国家间存在贸易量不足的现象。

表 5-14 静态混合回归、固定效应、随机效应的实证结果

解释变量	混合回归	固定效应	随机效应
Y	1.0055 ***	0.9459 ***	0.759 ***
	(−8.8)	(−9.69)	(16.04)
D	−2.5629 **	−25.0404 ***	−2.2987 **
	(−2.64)	(−6.97)	(−2.24)
P	−2.2448 **	−14.3244	−2.0869
	(−2.7)	(−2.6)	(−1.13)
DG	−0.0422	0.0083	−0.0066
	(−0.46)	(0.27)	(−0.22)
$APEC$	0.2269	10.5642 ***	0.963
	(0.68)	(6.62)	(0.92)
常数	14.260286	24.983073 *	15.523039
	(1.45)	(1.92)	(1.4)
N	200	200	200
调整 R^2	0.7956	0.7468	0.7684

注:上标 ***、**、* 分别表示1%、5%、10%的置信水平,括号内为各变量的t值。

虚拟变量 APEC 作为引入的制度因素加入扩展模型,在方程(4)的回归结果中,系数为正,符合预期假设。在分析个体效应时,APEC 的系数通过 1% 的显著性检验,在随机效应模型中,系数为 0.96,说明亚太区域的区域经济一体化能促进"丝绸之路经济带"参与国贸易量的增加。20 国中只有俄罗斯与中国同为 APEC 成员,其他均不在亚太区域范围内,可能是区域制度因素系数不显著的原因。

(四)动态贸易效应结果及影响因素分析

静态模型对 20 国的静态贸易效应及主要影响因素作出分析,但未测算出时间的趋势效应。作出我国双边贸易时间趋势图,如图 5-2 所示,表明贸易量与时间存在密切相关关系。

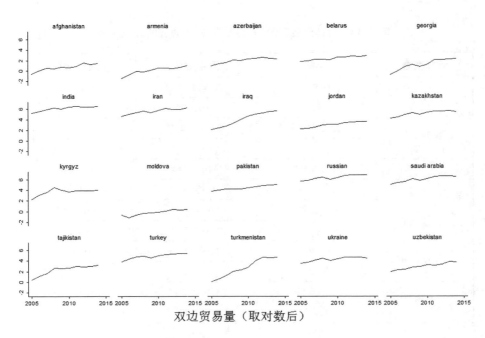

图 5-2 我国双边贸易时间趋势图(单位:亿美元)

由图 5-2 分析可知,我国对外双边贸易均随着时间而增长,但变化的时机与趋势不尽相同。因此需要分别检验年度虚拟变量和年度虚拟变量联合的显著性。

表 5-15　年度虚拟变量回归结果

年份	系数	方差	t 值	P 值
2006	0. 5484132	0. 1707258	3. 21	0. 005
2007	1. 14174	0. 3165107	3. 61	0. 002
2008	1. 661928	0. 4609096	3. 61	0. 002
2009	1. 762048	0. 6120681	2. 88	0. 010
2010	2. 201531	0. 744382	2. 96	0. 008
2011	2. 676493	0. 9031441	2. 96	0. 008
2012	2. 971255	1. 056765	2. 81	0. 011
2013	3. 208627	1. 199611	2. 67	0. 015
2014	3. 450875	1. 348184	2. 56	0. 019
2015	3. 4872	1. 39936	2. 49	0. 022

　　分析结果如表 5-15 所示,在固定效应中加入年度虚拟变量,年度虚拟变量在 5% 水平上显著;在检验年度虚拟变量的联合显著性,其实证结果为 Prob>chi2=0. 0000,强烈拒绝"无时间随机效应"的原假设。因此,在模型中考虑时间的动态效应尤为必要,为使研究结论更加可靠,需要对我国双边贸易量与其他解释变量的关系进行进一步的动态分析。动态面板模型设定如下:

$$\ln F_{ij} = \beta_1 + \omega \ln fij_{t-1} + Alnyiyij + Blndij + Clnpij + Dlndgij + \rho_t + \mu_i + \varepsilon_{ij}$$

（5. 7）

　　动态模型采用的是动态面板中 GMM 法,将被解释变量的滞后期作为解释变量,观察在长期动态中,贸易引力模型其他解释变量的回归系数的正负与其对被解释变量的解释能力。由表 5-16 中动态回归模型结果来看,各解释变量除了人口变量非常不显著,其余解释变量均很好地证明了系数的有效性。由于加入了被解释变量的滞后期,因此变量之间存在高度自相关,在模型检验结果中 AR(2)= 0.2881,说明扰动项不存在二阶自相关。Sargan 用于检验工具变量是否存在过度识别,Sargan= 0.9513 表明接受原假设,即所有工具变量均有效,不存在过度识别。

表 5-16　我国与丝绸之路经济带国家的动态贸易效应实证结果

解释变量	系数	标准差	P 值
$l.\ln f_{ij}$	0.7023 ***	0.0559	0.000
$\ln y_i y_j$	0.1316 ***	0.0385	0.001
$\ln d_{ij}$	0.8461 **	0.3553	0.017
$\ln p_{ij}$	0.7227	2.1644	0.738
$\ln dg_{ij}$	−0.0178	0.0109	0.103
常数	−8.2252 ***	3.0115	0.006
AR(2)检验	0.2881		
Sargan 检验	0.9513		

注:上标 *** 、** 、* 分别表示 1%、5%、10%的置信水平。

　　两国经济规模 GDP 与人均 GDP 差值的绝对值,与静态效应保持一致。表 5-16 中经济规模的回归系数为 0.1316,通过 1%的显著性检验;人均 GDP 差值的绝对值回归系数为−0.0178。实证结果表明在长期贸易中,两国的经济规模水平对双边贸易量的促进作用将会大大削弱。这说明,在长期贸易中,双边贸易量并非完全取决于经济规模,其与长期的贸易关系和稳定的贸易安排有着密切关系。在考虑静态个体效应时,距离因素在双边贸易中发挥了重要的作用,与贸易量负相关且通过了 1%的检验。在动态贸易模型中,距离的系数为正且通过了 5%的显著性检验。由此可以得出,在长期贸易中距离不再是两国之间贸易交往的阻碍因素。人口因素在动态模型中系数为正数,与预期假设一致。在静态贸易引力模型中,分析人口因素的增加会有两种效应,负效应大于正效应是静态效应结果与预期假设相反的主要原因。在长期贸易中,人口因素最终显现出潜在的需求,人口的增加使得多元化商品需求放大,进而增加双边贸易量。被解释变量的滞后期的系数为正,且 P 值为 0.0000,说明系数值对贸易量具有较高解释力。从理论上来说,两国建立贸易关系后,在已有贸易安排的基础上,双方会更容易提升贸易层次和创设新的贸易架构。在当今世界贸易发展过程中,两国也更愿意与已有的贸易伙伴继续进行贸易活动,贸易惯性进而推动彼此深化长期稳定的贸易关系,采取各种制度或机制安排,比如建立关税同盟使得双方的利益进一步稳定和扩大,建立 APEC 机制使得双方的经济、人文交流进一步加深,共同投资于基础设施的建设,推进贸易便利化等等。

(五)主要结论与政策建议

通过基于引力模型对"丝绸之路经济带"贸易效应的分析,我们在验证了"一带一路"贸易效应一些共性发展趋势的同时,也发现了"丝绸之路经济带"沿线有关地区一些个性化的特征。同时,有的结论还突破了基于引力模型对国际贸易分析得出的有关传统观点。这便于我国在推进"丝绸之路经济带"建设过程中,分别采取更有针对性的发展对策。

1. 地区经济规模的扩大对国家间贸易流量具有正效应

静态的贸易效应分析表明,地区经济规模的扩大对国家间贸易流量具有正效应。中国作为世界上最大的发展中国家,随着地区经济规模的不断扩大,很有可能在未来的 10 年,从现在的世界第二大经济体跃居为第一大经济体,成为推进"丝绸之路经济带"建设的强大动力,随着时间的推移与对外开放发展,与沿线各国贸易量将会有更大程度的增加。为此,在推进"一带一路"建设过程中,应采取"优出优进"政策,即中国在扩大优质富裕产能"走出去"的同时,也应该通过"进博会"等形式加大优质资源要素"引进来"的力度,以利于调整国内产业结构和对外贸易结构,从而实现更大范围区域一体化和更高质量水平的发展。

2. 密切地缘经济关系,是我国对外贸易发展的一块基石

中亚五国是"丝绸之路经济带"的中心交点,是中国的重要能源和资源供应地,加强与中亚五国的贸易发展有利于对外贸易潜在市场的挖掘。这些国家在地域上与我国接近或接壤,推进与"丝绸之路经济带"上这些国家的合作,对于促进我国的西部大开发、产业转型升级和实现区域一体化发展等方面具有重要的战略意义。南亚的阿富汗、印度、巴基斯坦是中国潜力型贸易国家。通过有关贸易流量比较分析可以看到,当前在全球经济上升瓶颈阶段,印度和巴基斯坦等与中国的贸易体量增长速度较快。因此,我国应在重视国内经济转型和加强外交能力的同时,加强与南亚地区的贸易发展。

3. 贸易量与空间距离有负效应而与需求相似有正效应

动态贸易分析与空间距离的负效应和需求相似正效应的综合实证结果说明,我国应该加强与"丝绸之路经济带"一些相对发达国家的贸易发展,特别是与东欧乃至整个欧洲地区国家的合作。我国与欧洲地区虽然距离遥远,但在发展欧亚经贸关系上有着相似的需求。加强我国与中东欧乃至整个欧洲地区国家的经济合作与贸易往来,可以在整个"丝绸之路经济带"上形成东西联动的发展格局。一方面有利于弱化空间距离带来的贸易量的流失;另一方面有利于弥补与沿线有关国家间双边贸易量不足的现象。

4. 有关区域经济合作组织对我国贸易发展有正向作用

有关引力模型实证分析说明,区域经济一体化是经济全球化的重要组成部分。"丝绸之路经济带"参与国的贸易发展,需要充分发挥区域经济合作组织的作用。我国应主动寻求对接"丝绸之路经济带"所涉及的有关区域经济合作组织。如俄罗斯主导的"欧亚经济联盟"与中亚、高加索和西亚有着密切关系,并对其有着特殊影响力。建设"丝绸之路经济带"必须考虑到俄罗斯的

因素,积极深入对接俄罗斯主导的"欧亚经济联盟"战略,深化与俄罗斯及其周边国家的经贸合作,大力推动上海合作组织的各方面建设。

5. 地区资源禀赋与优势互补发展可以增加我国对外贸易量

依据地区资源禀赋与优势互补发展推进"丝绸之路经济带"建设,我国应广泛开展与西亚、高加索及中东地区国家的经贸合作。西亚地区国家以油气能源生产和出口为主,国内现在面临如何改变单一经济结构的问题,迫切需要与中国合作发展其他产业如农业等,是中国产品销售的潜在市场和产业转移的理想承接地。位于高加索及中东地区的国家处在欧亚地理交接线及其邻近地区,经济相对发达,但产业也较为单一,我国应适当提升与高加索及中东地区国家的外交合作,以巩固未来我国对外贸易发展的有利趋势。

6. 经贸合作关系与设施互联互通对贸易量有促进作用

动态贸易效应分析结果表明,在长期双边贸易关系中,对贸易量有重要影响的两个因素分别为:经贸合作关系和设施互联互通的建设,对贸易量的促进作用分别是 0.7032 和 0.8641。其一,在沿线地区大力加强设施互联互通新的背景下,距离不再是发展国际贸易的负效应因素,而是能够促进贸易量增大的正效应变量。因此,我国需要与这些陆上"丝绸之路经济带"上的国家加快设施互联互通,特别是基础设施的建设,如机场、港口、电信、管线等基础设施的投资建设,以促进贸易的发展与便利化,同时这也是保障对外贸易中人员流动的重要前提。其二,贸易量的滞后期说明,建设"丝绸之路经济带"需要高度重视与参与国建立长期稳定平衡、互惠互利机制的重要性。出于对合作利益的安全考虑,持续开展多层次的贸易合作交流在长期贸易中具有重要作用。

综上所述,通过以上基于引力模型分别对"一带一路"和"丝绸之路经济带"的贸易效应进行分析,可以看出,"互联互通"的基础设施建设,有助于拉近我国与沿线国家和地区的时空距离。因此,建设"丝绸之路经济带",我国应加快"互联互通"的设施建设,以促进沿线贸易的便利化。同时,沿线国家和地区的安全环境和开放水平也是影响经贸合作的重要变量,因此,积极构建战略对话与交流机制,以政策沟通、民心相通促进贸易畅通、资金融通和设施联通,有助于提升"丝绸之路经济带"建设的质量和水平。

第三篇

内外统筹与互动发展

本篇主要是应用有关系统论的观点，探讨了我国区域开发战略是一个由不同空间层面战略有机构成的内外统筹的互动式战略体系，正在加快推动形成国内大循环为主体、国内国际双循环相互促进的新发展格局。在此基础上重点揭示了建设"丝绸之路经济带"与我国区域开发战略升级之间的互动发展关系，建设"丝绸之路经济带"促进我国区域开发战略升级，我国区域开发战略升级推动"丝绸之路经济带"发展。

第六章　我国区域开发战略是一个内外统筹的动态化战略体系

我国区域开发战略是在实践中长期探索形成的由不同空间层面区域开发战略协调发展有机构成的动态化战略体系。建设"丝绸之路经济带"是我国区域开发战略不断转型升级的结果。一方面,建设"丝绸之路经济带"的提出与实施为我国区域开发战略升级提供了广阔发展空间,并对我国形成国内大循环具有一定的优化和整合作用。另一方面,我国区域开发战略的不断转型升级又推动了"丝绸之路经济带"的发展,并为我国参与和引领国际循环提供了巨大的发展动力。二者之间是一种国内国际双循环内外统筹、相互促进、互动发展的关系,是中国梦与世界梦相通的具体表现。

一、建设"丝绸之路经济带"是我国区域开发战略升级结果

建设"丝绸之路经济带"作为"一带一路"倡议的重要组成部分,主要是基于我国内陆地区开发战略升级的需要和适应我国与陆上丝绸之路沿线国家战略的对接而提出的国内外区域合作发展平台。因而,建设"丝绸之路经济带"与我国区域开发战略升级是一种相辅相成的互动发展关系。

（一）新中国成立以来区域开发战略的提出、形成、发展、完善、提升的概况

新中国成立以来我国区域开发战略大致经历了提出、形成、发展、完善和提高五个阶段。每个阶段的区域开发战略都体现了不同形势发展的要求与时代特征，并不断地促进了我国区域开发战略布局的转型与升级。

第一阶段是提出阶段。从 1949 年到 1977 年，党中央提出了沿海工业与内地工业区域均衡发展战略。这一区域开发战略的指导思想，正如毛泽东同志在《论十大关系》中所指出的，"我国的工业过去集中在沿海。所谓沿海，是指辽宁、河北、北京、天津、河南东部、山东、安徽、江苏、上海、浙江、福建、广东、广西。我国全部轻工业和重工业，都有约百分之七十在沿海，只有百分之三十在内地。这是历史上形成的不合理的状况。沿海的工业基地必须充分利用，但是，为了平衡工业发展的布局，内地工业必须大力发展。"[1] 这里所说的内地工业主要是指广大的中西部地区的工业。在这里，毛泽东同志首先对我国的区域经济布局情况，进行了比较科学的实事求是的分析，并根据当时沿海工业与内地工业发展不平衡的状况，特别强调了内地工业必须大力发展。虽然，这种区域均衡发展战略是属于一种以平均主义的"大锅饭"为基本特征的区域开发模式，表现在实践中就是在计划经济体制下从事的"三线"建设。[2] 但是，客观上也为中国内地的经济社会发展奠定了一定的工业基础。这一时期，在全国范围内建立了若干大型工业基地、大城市集聚地区以及经济协作区，它们后来成为各区域的经济增长极、特大城市及高等教育、科技研发基地。

第二阶段是形成阶段。从 1978 年到 1998 年，党中央提出以先富带后富为主导的区域非均衡发展战略。这一区域开发战略的指导思想，就是让沿海

---

① 《毛泽东文集》第七卷，人民出版社 1999 年版，第 25 页。
② 李本和:《均衡·非均衡·新的均衡——党的三代中央领导核心区域经济发展战略思想比较研究》，《前言》2001 年第 7 期。

地区率先发展起来,进而带动内地发展,"使整个国民经济不断地波浪式地向前发展"。正如邓小平同志所指出的,"这是一个大政策,一个能够影响和带动整个国民经济的政策"。① 邓小平同志在此基础上还提出了"两个大局"的战略构想,即让沿海依托区位优势,先发展起来,这是一个大局,内地要顾全这个大局,支持沿海;等达到小康的时候,内地要加快发展,这也是个大局,沿海也要服从这个大局,支持内地,以实现共同富裕。这个大政策以承认不同的地区经济发展差距和收入分配差距的积极作用为前提,提出了一种非均衡发展模式。它的提出和实施与我国的改革开放政策相辅相成,把人们的劳动与物质利益联系起来,极大地提高了人们的劳动积极性和地区的发展积极性,并由此从多方面带动了整个经济体制改革和各地经济的发展,特别是促进了东部沿海地区经济的快速发展。但是,由此也形成了中西部与东部沿海地区之间在经济发展和收入分配方面的差距拉大的趋势,引起了社会的广泛关注。

第三阶段是发展阶段。从 1999 年到 2014 年,党中央提出了以"四大区域政策板块"为主要内容的区域发展总体战略。这一区域开发战略的指导思想,就是坚持以人为本,树立全面、协调、可持续的科学发展观,按照统筹城乡发展、统筹区域发展、统筹经济社会发展、统筹人与自然和谐发展、统筹国内发展和对外开放的要求,实施区域发展总体战略。即明确提出了推进西部大开发、振兴东北地区等老工业基地、促进中部地区崛起、鼓励东部地区率先发展"四大区域政策板块"的区域空间开发布局。与此相适应,在如何实现区域开发上,还提出了主体功能区战略。通过分区推进与统筹协调,有力地促进了全国各地区域经济的发展。在此期间,我国各地区人均生产总值的差异系数曾从 2004 年的 75.1% 下降至 2014 年的 43.5%,呈现快速下降趋势;从对更长时间的研究发现,各地区人类发展指数(HDI)差异系数从 1982 年的 26.3% 持续下降至 2014 年的 7.3%,更是体现了协调发展的重大进步。②

---

① 《邓小平文选》第二卷,人民出版社 1994 年版,第 152 页。
② 胡鞍钢:《三大战略保障区域协调发展》,《人民日报》2016 年 9 月 26 日。

第四阶段是完善阶段。从 2014 年到 2019 年,以 2014 年年底中央经济工作会议提出的"新常态"概念和"三大战略"为标志,党中央提出并实施区域协调发展战略。即在以创新、协调、绿色、开放、共享新发展理念指导下,通过组织实施"一带一路"建设、京津冀协同发展、长江经济带建设等国家战略,形成陆海内外联动、东西双向互济的开放格局。三大战略融合之前的"四大区域政策板块"等布局,把城市群发展、区域开发、流域开发与国际区域合作开发紧密结合起来,形成区域开放联动与协调发展的新格局,构成了第四阶段区域发展战略的基本内容。为了发挥东部沿海三大增长极的创新引领作用,促进"一带一路"和长江经济带的高质量发展,在继京津冀协同发展上升为国家战略之后,2018 年党中央又提出把长三角一体化发展和粤港澳大湾区建设上升为国家战略。京津冀、长三角和粤港澳大湾区三大增长极上升为国家战略,将成为中国新一轮改革开放的"发动机"和沿着"一带一路"引领世界经济发展的重要引擎。

第五阶段是提高阶段。2020 年 6 月 5 日,习近平总书记提出:面向未来,我们要把满足国内需求作为发展的出发点和落脚点,逐步形成以国内大循环为主体、国内国际双循环相互促进的新发展格局,培育新形势下我国参与国际合作和竞争新优势。这是立足世界正经历百年未有之大变局、新一轮科技革命和产业变革蓬勃兴起的大背景,基于中华民族伟大复兴的战略全局提出的重大发展战略。具有着深刻内涵和重大意义。一方面需要改变激励出口的政策导向,把满足国内需要作为发展的出发点和落脚点,充分发挥我国超大规模市场优势和内需潜力;另一方面需要提升产业基础能力和产业链现代化水平,加快关键核心技术攻关,改变出口导向战略形成的我国长期处于价值链中低端的国际分工地位,提高满足内需的能力。同时,强调国内大循环为主体,并不意味着不再重视国际循环,而是要通过供给侧结构性改革,提高国内经济的供给质量,通过挖掘消费潜力,进一步畅通国内大循环,使国外产业更加依赖中国的供应链和产业链,更加依赖中国的巨大消费市场,从而在提高经济自我循环能力的同时,促进更高水平的对外开放,实现国内国际双循环相互促进的新发展格局。

（二）建设"丝绸之路经济带"是我国区域开发开放发展的结果

在我国区域开发战略发展的进程中,我国区域发展总体战略曾经对我国区域开发战略体系的形成产生过重大影响。自从我国组织实施东部率先、西部开发、东北振兴与中部崛起的区域发展总体战略以来,我国的区域经济发展形势发生了很大的变化,区域差距有所缩小,总体上呈现出区域协调发展的态势。但是,由于它是一个分区推进的过程,而且主要局限在国内的生产力布局与主要依赖于国内资源配置的要素驱动,发展空间总是有限的。在我国资源环境等制约因素日益趋紧和欧美传统国际市场由于受世界经济复苏缓慢趋于萎缩的"新常态"下,这种分区推进的动能也在不断减弱,迫切需要通过开拓新的国内外市场来寻找新的增长点。

在新的国内外环境背景下,由于受古丝绸之路发展经贸与人文交流合作灵感的启发,我国领导人提出了在"一带一路"框架下建设"丝绸之路经济带"的构想,通过加强与沿线国家的政策沟通与战略对接,组织实施"六大国际经济走廊"建设,依托四通八达的国内大通道网络交通设施与之对接,对"四大区域政策板块"进行了新的优化组合,使"分区推进"转向了"联动发展",由"引进来"为主的国内区域开发转向了"引进来"与"走出去"并重的国际合作开发,不仅为我国的区域经济发展注入了新活力,同时也为沿线国家和地区的经济发展提供了新动力,形成了内外统筹、陆海联动、东西互济的开放格局。

因此,建设"丝绸之路经济带"构想的提出与实施,作为我国区域开发开放发展的结果,不仅仅是在实践中促进了我国"四大区域政策板块"区域发展总体战略的转型升级,而且在理论上也是对我国整个区域开发战略体系内容的丰富与完善,通过建设"丝绸之路经济带"与"21世纪海上丝绸之路"的对接,形成了一种动态化的战略互动机制,推动了整个区域战略体系中有关区域开发战略与开放发展战略相互之间的联动协调发展。

二、我国区域开发战略的形成要素
及其相互作用的内在机理

从动态的系统论观点来看,我国区域开发战略的形成及其转型升级实际上是一个由不同要素有机构成的开放式的内外双循环系统。在这个双循环系统中,各种形成要素的功能作用是不同的。正是由于各种要素功能之间及其与内外部环境因素的相互作用,才推动了区域开发战略的不断转型升级。

(一)我国区域开发战略的形成要素

我国区域开发战略从其具体形成过程来看,主要由区域发展环境的判断、区域发展理念的创新、区域战略目标的提出、区域战略布局的安排、区域战略规划的制定、区域战略任务的分解、区域战略规划的实施、区域战略绩效的评估等要素有机构成。

1. 区域发展环境的判断

区域发展环境的判断,是决策者通过各种途径获得的信息,是根据对国内外政治、经济、文化、社会等各种客观环境制约因素的全面深入分析,所形成的对区域发展环境变化趋势的总体认知和一般结论。它往往会成为决策者制定区域发展战略的重要依据。习近平总书记指出,我们强调重视形势分析,把形势作为科学判断,是为制定方针、描绘蓝图提供依据。[①] 例如,毛泽东同志在新中国成立初期提出的区域均衡发展战略,主要是基于国内工业布局不合理和朝鲜还在打仗、国际形势还很紧张、有利于备战等因素考虑而提出的区域开

---

① 引自 2017 年 7 月 27 日新华社报道:《习近平在省部级主要领导干部专题研讨班发表重要讲话》。

发战略。邓小平同志在 20 世纪 80 年代提出的对外开放战略,主要是依据和平与发展成为当今世界发展主题的科学判断而提出的我国发展战略。习近平总书记提出的"一带一路"重大倡议,主要是依据 21 世纪进入以和平、发展、合作、共赢为主题时期的科学判断而提出的重大发展战略。习近平总书记最近提出的国内国际双循环新发展格局,主要是依据当今世界正经历百年未有之大变局的时代背景而提出的我国最新的重大发展战略。

2. 区域发展理念的创新

区域发展理念是区域发展的指导思想及其所依据的理论和观念的总称。习近平总书记指出:"发展理念是发展行动的先导,是管全局、管根本、管方向、管长远的东西,是发展思路、发展方向、发展着力点的集中体现。发展理念搞对了,目标任务就好定了,政策举措也就跟着好定了。"①区域发展理念的创新属于区域发展战略顶层设计的创新,对区域开发战略制定具有引领作用。从我国区域开发战略不断转型升级的过程来看,一般都是从发展理念的不断创新开始,有什么样的发展理念,就会制定出什么样的区域发展战略。新中国成立初期从沿海向内地的工业倾斜政策是由当时的平衡发展理念决定的,改革开放后的"先富带后富"的发展战略是由当时的非均衡发展理念所决定,我国提出的"四大区域政策板块"的区域发展总体战略是因为有了科学发展观为指导而提出的,而现在"一带一路"建设、长江经济带发展、京津冀协同发展、粤港澳大湾区建设、长三角一体化发展等发展战略则是根据"创新、协调、绿色、开放、共享"新发展理念指导下制定出来的重大战略举措。

3. 区域战略目标的提出

区域战略目标是区域发展的努力方向,或者说是区域发展所要达到的目

---

① 习近平:《关于〈中共中央关于制定国民经济和社会发展第十三个五年规划的建议〉的说明》,《光明日报》2015 年 11 月 4 日。

的和标准。区域战略目标的提出对区域发展战略的制定具有导向作用。区域发展战略是服务于战略目标的。我国改革开放后提出的"两个大局"的战略构想和区域发展总体战略,是服务于 20 世纪末总体达到小康社会这个目标的。我国现在提出的各种区域发展战略,是服务于 2020 年全面建成小康社会和本世纪中叶之前实现第二个百年奋斗目标的。

4. 区域战略布局的安排

区域战略布局是党中央对区域发展的总体部署设想或者说是对区域发展的基本框架设计。区域战略布局的安排是根据发展理念和战略目标而提出的发展思路和指导意见。战略布局的安排,往往带有一定的宏观性、超前性、指导性和原则性等特点。我国的区域开发战略,在区域规划出台之前,一般都有一个指导性意见,往往以中央名义下发给地方及有关部门,地方及有关部门根据指导性意见,再制定出具体详细的区域性发展规划。

5. 区域战略规划的制定

区域战略规划是国家和各级政府根据党中央的战略布局安排而制定得更为详细具体的区域战略实施方案。区域战略规划的制定是区域发展战略的总体设计和空间布局的具体安排,也是区域开发战略从党的意志上升为国家意志的体现。一般以国家及其有关政府部门的名义制定并下发给各级地方政府执行的具体规划方案。区域战略规划一般具有长期性、稳定性、前瞻性和规范性等特征。

6. 区域战略任务的分解

区域战略任务是指实现区域战略规划的保障措施。区域战略任务的分解,是对战略目标和战略规划实现途径的具体化。一般指具体任务和责任单位的分解和细化的过程,是从规划设想向现实行动转化的重要环节,对区域开发战略的组织实施具有重要意义。在区域战略任务分解过程中,既要有分工,同时也要有合作。在合作指导下细化分工,在细化分工基础上开展合作。区域战略任务的分解一般都具有现实针对性和具体可操作性等特点。

7. 区域战略规划的实施

区域战略规划的实施是区域开发战略付诸实践的行动过程,是愿景变为现实的过程,具体表现为决策者与执行者以及执行者相互之间的互动与协调过程,对区域开发战略目标和战略规划的实现具有决定性作用。由于各地区情况的千差万别和国内外形势变化,使区域战略规划的实施往往具有一定的风险性、不确定性和创新性等特征。其实现的程度往往取决于组织者所保持的战略定力、应变能力、协调能力和执行者对战略规划的认可程度及其执行力度。

8. 区域战略绩效的评估

区域战略绩效是指区域发展战略在实践中取得的业绩和效果。区域战略绩效的好坏,一方面取决于决策者的形势判断、正确决策和战略定力,另一方面也取决于组织者和执行者对战略决策的理解、认可和努力程度。区域战略绩效的评估是决策者根据对区域开发战略实施结果的反馈情况进行的全面综合性评价。区域战略绩效的评估,一定要坚持客观公正、实事求是的原则,既包括成绩的肯定,也包括问题的查找及其原因的分析。区域战略绩效的评估,可以为调整原有战略和制定新战略提供重要依据。

(二)各形成要素的功能作用与相互关系

在我国区域开发战略的内外双循环系统中,每个构成要素都是形成双循环系统有效运行的必不可少的一个功能环节。各自发挥着不同的功能作用,形成一个不断循环的有机统一的功能链条体系。正是这个链条体系在适应外部环境因素变化中不断地得到优化整合,才推动了我国区域发展战略不断转型升级。

1. 区域开发战略各形成要素的功能作用

从区域开发战略各构成要素之间的相互关系来看,每个要素都有不同的功能作用。其中,发展环境的判断是依据,是对制定区域发展战略的现实条件的客观分析与远景发展的科学预测;发展理念的创新是前提,对整个区域开发战略的制定具有引领作用;战略目标的提出是核心,对区域开发战略的制定具有导向作用;战略布局的安排是基础,对区域开发战略基本框架的形成具有支撑作用;战略规划的制定是中心环节,对区域开发战略的形成起标志性作用;战略任务的分解是愿景向现实的转化环节,对战略规划的实施具有保障作用;战略规划的实施是关键环节,是对区域开发战略能否取得成效的实践活动;战略绩效的评估是对战略实施结果的评价,是对区域开发战略进行调整和完善的必要环节。其中,在肯定成绩的同时,坚持问题导向往往是促进区域开发战略不断转型升级的内在动力。

2. 区域开发战略各形成要素的相互关系

从系统论观点来看,发展环境的判断、发展理念的创新、战略目标的提出、战略布局的安排、战略规划的制定、战略任务的分解、战略规划的实施、战略绩效的评估是一个有机统一的运行系统,通过信息反馈,在不断适应外部变化的环境中,使这一系统内部各构成要素之间的关系不断调整和完善,才促进了区域开发战略从原有水平向更高水平的不断转型与升级(见图6-1)。

一般来讲,我国区域开发战略的转型升级,都是根据时代的发展变化先从发展理念的不断创新中开始取得突破的。"两个大局"战略构想的提出是根据和平与发展是时代主题的科学判断,从非均衡发展理念的形成开始突破的;我们党提出的"四大区域政策板块"区域发展总体战略与科学发展观的树立

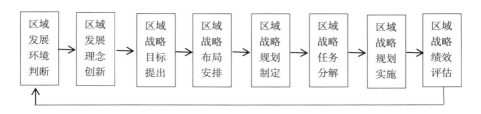

图 6-1 区域开发战略运行系统各要素的相互关系

有着密切的关系；"一带一路"倡议的提出与完善，与我国进入"新常态"的时代特点和"创新、协调、绿色、开放、共享"新发展理念的提出有着一定内在的联系。

从马克思主义关于物质决定精神、社会存在决定社会意识的哲学观点出发，在我国区域开发战略转型升级中，不论是区域发展理念的创新，还是其他战略构成要素的变化，归根到底，都是由国内外客观环境的变化所决定的，并受其各种因素的制约。我们党和国家只有不断适应这种变化，才能不断提出新的发展理念和制定反映国内外客观环境变化要求的区域发展战略，并不断促进其转型与升级。

三、我国区域开发战略的体系结构 及其互动升级的理论探讨

从我国不同区域开发战略的提出、形成、发展、完善和提高的运行轨迹，可以看出我国区域开发战略正在从过去的平面化战略向立体化战略转变，从多种战略齐头并进向联动发展转变，从国内分区推进向国际合作发展转变，已经形成由不同空间层面区域开发战略有机构成的战略体系。在这个由不同空间层面多种战略构成的立体化的区域开发战略体系中，如何在其互动发展中统筹协调好各种区域开发战略之间的关系，对顺利实现中国梦的战略目标至关重要。

·

（一）我国区域开发战略的体系结构及其基本框架

目前,我国区域开发战略经过不断地丰富、发展和完善,围绕实现中国梦的战略目标,已经形成了以区域发展总体战略为基础,以京津冀、长三角、粤港澳"三大增长极"为动力源,以长江经济带建设为东中西部地区联动发展纽带,以"一带一路"建设为顶层设计,以加快形成国内大循环为主体、国内国际双循环相互促进新发展格局为努力方向,由不同空间层面战略所组成的立体化的区域开发战略体系结构。

1. 我国区域开发战略体系的层次结构

在我国整个区域开发战略体系中,依据其空间范围、政策指向和战略定位的不同,大体上可分为四个层面的区域开发战略。一是国内外区域合作开发战略,如"一带一路"倡议、国内国际双循环新发展格局及其陆上六大国际经济合作走廊建设和海上三大蓝色经济通道建设等;二是国家统筹区域开发战略,如区域发展总体战略、区域协调发展战略、对外开放发展战略等;三是国家重大区域开发战略,如主体功能区战略、新型城镇化战略、乡村振兴战略、创新驱动战略以及有关的东部率先、西部开发、东北振兴、中部崛起战略等;四是国家重点流域和重点区域开发战略,如长江经济带建设、京津冀协同发展、长三角一体化发展、粤港澳大湾区建设等。

其中,由于不同空间层面区域战略的叠加效应,使空间范围较大的区域开发战略对较小范围的区域开发战略具有优化整合作用,较小范围的区域开发战略对较大范围的区域开发战略具有战略支撑作用。在实施"一带一路"重大倡议的辐射带动作用下,对国内各种区域开发战略不断进行优化整合,在实践中有的仍在坚持,有的正在调整,有的需要深化,正在加快形成国内大循环为主体、国内国际双循环相互促进的新发展格局,并呈现出动态化互动式的协调发展特征(见图6-2)。

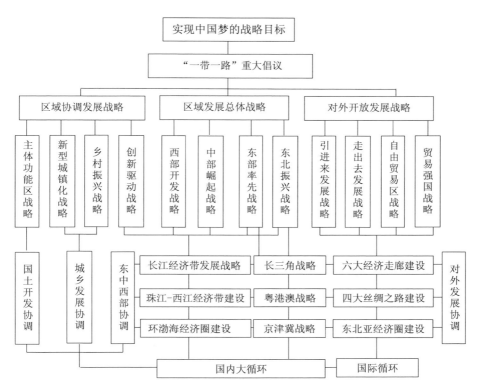

图6-2　我国区域开发战略的体系结构及其互动协调发展

2. 我国区域开发战略体系的基本框架

在我国多层面的立体化区域开发战略体系结构中,区域发展总体战略、区域协调发展战略和对外开放发展战略是其基本框架。在此基础上又具体细分为为其提供多种支撑的不同层面的国家区域开发战略。作为顶层设计的"一带一路"重大倡议,则是建立在这些区域开发战略基础之上的覆盖国内外范围最大、层次更高的一个区域发展战略。而耸立在"一带一路"倡议顶层设计之上的,就是实现中国梦的战略目标。在中国梦的战略目标指引下,"一带一路"倡议把国内外各种区域开发战略通过不同形式的对接和多领域的互动关系优化整合在一起,正在加快形成国内大循环为主体、国内国际双循环相互促进的新发展格局,从而构建起了一个有机统一的多层面的区域开发战略体系。

(1)区域发展总体战略

区域发展总体战略是为促进我国东中西部地区经济社会全面协调发展而制定的分区推进的区域开发战略。区域发展总体战略主要有西部开发、东北振兴、中部崛起和东部率先"四大区域政策板块"所组成。它覆盖到我国大陆的所有地区,对促进我国各地区经济社会的协调发展起到了很大的推动作用。但是,面对推进"一带一路"建设的新形势,受其因"丝绸之路经济带"建设辐射带动和优化整合作用的影响,目前仍处在不断转型升级之中。

(2)区域协调发展战略

我国区域协调发展战略的主要战略支撑包括:主体功能区战略、新型城镇化战略、乡村振兴战略、长江经济带战略、珠江—西江经济带建设、环渤海经济圈建设、创新驱动战略等。它们从不同侧面和在国内一定区域范围内规划了我国未来发展前景与空间布局协调发展情况。主体功能战略主要是解决我国国土开发的协调发展问题,新型城镇化战略和乡村振兴战略主要是解决城乡协调发展问题,长江经济带战略、珠江—西江经济带建设和环渤海经济圈建设主要是解决东中西部地区和东北地区的联动协调发展问题。创新驱动战略之所以归类到区域协调发展战略之中,主要是指各种区域开发战略的转型升级与相互之间的协调发展都离不开创新驱动的引领作用,特别是表现在区域协调发展的体制机制创新方面显得尤为重要。

(3)对外开放发展战略

对外开放发展战略是改革开放后为促进我国改革发展而制定的对外开放合作发展战略。我国对外开放发展战略的主要战略支撑包括:"引进来"与"走出去"发展战略、自由贸易区战略、贸易强国战略等。目前,还没有形成相对较为完整的对外区域合作发展战略体系,仅仅是一个基本框架。国内区域的开放发展,主要体现在东部沿海地区的长三角、粤港澳、京津冀"三大增长极"的示范引领和布局在全国各地的 21 个自贸试验区建设的战略支撑等方面。国外区域的开放合作,主要体现在"一带一路"建设在沿线国家和地区的空间布局方面,陆上主要有六大经济走廊;海上主要有三条蓝色经济通道,以及在海外正在推进建设的自由贸易区网络等。相对于国内区域战略来讲,还是一个需要加强的薄弱环节,有待在实践中不断丰富和完善。其中,推进贸易强国建设,是 2017 年 10 月党的十九大提出的一个新的重要对外开放发展战略。其最明显的标志,就是 2018 年上海世界进口博览会的召开,标志着我国正在从制造大国向贸易大国的转变。随着我国对外开放实践发展的不断深入,将会形成更多对外发展战略,我国对外开放发展战略的内涵和外延将会不断得到深化和拓展。

(4)"一带一路"重大倡议

"一带一路"重大倡议是把国内区域开发与对外开放发展联系起来进行国内外区域大合作的发展战略。"一带一路"重大倡议作为国内外联动发展的桥梁和纽带,将形成国内开发建设推动国外合作开发建设、国外合作开发建设促进国内开发建设的新格局。这是同时解决我国国内区域经济可持续发展与沿线国家和地区平等互利、共同发展的重大战略举措,是一个未来覆盖全球范围的空间战略布局。其中,"一带一路"框架下的"丝绸之路经济带"建设,由于其覆盖我国和国外广大内陆地区,联结亚欧非内陆地区并向拉美地区不断延伸和拓展,将对我国国内区域开发开放和国际区域合作发展产生重大而深远的影响。从而为新发展格局形成奠定了坚实的基础。

(5)国内国际双循环新格局

目前,学术界对加快形成国内国际双循环新格局的研究,一般都侧重于从供给与需求的关系、供应链与产业链的关系、虚拟经济与实体经济的关系等方面探讨的比较多。而实际上从区域发展战略的角度来讲,可以更好地说明这一问题。改革开放以来,我国实施的区域发展总体战略和区域协调发展战略,就是解决打通国内大循环问题;我国实施的对外开放发展战略,包括推进"一带一路"建设,就是解决参与国际循环问题。只不过是在前期的四十年改革开放中,我国实施的是出口导向型的高速增长模式,即通过参与国际循环来带动国内循环。而在当前贸易保护主义上升、世界经济低迷、全球市场萎缩的新形势下,这种出口导向的高速增长模式已愈来愈不可持续,严重制约我国经济从高速增长向高质量发展转型。经济发展的战略重点迫切需要从出口导向转向扩大内需,即充分发挥国内超大规模市场优势,通过繁荣国内经济、畅通国内大循环为我国经济发展增添动力,促进国际循环,带动世界经济复苏。

(6)实现中国梦的战略目标

由于中国梦与世界各国人民的美好梦想是相通的,是互为前提、互动发展的。所以,实现中国梦的战略目标,可以从国内国际双循环的发展方向来理解。从国内循环发展方向来看,就是全面建成小康社会和实现中华民族伟大复兴的中国梦。从国际循环发展方向来看,就是打造人类利益共同体、命运共同体和责任共同体。而在这一战略目标下的"一带一路"倡议就是联通中国梦与世界梦的桥梁和纽带。其中,在"一带一路"框架下,推进"丝绸之路经济带"建设及其"六大经济走廊"的延伸和拓展,对实现中国梦与世界梦的联通及其与沿线有关国家和地区的战略对接,发挥着极其重要的桥梁和纽带作用。"丝绸之路经济带"建设作为"一带一路"倡议的重要有机组成部分,既是我国各种区域开发战略对外开放发展综合作用的结果,同时也对我国各种区域开发战略的转型升级具有着重大的促进作用。

(二)我国区域开发战略升级的含义及其表现形式

目前,尽管我国提出的区域开发战略较多,但有关我国区域开发战略体系及其内部相互关系的研究,还相对较少。其中,有关区域开发战略升级的含义及其表现形式方面的理论探讨,则更是少见。在这里,本书只是进行一些初步的理论探讨。

1. 我国区域开发战略升级的基本含义

我国区域开发战略升级有三层含义：一是指作为一个独立单元的区域开发战略，在内部因素和外部环境相互作用下，内涵的深化与功能的提升。例如，京津冀协同发展战略、长三角一体化发展战略、粤港澳大湾区建设等，从区域战略上升为国家战略。二是指区域开发战略体系适应国内外形势发展要求，有更高层次区域开发战略的提出，使整个战略体系结构层次和功能作用都得到相应的提升。例如，"一带一路"倡议的提出与国内国际双循环新发展格局的形成，把我国内外各种发展战略都优化整合在其中，使其战略层次和功能作用都得到不同程度的提升。三是在整个区域战略体系实施过程中，由于受较高层次战略优化整合的影响，经济循环系统内不同层面战略相互之间协调性增强，从而形成了功能倍增的综合协同发展效应。

目前，我国区域开发战略的升级，自从"一带一路"倡议提出以后，正在加快形成国内国际双循环相互促进的新发展格局。我们已不能仅仅是孤立地看待某个单一层面或单元区域战略的升级问题，而是要着眼于整个区域开发战略体系的升级，应从整个战略体系中不同层面战略之间的互动发展关系角度，重新思考每个单一层面和单元区域战略的功能定位与联动升级问题。同时，这也标志着我国每个层面或单元区域战略的发展都将与"一带一路"倡议的实施和国内国际双循环新发展格局的形成紧密地联系在一起，只有坚持内外统筹发展与区域分工合作，才能形成建设"丝绸之路经济带"与促进我国区域开发战略升级协调发展的合力。

2. 我国区域开发战略升级的表现形式

我国区域开发战略升级的表现形式，主要表现为量的积累和质的提升两个方面，即表现为国内国际循环系统局部要素的改变与综合要素的提升。前者被称为"转型"，后者则被称为"升级"。从辩证观点来看，二者之间是相互联系又是相互区别的。二者的联系在于转型是升级的准备,升级是转型的结果。二者的区别在于发展的水平不同。

在实践中区域开发战略量的积累,即在实现规模扩张方面,主要表现为核心区域集聚的新要素越来越多,由内向外辐射的范围越来越大,功能作用越来越强,参与的国家和地区越来越多,合作的领域越来越广泛;而其质的提升,即在提升质量效益和发展水平方面,主要表现为区域创新能力的提升和区域一体化水平的提高。但是,不论是作为单一的区域开发战略,还是作为区域开发战略体系,其升级的根本特征,还在于通过区域发展模式的创新驱动作用促进其内涵的深化,具体表现为区域内在运行质量的提高和发展水平层次的提升。

在我国区域开发战略升级的初期,一般先是表现为量的积累和规模的扩张方面,当量变达到一定程度后逐渐转为质的提升方面。其中,核心区域或重点区域战略的转型升级,通过不同区域战略之间的联动发展,有助于辐射带动整个区域战略体系的全面转型升级。因此,在推动"一带一路"建设从谋篇布局的"大写意"向精耕细作的"工笔画"转变的时代背景下,随着国内大循环为主体、国内国际双循环新发展格局的形成,我国区域发展模式将从粗放型向集约型转变,国内区域一体化水平将向更高质量发展,具有国际区域合作发展特征的"丝绸之路经济带"建设,将成为我国国内循环引领国际循环发展的主要驱动因素之一。

四、区域开发战略升级与建设"丝绸之路 经济带"互动机制

建设"丝绸之路经济带"作为我国区域开发战略体系中的重要顶层设计之一,对我国区域开发战略内涵的深化与外延的扩大都有着重大影响。它通过一定的影响机制会对处在较低层面的我国区域开发战略具有优化促进作用,促进其转型升级;而这种区域开发战略的转型升级,又会通过一定的作用

机制对"丝绸之路经济带"建设的发展形成推动作用。目前,我国区域开发战略升级主要表现为加快形成国内大循环,建设"丝绸之路经济带"主要表现为推动形成国内国际双循环。二者之间是一种相互促进的互动发展关系。

（一）建设"丝绸之路经济带"对区域开发战略升级的影响机制

建设"丝绸之路经济带"对我国区域开发战略升级的影响机制主要是通过优化整合作用、动力转换作用、联动发展作用、市场开拓作用等方面来实现的,不仅使我国区域开发战略在内涵上得到深化,而且在外延上也得到了拓展。

1. 优化整合作用

改革开放初期,根据邓小平同志提出的"两个大局"的战略构想中的第一个大局的设计,我国区域开发的重点是东部沿海地区,沿海地区依托良好的区位优势和国家对外开放政策,得到了快速的发展。20 世纪末和本世纪初,在我国总体达到小康目标的基础上,伴随着沿海率先发展"第一个大局"向内地加快发展"第二个大局"的转换,国家先后提出了西部开发、东北振兴、中部崛起等区域开发战略,有力地促进了内地经济的发展。但是,由于它是一个分区推进的过程,各种区域开发战略之间往往缺乏协调。随着"丝绸之路经济带"建设的提出和实施,区域开发开放的重点从东部沿海向中西部地区逐步进行拓展,我国的西部边疆地区变成了对外开放的前沿,中部地区变成了对外开放的经济走廊和内陆开放型高地,从而使我国的区域开发战略的空间布局进行了新的优化整合,形成了沿海沿边沿江和内陆地区全方位开放发展的新格局。

2. 动力转换作用

在党的十八大之前,我国的区域开发开放主要是政府主导,即依靠国家所给予的优惠政策,强力推进实施。在党的十八大之后,随着"丝绸之路经济带"建设的深入推进和市场准入的放开,特别是通过有关地区的自贸试验区建设,倒逼我国体制机制的创新,区域开发的动力逐步从政府主导转向市场决定,由传统增长点转向新的增长点。特别是为了适应推进"丝绸之路经济带"建设的新形势,我国加快了供给侧结构性改革的步伐,使我国的市场环境正在得到显著改善,市场在配置资源方面越来越起到决定性作用。在依托建设"丝绸之路经济带"进行这种动力转换的作用下,我国经济增长由主要依靠东部沿海地区长三角、珠三角和京津冀三大引擎带动向轴带引领、多极支撑、区域联动、竞相发展转变。

3. 联动发展作用

在党的十八大之前,我国在实施"四大区域政策板块"区域发展总体战略方面,基本上是一个分区推进的过程,即按照东部率先、西部开发、东北振兴、中部崛起的先后顺序分区建设。目前,分区推进仍然在进行,但其释放出的能量已经十分有限。在推进"丝绸之路经济带"建设中,国内的各种通道建设有了长足的发展,构建起了"陆、海、空、网"四位一体的交通运输网络体系,特别是由于中欧班列的开行,使我国形成了东中西部地区和东北地区联动发展的新格局,在这种由建设"丝绸之路经济带"所形成的区域联动发展格局的影响下,进一步拉动了需求,激活了市场,形成了国内地区之间、国外沿线国家之间通过互联互通呈现出互利合作、优势互补的发展态势,极大地促进了沿线国家和地区经济社会的转型升级。

4. 市场开拓作用

改革开放以来,我国的区域开发空间主要是局限在国内地区,即通过"引进来"加快国内各地区的发展。通过四十多年的建设,国内的土地资源和其他各种自然资源的约束瓶颈越来越紧,加之产能严重过剩,迫切需要向外发展。同时,美欧等传统国际市场的发展空间越来越小,急需要开拓新的目标市场。通过推进"丝绸之路经济带"建设,为我国产业的向外转移和对外进行国际产能合作提供了巨大空间,使得市场开发的空间从国内开发向国际合作开发延伸,并从美欧国家等传统的国际市场向沿线地区的发展中国家等新兴国际市场不断进行开拓。目前,除亚欧非外,一些拉美国家也纷纷要求加入"一带一路"建设,一个全新的世界贸易体系正在逐渐形成。

(二)区域开发战略升级对建设"丝绸之路经济带"的作用机制

我国区域开发战略升级对建设"丝绸之路经济带"的作用机制主要表现为引领示范作用、辐射带动作用、动力支撑作用、创新驱动作用等方面。

1. 引领示范作用

目前,我国通过四十多年的改革开放建设,促进了区域开发战略不断转型升级,在开放合作办特区、从事工业园区建设、区域科技创新、新型城镇化和农村精准脱贫以及在实施乡村振兴战略等方面已经走出了适合发展中国家特点的区域开发新路子,并在这方面积累了许多成功的经验。这些成功经验随着"丝绸之路经济带"建设的深入推进,对沿线国家和地区具有重要的借鉴意义,将对沿线发展中国家的区域开发起到一定的引领示范作用。目前,有些沿线国家和地区已经开始引入我国合作进行工业园区建设的经验,并收到较好的效果。

2. 辐射带动作用

目前,中国区域开发战略的转型升级正在进行中,随着沿海地区的京津冀协同发展、长三角一体化发展、粤港澳大湾区建设上升为国家战略,这三大增长极将从我国的北、东、南三个方向分别向东西两个维度延伸,引领着"一带一路"建设的发展。在推进"丝绸之路经济带"建设中,我国的三大增长极将会成为新一轮经济全球化发展的动力源,通过加强与沿线国家和地区各方面的国际交流合作,特别是随着"六大国际经济走廊"建设领域互联互通的开展、合作园区建设以及贸易投资规模的不断扩大,到时对沿线国家和地区经济的发展将形成巨大的辐射带动作用。

3. 动力支撑作用

中国通过区域开发战略的转型升级,已成为世界第二大经济体,对世界经济发展的贡献率在不断提升,已经超过 30% 以上,中国已成为全球经济从低迷走向复苏的重要引擎,这种引擎作用通过我国的供给侧结构性改革和深化国际区域合作将得到进一步增强。中国是一个拥有 14 亿人口的大国,具有着庞大的市场消费需求,随着中国从制造强国向贸易强国的转变,中国将成为"买全球"和"卖全球"的世界贸易中心。中国区域开发战略的进一步升级,将会形成以东部沿海三大增长极为代表的更多的动力源,给沿线"丝绸之路经济带"建设提供强有力的动力支撑。

4. 创新驱动作用

目前,我国的区域开发战略转型升级已经从主要依靠要素驱动转向创新驱动的新阶段。创新已成为新时代我国区域开发战略转型升级的根本动力和显著特征。我国的区域创新是多方面的创新,不仅仅是表现在科技创新领域,还表现在经济创新和文化创新以及体制机制创新等多个领域。我国区域创新驱动的经验应用于"丝绸之路经济带"建设,可以在推动沿线国家和地区的区域合作模式的创新、区域技术合作的创新、区域文化融合的创新等方面发挥更大的作用,将推进"丝绸之路经济带"建设各领域的合作加快发展。

总之,通过上面的分析,可以看出,我国区域开发战略有一个从提出、形成、发展、完善和提高的发展过程,在这一过程中正在形成国内大循环为主体、国内国际双循环相互促进的新发展格局,并在努力构建起一个内涵不断丰富和外延不断扩大的区域开发战略体系。"一带一路"框架下的"丝绸之路经济带"建设,作为我国区域开发战略体系的顶层设计之一,同时也是联通国内循环与国际循环的重要桥梁和纽带。一方面,对我国区域开发战略升级产生重大而深远的影响,不仅仅表现在促进某些局部区域开发战略的转型升级方面,而且还表现在对整个区域开发战略体系结构层次水平的提升方面;另一方面,我国区域开发战略的不断转型升级也在为"丝绸之路经济带"建设提供强大的战略支撑,不断推动着"一带一路"建设,改变着世界经济发展的格局。

第七章 建设"丝绸之路经济带"促进我国区域开发战略升级

建设"丝绸之路经济带"作为我国统筹国内外区域合作开发战略顶层设计的重要组成部分,对我国区域开发战略升级具有着重大的促进作用。建设"丝绸之路经济带"的实施,引起了我国区域开发战略格局的变化,不仅使我国有关区域开发战略在外延上得到了拓展和在内涵上得到了深化,而且使我国各种区域开发战略在功能上也得到了提升。

一、建设"丝绸之路经济带"引起我国区域开发战略格局变化

改革开放以来,我国区域开发战略的空间格局,总体上看战略的重点是在东部沿海;在布局上依次表现为东部率先、西部开发、东北振兴、中部崛起的分区推进的过程;在空间范围上主要是局限在国内开发开放;在开发形态上以点轴开发为主。随着建设"丝绸之路经济带"的提出与实施,使我国区域开发的战略重点、战略布局、空间范围和开发形态等都发生了重大变化。

(一)区域开发战略的重点从东部沿海向内陆地区转移

改革开放初期,根据邓小平同志提出的"两个大局"的战略构想中的第一

个大局的设计,我国区域开发战略的重点是东部沿海地区,沿海地区依托良好的区位优势和国家对外开放政策,得到了快速的发展。但是,随着"丝绸之路经济带"建设的提出,我国西部地区的战略地位得到了提升,西部边疆地区变成了对外开放的前沿,中部地区变成了对外开放经济走廊和内陆开放新高地,使国家区域开发的重点从东部沿海地区转向中西部内陆地区,从而加快了中西部内陆地区的发展。

1. 西北地区通过开发开放促进产业转型升级

西北地区是古丝绸之路的核心地段,一直是我国内陆发展腹地,自然资源丰富,经过西部大开发建设,尽管有了很大发展,但由于开放较晚,从事传统农牧生产方式的少数民族居多,加之基础设施较薄弱和生态环境恶劣,与东中部地区相比,区域经济仍然较落后。建设"丝绸之路经济带"的提出和实施,随着中巴经济走廊和新亚欧大陆桥等国际大通道建设的全面展开,从东部沿海地区向西北内陆地区承接产业转移的速度加快,基础设施和生态环境得到较大改善,同时伴随着各种工业园区建设和众多口岸的建立,新型城镇化建设也有了长足的发展。在促进各兄弟民族相互融合发展的同时,也极大地改变了当地少数民族传统的生产和生活方式。在这些因素的综合作用下,将可以加快西部地区的对外开放步伐,使西北地区的自然资源优势和地方特色产品优势转化为市场竞争优势,在建设"丝绸之路经济带"过程中促进产业转型升级。

地处我国西北地区边陲的新疆,依托国际大通道建设,加强了交通基础设施的互联互通,使南疆和田大枣、葡萄、无花果、核桃等特色农产品形成了规模化经营,走向了国内外市场,喀什的大巴扎(注:"巴扎",系维吾尔语,意为集市、农贸市场,它遍布新疆城乡。)成了国际化农贸市场;北疆的阿拉山口和霍尔果斯口岸变成了吸引众多外商投资的新城。宁夏、甘肃、青海依托古丝绸之路提供的丰富的旅游资源和特色宗教文化资源,加强与国内外沿线地区的交流合作,带动了当地相关产业的发展。陕西的韩城加强与沿线地区的科技交流合作,通过开发古城区、建设新城区,正在从过去的重化工业城市转变为集文化旅游与科技创新为一体的新兴产业城市。

2. 西南地区通过开放合作打造向南开放门户

西南地区过去被称之为"南方丝绸之路",具有着"茶马古道"对外贸易往来的历史传统。建设"丝绸之路经济带"的实施,使西南地区所特有的少数民族风情、高山土特产品、美丽山水风光以及众多的自然人文景观等优势得到了充分发挥,吸引着国内外众多的旅客来此观光旅游和洽谈生意。通过打造孟中印缅经济走廊,使铁路、公路、管道、航空、水路等基础设施建设水平得到了极大提升,有助于进一步加强我国这一地区与周边国家之间的经济文化交流,密切区域经济合作,建设我国向南开放发展的重要门户,在对外贸易投资中获得更多的发展机遇。

地处我国西南边陲的西藏地区,随着我国"一带一路"建设的深入推进,特别是青藏铁路通车,新藏、川藏、青藏、滇藏公路等交通设施日益完善,凭借着美丽的雪域高原、神秘的宗教文化和独特的民族风情,正吸引着越来越多的国内外游客来此观光旅游和经商办企业,使国内外各种生产要素加速向西藏聚集,GDP 增速很快,多年为全国各省区第一,正在成为我国乃至"丝绸之路经济带"上加速发展的投资热点地区。云南依托"茶马古道"打造新丝绸之路,正在成为国内外著名的文化旅游目的地。贵州发挥地理环境优势,正在打造全国的大数据产业中心。四川发挥地处南北丝绸之路与长江经济带交汇的区位优势,正在成为全国著名的物流集散地。广西对接东盟,依托中国—东盟博览会平台,大力发展边贸经济,凭祥边境自贸区建设取得积极进展。

3. 中部地区通过通道建设打造内陆开放新高地

中部地区经过实施中部崛起政策促进发展较快,工业化和城镇化建设以及现代农业都有了长足的发展,但由于缺少开放合作平台,外向型经济发展缓慢。"丝绸之路经济带"的国内通道建设以及中俄"两江地区"合作(注:指中国长江中上游地区与俄罗斯伏尔加河沿岸联区的非相邻地区合作)的发展,特别是长江经济带建设和纵横交织的高速铁路网的形成,为中部地区开放发展提供"左右逢源"的发展机遇,通过"东融"对接"21世纪海上丝绸之路","西进"参与"丝绸之路经济带"建设,使丰富的劳动力资源优势、先进制造业优势以及全国综合交通枢纽优势等得到充分发挥,积极打造内陆开放新高地。

地处中东部交汇处的安徽,在对接"一带一路"建设中实施"东融西进"政策,依托省会合肥的科技创新优势,不断促进皖江承接转移示范区产业转型升级,沿江城市在跨江发展、组团发展、协调发展以及港口、城市、产业联动发展方面取得积极成效。河南依托广大的中原经济区为腹地,大力发展"丝绸之路经济带"上的空港经济,积极打造"空中丝绸之路",正在成为中部地区的物流集散地。江西依托人才资源优势,加大与沿线地区的教育交流合作,正在成为"一带一路"政府商务和企业经营及专业技术人才培训基地。湖南、湖北凭借长江经济带开发优势扩大对外开放,加强与"一带一路"沿线国家和地区的经贸交流合作。山西凭借深厚的历史文化底蕴和旅游资源,对接"一带一路"建设,积极发展对外贸易,促进重化工业向文化旅游产业转型升级。

(二)区域开发战略的布局从分区推进向联动发展转变

在党的十八大之前,我国在实施"四大区域政策板块"区域总体发展战略方面,基本上是一个分区推进的过程,即按照东部率先、西部开发、东北振兴、中部崛起的发展要求分区建设。目前,分区推进仍然在进行,但其释放出的能量已经十分有限,通过"丝绸之路经济带"建设推动东中西部地区的联动发展,正在形成国内地区之间、国外沿线国家之间优势互补发展的态势,更好地促进各地区的可持续发展。

1. 分区推进的重点是要实现"点"的突破

在我国实施区域总体发展战略过程中,主要是根据我国不同的类型区域提出有针对性的区域政策,希望能够通过培育多个新的增长极,形成各种不同类型的工业产业园区,取得"点"的突破。依托这些战略支点,然后以线串点,形成"点轴"式空间布局,带动众多的城市群和经济圈的快速发展。在建设"丝绸之路经济带"背景下,我国是在众多"点"的突破基础上,再依托这些城市群和经济圈的有力支撑,通过以点连线、以线结网、以网撑面,将区域开发建设的战略重点从分区推进逐步转向区域联动发展的新阶段,以适应加快形成国内大循环新格局的需要。

因此,在实现从分区推进向联动发展转变中,"点"的选择与提升很重要。一定要从加快形成国内大循环为主体、国内国际双循环相互促进新发展格局的要求来考虑"点"的选择与建设问题,要科学借鉴国外有关区位理论和应用我国的主体功能区理论,不仅要看现在,还要着眼于未来的发展潜力,一般应放在重点开发功能区范围之内,属于沿线节点地区,要体现宏观战略性,加快沿线地区的新型城镇化建设和区域一体化高质量发展,防止受地方利益驱动而一哄而上,重新回到规模扩张的老路上去。

2. 联动发展的重点是要实现"面"的提升

建设"丝绸之路经济带"过程中,主要是通过国内和国际对接的六大经济走廊建设,来实现沿线国家和地区之间的联动发展,就是要通过网络式的国际大通道建设,带动整个"丝绸之路经济带"面的提升。这种"面"的提升,不仅包括国内东部率先、西部开发、东北振兴和中部崛起"面"的提升,同时也包括沿线中亚、西亚、南亚、东南亚等各地区的"面"的提升,就是要加快形成国内国际双循环相互促进的新发展格局。进而通过"一带一路"建设的不断延伸和拓展,共同打造世界范围内的利益共同体、命运共同体和责任共同体,推进全球经济治理,建立国际经济新秩序,促进经济全球化"面"的提升。

不同的"面"的提升,不仅仅是其范围的扩大,还有着不同的内涵的要求。以国内大循环为主体的"面"的提升,主要是局限在国内,是"四大区域政策板块"的"面"的提升,在中央的统一领导下,按照区域政策板块的划分,通过省际之间的区域合作就可以来实现。而在"丝绸之路经济带"建设中国际循环的"面"的提升,是要通过不同主权国家之间的区域合作来实现,就不那么容易了。需要通过国家之间的反复的政策沟通和双多边谈判,排除各种干扰,求同存异,达成一致协议后才能得以实现。因此,这种"面"的提升,不仅仅是区域合作范围的扩大,更是一种区域合作体制机制的创新。

3. 联动发展要重视以线结网、以网撑面

所谓"以线结网"就是形成多条"点轴"的对接节点,交织形成网络开发格局。所谓"以网撑面",就是通过网络式开发,来实现整个"面"的开发水平提升。这是国内国际双循环相互促进的桥梁和纽带,也是必经的阶段。从某种意义上讲,目前我国在陆地上所推进的六大国际经济走廊建设以及 21 世纪海上丝绸之路建设,还处在"点轴"开发阶段。只有当一些"点轴"开发延伸到在多处节点相交时,才能形成网络式开发格局。只有在形成网络式开发格局的条件下,才能带动"丝绸之路经济带"建设整个"面"上的开发水平的提升。因此,以线结网、以网撑面,是实现"以点带面"的必经阶段,体现"以点带面"实际上是一个循序渐进的过程。在这个过程中不仅包括物质技术上的基础设施的互联互通,也包括围绕产业链与供应链对接的贸易畅通和资金畅通,还包括国内外区域合作发展上的体制机制的政策沟通,是双多边合作基础上多领域合作不断进行战略对接的过程。

(三)区域开发战略的空间从国内开发向国外发展延伸

改革开放以来,我国的区域空间开发主要是通过"引进来"加快国内各地

区的发展。但通过四十多年的建设,国内的土地资源和其他各种自然资源的约束瓶颈越来越紧,加之产能严重过剩,迫切需要向外发展。"丝绸之路经济带"建设为我国产业的向外转移和对外进行国际产能合作提供了巨大空间,使得区域开发的空间从国内开发建设向国际合作开发进行延伸。以国内开发建设推动国际合作开发,以国际合作开发来促进国内开发建设,实际上就是要形成国内国际双循环相互促进的新发展格局。二者之间是一种相互作用与联动发展的辩证统一关系。只有把握好二者之间的辩证统一关系,才能更好地促进二者之间协调发展。

1. 国内开发主要解决区域优化升级问题,加快形成国内大循环

改革开放以来,随着社会主义市场经济体制的确立和区域发展总体战略的实施,城镇化和工业化的规模不断扩大,使各地区经济都得到快速增长,使我国告别了"短缺经济"时代,商品市场繁荣发展,在给广大老百姓带来诸多实惠的同时,也形成了一定的负面效应。一方面积累了许多过剩的产能,找不到消费市场;另一方面使国内可供开发的空间越来越小,所能获得的开发资源越来越少。只能通过"一带一路"建设,从国内发展向国外发展延伸。

在建设"丝绸之路经济带"过程中,国内开发主要是解决区域经济协调发展与加快形成国内大循环新格局问题。当前所采取的政策措施主要有两条途径。一是把有关产业从开发程度高的东部沿海地区向开发程度较低的中西部内陆地区进行转移,深入推进中部崛起和西部开发。二是把有关生产要素从开发密度高的城市向开发密度低的农村进行转移,实施乡村振兴战略。但是,仅仅依靠国内这两条途径是不够的。为了释放一些过剩的产能和获取更多的开发资源,客观上要求在区域开发战略的空间上从国内区域开发转向国外开放合作发展。即通过建设"丝绸之路经济带",在更大的区域范围内来促进资源的优化配置,实现国内经济的转型升级。

2. 国外发展主要是解决国际合作开发问题，推动国内国际双循环

在国内开发空间有限的情况，就要实现国际合作开发来拓展区域发展空间。但是，我国在转向国际市场开发过程中，由于受世界经济复苏缓慢和贸易保护主义抬头的影响，传统的西方发达国家的市场空间十分有限，就需要在"一带一路"框架内，通过"丝绸之路经济带"建设这个平台来进一步扩大对外开放，培育和开发新兴市场，加强国际区域合作，以实现与沿线发展中国家之间开放发展、互补发展和共享发展。在"一带一路"背景下的国际合作，与之前的区域开放不同。过去的区域开放，主要是面向欧美传统市场，促进国内发展；而现在的区域开放，主要是面向沿线新兴市场国家，以国内循环带动国际循环。

我国各地区在区域开放发展中，在促进产能向国外转移的同时，在国际市场上获取本地区发展所需要的各种自然资源，以促进本地区经济的转型升级。为了实现新一轮的区域开放发展，各地区就需要借助对接"一带一路"国际合作平台，充分发挥比较优势，进一步明确主体功能定位，积极参与"丝绸之路经济带"建设，通过加强国内外区域开放合作，促进地方企业依托"一带一路"走出去，在参与国际市场竞争中不断发展壮大自己。

（四）区域开发战略的形态从点轴开发向网络开发转变

建设"丝绸之路经济带"背景下的区域开发是要从点轴式开发转向网络式开发。即通过六条国际经济合作走廊建设，并与21世纪海上丝绸之路相对接，形成网络式的"一带一路"空间布局结构。而不是像有人所理解的仅仅是点轴式的"一带"和"一路"的简单空间组合。只有这样，一些处在"丝绸之路经济带"沿线网络结点上的地区和城市才能有更加广阔的发展前景。

1. 点轴开发模式的局限性分析

所谓"点轴",从区域经济学角度来讲,一般是指由公路、铁路、水路、管道、通信等在两个或多个城市之间形成的经济密集带。我国进行的长江经济带开发和新亚欧大陆桥建设,都属于点轴开发,希望通过点轴开发来促进东中西部地区的互动发展。点轴开发是区域开发的必经阶段。但点轴开发带动只是一条轴线,而不能直接形成"片"或"面"。如果单纯按点轴开发模式复兴古丝绸之路,是不能惠及沿线广大发展中国家的。建设"丝绸之路经济带"是要从点到线、以线结网、以网撑面,才能加快形成国内国际双循环相互促进的新发展格局。

"点轴"开发最早是由我国著名专家陆大道提出的一种区域开发理论,也是我国较早采用的一种区域空间开发模式。如我国原来河南省内的开(封)洛(阳)经济发展轴,江西省境内的(南)昌九(江)工业走廊建设等。由于点轴开发经济交流渠道较窄,发展空间有限,风险性较大,哪一个节点出了问题,都会影响到全线畅通。在此次疫情防控中,一些沿线国家和地区的产业链与供应链之所以会受到冲击,就与这种"点轴"发展模式有很大关系。因此,现在区域开发的趋势一般都采用网络式的空间布局结构。如,河南省在原来点轴开发基础上形成的"米"字形圈带空间布局的中原城市群。江西省在昌九工业走廊基础上形成的环鄱阳湖城市群等。我国"一带一路"框架下的"丝绸之路经济带"建设,实际上也是采用网络式的空间布局结构。即随着多条点轴式国际经济走廊的不断延伸和相互交织向网络式开发进行转变。为了加快实现这种转变,建设"丝绸之路经济带"很有必要在点轴发展上有所突破,一定要夯实六大国际经济走廊建设的基础,为网络式空间布局创造良好条件。

2. 网络开发模式的优越性探讨

网络开发模式的优势在于由于有多条点轴的相互交织,一些处在节点上的地区和城市之间经济交流存在着多条渠道,不仅使经济交流的途径得到延伸,而且使区域开发的空间也得到拓展。例如,我国国内纵横交织的各种通道建设,把各城市圈有机联系在一起。还有,在建设"丝绸之路经济带"过程中,所进行的多条经济走廊建设,可以把沿线不同的国家和地区都纳入"丝绸之路经济带"的建设区域范围之内。每条国际经济合作走廊既相互独立,又相互联通,由于交叉节点较多,容易形成网络式开发的国际循环新格局。

但是,网络开发模式必须要以多条点轴式开发为基础条件,以多条点轴的不断延伸和相交作为产业链和供应链发展的关键环节。因此,在新形势下推进"丝绸之路经济带"建设过程中,一定要把沿线国家与地区之间已扭曲与折断的产业链和供应链修复与完善起来,把六大国际经济合作走廊建设好,并在各条经济走廊之间形成纵横交织、相互联通的各种陆海运输大通道,畅通众多促进国际循环渠道,这样才有助于最终形成全球层面的"一带一路"的网络式开发格局。

3. 网络式开发要加强网络节点地区合作

在网络开发模式中,多条点轴的延伸和相交不仅是关键,而且二者之间还相互作用和相互影响。没有点轴的延伸,相交的概率就很小,只有点轴的不断延伸,相交的概率就会越多。而点轴相交的概率越多,依托交点的支撑作用,各条点轴的发展就会有更多的条件向多个方向延伸,辐射带动的范围才能越来越广。一些处在点轴交点上的国家和地区才能有更大的发展空间和更多的发展机遇。这样才有助于把"丝绸之路经济带"沿线一些发展中国家都联通起来,在不同的网络节点上发展和壮大自己,实现互利共赢与协同发展。

因此,在建设"丝绸之路经济带"过程中,进行网络式开发空间布局,我国要特别注意加强与一些处在网络节点上的国家和地区之间的区域开发合作。例如,中亚地区一些国家,既是我国联系俄罗斯和欧洲的重要通道,也是我国发展与西亚和中东地区经贸关系的重要纽带。还有,大湄公河次区域合作组织的国家和地区,是世界水陆地理几何交汇中心,也是我国推进"一带一路"建设的重要网络节点地区,战略地位非常重要。因此,一定要加强我国与这些重要网络节点国家和地区的合作,才有利于形成国内国际双循环相互促进的新发展格局。

二、建设"丝绸之路经济带"对我国区域开发战略内涵的深化

长期以来,我国区域开发战略的实施,其发展动力主要来自政府主导,在开发模式上主要表现为规模扩张,在开发层次上主要表现为产业转移,在开发领域上主要集中在基础设施建设、重化工业、能源开发等重点领域。所有这些,形成了我国区域开发战略有关内涵的主要内容。随着建设"丝绸之路经济带"的深入发展与国内国际双循环新格局的形成,将促进我国区域开发战略内涵的创新,赋予了新的国际背景下我国区域开发战略升级一些新的时代内涵。

(一)区域开发战略的动力从政府主导向市场决定转换

在党的十八大之前,我国的区域开发开放主要是政府主导,即依靠国家所给予的优惠政策强力推进实施。在党的十八大之后,随着"丝绸之路经济带"建设的深入推进和市场准入的放开,特别是有关基础设施建设项目,通过PPP模式向民间资本的放开,使企业发展的市场环境得到显著改善,市场在配置资源方面将起到决定性作用,企业作为市场主体将成为主导区域开发开放的中坚力量。政府主要是通过转变政府职能,发挥好区域政策引导和改善市场环境的作用,以便更好地激发我国企业发展的活力。企业发展有活力,"丝绸之路经济带"建设才能有新动力。

1. 企业已成为区域开发开放的市场主体

建设"丝绸之路经济带"不仅是要大力开发国内市场,而且要合作开发国际市场。而市场的竞争,主要是企业之间的竞争。随着"丝绸之路经济带"建设的深入推进,尽管目前我国企业"走出去"遇到的困难越来越多,遇到美国为代表的西方国家围堵的压力越来越大,但我国企业"走出去"发展的势头不可阻挡,沿着丝绸之路"走出去"的企业会越来越多。企业通过组建企业联盟进行"抱团"发展,在激烈的国际市场竞争中通过不断摸爬滚打进行转型升级,涌现出一大批具有国际竞争力的跨国公司和企业集团。企业作为市场主体已成为国内外区域开发开放的中坚力量,在建设"丝绸之路经济带"中发挥着主力军的作用,从而为推动国内国际双循环新格局的形成提供新动力。

从目前我国企业参与"丝绸之路经济带"建设的情况来看,国有企业在战略布局的导向方面发挥着重要作用,但民营企业已成为主要力量,面对美国等西方国家的围堵和贸易保护政策的干扰,在跌跌撞撞的磨砺中,已经涌现出一批有实力、有能力、有国际化视野和梦想的民营企业,比如华为、TikTok、吉利、三一重工、福耀玻璃、长城汽车、新疆广汇、泛海集团、上海复星、江苏红豆等企业。他们在参与"丝绸之路经济带"的过程中积累了一些宝贵经验,代表了我国民营企业参与"丝绸之路经济带"建设的方向和希望。因此,保市场主体就是保社会生产力,要推动企业发挥更大作用实现更大发展。

2. 政府要更好地发挥政策统筹协调作用

政府在建设"丝绸之路经济带"过程中,主要是加强我国与沿线国家和地区之间的政策沟通与协调,通过转变服务职能和加强国内外区域开放合作,改善企业的国内外市场环境,消除各种贸易投资壁垒,形成内外畅通的"大通关"体制机制,促进贸易投资的便利化,为加快形成国内大循环为主体、国内国际双循环相互促进新格局创造有利条件。当前,在推进"丝绸之路经济带"

建设过程中,从国家层面来看,有的地方推进力度很大,政策环境也比较宽松。但是,从地区层面来看,有的地方推进力度仍比较小,政策环境也不宽松,不仅与国外沿线国家和地区合作交流不够,就是在国内区域之间开放合作也很不够。地区之间缺乏分工合作机制,企业发展困难较多,急需要发挥政府的政策统筹协调作用。

在政府服务企业"走出去"方面,当前反映比较突出的问题主要有:一是政策旧。很多企业反映,目前支持企业参与"丝绸之路经济带"的政策不足,很多政策停留在保补给的层面,对企业的商务活动没有实质性支持,急需要出台一些新政策。二是用汇难。一些参与"丝绸之路经济带"建设的企业反映,在沿线承包工程需要大量外汇,但目前国家对外汇使用管理仍相对较严格,国家外汇管理及其下属单位在企业使用外汇的审批上手续复杂,效率较低,企业往往不能及时获得境外投资资金,以致错失商机。三是签证难。有关沿线国家和地区对中国的劳务签证要求很严,一些企业到这些国家去出国人员只能办理商务签证和旅游签证,不能从事劳务工作。一年的签证只能停留半年,且必须一个月返回中国一次,大大增加了企业运营成本。四是中介少。不少企业反映,目前中介数量少,服务能力和作用有限,无法为企业对外投资提供符合国际标准的创投策划和财务顾问与服务。上述问题的存在,在很大程度上影响了我国企业的对外发展,急需要国家和地方政府通过政策沟通妥善加以解决。

(二)区域开发战略的模式从规模扩张向质量效益转型

当前,我国经济发展已经进入新时代。新时代的一个显著标志就是从规模扩张型转向质量效益型,加快形成国内大循环为主体、国内国际双循环相互促进的新发展格局。这一方面是由于国内各种自然资源随着开发规模的日益扩张已经变得越来越稀缺,国外面临着保护主义上升、世界经济低迷、全球市场萎缩的外部环境;另一方面也由于我国经过改革开放四十多年的经验积累,在区域开发和工业园区建设等方面已经探索出一整套经验出来,在推进"丝绸之路经济带"建设中有能力也有条件进行集约式开发建设。

1. 建设"丝绸之路经济带"要求我国实行"优出"

在推进"丝绸之路经济带"过程中,我国企业和产品只有实行"优出",才能在激烈的国际市场竞争中,抢占竞争制高点,打响"中国制造"的品牌,为沿线国家和地区所接受和认可。同时,作为经济全球化的领跑者,我国在沿着"丝绸之路经济带"走出去的过程中,不仅要输出优质产能和产品,还要输出高质量的中国标准,以及在资源开发和工业园区建设等方面的先进经验。这样,才能有助于促进沿线国家和地区经济的共同繁荣与协同发展,与周边国家一起打造命运共同体、利益共同体和责任共同体。

如何实现"优出"? 关键在于创新。要创新出中国的企业品牌、产品品牌、质量标准品牌。其中,企业作为创新的主体,在实现"优出"方面,发挥着至关重要的作用。目前企业在实现"优出"方面的困难主要有:一是信息匮乏。信息的不对称直接导致了企业对外发展带有一定的盲目性,找不到"优出"的发展方向。二是人才缺乏。缺少创新型人才,特别是对沿线国际市场熟悉的创新型经营管理人才更为缺乏。三是缺乏核心领先技术。对外贸易投资的中低端产品多,高科技产品少。为此,根据一些已经"走出去"企业的经验,企业为了实现"优出",必须具备一定的条件和素质,才有可能取得成功。一是立足企业现有人才优势,要苦练内功,提高创新能力;二是要知己知彼,全面掌握市场信息;三是要有竞争优势,能够掌握核心领先技术;四是要能够融入当地市场需求,生产适销对路的产品。

2. 促进国内区域经济升级要求我国实行"优进"

在推进"丝绸之路经济带"建设过程中,为了有效地配置资源和优化我国的产业结构,在招商引资中只有实行"优进",才能稳定和发展我国的实体经济,提升各地区的经济运行质量,从而促进我国产业转型升级,实现经济可持续发展。这在客观上要求在新一轮的招商引资过程中,要严把项目质量关,针对本地区产业链的薄弱环节进行招商引资,实现从过去的"招商引资"向现在的"招商选资"的转变,把对外招商引资与促进区域经济转型升级有机结合起来,努力实现本地区产业从产业链的中低端向中高端的提升。

如何实现"优进"? 根据有关地区在招商引资实践中总结出来的经验,要坚持"一个紧盯""二个先行""五个不招"、严把"三关"。"一个紧盯",即紧盯世界 500 强企业;"二个先行",即先行突破"核心"企业,先行突破"领军"企业;"五个不招",即坚持绿色招商,坚决不招污染环境、破坏生态、浪费资源、危及安全、消耗人力的低层次项目;严把"三关",即承接项目导向关、项目入园准入关、产业承接容量关。

3. 在"优进""优出"中形成双循环新格局

在推进"丝绸之路经济带"与促进我国区域经济升级过程中,实现"优进"与"优出",实际上是一对辩证统一的关系。只有实行"优进",促进区域经济升级,才能更好地实现"优出";只有实现"优出",才能腾出空间来,更多地引入"优进"。但是,二者之间也有区别,我国"优进"的来源主要是面向世界发达国家的先进企业,而我国"优出"的方向主要面向"一带一路"的发展中国家和欠发达的地区。因此,"优进"与"优出"是相对的,而不是绝对的。所以,我国只有在"优进"和"优出"中才能不断形成国内国际双循环新发展格局,也才能更好地服务"丝绸之路经济带"建设。

(三)区域开发战略的层次从产业转移向创新驱动提升

在主要依靠速度规模型粗放式增长的背景下,进行区域开发主要是依靠承接产业转移,即通过规模扩张,加大要素驱动力度,增加产能数量的积累。在新形势下,建设"丝绸之路经济带"需要区域开发战略层次的提升,通过加大供给侧结构性改革的力度,从承接产业转移转的要素驱动向创新驱动发展转变。通过创新驱动,增加"丝绸之路经济带"沿线国家和地区适销对路的产业和产品,才能有助于提升区域开发的层次和水平,也有助于形成我国与丝绸之路沿线一些发展中国家在产能合作方面的优势互补关系。

1. 产业转移需要以创新驱动经济转型升级

传统的产业转移往往是照搬西方的发展模式,这实际上是一种依托规模扩张和开发面积扩大的发展模式,是以消耗更多的资源为代价的区域开发模式,是不能实现区域经济的可持续发展的。建设"丝绸之路经济带"是一条可持续发展的经济带。而要实现可持续发展,在区域承接产业转移过程中就必须进行创新驱动发展,要根据沿线国家和地区的不同市场需求进行创新。目前,我国的产业发展和产品制造,由于受东部沿海地区对外开放发展的影响,主要是根据我国的国内市场需求和面向欧美发达国家而设计的。而"丝绸之路经济带"沿线国家大多数是发展中国家和经济转型国家,加之受民族宗教文化等因素影响较大,其市场需求与我国现有的产业和产品结构是有所不同的。因此,在向外进行产业转移中,需要结合沿线国家和地区的不同特点,在原有基础上不断创新发展,生产出更多更好适销对路的产品,才能为沿线国家和地区的老百姓所欢迎。

2. 创新发展需要以承接产业转移为基础

创新发展不是凭空想象的,只有通过承接产业转移才能提供必要的物质技术基础。因此,要在承接产业转移中创新,在创新中进行承接产业转移,才能真正实现经济可持续发展。在这方面,中国在国内从东部沿海地区向中西部内陆地区进行的产业转移经验,对我国产业向"丝绸之路经济带"沿线国家和地区的转移,具有重要的借鉴意义。特别是我国在沿线地区有关国家开展合作的工业园区创新建设,对沿线国家和地区在如何进行承接产业转移建设方面具有很大的示范效应。例如,中国在非洲一些国家开展的铁路工程建设项目,在通过一些野生动物保护区时,采用架桥的方式通过,既实现了道路的互联互通,又保护了野生动物和生态环境,就属于一种结合当地实际的产业转移的创新发展模式。

3. 实现产业转移与创新发展的有机结合

在推进"丝绸之路经济带"建设中,为什么要实现产业转移与创新发展的有机结合?主要原因有两条:一是我国与沿线地区的发展中国家在资源上具有差异性,在产业上具有互补性。所以,要通过区域合作实现产业转移,促进沿线国家和地区间经济的全面、平衡、协调发展。二是我国与沿线国家和地区,都面临着资源的有限性这一人类社会可持续发展的共同性难题,资源的有限性决定了地球上的各种自然资源并不是取之不尽、用之不竭的。因此,不论是在我国还是在沿线国家和地区,发展各种产业一定要通过创新发展节约使用各种自然资源,促进沿线各国家和地区之间的可持续发展。基于上述两条原因,所以,推进"丝绸之路经济带"建设过程中,一定要实现产业转移与创新发展的有机结合,缺一不可。

(四)区域开发战略的领域从重点领域向众多领域拓展

过去国内的区域开发主要表现为重化工业,当前对"丝绸之路经济带"沿线国家和地区的开发合作也主要局限在石油、天然气等能源工业以及有关基础设施建设等重点领域。有时给人一种错觉,好像"丝绸之路经济带"建设是在照搬我国国内区域之间承接产业转移的模式。但实际上,建设"丝绸之路经济带"不仅表现在设施联通和能源合作上,还包括安全、生态、科技、人文、反腐、公共卫生等诸多领域。因此,"丝绸之路经济带"建设背景下的区域开发战略转型升级,应从重点领域转向众多领域。这样,才有利于实施全方位的区域互利合作开发。其中,适应经济全球化的大趋势,在推进"丝绸之路经济带"建设过程中,努力提升我国各地区特别是内陆地区的经济、文化、教育和

社会等方面的国际化程度,提高各地区参与国际区域合作的水平,增加化解有
关国际矛盾和地区纠纷的应变能力,对我国区域开发战略的转型升级具有着
重大而深远的意义。

1. 当前看我国区域开发战略的重点领域是设施和贸易畅通

我国国内建设中有一条重要的经验:就是"要想富先修路"。这一经验同
样适用于"丝绸之路经济带"建设。目前,"丝绸之路经济带"沿线国家和地区
存在的最大问题,就是基础设施建设落后,特别是经过战乱遭到重大影响的国
家和地区,还有一个重建家园的问题。基础设施的落后和破坏,已成为制约
"丝绸之路经济带"沿线国家和地区经济发展的重要因素。只有设施联通好
了,才能为其他领域的互联互通创造良好的物质基础。基础设施建设在"丝
绸之路经济带"建设中具有着基础性和导向性作用。所以,首先,应搞好沿线
国家和地区之间的设施联通。其次,是逐步削减各种关税和非关税壁垒,进行
贸易畅通。贸易畅通是建设"丝绸之路经济带"的主要合作内容,既是我国与
沿线国家和地区进行友好往来的经济纽带,也是沿线各国共同应对全球经济
持续低迷挑战的有效举措。因此,目前我国"五通"举措的实施,也主要是围
绕着设施联通和贸易畅通而开展的。

2. 长期看我国区域开发战略应从重点领域转向众多领域

从我国四十多年来的改革开放实践看,区域开发不仅仅是经济开发,还包
括由经济开发所引起的整个社会运行系统各领域的变革。其中,政策沟通、价
值认同、文化融合与社会进步对区域深度开发合作具有着重要战略意义。特
别是对于"丝绸之路经济带"沿线国家和地区而言,由于受一些地区大国博弈
和各种恐怖势力活动的影响,这些国家和地区之间的民族矛盾和宗教纠纷错
综复杂,推进"丝绸之路经济带"建设绝非易事。因此,在积极推进设施联通、
贸易畅通和资金融通的同时,深入推进政策沟通和民心相通显得尤其重要。

在建设"丝绸之路经济带"过程中,应积极推进我国区域开发战略从重点领域向众多领域的拓展。特别是要注意我国对外发展"软力量"的提升,要大力加强与沿线国家和地区在政治、文化、教育、卫生、科技、环保等诸多领域的国际区域合作,大力促进民心相通,帮助化解各种矛盾和纠纷,为深入推进"丝绸之路经济带"建设奠定坚实的民意基础,同时也为沿线国家和地区共享我国对外开放带来的文明成果创造良好的社会环境。

同时,针对丝绸之路沿线一些国家和地区冲突的紧张局势,特别是针对一些恐怖势力活跃的地区,在推进"丝绸之路经济带"建设过程中,大力提升我国的军事实力,使我国的安全防卫能力随着我国利益链条的延伸而不断向外拓展,加强我国与这些国家和地区的安全合作很有必要,在帮助化解各种地区冲突的同时,可以通过加强国际安全合作,联合打击各种恐怖活动和民族宗教极端势力。一方面,可以为我国"走出去"的企业保驾护航;另一方面,也可以帮助这些国家和地区共同维护地区社会稳定,以防止"三股势力"借开放合作之机,向我国境内浸透。只有争取到丝绸之路沿线国家和地区有一个和平稳定的社会环境,才会有整个"丝绸之路经济带"经贸合作的繁荣发展。

三、建设"丝绸之路经济带"带来我国区域开发战略功能提升

改革开放以来,我国从不同的战略角度曾提出了一系列对全国有重大影响的区域开发战略。但是,能够把这些重大发展战略都包容整合在一起,并赋予其新的开发功能的,当属"一带一路"框架下的"丝绸之路经济带"建设。

(一)拓宽了我国对外开放发展战略的范围

我国对外开放发展战略,过去主要是面向美欧等西方发达国家开放。但由于受全球金融危机的影响,世界经济复苏缓慢,美国为首的西方一些国家贸

易保护主义有所抬头,市场发展空间受限。而"丝绸之路经济带"建设的提出,使我国对外开放发展战略的重点,正在从西方发达国家转向沿线发展中国家,并从改革开放初期的"引进来"为主转向"走出去"为主,依托多条国际经济合作走廊和21世纪海上丝绸之路建设,从东北亚、中亚、东南亚、南亚、西亚到欧洲乃至延伸到非洲和拉丁美洲地区,进一步拓宽了我国对外开放发展的区域范围,使我国对外开放发展战略的国际合作开发功能得到了提升,从而也使我国企业在对外贸易投资中的角色发生了转变,即从"引进来"的对内合作开发主体变成了"走出去"的对外合作开发主体。

目前,通过实施"丝绸之路经济带"建设,虽然我国对外开放战略的国际合作开发功能提升了,我国企业在对外贸易投资中的角色也发生了重大变化,但是,我国对外开放这方面的政策及其理论并没有因为我国对外合作开发功能的提升和企业角色的转变而发生重大调整。在过去"引进来"为主的开放格局中,我国出台的政策及其理论主要是保护我国被投资地区的利益较多,而对外国投资者的政策和理论的研究还相对比较少。但是,目前推进"丝绸之路经济带"建设,我国企业要"走出去"。对于沿线的发展中国家和地区来讲,我国企业成了对外投资者,与这种角色变换相适应的政策和理论研究,明显相对不足,还有待加强,还需要在借鉴有关国际贸易理论基础上,通过深入研究,尽快形成我国对外贸易投资发展方面的战略理论及其政策体系,从而更好地服务"丝绸之路经济带"建设。

（二）促进了我国区域发展总体战略的协调

我国区域发展总体战略过去主要是采取东部率先、西部开发、东北振兴、中部崛起的分区推进过程,虽然"四大区域政策板块"都有了很大的发展,但区域之间的协调性较弱。由于建设"丝绸之路经济带"的提出,国内各种大通道建设持续推进,把"四大区域政策板块"有机地联系在一起,形成了东中西联动发展的新格局,大大加强了我国区域之间的协调性,使区域发展总体战略的协调功能得到了提升。

特别是新亚欧大陆桥中国段高铁的联通,以及东中西部地区各省中欧班列的全面开通,大大缩短了我国东中西部地区之间的时空距离,为我国区域之间的承接产业转移、各种物质资源的调配、人员的往来创造了十分有力的交通运输条件,对我国区域经济的协调发展和沿海、沿江、内陆、沿边地区全方位对外开放新格局的形成将发挥着重要的作用。

(三)构建了我国新型城镇化战略新格局

"十二五"时期,我国强力推进新型城镇化战略,使我国城镇空间分布和规模结构实现了较大的优化提升,但与构建科学合理城镇化布局的要求还存在显著差距。主要体现在区域间城镇化发展水平差距还比较大,城市群主要分布在东部地区,中西部地区城市群多数处于雏形期。随着建设"丝绸之路经济带"的深入发展,我国加大了对沿线中西部地区城镇化建设的投入力度,加快构建大中小城市和小城镇合理分布、协调发展的"两横三纵"城市化战略新格局。目前,在我国西北地区的新疆和西南地区的西藏,随着"丝绸之路经济带"建设的深入发展,各种物流通道建设和工业园区建设也在持续推进,沿途的各项基础设施建设和城镇化建设的规模和水平也在不断提升,在一些原来人烟稀少的公路、铁路、河流附近,已经涌现出了许多新型小城镇和新型居民社区,正在改变我国城市群在东部和中西部地区分布不合理的现象。

(四)拓展了我国创新驱动发展战略空间

我国创新驱动发展战略,过去基本是以科技创新为主要领域的开发战略,而且空间范围主要局限在国内,创新功能发挥有限。随着建设"丝绸之路经济带"的提出与实施,沿线国家和地区基础设施等方面在加快实现互联互通,创新驱动发展战略的空间从国内延伸到国外沿线国家和地区,创新的空间范围扩大了。同时,在建设"丝绸之路经济带"过程中需要大力加强多领域的区域合作和进行区域合作模式的创新,使创新的各种领域也得到了拓展。区域合作之间不仅包括科技创新,还包括文化创新、金融创新、制度创新等诸多领域。

特别是近几年随着我国的核电、高铁、通讯、超级电容公交车等高新技术产品的"走出去",在结合"丝绸之路经济带"沿线国家和地区实际的应用研究领域,不断进行技术创新和管理创新,突破了许多技术难题和体制机制障碍,涌现出一大批新的科技成果,不仅受到了所在沿线国家和地区的欢迎,在国际上树立起了良好的中国制造的品牌形象,而且也使我国创新驱动发展战略的创新功能得到了提升。例如,中国中铁在埃塞俄比亚的斯亚贝巴的轻轨项目,是中国技术标准、贷款资金、设计建设、装备制造和运营维护等全产业链出口创新的典型示范项目,现已成为当地一张亮丽的名片。

（五）为脱贫攻坚和乡村振兴创造了条件

在我国实施脱贫攻坚战中,就业扶贫和异地搬迁脱贫占有很大的比重,而且从脱贫攻坚区域的空间范围看,主要是集中在西部地区,而建设"丝绸之路经济带"在国内覆盖地区的重点也在西部地区。国内的各种国际通道建设,使一些处在沿线网络节点上及其周边地区的城镇化得到较快发展,为一些生活在环境恶劣地区的贫困农牧民通过异地搬迁摆脱了贫困,从而使我国脱贫攻坚战略任务得到了较好的完成。建设"丝绸之路经济带"过程中,众多的基础设施和工业园区建设项目,可以为西部广大农牧区贫困地区人口的就业带来机会,又为实施乡村振兴战略奠定了基础。

2017年暑期,笔者在赴西藏调研时,沿途随处可以看到正在建设的西藏高速公路和插有五星红旗的藏族牧民安居房和定居点。在对一些藏民家庭走访中,可以看到家中挂有我们党几代领导人的画像。藏族同胞对党和政府推进"丝绸之路经济带"建设,发展基础设施建设,帮助他们改善居住环境和发展民族特色产业的做法,给予了高度评价。目前,一些藏族同胞不仅通过易地搬迁实现了脱贫,而且通过发展当地民族特色产业,正在实现共同致富。

(六)为企业"走出去"战略开拓了市场

目前,我国实施的企业"走出去"战略,主要还是通过贸易畅通使我国的商品输出到国际市场,在资本输出、技术输出进入国际市场方面才刚刚起步,加之受到西方一些国家贸易保护主义的影响,要扩大输出规模进入欧美市场受到诸多条件的制约。而建设"丝绸之路经济带"沿线大多数是发展中国家,对我国不仅在商品输出方面,而且在资本输出和技术服务贸易输出等方面的市场需求都十分强烈。从而为我国实施企业"走出去"战略开拓了巨大的市场空间。

在我国实施企业"走出去"战略过程中,由于"丝绸之路经济带"沿线主要是发展中国家,一般来讲,企业参与市场竞争的层次不如在西方发达国家那样要求很高。所以,可以为我国的许多民营企业提供更多地发挥机制灵活的竞争优势的机会,在参与"丝绸之路经济带"建设中获得长足发展。据统计,目前我国民营企业对外投资占全部对外投资的2/3,海外并购占3/4,民营企业已经超过国有企业在"丝绸之路经济带"建设中的投资总量。这说明,在包括"丝绸之路经济带"在内的"一带一路"倡议的引领下,我国民营企业已经成为我国实施企业"走出去"战略的一支重要力量,而且还在不断发展和壮大。

(七)使我国自由贸易区战略得到了延伸

实施自由贸易区战略是我国对外开放发展的重要组成部分,也代表了我国加强国际区域合作的前进方向。过去在我国东部沿海地区建立自贸试验区,主要是面向发达国家,而建设"丝绸之路经济带"的提出和实施,为我国中西部地区建立自贸试验区创造了良好的政策环境。这意味着我国推进的自由贸易区网络建设,不仅要对接西方发达国家,而且还要对接丝绸之路沿线一些发展中国家和地区,从而使我国的自由贸易区战略在空间范围上得到了延伸。

从国际发展来看,2018年9月,商务部表示中国迄今已和25个国家和地区达成17个自贸协定,正在与27个国家进行12个自贸区谈判或升级谈判,与10个国家进行自贸区联合可行性研究或升级研究,2020年11月15日,第四次区域全面经济伙伴关系协定(RCEP)领导人会议以视频方式举行,会后东盟10国和中国、日本、韩国、澳大利亚、新西兰共15个亚太国家正式签署了《区域全面经济伙伴关系协定》(RCEP),这标志着当前世界上人口最多、经贸规模最大、最具发展潜力的自由贸易区正式启航。从国内发展来看,我国除了在东部沿海发达省市上海、广东、天津、福建、浙江、海南、山东、江苏、河北、北京设立10个自贸试验区外,已在中西部和东北地区有关省份建立了11个自贸试验区,即在中部地区的河南、湖北、湖南、安徽和西部地区的重庆、四川、陕西、广西、云南以及东北的辽宁、黑龙江等省市都设立了自贸试验区。目前,国内共设立了21个自贸试验区。这种不同空间布局和经济发展水平省市的自贸试验区的建立,实际也正是为对接沿线不同经济发展水平的国家和地区而建立的多层次自贸区网络进行着积极准备。

(八)促进了我国主体功能区战略的升级

我国组织实施的主体功能区战略,是实现绿色发展和加强我国生态文明建设的重要战略支撑,目的是实现对国土资源的有序开发和科学利用。目前,主要是在国内组织实施。但随着建设"丝绸之路经济带"的深入发展,对丝绸之路沿线国家和地区,也存在着对土地资源的有序开发和科学利用问题。因此,为了把"丝绸之路经济带"建成生态文明带和绿色发展带,将来有可能在总结和吸纳我国在组织实施主体功能区战略好的经验和做法的基础上,把我国区域范围内的主体功能区战略上升为整个"丝绸之路经济带"沿线国家和地区的主体功能区战略,以共同应对来自世界气候环境变化带来的挑战。

我国实施主体功能区战略的实质是依法保护好自然生态环境。在我国推进"丝绸之路经济带"建设中,我国发布了《关于推进绿色"一带一路"建设的指导意见》,推动落实共建"一带一路"的绿色责任和绿色标准,把实施主体功能区战略放到了更加突出的战略位置。在这方面做得比较好的典型案例,就是在修建青藏铁路的过程中,为了不影响藏羚羊的迁移活动,把铁路建成高架桥的形状,让藏羚羊从桥下能够自由地通过。但是,也有些反面的教训,其中,以中央电视台曝光的甘肃省在祁连山自然生态保护区内违规开矿、破坏生态环境的案例较为典型,已经受到中央环保督察组的严厉查处。这些正反两方面的案例表明,推进"丝绸之路经济带"建设,向我国提出了更加严格的自然生态环境保护的要求,有助于促进主体功能区战略的升级。

(九)为长江经济带发展战略增添了活力

我国长江经济带建设经过不断开发,虽然有了很大发展,但总体上看是一种封闭式的开发。长江下游的长三角地区由于靠近沿海发展水平较高,而长江中上游地区相对发展水平较低。在新一轮的长江经济带建设中,由于"一带一路"倡议的提出,使得长江经济带发展有了左右逢源的历史机遇。长江经济带下游地区可以直接融入"21世纪海上丝绸之路",长江的中上游地区向南和向北延伸可以分别对接"丝绸之路经济带"上的南方丝绸之路和北方丝绸之路。

其中,我国长江中上游地区与俄罗斯伏尔加河沿岸联邦区的中俄"两江地区"合作,为长江中上游内陆地区的安徽、江西、湖南、湖北、四川、重庆等省市提供了对外开放合作的平台。目前,中俄"两江地区"合作进展顺利,发展势头良好,已经取得了一些积极成果。① 中俄"两江地区"合作实现了长江流域的开发从过去的封闭式开发向开放式开发的转变,同时也为长江经济带战略的实施增添了新活力。

---

① 李本和:《建设"丝绸之路经济带"与我国区域经济协调发展》,《中共贵州省委党校学报》2015年第6期。

（十）给"三大增长极"战略赋予了新功能

京津冀、长三角、珠三角是我国改革开放以来在东部沿海发展起来的"三大增长极"，曾在带动沿海与内地的经济发展中发挥过重大作用。随着"一带一路"倡议的实施，特别是"丝绸之路经济带"建设的推进，赋予了"三大增长极"以新的功能定位，推动了京津冀协同发展、长三角一体化发展、粤港澳大湾区建设上升为国家战略。它们作为新时代的动力源，将分别从我国的北方、东方和南方引领"丝绸之路经济带"向东北亚、中亚和东南亚等沿线国家和地区不断延伸和拓展。

京津冀协同发展战略不仅仅是解决两市一省之间的协同发展问题，而是通过分解一部分非首都功能，帮助解决环渤海经济圈如何带动国内"丝绸之路经济带"沿线地区的协同发展问题。特别是首都北京的一些高新技术企业、高校和科研院所，通过资本、科技、人才和知识等生产要素向环渤海地区的外溢，将有助于提升京津冀周边地区的经济实力、科研水平和创新能力，培育和形成新的经济增长极，从而加快促进东北老工业基地振兴和我国北方"丝绸之路经济带"沿线国家和地区经济的转型升级。

长三角一体化发展战略将引领我国新亚欧大陆桥经济带和长江经济带的发展，形成国内东中西部地区联动发展与协调发展的两条重要经济带。尤其是通过发挥科技创新的引领作用，将在这两条经济带上形成若干个大型科技创新高地，打造更多的世界级产业集群，不仅有助于推动我国中部崛起和西部开发战略的转型升级，还有助于带动中亚、西亚等沿线国家和地区的经济合作与发展，对整个亚欧大陆经济圈的形成将产生重大而深远的影响。

粤港澳大湾区建设上升为国家战略有一个鲜明的特色，就是探索"一国两制"的区域合作建设经验，为实现祖国大陆与台湾地区的统一，同时也为"一带一路"与沿线不同国家制度背景下的发展战略对接与国际区域合作提供借鉴，不仅具有其重要的现实意义，还有其长远的战略意义。粤港澳大湾区建设将带动中国—中南半岛和孟中印缅等国际经济合作走廊建设,并推进"一带一路"国际合作向南太平洋的大洋洲和印度洋的非洲地区进行延伸和拓展。

总之,通过上面的分析,可以看出,推进"丝绸之路经济带"建设对我国区域开发战略升级具有极大的促进作用,具体表现为引起了我国区域开发战略格局的变化,深化了我国区域开发战略的内涵,带来了我国区域开发战略功能的提升,从而为加快形成国内大循环为主体、国内国际双循环新发展格局奠定了坚实的基础。因此,在深入推进"丝绸之路经济带"建设过程中,不能仅仅从空间战略布局的层面去考虑,还应从"丝绸之路经济带"建设与其他有关区域开发战略互动发展的运行系统中去理解其深刻的价值内涵和重大意义,并形成建设"丝绸之路经济带"与我国有关区域发展战略协调发展的体制机制。这样,才更有利于我们更加全面地践行"一带一路"倡议,更加积极主动地去推动"丝绸之路经济带"建设。

第八章　我国区域开发战略升级推动"丝绸之路经济带"发展

建设"丝绸之路经济带"与我国区域开发战略升级是一种相互促进、互动发展的关系。在建设"丝绸之路经济带"促进我国区域开发战略升级的同时，我国区域开发战略升级又推动了"丝绸之路经济带"的发展。这种推动作用主要表现在引领、示范、辐射、带动作用等方面。但是，目前由于受到各种主客观因素的制约，这种推动作用还是初步的和有限的，还有待我国适应国际形势变化的需要，通过增强自身发展能力而进一步得到加强。

一、我国区域开发战略升级对"丝绸之路经济带"的推动作用

我国区域开发战略升级对"丝绸之路经济带"的推动作用，主要表现为引领作用、示范作用、辐射作用和带动作用等方面。特别是在 2020 年，由于受新冠肺炎疫情全球大流行的影响，使国际市场受到重大冲击，许多国家经济都出现了负增长，世界经济复苏更加困难。只有我国在有效控制疫情的前提下，GDP 实现了正增长。我国对世界经济发展的贡献率在不断提升。随着我国国内大循环为主体、国内国际双循环相互促进新发展格局的形成，我国区域开

发战略升级对建设"丝绸之路经济带"的推动作用将会更加凸显出来。

（一）我国区域开发战略升级对"丝绸之路经济带"的引领作用

我国区域开发战略升级对建设"丝绸之路经济带"的引领作用,主要表现在先进发展理念的引领、国家高层领导的引领、战略规划对接的引领等方面。

1. 先进发展理念的引领作用

我国在推进区域开发战略升级实践中,通过吸收和借鉴世界各国的文明成果,不断探索形成的创新、协调、绿色、开放、共享的先进理念和共建人类命运共同体的美好愿景,以及在对外开放合作中所总结出来的"和平合作、开放包容、互学互鉴、互利共赢"的丝绸之路精神,作为人类文明成果,不仅对我国各地区的区域开发和对外合作起到了重要的引领作用,对"丝绸之路经济带"沿线国家和地区的区域合作开发建设也具有良好的引领作用。这种先进理念、美好愿景和丝绸之路精神的引领作用,已经在沿线一些国家和地区的合作开发建设中开花结果。例如,我国企业在中亚、东南亚一些国家对生态农业的合作开发,东南亚一些国家对我国合作共建产业园区的借鉴,我国企业在非洲交通设施建设中为方便动物迁移对铁路高架桥的改建等等,都取得了良好的经济社会效益。

2. 国家高层领导的引领作用

为适应我国区域开发战略升级的需要和推动建设"丝绸之路经济带"的新形势,习近平主席等国家领导人在出席加强互联互通伙伴关系对话会、中阿合作论坛、中欧合作论坛、中非合作论坛、"一带一路"国际合作高峰论坛等会议上,就双边关系和地区发展问题,多次与有关国家元首和政府首脑进行会晤,加强政策沟通,并在 G20 峰会、上合组织峰会、亚太经合组织领导人会议、联合国大会等重要国际大会上,深入阐述同心打造人类命运共同体的深刻内涵和积极意义,就共建"一带一路"与许多国家领导人达成广泛共识,对推动建设"丝绸之路经济带"起到了重要的引领作用。

3. 发展战略对接的引领作用

自从提出"一带一路"倡议以来,我国在推进"丝绸之路经济带"建设方面,先后与俄罗斯提出的欧亚经济联盟建设、东盟提出的互联互通总体规划、哈萨克斯坦提出的"光明之路"、土耳其提出的"中间走廊"、蒙古提出的"草原之路"、越南提出的"两廊一圈"建设、英国提出的"英格兰北方经济中心"、波兰提出的"琥珀之路"等国家战略规划实现了对接。截至 2019 年 3 月,中国同 125 个国家和 29 国家组织签署了 173 份合作协议。这些战略规划的对接,对建设"丝绸之路经济带"起到了良好的引领作用。

（二）我国区域开发战略升级对"丝绸之路经济带"的示范作用

我国区域开发战略升级对"丝绸之路经济带"的示范作用,主要表现为合作共建产业园区的示范、优质项目推广的示范、中国区域增长极的示范等方面。

1. 合作共建产业园区的示范作用

在推进"丝绸之路经济带"建设中,沿线一些国家和地区对中国改革开放以来合作共建产业园区的经验和模式有兴趣、有需求。1994 年,中国和新加坡合办的苏州工业园区运作以来,效果非常显著。后来在中国实施区域开发战略中许多地区都在采用这种模式和经验,以扩大开放,加大招商引资力度;在内地对口援疆、援藏中,也采取了合作共建产业园区的形式。

现在,沿线一些国家和地区也希望在境内借鉴园区模式,因为他们也要增强对外开放水平,加大招商引资力度,聚集人才、打造品牌,也要培育国际合作示范区、创新综合"试验田"。在此背景下,相关国家希望积极借鉴中国经验,邀请中国企业在其国家建设工业园,以吸引更多中国以及其他国家优秀企业的资金和技术。① 我国在国外合作共建的工业园一般都位于"丝绸之路经济带"物流大通道上,其货运路线可实现与区域市场的无缝对接,也有助于流畅地在丝绸之路范围内进行资源配置,可实现产品快速地销售至沿线有关国家和地区。

中国企业在"丝绸之路经济带"相关国家建设的境外经贸合作产业区,比较有代表性的有中白工业园、泰中罗勇工业园、苏伊士经贸合作区等。通过合作共建产业园区的引领,有力地推进了"一带一路"国际合作的开展,也密切了"丝绸之路经济带"建设与这些国家的经济联系,促进了沿线国家和地区经济的繁荣发展。

2. 优质品牌项目推广的示范作用

中国在长期的区域开发建设实践中,已经形成了一批优质品牌项目,例如,在"丝绸之路经济带"沿线国家和地区广泛被采用的中国高铁项目、华为通讯系统项目、核能核电站项目等。除此之外,在中国区域开发中经过产业转型升级涌现出来的新能源汽车开发、智能机器人生产、光辐太阳能,以及科大讯飞语音技术等新兴战略性产业项目等,也逐渐被沿线国家和地区所认可。

优质品牌项目在"丝绸之路经济带"沿线国家和地区推广的品牌效应,在于树立形象、建立模式、取信于民,在加强贸易投资畅通的同时,促进民心相通。因此,中国政府有必要对参与"一带一路"建设的企业和项目进行识别管理和组织开展评选活动,优化"走出去"从事"一带一路"建设的企业品牌和项

---

① 赵磊主编:《"一带一路"年度报告》,商务印书馆 2018 年版,第 5 页。

目品牌,以便更好地发挥我国优质品牌项目对推进"丝绸之路经济带"建设的示范作用。

3. 中国区域增长极的示范作用

在中国实施区域开发战略的实践中,曾涌现出许多区域性的增长极,比较有代表性的主要有京津冀、长三角和粤港澳大湾区建设三大增长极。其中,京津冀以建设雄安新区促进区域协同发展为特色,长三角以创新驱动一体化高质量发展而闻名,粤港澳大湾区建设以国际性、开放性、多元性而著称。三大区域增长极都是转型升级的结果,不仅是"一带一路"建设的有机组成部分,更是有效推进"丝绸之路经济带"建设的重要合作平台。特别是位于粤港澳大湾区内的深圳作为改革开放的排头兵,将被打造成为新时代中国特色社会主义先行示范区,成为内地软实力建设的试验田,在制度优化改革的探索上为国内其他地区以及"一带一路"沿线国家和地区提供参考经验。①

"一带一路"倡议既包括海上丝绸之路的沿海开放,也包括了"丝绸之路经济带"的沿江和沿边开放,还包括了向境外不断延伸和拓展的六大国际经济合作走廊建设。在这一过程中,深层次的分工协作对体制机制提出了更高的要求,呼唤一种更加多元的治理秩序,以此实现多个国家、多个地区、多种制度文化的互融互通。京津冀协同发展、长三角一体化发展、粤港澳大湾区建设等地区的实践,将为"丝绸之路经济带"沿线的"多个国家、多个体制"共同打造人类命运共同体的探索奠定基础、提供示范。

(三)区域开发战略升级对"丝绸之路经济带"的辐射作用

随着我国区域开发战略的转型升级和组织实施供给侧结构性改革的战略方针,一些优质富裕的产能需要向"一带一路"沿线地区和国家进行转移。一

---

① 参见赵磊主编:《"一带一路"年度报告》,商务印书馆 2018 年版,第 65 页。

些沿线国家和地区也迫切需要通过承接中国的产业转移来加快自身的发展。在这一过程中,同时也要加强资金融通和促进民心相通的协同发展。因此,我国区域开发战略升级对建设"丝绸之路经济带"的辐射作用主要体现在承接产业转移、加强资金融通和促进民心相通等方面。

1. 承接产业转移的辐射作用

"丝绸之路经济带"沿线国家一般都是发展中国家,产业类型丰富,蕴含着众多对外投资机遇。例如,位于孟中印缅经济走廊上的孟加拉国,人口规模大,劳动力成本低,非常适合发展劳动密集型产业。未来国内劳动密集型且低附加值的服装纺织类产业逐渐转移至孟加拉国,对中国和孟加拉国都是一个双赢的发展机遇。此外,随着中巴经济走廊建设的推进,中国同巴基斯坦的产业合作也有着广阔的前景。2013 年,中国港控公司接手巴基斯坦瓜达尔港的开发和经营权。目前,在中国的经营下,瓜达尔港已成为"丝绸之路经济带"与 21 世纪海上丝绸之路的重要交通枢纽。不仅方便了我国与欧洲国家的货物运输,同时也为巴基斯坦的经济注入了活力。

中央党校赵磊教授主持的《"一带一路"前期项目成果动态评估》结果显示,中国企业对"一带一路"沿线国家和地区的经济辐射带动效应明显。"经济发展带动值""政策稳定性""基础设施投资力度"等多项指标的高评分状况,反映出"一带一路"建设对当地经济的发展具有显著促进作用。①

2. 加强资金融通的辐射作用

在推进"丝绸之路经济带"建设中,承接产业转移的辐射作用,离不开资金融通辐射作用的支持。为此,中国同"一带一路"倡议参与国和组织开展了各种形式的金融合作。亚洲基础设施投资银行和丝路基金投资的绝大多数项

---

① 赵磊主编:《"一带一路"年度报告》,商务印书馆 2018 年版,第 27 页。

目都投向了"丝绸之路经济带"沿线国家和地区。中国同中东欧"16+1"金融控股公司成立,更加扩大了我国区域开发战略升级对沿线国家的辐射作用。目前,已经形成了与承接产业转移相适应的层次清晰、初具规模的"一带一路"金融合作网络,大大提升了我国区域开发战略升级对"丝绸之路经济带"沿线国家和地区的辐射能力。

3. 促进民心相通的辐射作用

在推进"丝绸之路经济带"建设中,与产业转移和金融合作的辐射作用相联系,民心相通的辐射作用也在不断扩展。我国与"丝绸之路经济带"沿线国家共同弘扬丝绸之路精神,在沿线国家和地区开办孔子学院,设立文化交流中心,鼓励国际文化交流。各类丝绸之路文化年、旅游年、艺术节、影视桥、研讨会、智库对话等人文合作项目百花纷呈,在交流中拉近了心与心的距离,筑牢了建设"丝绸之路经济带"的社会根基。

（四）我国区域开发战略升级对"丝绸之路经济带"的带动作用

我国区域开发战略升级对"丝绸之路经济带"的带动作用主要表现为经贸与投资的拉动作用、互联互通设施建设的推动作用、资源合作开发的驱动作用等方面。

1. 经贸与投资合作的拉动作用

根据国家统计局公布的《中华人民共和国2018年国民经济和社会发展统计公报》显示,2018年,中国对"一带一路"沿线国家进出口总额83657亿元,比上年增长13.3%。其中出口46478亿元,增长7.9%;进口37179亿元,增长20.9%。"一带一路"沿线国家对华直接投资新设立企业4479家,增长16.1%;对华直接投资金额424亿元,增长13.2%,折合64亿美元,增长

16.0%。中国对"一带一路"沿线国家非金融类直接投资额 156 亿美元,增长 8.9%。① 这些投资与经贸合作,对"丝绸之路经济带"建设起到了很大的拉动作用。

根据国家推进"一带一路"建设工作领导小组办公室 2019 年 4 月发布的《共建"一带一路"倡议:进展、贡献与展望》报告,2013—2018 年,中国企业对沿线国家直接投资超过 900 亿美元,在沿线国家完成对外承包工程营业额超过 4000 亿美元。2013—2018 年,中国与沿线国家货物贸易进出口总额超过 6 万亿美元,年均增长率高于同期中国对外贸易增速,占中国货物贸易总额的比重达到 27.4%。② 世界银行研究组分析了共建"一带一路"倡议对 71 个潜在参与国的贸易影响,发现共建"一带一路"倡议使参与国之间的贸易往来增加了 4.1%。

2. 互联互通设施建设的推动作用

根据国务院发展研究中心的研究,2016 年到 2020 年间,"一带一路"沿线国家和地区的基建投资需求超过 10.6 万亿美元。特别是在中亚、东南亚、非洲等"丝绸之路经济带"沿线国家和地区的基础设施建设有着庞大的市场需求,尤其是在交通运输领域表现的比较明显。我国通过区域开发战略升级,在交通等基础设施建设方面已经形成了庞大的产能,通过加强与中亚、东南亚、非洲等国家的产能合作,不仅能换取我国所需要的石油、天然气等矿产资源,还能帮助这些国家加强在交通等领域的基础设施建设,通过实现我国与这些国家的互联互通,来推动"丝绸之路经济带"建设。

自从推进"丝绸之路经济带"建设以来,我国和沿线相关国家一道共同加

---

① 国家统计局:《中华人民共和国 2018 年国民经济和社会发展统计公报》,2019 年 2 月 28 日。

② 国家推进"一带一路"建设工作领导小组办公室:《共建"一带一路"倡议:发展、贡献与展望》,《人民日报》2019 年 4 月 23 日。

速推进雅万高铁、中老铁路、中泰铁路、亚吉铁路、匈塞铁路等项目,建设瓜达尔港、比雷埃夫斯港等港口,规划实施一大批互联互通项目。目前,以六大国际经济合作走廊建设为引领,以陆海空通道和信息高速路为骨架,以铁路、公路、航运、航空、港口、管网等重大工程为依托,一个全方位、多层次、复合型的基础设施网络正在形成,特别是中欧班列的开通与常态化运营,对"丝绸之路经济带"建设起到了巨大的推动作用。

3. 资源合作开发的驱动作用

在"丝绸之路经济带"沿线国家和地区,有许多国家在自然资源方面有明显的比较优势,特别是沿线中亚地区,有着丰富的石油、天然气等矿产资源。而我国在组织实施区域开发战略升级中,虽然有些地区的矿产资源已经枯竭,但我国具有在长期的区域开发中已经形成的优秀人才、先进技术及设备等方面的优势。我国在坚持互利互惠原则的基础上,积极同沿线相关国家开展自然资源的永续利用合作,以此来驱动"丝绸之路经济带"建设。

目前,中国企业在与沿线国家进行合作开发资源时,在总结和提升我国区域开发经验的基础上,主要采取了中外合资开发模式、产能购买模式、并购模式、风险勘探模式、租赁经营模式、资源互换模式等。从实践来看,中外合资开发模式是目前中国进行国外合作开发资源的主要模式之一。这种模式可以方便企业灵活出资,有助于调动国外企业的积极性。

二、当前我国推动建设"丝绸之路
经济带"过程中存在的问题

自从 2013 年习近平主席提出"一带一路"倡议以来,我国依靠改革开放取得的经济成就和通过区域开发战略升级集聚对外发展能量,对建设"丝绸之路经济带"起到了积极的推动作用,为世界的经济稳定发展作出了重大贡

献,中国对世界经济增长的贡献率已超过 30% 以上。但是,由于受到国内外各种因素的制约,这种推动作用还是初步的和有限的。随着"一带一路"建设的深入开展,面对国际形势的新变化和新挑战,当前我国在为建设"丝绸之路经济带"提供动力支持方面也存在一些问题,亟待解决。

(一)国家强力推进,地方政府发力相对不足

目前,为了适应我国区域开发战略转型升级的需要,国家领导人带头频频出访沿线有关国家,加强政策沟通与实现战略对接。不仅完成了有关"一带一路"建设基础框架的搭建,中央政府及相关部门还出台了许多促进"一带一路"建设的政策文件,支持力度可以说是非常之大。

地方政府在对接"一带一路"建设方面表现出了空前的参与热情,都纷纷出台了对接"一带一路"的相关文件,但存在比较严重的表层化的参与和同质化竞争的现象。一方面,一些地方政府想借此机会争取更多的国家政策支持和政策资源,缺少深入实际的国内外市场调研,缺乏主动深耕"一带一路"建设的意愿;另一方面,一些地方政府对参与"一带一路"建设没能很好结合当地的具体实际特点,深入到产业和企业层面进行准确定位,所出台的政策文件原则性指导意见较多,缺乏针对性和可操作性,真正落实到位的较少。

国家层面的强力推进与地方层面的发力不足,加上地方之间在推进"一带一路"建设中同质化竞争的加剧,力量分散、不够集中,使得对推进"丝绸之路经济带"建设的动力有限,迫切需要通过统筹协调与分工合作,形成对外发展合力。

(二)国有企业冲锋在前,民营企业有心乏力

企业是市场主体,也是推进"一带一路"建设的主体力量。"一带一路"倡议的提出,为国内企业对外发展提供了良好的战略机遇。但从实际操作层面来看,现有的"丝绸之路经济带"建设的主要模式是国家和地方政府牵头,央

企和国企负责来执行。央企和国企承担了"丝绸之路经济带"建设的主要任务,大多数的民营企业参与"丝绸之路经济带"建设的机会较少。

另外,在我国推进区域开发战略转型升级的新形势下,国内在推进供给侧结构性改革过程中,需要去杠杆和加强资本管制,使一些民营企业面临的融资问题严重,又进一步限制了大量民营企业"走出去"的能力,使得民营企业对参与"丝绸之路经济带"建设是有心乏力,很难有大的发展。在推进"丝绸之路经济带"建设中,国有企业冲锋在前,民营企业有心乏力现象的存在,暴露了对"丝绸之路经济带"可持续发展支持动力的不足。

（三）重视短期成果收获，忽视长期的可持续发展

目前,在加强"一带一路"国际合作中,特别是在推进"丝绸之路经济带"项目建设中,由于受到沿线地区大国博弈、恐怖主义干扰、地区局势不稳定等因素影响较大,为了规避风险,从地方政府到"走出去"的企业,在选择合作项目和制定建设规划时,较普遍地存在着"短频快"的思想。即重视短期成果的收获,忽视长期的可持续发展;重视早期目标的实现,忽视长远的打基础工作;重视眼前的经济利益,忽视长久的生态文明和社会效益,有的已经在沿线国内外一些地区造成了不良的影响。

（四）对外发展高歌猛进，国内地方发展冷热不均

目前,我国推进"一带一路"建设,对外发展很快,无论是在战略对接、签订合作协议,还是在推进项目建设方面,都取得了丰硕的成果,可以说是高歌猛进。中国与"一带一路"沿线国家和地区的投资和经贸合作水平显著提升。货物贸易额累计超过 5 万亿美元,已建设 82 个境外经贸合作区,为当地创造了 24.4 万个就业岗位,中欧班列累计开行超过 1.4 万列。"一带一路"建设的迅猛发展表明,它的理念、原则和合作方式不仅符合广大发展中国家通过加快工业化和城镇化以实现经济独立和民族振兴的愿望,也为我国通过扩大国

际经贸合作圈加快国内区域开发战略转型升级走出了一条独具中国特色的发展道路。

但是，与"一带一路"建设在国外的发展相比较，"丝绸之路经济带"建设在国内的发展，却显现出发展动力发展不平衡的现象。西部地区一些省区，通过推进"丝绸之路经济带"建设虽然有了较快的经济增长，但东中西部地区之间以及南方地区与北方地区之间在经济发展水平方面的差距依然较大，在对"丝绸之路经济带"建设的参与度方面存在着冷热不均的现象。随着沿海地区长三角、珠三角和京津冀三大增长极的发展上升为国家战略，很多要素资源会进一步集聚在沿海一带，势必会拉大这种发展差距。因此，在推进"一带一路"建设中，如何统筹协调好对外发展和对内发展、东部与中西部地区、南方地区与北方地区之间的不平衡问题，仍然是一个迫切需要解决的重大课题，也是一个现实难题。

（五）经贸投资进展较快，金融体系支持相对不足

在推进"丝绸之路经济带"建设中，目前在经贸和投资领域进展较快，而且覆盖的地域范围和涉及到的项目越来越广。但是，与此相对应的金融体系支持相对不足。一是除了亚投行和丝路基金的支持之外，从我国金融体系支持的角度来看，以中国的政策性银行和大型国有银行参与较多，其余的商业银行和其他非银行机构则缺乏实质性参与。二是目前的金融支持还主要以银行贷款的形式出现，保险、基金、证券等其他类的金融服务尚未开始发挥作用。国内一些金融机构还没有"走出去"到相关国家展开实地调研并开设分支机构，无法提供本地化服务。三是央行层面与沿线国家缺乏充分的政策沟通。在"一带一路"合作框架下推进"丝绸之路经济带"建设，央行的成果主要体现为与沿线大部分国家签署了货币互换协议，但在清算机制、风险管理、危机应对、货币政策协调、绿色金融发展等众多的领域，中国央行缺乏与相关国家开展对接合作，这也是导致金融机构无法有效对接当地金融的重要原因。

（六）科技创新能力进展较快，体制机制创新相对滞后

在推进"丝绸之路经济带"建设中，我国许多企业凭借在国内区域开发中形成的科技创新能力，在承担和组织实施沿线国家和地区的重大工程项目中得到了充分的展示，取得了许多科技创新成就，尤其是在实现基础设施建设的互联互通方面，科技创新成果丰厚，进展较快。但是，相比之下，在与沿线不同制度文化背景下的国家和地区合作的体制机制创新方面，还相对滞后。在体制机制创新方面，从国家层面来看，我国与东盟国家建立并升级了"10+1"自由贸易区，与中东欧国家形成了"16+1"合作模式，与欧洲一些发达国家在第三方市场合作方面取得了突破，与俄罗斯和中亚、西亚等国家建立了上合组织平台，与非洲国家建立了中非合作论坛，但能够涵盖"丝绸之路经济带"不同类型国家的国际统一合作平台还没有建立起来。从地方和企业层面来看，与沿线国家和地区合作的体制机制建设还存在许多短板。这也是我国国内实施供给侧结构性改革和推进"丝绸之路经济带"建设绕不开的一个难题。

（七）"一带一路"建设全面展开，人才队伍支撑乏力

目前，"一带一路"建设已全面展开，但是在各方面的人才培养与储备方面存在明显的不足。从长远看，人才培养和储备的不足，是推进"一带一路"建设动力支撑中最大的不足。特别是在推进"丝绸之路经济带"建设中，各领域所需要的应用性、国际化、创新型人才相当缺乏。目前，我国高校毕业的相关专业的大学生、研究生由于缺少实践经验和综合素质能力，所以真正在实际工作中发挥出骨干作用，还有一个锻炼过程。而一些涉外企业要自己培养和储备这种应用性、国际化、创新型人才，投入成本又很高。现在"走出去"的企业，主要的还是依靠在我国区域开发战略转型升级实践中培养出来的中青年人才队伍，这批人才队伍在专业技术方面有一定的实践经验和操作能力，但在国际视野和创新能力方面还有待提升，特别是在外语掌握和适应能力方面，对

一些小语种的熟悉和掌握不够,对不同制度文化背景国家的适应能力方面,还有一个不断提高的过程。因此,应用性、国际化、创新型人才队伍的缺乏,也是形成推进"丝绸之路经济带"建设动力不足的一个重要原因。

（八）出口导向战略难以持续，扩大内需势在必行

改革开放以来,我国一直实行的是出口导向战略,特别是在加入 WTO 以后,对外贸易投资有了快速的发展,有力促进了我国经济高速增长。2008 年的国际金融危机,对美欧传统市场形成了很大冲击,2013 年我国提出"一带一路"重大倡议,出口导向战略的重点开始从美欧传统市场向沿线发展中国家新兴市场转移。2019 年 12 月爆发的新冠肺炎疫情对我国的这种出口导向战略形成了巨大冲击,许多企业的产业链条被扭曲,一些企业的供应链被折断。同时,也暴露出出口导向战略存在的一些缺陷,包括易受国际市场波动影响、外资依存度过高、经济安全风险大、关键核心技术受限、产业结构转型升级压力巨大、内需亟待开拓等问题。这就要求我国必须从外向增长型经济转向内需质量型经济,积极推进区域发展战略转型升级,充分挖掘扩大内需潜力,加快供给侧结构性改革步伐,形成国内大循环为主体、国内国际双循环相互促进的新发展格局,推动区域经济高质量发展,才能逐步迈向高收入国家。

三、加强我国对建设"丝绸之路经济带"推动作用的对策思考

我国是"一带一路"的倡议者,也是推进"丝绸之路经济带"建设的主要动力来源。目前,我国经济发展仍保持着稳中有进的良好发展势头,2018 年国内生产总值 90309 亿元,比上年增长 6.6%。2019 年中国国内生产总值达到 99 万亿元,比上年增长 6.1%,2020 年中国国内生产总值突破 100 万亿元大关。从而为推进"丝绸之路经济带"建设奠定了一定的物质基础。同时,也应

看到在世界经济格局存在诸多不确定性的背景下,在推进"丝绸之路经济带"建设中也存在着许多的潜在风险。因此,在统筹推进"丝绸之路经济带"建设方面,更需要深耕细作、精心操作,扎实稳妥地不断向前推进。

(一)加强组织协调,充分调动国家和地方各级政府的积极性

在推进"丝绸之路经济带"建设过程中,中央要加强对地方的组织协调。一是明确国家各部门和地方不同执行主体之间的分工协作关系,在中央的统筹安排下,制定激励政策,提高地方各级政府的参与度。二是在国家层面要更加重视对战略方向的掌控,进一步增强与沿线相关国家和地区的政治互信和政策沟通,营造宏观层面有利的政治经济环境,下放具体事务的决策权和规划权到各部委和地方政府。三是各级地方政府应根据中央的统一部署,主动结合本地实际特点,精准定位产业优势,加强分工合作,有针对性地参与"丝绸之路经济带"建设。四是各级地方政府都要加强对"一带一路"沿线国家和地区的市场调研,通过市场细分,选准各自在"丝绸之路经济带"中的目标市场,为企业"走出去"当好参谋,做好各方面的服务工作,努力提高办事效率。

(二)细化分工合作,积极发挥好国企与民企的各自比较优势

在推进"丝绸之路经济带"建设中,要加强各类企业之间的企业联盟建设。按照产业链要求形成上下游企业之间的分工合作平台,特别是要给民营企业对外发展提供更多的机会。要改变目前"国有企业冲锋在前,民营企业有心乏力"的状况,积极发挥民营企业经营方式灵活和国有企业资金实力雄厚的各自比较优势,努力形成"国有企业前面引领带动,民营企业紧随其后万马奔腾"的走出去发展新格局。要加强政府和行业组织对"走出去"民营企业的市场引导和规范管理工作,建立对参与"丝绸之路经济带"建设民营企业的依法识别和登记注册制度,加强对参与"丝绸之路经济带"建设民营企业的有效融资、权益维护与安保工作。

（三）适度把握节奏，正确处理好长远利益与眼前利益的关系

在推进"丝绸之路经济带"建设中，由于其地理生态环境的严峻性、社会历史文化的多样性、多种宗教势力影响的复杂性、一些地区大国博弈的多变性，使其推进工作中的政策沟通具有艰巨性、设施联通具有长期性、贸易畅通具有挑战性、民心相通具有复杂性，应把短期具体成果的获得与长远规划目标的实现结合起来。这就要求适度把握"丝绸之路经济带"建设推进的节奏，在重视对短期成果见效的同时，多做些重长远利民生的打基础工作。要把眼前利益与长远利益有机结合起来，不仅要重视"短频快"的建设项目，也要重视投资大、周期长、见效慢的建设项目。不仅要重视合作项目签约的数量，更要重视合作项目完成的质量。

（四）加强内外统筹，正确处理好国内与国外两个市场的关系

推进"丝绸之路经济带"建设，横跨整个亚欧大陆，特别是随着六大国际经济合作走廊建设的不断拓展和延伸，客观上需要国内市场与国外市场的互动发展，提供强大而持久的动力支持。因此，一定要正确处理好国内与国外两个市场的关系。当前既要通过供给侧结构性改革进一步激活国内市场，又要通过推进"丝绸之路经济带"建设带动国外市场发展。只有通过内外统筹，实现国内供给侧结构性改革与沿线国外市场的接轨，进一步扩大内需激活国内市场，形成国内大循环为主体的新发展格局，才能为推进"丝绸之路经济带"建设提供强大动力支持。所以，在推进"丝绸之路经济带"建设布局上，当前不仅要重视其国外市场的发展，还要重视其在国内市场的发展。中国是一个拥有近14亿人口的市场大国，这是中国参与国际竞争合作的最大优势，应在总结上海"进博会"经验的基础上，抓紧实现从制造大国向贸易强国的转型升级，在目前国外贸易保护主义有所抬头与国际市场不太景气的环境下，通过国内市场的发展来推动国外市场的发展，形成国内国际双循环相互促进的新发

展格局,可以说是比较明智的选择。

（五）完善金融服务，为"丝绸之路经济带"建设注入新活力

一是鼓励商业银行发挥更大作用。国家应鼓励商业银行更多参与"丝绸之路经济带"相关项目的投融资活动,促进商业银行与亚投行、丝路基金之间在金融领域的合作。二是央行应加强与沿线货币当局的协调与合作,探索建立双边和多边金融协调合作机制,继续推进沿线各国双边贸易本币结算协议的签订,推进银行业间信息共享,降低交易成本。三是创新金融服务模式,在全面总结国内投资经验的基础上,境内保险机构可积极探索用债权计划、股权计划等模式,为"丝绸之路经济带"沿线国家和地区相关基础设施项目和其他项目提供融资支持。四是防范由当地习俗导致的金融风险。"丝绸之路经济带"沿线有许多伊斯兰国家,我国应主动探索能体现伊斯兰金融特点的金融机制,对伊斯兰金融进行差异化经营,创造性地开发符合其教义的金融产品。

（六）全面实施创新驱动战略，加大合作体制机制的创新力度

创新应该是全面的创新,不仅包括科技合作创新,也应包括合作体制机制的创新。围绕合作体制机制创新,在国家层面,应在"一带一路"国际合作高峰论坛基础上,加快建立面向沿线参与国的机制化的"丝绸之路经济带"国际合作平台。在地方和企业层面,也应形成与沿线国家地方和企业对接的区域合作平台和企业合作联盟组织,不断创新合作模式,这样才能为全面推进"丝绸之路经济带"建设提供良好的体制机制保障与发展动力支持。

（七）校企联合办学，加快应用型、国际化与创新型人才培养

一是为了加快应用型人才的培养,要出台有关政策,鼓励国内各种专业类高校与相关行业的企业开展联合办学。二是为了加快国际化人才的培养,要实行"走出去"的开放式办学。"丝绸之路经济带"沿线国家众多,由其政治、

经济、宗教等因素影响形成的国情各不相同,在国内闭门造车式地培养国际化人才无疑是不现实的,应探索开展多种形式的境外合作办学。三是为了加快培养创新型人才,应加强实地考察和市场调研。在考察和调研的基础上,应把政府与企业在"丝绸之路经济带"建设实践中所需要的创新型人才的类型和标准,作为高校人才培养的目标科学加以界定,这样才能有利于人才培养方案的制定与有效组织实施。

(八)加快形成国内大循环为主体、国内国际双循环的新格局

一是要拓宽创业就业渠道,做好"六保""六稳"工作,切实减轻企业负担,提高企业一线职工的收入水平,扩大中等收入者比例,形成庞大的国内有支付能力的消费需求。二是深入推进新型城镇化建设,加大对城市老旧小区的改造力度,进一步完善有关基础设施建设,扩大有效生产需求。三是加快实施乡村振兴战略步伐,出台城市各种生产要素向农村集聚的优惠政策,重点解决好新农村建设、农业现代化、农民市民化和特色小镇建设问题。四是完善现代市场体系,消除各种生产要素在区域之间、城乡之间流动的体制机制障碍,进一步畅通国内国际双循环的渠道。

综上所述,可以看出我国区域开发战略升级对"丝绸之路经济带"建设具有重大的推动作用,主要表现在引领、示范、辐射、带动作用等方面,从而为世界经济的增长作出了重大贡献。但是,同时也应看到,由于受各种主客观因素的影响,我国区域开发战略升级对"丝绸之路经济带"建设的推动作用还是初步的和有限的。为了给建设"丝绸之路经济带"提供强大而持久的发展动力,我国还需要从多方面去努力,全面推进我国区域开发战略转型升级的步伐,加快形成国内大循环为主体、国内国际双循环相互促进的新发展格局。在政府层面要加强组织协调,在中央政府的统一部署下,努力提高各级地方政府的参与度和精准度;在企业层面要细化分工合作,积极发挥好国企与民企走出去的各自比较优势;在推进速度上适度把握节奏,正确处理好眼前利益与长远利益

之间的关系;在资金投入上要加强内外统筹,正确处理好国内与国外市场的关系;在金融保障上要完善金融服务体系,为"丝绸之路经济带"建设注入新活力;在人才队伍建设上要创新培养模式,加快对应用型、国际化、创新型人才的培养力度,从而为深入推进"丝绸之路经济带"建设提供人才保障;在战略布局上,要分清主次,真谛还是开放,加快形成国内大循环为主体、国内国际双循环相互促进的新发展格局。

第四篇

理念创新与全面转型

4

本篇坚持以新发展理念为引领，紧密结合国内外沿线国家和地区的发展实际，具体深入地探讨了建设"丝绸之路经济带"与我国区域开发战略的创新发展、协调发展、绿色发展、开放发展和共享发展问题，提出了应按照新发展理念的要求，把"丝绸之路经济带"建成创新发展带、协调发展带、绿色发展带、开放发展带与共享发展带，促进我国区域开发战略的全面转型。

第九章 建设"丝绸之路经济带"与 区域开发战略创新发展

我国的创新发展主要表现为以科技创新为引领的创新驱动战略的组织实施上,而在"丝绸之路经济带"建设过程中,创新驱动战略的实施则表现为围绕区域合作内容而展开的全面创新,包括区域合作的体制创新、科技创新、产业创新、金融创新、文化创新等多方面的创新。正如习近平总书记所指出的:"我们正在实施创新驱动发展战略,发挥创新第一动力的作用,努力实现从量的增长向质的提升转变。我们将推广发展理念、体制机制、商业模式等全方位、多层次、宽领域的大创新,在推动发展的内生动力和活力上来一个根本性转变。"①随着以政策沟通、设施联通、贸易畅通、资金融通、民心相通为主要合作内容的"丝绸之路经济带"的深入推进,赋予了创新驱动战略以更多的时代内涵,创新驱动战略的外延也在不断扩大。

一、坚持创新理念引领"丝绸之路 经济带"建设创新发展带

党的十八大提出实施创新驱动发展战略,是党中央作出的重大战略决策

---

① 《习近平谈"一带一路"》,中央文献出版社 2018 年版,第 121 页。

部署,事关我国发展全局。党的十八届五中全会提出新发展理念,把创新发展放在首位,强调创新是引领发展的第一动力。习近平总书记在党的十九大报告中提出,要加快建设创新型国家。在国际发展竞争日趋激烈和我国发展新旧动能转换的形势下,推进"丝绸之路经济带"建设与我国区域开发战略转型升级,首先是落实好创新驱动战略,要坚持以创新理念引领"丝绸之路经济带"建设创新发展带。要使创新理念贯穿于我国区域开发战略升级的全过程,要推动创新发展覆盖到"丝绸之路经济带"建设的各个方面。

(一)以创新城市群发展模式为引领拓展我国区域发展新空间

改革开放以来,随着一系列区域开发战略的实施,我国经济发展的空间结构正在发生深刻变化,中心城市和城市群正在成为承载发展要素的主要空间形式。因此,以推进"丝绸之路经济带"建设促进区域开发战略升级,必须发挥沿线地区城市群的辐射带动作用,创新城市群发展模式,以中心城市为依托,以城市间互联互通为纽带,以园区建设聚集要素能量,推动城市群高质量发展。在沿线国家和地区,要以开拓新空间培育新动能,以培育新动能开拓新空间,通过以点连线、以线结网、以网撑面,实现"丝绸之路经济带"从点到面的转变。

(二)以区域创新体系建设为平台深入实施创新驱动发展战略

适应"丝绸之路经济带"建设对区域科技创新的要求,加快区域创新体系建设,鼓励有条件的地区依托企业、高校、科研院所建设一批国家技术创新中心,形成若干具有强大带动力的创新型城市和区域创新中心。在"丝绸之路经济带"建设中,积极打造我国与沿线国家和地区的创新合作平台,围绕落实"一带一路"重大倡议和亚太互联互通蓝图,合作建设面向沿线国家和地区的科技创新基地,积极参与和主导国际大科学计划和工程,提高国家科技计划对外开放水平。

2016 年 11 月 7 日至 8 日,由中科院、俄罗斯科学院、乌兹别克斯坦科学院、哈萨克斯坦科学院以及发展中国家科学院等"丝绸之路经济带"沿线 12 家单位和机构联合主办的首届"一带一路"科研机构科技论坛在北京举行。本次论坛以"携手科技创新,促进协同发展"为主题,邀请了"一带一路"沿线主要国家国立科学院和科研机构领导以及科学家代表出席,包括沿线国家科研机构代表 21 位、诺贝尔奖获得主 2 位、各国科学院院士 30 余位,总计有来自 37 个国家和不同学科领域的近 340 位科学家参加了会议,其中包括 180 位外国科学家。代表们围绕科技创新与协同发展、环境与可持续发展、科技智库建设与国际合作、基础科学、能力建设与人才培养、先进适用技术与绿色发展等议题,进行了广泛而深入的讨论。这是区域创新合作的一次重要尝试,为深入实施创新驱动发展战略提供了新动力。

据中国科学院与 Clarivate Analytics 公司联合发布的《2016 年研究前沿》报告显示,在自然科学和社会科学领域遴选的 180 个热点新兴前沿里,中国表现卓越的有 30 个,在表现卓越的研究前沿数量上位列世界第二,仅次于美国。但是,据 2016 年 11 月全国人大常委会关于检查促进科技成果转化法实施情况的报告显示,我国重研发轻转化现象仍存在,科技创新与经济紧密结合还存在一些制约因素,科技成果转化的体制机制仍需要进一步完善。为此,应进一步开放技术市场,加强区域创新合作,在推进科技成果转化中,发挥好企业的主体作用和人才核心作用,加强科技成果转化的资金保障。

（三）以创新区域合作模式为纽带构建国内外多层次合作平台

2017 年 1 月 15 日,习近平主席访问瑞士,把中国与瑞士定名为创新合作伙伴关系。这标志着一种新型的战略合作伙伴关系的诞生,对我国各地区对外开放合作具有重要导向作用。我国长三角一体化发展是以科技创新合作为特色的区域合作平台,对推动国内区域一体化高质量发展具有重要示范作用。

围绕推进"丝绸之路经济带"建设,我国各地区应加强区域合作模式的创新,突破行政区划的限制,形成由各方共同参与的多层次区域分工合作网络体系。一是以对接"丝绸之路经济带"为纽带,加强我国各地区与沿线国家和地区的合作,形成跨国界的区域合作新模式。例如,可以借助吸纳品牌尤其是欧洲企业进入外国市场,可以在欧洲国家设立研究中心,还可以采用在西方并不常用的有关举措,包括深入了解客户、快速原型设计,以及可为创新投入大量资源来加强创新合作。二是以对接长江经济带、新亚欧大陆桥等国际大通道建设为纽带,形成沿江沿线不同省市之间的创新分工合作关系,建立跨省市区的区域创新经济联盟。三是以"丝绸之路经济带"沿线的各种城市群或经济功能区为纽带,加强城市群或经济功能区内部各城市之间的经济社会联系,形成紧密型区域创新合作平台。四是以一个地区内部不同单位系统的"政产学研用"相结合,形成紧密型的区域创新网络协作体系。

(四)以创新区域发展方式为导向形成不同地方产业结构特色

我国各地区在推进"丝绸之路经济带"建设过程中,应根据我国区域开发战略的总体要求和"一带一路"《愿景与行动》规划对各地区的功能定位,以创新区域发展方式为导向,以增加出口与扩大内需为动力,积极发展各具地方特色的产业结构和产品结构。一是要突出区域功能特色,体现国家对本地区主体功能定位的产业发展要求。二是要突出区域环境特色,使产品能体现本地区的资源环境特点。三是要突出地方优势产业特色,提高产品的国际市场竞争力。四是要突出区域文化特色,赋予创新产品以深厚的文化内涵,更好地提升产品的文化品质,满足不同用户对产品的个性化需求。

二、推进"丝绸之路经济带"政策
沟通与区域合作体制创新

在推进"丝绸之路经济带"建设中,政策沟通既包括我国各地区对外的政策沟通,同时也包括国内各地区之间的政策沟通。这对于加快形成国内国际双循环相互促进的新发展格局具有重要作用。政策沟通是区域合作体制创新的前提,区域合作体制创新是政策沟通的结果。但是,无论国外还是国内,都遵循"共商、共建、共享"的原则,都是旨在促进经济要素自由流动、资源要素和市场深度融合,推动沿线各地区以及各国之间实现经济政策协调,共同打造开放、包容、均衡、普惠的区域经济合作架构,进行区域经济合作的体制创新。

(一)国内沿线地区政策沟通与创新区域协调发展机制

自从习近平总书记提出"一带一路"倡议以来,在国内外引发了广泛的关注,尤其是各个地方政府十分积极。很多地方省市之所以如此积极地参与到"一带一路"中,就是看到了"一带一路"建设蕴含的巨大发展机遇,希望能够获得更多的优惠政策和财政拨款项目。[1] 而实际上,"遵循市场规律和国际通行规则,充分发挥市场在资源配置中的决定性作用和各类企业的主体作用,同时发挥好政府的作用",[2]通过加强政策沟通,重在制度创新才是破解"一带一路"各种难题和深入推进"丝绸之路经济带"建设的关键。因此,推进"丝绸之路经济带"建设不应延续以往的"优惠政策"和"重点项目"的思维定式,必须通过政策沟通,加强对"一带一路"倡议战略意图的深入理解,树立加强体制创新促进区域经济发展的新理念。

1. 通过体制创新实行更加开放的区域政策

"丝绸之路经济带"国内沿线地区面临的最大问题是"马太效应"。由于受"马太效应"的影响,在市场机制作用下,各种经济资源和生产要素一般都会向沿海发达地区聚集,从而形成了沿海发达地区与内陆地区经济发展不平

---

[1]　赵可金:《"一带一路"的愿景到行动》,北京大学出版社 2015 年版,第 391 页。
[2]　国家发改委、外交部、商务部:《推动共建丝绸之路经济带和 21 世纪海上丝绸之路的愿景与行动》,《人民日报》2015 年 3 月 29 日。

衡的现象。在推进"丝绸之路经济带"建设中,一方面要善于利用"马太效应",通过市场机制让资源和要素配置实现向沿线地区的中心城市集中;另一方面要更好地发挥政府作用,善于治理"马太效应",增加发达地区对欠发达地区的辐射带动作用,防止两极分化现象。因此,要通过沿海发达地区与内陆欠发达地区之间的政策沟通与协调,通过体制创新实现有区别的制度梯次搭配,实行更加开放的区域政策,塑造带动沿线欠发达地区的"增长极"效应。同时,赋予内陆沿边地区更大的自主权,在体制创新方面给予更大的发展空间,增强其开放合作的自我发展能力。

2. 通过体制创新提供优质的公共服务产品

体制创新的本质就是各级地方政府提供优质的公共服务产品,创造良好的贸易与投资环境。在经济全球化时代,一切资源和要素都奉行自由流动的原则,哪里的市场具有开放性、稳定性和可预见性,该地区对外的吸引力就强,资源和要素就往哪里集中,地区发展就会充满活力。因此,在推进"丝绸之路经济带"建设中,内陆和沿边地区加快发展的根本思路是通过对外政策沟通与协调,加强区域开放合作,以开放倒逼体制机制改革,依靠制度创新,释放制度红利,增强本地区发展的内在动力。

3. 通过体制创新形成良好的区域合作机制

各地区在推进"丝绸之路经济带"建设中,按照"共商、共建、共享"的原则,加强区域之间的制度创新。一方面,应充分利用我国与沿线国家和地区形成的双边、多边以及次区域合作等众多机制,加强政策沟通与协调,促进贸易与投资的便利化,形成良好的对外国际合作机制。另一方面,应根据国家的统一部署,依托国内"大通道"建设和"大通关"体制建设,加强国内沿线有关地区之间的政策沟通与协调,突破各种区划行政壁垒的限制,促进各种生产要素的自由流动,加强区域分工合作,形成良好的对内区域合作机制。

（二）国外沿线国家政策沟通与创新区域经济合作架构

在组织实施"一带一路"倡议过程中，并没有现成的区域合作模式可以照搬，只能在探索中前进。因此，推进"丝绸之路经济带"建设高质量发展重在创新区域经济合作架构，其实质就是进行体制创新，即通过沿线国家和地区之间的政策沟通，实现贸易规则和制度的互联互通。在推进"丝绸之路经济带"建设中，进行区域合作体制创新，实现规则和制度的互联互通，相比基础设施的互联互通难度更大一些。推进"丝绸之路经济带"沿线国家和地区之间区域合作体制创新前提是加强政策沟通和增加政治互信。我国在推进与沿线国家和地区间贸易规则和制度的互联互通时，一定要在尊重其主权的前提下，坚持共商共建共享的原则，采取由易到难、循序渐进的方针，不能刻意追求西方主导的自由贸易建设的高标准。应针对沿线不同国家和地区的具体情况，通过政策沟通和双多边谈判，在吸收和借鉴国际通行的贸易规则的基础上，可以探讨采取以下四种体制创新方式，在"丝绸之路经济带"沿线地区形成多层次的区域经济合作制度框架。

1. 开放式体制创新

作为开放式的体制创新，就是遵守和平共处五项原则，尊重各国发展道路和模式的选择，尊重各国的管理制度和管理规范方面的差异性，尊重彼此之间对外开展区域合作的多样性，在平等互利的基础上，通过政策沟通与协调，就针对某些领域的建设签订双边或多边合作协议，开展有关合作项目建设，彼此形成合作伙伴关系。例如，我国与欧洲等发达国家开展的第三方市场合作，就属于这种开放式体制创新。在"一带一路"倡议实践平台上，第三方市场经济合作前景广阔，在国际上获得了积极响应。中国已与 10 多个发达经济体达成第三方市场合作共识，在亚非一些重大项目上取长补短，取得了务实成果。此种体制创新方式一般适用于制度背景和发展水平差异较大的国家，属于一种比较松散的区域合作制度框架。

2. 包容性体制创新

作为包容式的体制创新,就是采取在尊重沿线国家现有管理制度的基础上,通过设立跨境合作园区等多种形式,建立一些实行新制度办法的"制度特区",采取"老人老办法,新人新办法"的方式通过增量改革带动存量改革,在探索新管理制度的过程中,以新制度与原有制度彼此相互包容的办法来实现贸易规则和制度体系的互联互通,在国家之间形成战略合作伙伴关系。其实,划设若干实行新制度的"制度特区",也是原有制度体系对新制度的包容。通过新旧制度之间的竞争,使新制度在实践中充满活力和竞争力,使原有制度体系逐渐融入到新制度体系之中,最终由新制度所代替,使之在关税和非关税政策方面逐步趋于统一。此种体制创新方式一般适用于制度背景有差异,但发展水平差异不大的国家,属于一种半松散的区域合作制度框架。

3. 均衡式体制创新

作为均衡式的体制创新,与包容式体制所采取的"老人老办法,新人新办法"不同,而是在不改变现有管理制度的基础上增加新的时代内涵,即对现有的制度框架、具体规范都不做任何变化,但赋予其新的制度功能,利用原有的制度体系履行新体制的功能,实现原有制度与新功能之间的均衡协调发展与顺畅平稳过渡。也就是在完全不改变其原有的制度体系的条件下,仅在经济层面实现与"一带一路"的战略对接,形成推进"丝绸之路经济带"建设的新功能,彼此结成全面战略合作伙伴关系。此种体制创新方式一般用于与我国具有比较相似的制度背景,但发展水平有差异的国家,属于半紧密型区域合作制度框架。

4. 普惠式体制创新

作为普惠式体制创新,相比前面的三种体制互联互通,应具有比较全面的创新性。即在进行充分的经济融合、政治互信、文化包容的基础上,将原有各方面的制度转化到新制度体系之中,所采取的关税与非关税优惠政策对合作区域内具有普惠性,对原有制度体系中的不适应部分进行改进和完善,并保留与新制度体系相适应的一些具体制度,使之成为新制度体系中的有机组成部分,形成能够带来普惠式的制度红利的体制机制,彼此结成紧密型的全面战略合作伙伴关系。此种体制创新方式一般用于制度背景和发展水平差异不大的国家,属于紧密型的区域合作制度框架。

(三)国际合作组织政策沟通与创新全球经济治理体系

在推进"丝绸之路经济带"建设过程中,随着全球化的不断深化,需要合作对话与政策沟通解决的全球性挑战增多。国际各领域问题的解决都需要我国的参与,也越来越关系到我国的切身利益。因此,客观上需要我国加强与有关国际合作组织的政策沟通,积极参与联合国、二十国集团、亚太经合组织、上海合作组织、金砖国家组织等国际治理机制,加强国际宏观政策协调,共同应对全球性挑战。

1. 积极维护多边贸易体制的主渠道地位

在推进"丝绸之路经济带"建设中,以更加积极的姿态参与多边贸易体制谈判和现有国际规则的完善,维护世界贸易组织在全球贸易投资中的主渠道地位,在互利共赢的基础上,积极推动多边贸易谈判进程,减少和消除贸易投资壁垒。借助沿线国家发展中成员的集体力量,建设性地参与规则制定,推动形成公正、合理、透明的国际经贸规则体系。积极推动世界贸易组织改革,完善世界贸易争端解决机制,反对各种形式的贸易保护主义,维护我国产业利益和企业合法权益,推动"丝绸之路经济带"建设的贸易畅通。

2. 强化区域和双边自由贸易体制建设

在推进"丝绸之路经济带"建设中,积极同沿线国家和地区商建自由贸易区,使合作更加紧密,往来更加便利,利益更加融合。加快推进《区域全面经济伙伴关系协定》(RCEP)的落实,推动与以色列、加拿大、欧亚经济联盟和欧盟等建立自贸关系以及亚太自由贸易区相关工作,全面落实中韩、中澳等自由贸易协定和中国—东盟自贸区升级协定书,致力于形成面向全球的高标准自由贸易区网络,提高自由贸易建设质量。提升货物贸易开放水平,扩大我国与自贸伙伴之间的双向市场准入。有序推进以准入前国民待遇加负面清单的模式开展谈判,实质性改善我国与自由贸易伙伴之间的服务贸易和投资双向准入,提高国际贸易的自由化、便利化水平。

3. 推进完善国际经济治理体系建设

支持主要全球治理平台和区域合作平台更好发挥作用,推动全球治理体系更加公平合理。积极参与网络、深海、极地、空天等领域国际规则的制定,维护我国在网络、深海、极地、空天等领域活动的资产和其他利益的安全。积极开展双边、多边国际交流合作,在国际规则制定中发出更多的中国声音,积极提出中国方案,争取更多的制度化利益安排。推进中欧投资协定谈判成果的落实,面对中美关系紧张带来的各种挑战,要坚决维护我国的核心利益和企业的合法权益,积极参与国际贸易与投资规则制定,为我国企业对外贸易与投资创造良好环境,并促进国内贸易与投资环境的改善。

三、推进"丝绸之路经济带"设施
联通与区域科技合作创新

基础设施互联互通的领域十分广阔,既包括交通基础设施建设,也包括能源基础设施建设,还包括跨境光缆等通信网络建设,在这些领域的区域合作给我国科技创新合作提供了巨大的发展空间。更为重要的是通过基础设施互联互通合作项目建设,可以促进国际科技合作交流,从而为其他科技领域的区域合作创新带来了更大的发展机遇。

（一）国外的设施联通与国际科技合作创新

从国际看,当前世界一些发达国家为了摆脱复苏缓慢的经济危机,纷纷出台创新战略推动新一轮科技革命和技术变革,正在使全球竞争格局加速重构。美国国家创新战略、英国数字经济战略、日本科技创新综合战略、法国未来工业战略、德国工业 4.0 战略和高技术战略等应势而生。信息网络、生物科技、新材料与智能制造、清洁能源技术等广泛渗透到各个领域,对全球经济贸易格局、产业分工格局、能源资源版图、地缘政治格局正在产生深刻影响。

在新的国际形势下,我国通过实施创新驱动战略,科技创新实力稳步提升。特别是在实现设施的互联互通方面,创新成果不断涌现。我国国产首架大飞机 C919 成功总装下线,新一代高速铁路技术领先世界并进军海外市场,北斗导航系统、载人航天和探月工程、载人深潜、超级计算、量子反常霍尔效应、量子通信等战略高技术和基础研究领域取得一批重大创新成果。但是,同时也应看到,在推进"丝绸之路经济带"建设中,目前我国在世界市场上能具有竞争力的核心技术,主要是北斗导航系统、高铁、核电和 5G 技术等,其他领域的科技创新虽然也有突破,但还没有形成核心竞争力。总体上看,我国的产业发展还处在国际产业链的中低端水平。尤其是在中美贸易摩擦中也暴露出我国一些产业在核心技术和关键环节上与发达国家相比,仍存在一些短板,还需要通过在互联互通中不断创新并加以改进。

因此,在推进"丝绸之路经济带"建设的过程中,不在于我国在国内外铺了多少路,架了多少桥,更值得关注的是如何通过基础设施的互联互通建设,加强国际科技合作,能否实现若干关键核心技术的重大突破。例如,港珠澳大桥的建设带来了中国在世界桥梁设计和建造技术上的重大突破,在电能短缺的非洲修建电气化铁路时使其能够兼顾使用内燃机车,还有在"丝绸之路经济带"沿线国家和地区智能电网的开发、戈壁的通信基础设施和能源基础设施建设等,都可能会为重大核心技术突破提供重要的试验场。在推进"丝绸之路经济带"建设中,是否在当前能赚钱不是"一带一路"倡议关注的重点,从长远看真正关注的重点是能否组织动员一批科技研发人员,利用"丝绸之路经济带"建设提供的机会,在精密机床、航空航天、航空发动机、智能电网、桥梁设计、隧道开发等一系列关键技术领域实现重大技术突破,能够在世界上牢牢确立领先地位。

当前,推进"丝绸之路经济带"高质量发展,就是要通过国外基础设施建设的互联互通,尤其是依托在信息网络技术方面的互联互通,深化创新合作机制,紧跟世界科技发展趋势,积极提出并牵头组织国际大科学计划和大科学工程。要实施好《"一带一路"建设科技创新合作专项规划》,提高我国科技成果在沿线国家的转化率,开展联合科技攻关,实施一批服务区域、次区域经济社会发展的科研项目。通过国内自主创新与国际科技合作相结合,争取在航空发动机及燃气轮机、深海空间站、量子通信与量子计算机、脑科学与类脑研究、国家网络空间安全、深空探测及空间飞行器在轨服务与维护系统等领域取得一批重大标志性成果。另外,围绕推进"丝绸之路经济带"基础设施互联互通建设,要加快推进智能电网、天地一体化信息网络、大数据、智能制造和机器人、重点新材料研发及应用等重大科技专项,着力抢占世界科技和产业发展新的制高点。

2016 年,国防科工局、国家发改委印发了《关于加快推进"一带一路"空间信息走廊建设与应用的指导意见》,表示要经过 10 年左右的努力,基本建成"一带一路"空间信息走廊。目前,我国北斗导航系统已能够为亚太国家提供稳定的导航服务,实现了对"丝绸之路经济带"沿线国家和地区的覆盖。北斗已进入国际民航、国际海事、国际移动通信等多个国际组织的标准体系,其产品已进入缅甸、泰国、阿尔及利亚、俄罗斯等 120 多个国家和地区,优良的服务和可靠的质量得到认可。同时,这也说明围绕推进"丝绸之路经济带"设施互联互通,加强国际科技合作创新是大有可为的。

（二）国内的设施联通与区域科技合作创新

在国内推进"丝绸之路经济带"基础设施的互联互通,促进东部沿海地区产能向中西部地区的转移并不是简单的地理空间的更换,而是包括技术创新和成套设备的革新,这意味着要推动中国企业进行大规模技术革新和产业升级。要在产业转移中进行技术创新,在技术创新中进行产业转移。事实上,我国围绕推进地区之间的设施联通和承接产业转移,在重点区域已经加速创新发展转型。

在推进"丝绸之路经济带"建设过程中,通过在东中西部地区重点区域加速创新发展转型,依托国内大通道的互联互通和承接产业转移,有力地促进了周边地区有关省份的科技创新发展,并通过良好的示范和带动作用,也促进了中西部内陆地区的科技创新加速发展和产业转型升级。其中,北京中关村、上海张江自主创新示范区、武汉东湖和安徽合芜蚌创新试验区等新办企业近八万家,武汉东湖、长珠潭、成都自主创新示范区主要经济指标连续数年保持30%左右的增速。上海、北京、合肥和深圳加快推进建设具有全球影响力的科技创新中心,京津冀加强协同创新共同体建设,长三角区域一体化发展中大力加强 G60 科创走廊建设,对周围经济的辐射带动作用不断增强。

进入新时代,我国围绕推进"丝绸之路经济带"建设,利用国内大通道建设的互联互通带来的机遇,将进一步优化区域创新布局,通过承接产业转移,打造区域经济增长极,促进区域经济转型升级。一是推进落实国家区域协调发展战略,打造区域创新高地,引导创新要素聚集流动,构建跨区域的创新网络,完善技术创新体系,促进创新链与产业链的深度融合,推动区域产业转型升级。二是充分利用沿线中心城市、国家自主创新示范区、国家高新区等科教资源密集、创新成果多的优势,大力发展新兴产业,带动周边地区经济发展。三是加快推进创新型省份、创新型城市建设,加快构建各具特色和优势的区域创新中心。促进"政产学研用"深度融合,优化创新组织结构。四是深入开展全面创新改革试验,支持北京、上海、合肥和深圳建设具有全球影响力的创新中心,促进相关区域率先实现创新驱动发展,形成各具特色的创新区域发展增长极。五是大力推进京津冀协同创新共同体建设,发挥长三角科技创新引领作用,促进长江经济带创新发展,在沿线地区形成若干高水平、有特色优势的新兴产业聚集区。六是支持珠三角地区建设开放创新转型升级新高地,形成对"一带一路"建设特别是对21世纪海上丝绸之路建设的强有力支撑。

四、推进"丝绸之路经济带"贸易畅通与区域产业合作创新

当前世界经济仍处在国际金融危机后的深度调整期,全球经济增长乏力,加之受新冠肺炎疫情影响,外部需求不确定性增多,世界市场严重萎缩,我国外贸传统产业竞争优势逐渐削弱,新的竞争优势尚未有效形成,参与国际循环的投资贸易发展面临不少的困难和挑战。面对这些困难和挑战,迫切需要我国在推进"丝绸之路经济带"建设中加强区域产业合作创新发展。

(一)创新产业合作路径,实现"点线面"的有机结合

所谓"点",是指沿线的有关产业园区建设和城市化建设。其中建立实行特殊政策的特区和经贸产业园区,鼓励国内外企业园区投资创业,带动对外贸易发展,优化资源配置,是改革开放以来中国实现经济快速发展的一条重要经验。① 这个经验在推进"丝绸之路经济带"建设中可以在沿线有关国家和地区进行复制。而且我国在这方面有比较成熟的经验可以借鉴。例如,中国与白俄罗斯共建的"中白工业园"就是借鉴这一经验的比较典型的案例。现在这一经验模式在沿线许多国家和地区都在复制,并取得了较好效果。

---

① 赵可金:《"一带一路"从愿景到行动》,北京大学出版社2015年版,第265页。

所谓"线",是指在推进"丝绸之路经济带"建设中正在共同打造的六大国际经济合作走廊建设。通过国际经济合作走廊建设,可以把一个个经贸产业园区的点,连成一条涵盖生产、物流、运输、管理、服务于一体的一条条线,优化产业链分工布局,推动上下游产业链和关联产业协同发展,提升区域产业配套能力和综合竞争力,并在此基础上形成更大范围内的区域经济合作的"面"。

所谓"面",是指由于国际经济合作走廊的不断向外延伸和拓展所形成的更大范围的多边或双边区域经济合作。例如,上海合作组织、金砖国家组织、中国与中东欧国家的"16+1"区域经济合作、中国与东盟的"10+1"自贸区建设、中国与其他亚太国家签署的《区域全面经济伙伴关系协定》(RCEP)、中欧投资协定如期完成谈判等,其中还包括已经实现对接"丝绸之路经济带"与欧亚经济联盟的互联互通建设,以及2017年9月4日在厦门金砖国家领导人会议上推动的"金砖+"活动。随着六大国际经济合作走廊的不断延伸和拓展,区域经济合作的范围将会进一步扩大。

建设"丝绸之路经济带",就是通过这种"点线面"的有机结合,不断向前推进。特别是"金砖+"活动的开展和组织实施,将通过金砖五国合作的示范引领作用,推进"一带一路"建设向亚非拉美等地区进一步延伸,把更多的国家吸引到"丝绸之路经济带"建设中来。这是我国对区域产业合作路径的重大创新。随着"点线面"更紧密的结合,将有助于克服我国在沿线国家和地区进行投资贸易的有关贸易保护的壁垒,有效解决投资贸易的便利化问题。

(二)创新产业贸易方式,发展电子商务等新业态

目前"网购"在我国已经十分流行,并且形成了比较成熟的一种商业模式,深受广大消费者喜爱,同时也涌现出许多从事"网购"经营的企业。特别是通过线上网络采购与线下实体经济发展的有机结合,可以减少许多中间流通环节,大大降低企业生产成本和流通费用。统计数据显示,2017年我国电子商务交易额达28.66万亿元,较2016年增长24.77%,"互联网+"和"一带

一路"进一步促进产业融合,加强了我国与世界的贸易沟通,使电子商务广泛渗透到国民经济的各个领域,优化了资源在世界范围内的配置,已成为促进经济增长与社会进步的重要支撑力。

在推进"丝绸之路经济带"建设中,面对新冠肺炎疫情带来的新挑战,要大力推动跨境电子商务发展,积极开展跨境电子商务综合改革试点。积极鼓励和支持沿线地区构建"网上丝绸之路经济带"。加快培育一批跨境电子商务平台和企业,支持企业运用跨境电子商务开拓沿线国际市场。鼓励跨境电子商务企业通过规范的"海外仓"等模式,融入境外零售体系。促进市场采购贸易发展,培育若干个内外贸结合的商品市场,推进市场采购贸易,扩大商品出口。

(三)创新产业合作模式,实现产业链的协同发展

"丝绸之路经济带"沿线绝大多数都是发展中国家,在经济上的突出特点,就是基础设施较差,产业链比较短,产业发展相互不配套。有的还存在着在某些产业畸形发展的现象,有关产业体系尚未形成,普遍存在着全面可持续发展能力较弱的问题,而这恰恰为我国在这些国家和地区进行供给侧结构性改革与优化产业链分工布局提供了创新发展的巨大空间。我国在沿线地区的投资贸易,应适应国内国际双循环相互促进新发展格局的要求,从要素参与国际分工向全方位参与价值链合作进行转变。

在推进"丝绸之路经济带"建设中,我国各地区应针对沿线各国和地区的不同情况,结合国内的供给侧结构性改革,优化在沿线国家和地区的产业链分工布局,鼓励有关企业组团发展"走出去",创新产业合作模式,形成与沿线国家产业发展有机衔接的产业集群,推动上下游产业链和关联产业协同发展。同时,把投资与贸易有机结合起来,以投资带动贸易发展,拓宽贸易领域,优化贸易结构,形成贸易新增长点,促进我国与沿线国家和地区之间的贸易平衡。

（四）创新产业分工布局，形成各有侧重的开放基地

目前，为了应对来自国际市场不确定性因素的多重挑战，我国正在加快形成以国内大循环为主体、国内国际双循环相互促进的新发展格局，在推进"一带一路"建设方面，主要表现为采取"两个对接"。一方面，通过"21世纪海上丝绸之路"建设支持沿海发达地区建立自由贸易试验区，率先对接国际高标准投资和贸易规则体系，深耕美欧日等传统市场，巩固和稳定市场份额，推进利用外资转型升级，培育具有全球竞争力的经济区。另一方面，通过建设"丝绸之路经济带"，以中西部内陆中心城市和城市群为依托，打造内陆地区开放新高地，对接沿线的广大发展中国家和地区，扩大来自沿线国家的进出口贸易，以促进贸易平衡。这是针对当前国内外经济形势的新变化，所作出的重要战略选择。

但是，面对"丝绸之路经济带"沿线广大区域和众多国家的不同情况和特点，我国中西部地区在对接"丝绸之路经济带"建设方面还应有更为细致的区域分工与合作。应创新国内对外投资贸易分工布局，进一步完善中西部地区的对外开放政策，形成各有侧重的对外开放基地和外向型产业集群，防止一哄而上、相互恶性竞争、形成新一轮的重复建设。在国家层面上，应加强统筹协调，在我国出台的"一带一路"《愿景与行动》规划的基础上，根据各地区对外投资贸易的方向、范围和重点，分区域出台有关专项规划。在地区层面上，应进一步明确功能定位，突出本地区的对外开放特色，形成与周边地区科学的分工合作关系。应克服中西部地区各省在对接"丝绸之路经济带"建设中出现的"碎片化"现象。在推进"丝绸之路经济带"建设过程中，应发挥各地比较优势，以中西部地区为主，打造内陆与沿边开放相结合、境内外通道相衔接、城市群与产业布局相协调的对外贸易投资发展新格局。

同时，要根据当前我国深化供给侧结构性改革的要求，修订《中西部地区外商投资优势产业目录》，支持中西部和东北地区发挥劳动力、资源和基础产

业等优势,根据本地区对接"丝绸之路经济带"建设的需要承接外资产业转移,扩大利用外资规模,促进优势产业和特色产业发展。在支持新疆"丝绸之路经济带核心区"建设和宁夏等内陆开放型经济试验区建设中应加大创新驱动发展的力度,在支持中新(重庆)战略性互联互通示范项目建设中应发挥其创新发展对周边地区的辐射带动作用。

(五)创新产业合作主体,培育跨国经营的大公司

跨国公司是对外投资贸易的主体,也是直接参与区域合作的主体。我们平常讲企业强则国家强,企业的创新竞争优势决定了国家的创新竞争优势。实际上最能代表一个国家实力和竞争优势的就是跨国经营的大公司。在推进"丝绸之路经济带"建设的贸易畅通过程中,随着市场全球化以及生产要素的跨国自由流动,极大地改变了企业的生存方式。客观上要求企业必须具有全球视野,在全球范围内配置资源,参与国内外区域竞争与合作,通过不断创新,才能在国际竞争与合作中获得竞争优势,成为跨国经营的大公司。这也是我国在"一带一路"框架下推进"丝绸之路经济带"建设的重要战略意图之一。

中国经过四十多年的改革开放,在经济发展迅速崛起的同时,也涌现出了一大批具有世界竞争力的大公司。特别是在我国深入推进"一带一路"国际合作过程中,我国一些公司在广泛参与国际竞争中得到了历练,逐步跨入世界500强行列,成为令世界尊敬的企业。其中,最典型的例子就是华为。在商海搏击中,华为视野开阔,敢于拼搏,不断创新,从1987年一家名不见经传的小企业发展成为中国高科技领域的领头羊之一。目前,华为在国际市场上已覆盖100多个国家和地区,加入全球130个行业标准组织,已经成为一个令世界瞩目的全球500强企业。经过近10年对5G技术的研发,华为真正在通信领域实现领跑,是一家不折不扣的通信设备巨头。尤其在5G领域,根据欧洲电信标准化协会发布的全球5G核心必要专利数排名中,华为以1970件的专利数排名第一。华为让中国在即将到来的5G时代中扬眉吐气,成为了领头羊。

华为的创新经历给我们的启发,就是只要国家战略提供大的发展机遇,中国企业就会获得创新成长壮大的空间。推进"丝绸之路经济带"建设的过程,实际上就是不断创新区域合作主体的过程,也就是中国企业通过不断创新逐渐成为具有世界竞争力的跨国公司的过程。只要我国沿着"丝绸之路经济带"走出去的创新企业在世界上越来越多,越来越具有全球竞争力,说明我国提出的"一带一路"倡议就越有成效,我国与沿线国家和地区的贸易畅通就越有保证。

五、推进"丝绸之路经济带"资金融通与区域金融合作创新

资金融通可以为推进"丝绸之路经济带"建设与我国区域开发战略升级提供重要支撑。我国应在已取得的国际金融合作成果的基础上,进一步加强"丝绸之路经济带"金融合作创新,不是单向的中国对沿线地区的资金支持,应坚持共商、共建、共享的原则,构建共同付出、共担风险、共享收益的利益共同体。同时,还必须借助市场力量,以市场融资为主,积极发挥人民币的本币作用,以撬动更多的当地储蓄和国际资本。

(一)创新金融合作平台,形成多元化的融资模式

推进"丝绸之路经济带"建设的重大项目,资金需求量大、投资回收周期长,加上沿线各国发展水平差异较大,我国与国际多边金融机构以及各类商业银行需要进一步创新融资合作方式,打造多层次金融平台。

1. 创新融资合作渠道,探索新型国际投融资模式

加强我国与国际组织和金融组织机构合作,积极推进亚洲基础设施投资银行、金砖国家新开发银行的建设,发挥丝路基金的引领作用,吸引国际资金

共建开放多元共赢的"一带一路"金融合作平台。丝路基金与欧洲投资基金共同投资的中欧共同投资基金于 2018 年 7 月开始实质性运作,投资规模 5 亿欧元,有力促进了共建"一带一路"倡议与欧洲投资计划相对接。下一步,将建立以企业为主体、以项目为基础、各类基金引导、企业和机构参与的多元化融资模式。

2. 创新融资合作形式,形成多边金融合作机制

目前,中国人民银行与世界银行集团下属的国际金融公司、泛美开发银行、非洲开发银行和欧洲复兴开发银行等多边开发机构开展联合融资,截至 2018 年年底已累计投资 100 多个项目,覆盖 70 多个国家和地区。2018 年 7—9 月,中国—阿拉伯国家银行联合体、中非金融合作银行联合体成立,建立了中国与阿拉伯国家之间、非洲国家之间的首个多边金融合作机制,促进了"一带一路"与阿拉伯国家、非洲国家投资计划的对接。下一步,将要深化中国—东盟银行联合体、上合组织银行联合体务实合作,创新金融产品和融资方式,在"丝绸之路经济带"沿线国家和地区要形成多样化的投融资合作形式,支持国内外银行开展以银团贷款、银行授信、担保互认、融资代理等方式开展多边金融合作。

3. 创新融资合作领域,发挥多边金融支撑作用

目前,中国财政部与阿根廷、俄罗斯、印度尼西亚、英国、新加坡等 27 国财政部核准了《"一带一路"融资指导原则》。根据这一原则,各国支持金融资源服务于相关国家和地区的实体经济发展,重点加大对基础设施互联互通、贸易投资、产能合作等领域的融资支持。下一步,将吸引亚投行及其合作银行将资金投向"丝绸之路经济带"建设的重点方向、重点国家、重点领域,兼顾服务亚洲基础设施和"一带一路"互联互通。同时,需要丝路基金及其合作金融机构为"丝绸之路经济带"建设的关键项目提供长期稳定的资金来源。还有,要发

挥各类资金的整体合力,做到经济效益和社会效益兼顾,发挥股权投资在"丝绸之路经济带"重大项目建设中的重要作用。

(二)创新金融合作方式,推进人民币国际化进程

推进"丝绸之路经济带"建设,目前人民币跨境使用还存在一些障碍。人民币"入篮"之后,作为储备货币,人民币计价的储备资产占比很少,仅及 SDR 中人民币份额的十分之一。同时,人民币在国际贸易结算中占比不升反降。据英国渣打银行公布的一项专有指数显示,2016 年,主要国际金融中心的人民币使用量减少了 10.35%。因此,要创新金融合作方式,加快推进人民币国际化进程。

1. 发挥政策性金融在丝绸之路建设中的先导作用

在重大项目实施初期积极介入,加强银企对接合作,共同开展前期调查、可行性评估和融资方案设计,降低融资成本、提高"两优"贷款支持水平,推动向我国有重大项目布局的沿线国家倾斜,发挥现有资金的最大合力。鼓励商业银行在沿线国家设立分支机构,推广"产业园区+银行办事处"的合作模式,拓展业务范围,服务走出去的企业。同时随着产业园区和经贸合作领域的不断扩大,争取使人民币在"丝绸之路经济带"沿线国家和地区在投资贸易合作过程中成为通用货币。

2. 加强与"一带一路"沿线国家的金融市场合作

2015 年,上海证券交易所、德意志交易所集团、中国金融期货交易所共同出资成立了中欧国际交易所。上海证券交易所与哈萨克斯坦国际金融中心管理局签署合作协议,并共同投资建设阿斯塔纳国际交易所。① 下一步,应放宽

---

① 推进"一带一路"建设工作领导小组:《共建"一带一路"倡议:进展、贡献与展望》,《人民日报》2019 年 4 月 23 日。

国外金融机构参与我国银行间债券市场限制,鼓励国内金融机构和企业使用所筹资金,从事有关贸易投资活动。

3. 继续强化我国与沿线国家本币互换协议的签署

目前,已有 11 家中资银行在 28 个沿线国家设立 76 家一级机构,来自 22 个沿线国家的 50 家银行在中国设立 7 家法人银行、19 家外国银行分行和 34 家代表处。2 家中资证券公司在新加坡、老挝设立合资公司。中国先后与 20 多个沿线国家建立了双边本币互换安排,与 7 个沿线国家建立了人民币清算安排。[1] 下一步,应进一步完善本币互换清算网络建设,推进人民币国际化进程。根据市场驱动原则为境外人民币结算、清算和回流提供便利。充分利用上海、香港和新疆国际金融中心以及沿边金融综合改革试验区等推动跨境人民币业务创新。

(三)创新金融监管合作,建立高效监管协调机制

"丝绸之路经济带"沿线部分国家金融生态环境相对发展滞后,金融机构管理能力、经营能力、资本充足水平差异大,汇率不稳定。其中,有的国家还属于"债务驱动型"国家。我国金融机构进入时面临高成本、低收益、币值不稳定、风险大等一系列不利因素。[2] 因此,要创新金融监管合作,建立高效金融监管协调机制。

1. 加强我国与沿线国家信用保险与金融安全监管合作

在共建"丝绸之路经济带"中,政策性出口信用保险覆盖面广,在支持基础设施、基础产业的建设上发挥了独特作用。截至 2018 年年底,中国出口信

---

① 推进"一带一路"建设工作领导小组:《共建"一带一路"倡议:进展、贡献与展望》,《人民日报》2019 年 4 月 23 日。

② 雷曜:《资金融通:助推经贸合作深化发展》,《中国经济时报》2016 年 7 月 14 日。

用保险公司累计支持对沿线国家的出口和投资超过6000亿美元,中国先后与35个沿线国家的金融监管当局签署了合作文件。下一步,我国应进一步扩大对沿线地区和国家的出口保险覆盖范围,创新金融风险分担机制,开发更多针对不同领域的保险产品。

2. 加强我国与沿线国家征信管理部门和评级机构合作

要提升人民币在国际市场上的信誉度,增强人民币的国际结算和储备功能,增加人民币在主要国际金融中心的使用量,扩大与沿线国家的本币互换规模。重视离岸人民币市场建设,在"丝绸之路经济带"沿线布局一批离岸人民币中心,积极引导离岸人民币资金参与"丝绸之路经济带"建设。加强国际金融监管合作,借助有关国际金融机构在金融监管方面的技术优势和管理经验,降低我国在"丝绸之路经济带"沿线国家的贷款风险,在发挥我国"率先投资"引水作用的同时,也为后续企业的投资和银行贷款探索出一条预防金融风险的国际金融监管合作新路。

六、推进"丝绸之路经济带"民心 相通与区域文化合作创新

民心相通的本质是沿线各国在文化上相互认同和相互包容。我国出台的"一带一路"《愿景与行动》将"文化包容"与"民心相通"作为"一带一路"战略构想的重要内容,这要求我们重新审视这一地区的文化交流工作,如此才能开创一个亚太地区乃至世界文化发展的新局面。[①]　而要实现"文化包容"和"民心相通"的愿景,在行动上就要进行周密的文化战略设计,就是要解决推进"丝绸之路经济带"建设过程中中国文化"软实力"的提升问题,也就由此引出

---

① 金巍主编:《梅花与牡丹:"一带一路"背景下的中国文化战略》,中信出版集团2016年版,第129页。

了这一背景下区域文化合作创新的战略命题。

（一）创新文化合作内容，传承和弘扬丝绸之路精神

"和平合作、开放包容、互学互鉴、互利共赢"的丝绸之路精神，是我国推进"丝绸之路经济带"区域文化合作创新的时代主题与核心内容。我国传统的对外宣传和文化交流的内容，常常给人以思想观念僵化、意识形态保守的印象。要改变这种不利局面，首先就要围绕推进"丝绸之路经济带"建设创新思想内容，即以传承和弘扬丝绸之路精神为主要内容，推进对外舆论宣传和文化合作交流。

丝绸之路精神是古代丝绸之路文化与现代丝绸之路文化相结合的产物，具有丰富的时代内涵。其中，"和平合作"体现了"丝绸之路经济带"文化创新的目的要求；"开放包容"体现了"丝绸之路经济带"文化创新的内在逻辑；"互学互鉴"体现了对外宣传与文化交流的有效方式；"互利共赢"体现了"丝绸之路经济带"文化创新的经济动因。我国在推进"丝绸之路经济带"建设过程中，应从这一全新的视角来推进对外宣传和文化交流内容的创新，与沿线各国合作深入研究沿线各国丝绸之路历史文化遗产，从中提炼出可以为大家所共同接受的丝绸之路文化精髓与价值理念，进一步丰富丝绸之路精神的时代内涵，以此形成推进沿线各国民心相通的精神纽带。

目前我国在"丝绸之路经济带"沿线国家设立的中国文化中心、孔子学院以及组织开展的有关文化交流活动的内容，多以宣传和传播中国传统文化为主，虽然体现了中国特色，但在"开放包容、互学互鉴"方面的区域文化交流合作还不够，对沿线国家和地区的文化研究和借鉴较少，还没有完全找到中国传统文化与沿线国家和地区历史文化的融合点，不能有效调动这些国家和地区共同参与丝绸之路文化建设的积极性。因此，在推进"丝绸之路经济带"建设的新形势下，我国应在沿线各国建立中国文化中心和孔子学院等宣传中华传统文化的基础上，还要在沿线合作共建丝绸之路文化交流中心，在多元文化的

交流、互鉴与融合中逐步形成共同的价值理念和文化认同,打响丝绸之路的品牌,要把丝绸之路精神的传承和弘扬作为对外宣传和文化交流的主要内容,采取沿线各国所能接受的表达方式,更加清楚地反映出中国推进"一带一路"建设的态度与意图。

(二)创新文化合作形式,开展丰富多彩的交流活动

我国传统的对外宣传和交流活动,往往依据传统的演展形式,缺少跨领域进行交流的新形式新方法,考虑外国媒体和受众特点较少,习惯以宣传教育代替交流,用运动式的宣传来搞文化交流,以政府组织出面开展活动,喜欢照搬国内宣传教育的老套路,不创新不改编,对外宣传国外受众往往不理解不明白。因此,要创新文化交流形式,组织开展丰富多彩的文化交流活动。

1. 要加强我国与沿线各国民众之间的交往

这是促进民心相通最直接的有效途径。在促进民众交往方面,要通过举办形式多样的旅游、联欢、节庆、联谊、比赛、娱乐、招商等活动,鼓励民间多交朋友,结识友谊,方便"丝绸之路经济带"沿线不同地区、不同文化、不同宗教、不同语言的民众之间相互了解,增进开放包容,把丝绸之路精神根植于普通民众之中,为推进"丝绸之路经济带"建设夯实广泛深入的民意基础。

2. 要注意充分发挥有关社团活动的积极作用

社团组织介于政府和企业之间,在对外宣传和文化交流中具有着独特的优势。可采取"公助民办、内助外办"的形式,增强我国有关社团组织在丝绸之路沿线国家和地区的活跃程度,形成多种区域合作社团组织联盟。通过区域合作社团组织联盟密切沿线各国在许多专业合作领域的交流,定期举办有关研讨会、座谈会、专业论坛、成果交流会等活动,加强互学互鉴,推动各类项目交流与合作,为推进"丝绸之路经济带"建设和促进民心相通提供更多的公

共服务产品。

（三）创新文化合作体制，形成广泛的区域合作机制

目前,我国与上合组织、东盟、阿拉伯联盟等多个组织和其成员及中东欧地区建立了人文合作委员会、各级文化对话与会议机制、文化联委会机制,这是今后进一步开展对外宣传和文化交流的重要基础。应在此基础上,形成更加广泛稳定的区域文化合作体制机制。通过沿线国家政府之间的政策沟通,构建起我国对外宣传和文化交流合作的法律基础。

成立沿线政府间文化联委会等机制,进一步完善"丝绸之路经济带"沿线国家之间文化交流合作的体制机制建设。同时,利用联合国、G20峰会、金砖国家等国际组织以及有关"一带一路"高峰论坛等机制,加强有关文化交流合作议题方面的协调与沟通,签署有关协定,巩固和扩大"丝绸之路经济带"沿线国家文化合作交流的制度基础。

（四）创新文化合作主体，形成多方力量的协调统一

目前,我国各地区对外宣传和文化交流合作的主体,大致分为体制内和体制外两大类型。体制内的主体主要是党政机关和文化企事业单位,改革开放以来,由于各地区对经济建设非常重视,在国家的整体资源配备方面,特别是在人财物的配备上,对外宣传和文化交流不是重点领域,并没有真正引起各级地方党委的高度重视。加之宣传文化思想战线分别隶属于不同的地区党委的宣传部门,而比较熟悉沿线国家文化和通晓外语的人才队伍都大多分散在政府的外事部门和文化部门,对外宣传和文化交流还没有形成合力。

随着"丝绸之路经济带"建设的深入推进,软力量越来越成为"一带一路"倡议的重要助推器。"一带一路"倡议中的软力量建设给各地区对外宣传和文化合作交流工作提出了新任务新要求,各地区和单位在扩大对外开放中,都需要把对外宣传和文化合作交流工作放在重要的战略地位,在人财物等方面

应给予更多的支持。要加强各级地方党委对对外宣传和文化合作交流工作的领导,加强地方党委宣传部门对政府外事和文化部门之间的统筹协调,特别是要充实走出去的企事业单位的对外宣传力量,形成我国体制内党政机关和企事业单位对外宣传与文化合作交流的合力。

体制外对外宣传和文化交流的主体是民营企业和民间组织,随着"一带一路"国际业务的开展和推进"丝绸之路经济带"建设中国际交往的增多,也已经成为我国对外宣传和文化交流的一支灵活而有效的重要力量。但由于体制外的民营企业和民间组织更多关注的是经济效益,加之我国在对外宣传和文化合作交流中有关政策要求较多,有些尺度很难把握,民营企业和民间组织在开展对外宣传和文化合作交流方面的顾虑较多,积极性还未充分调动起来。另外,我国在开展对外宣传和文化合作交流方面,对外国的民间组织和企业的作用重视和发挥的也很不够。而实际上,能组织和引导外国本地化的民间组织和企业来宣传丝绸之路精神和传播中国优秀文化,比我们中国人自己讲更具有说服力和影响力。

因此,在对外文化合作交流和对外宣传方面,应打破体制内外和不同国别的界限,创新对外文化交流主体,组建并形成一支政企结合、官民结合、中外结合的对外舆论宣传和开展文化交流的专业化队伍。国家和地方政府应给予沿线体制外的中外民营企业和民间组织一定的政策引导和支持,可以借鉴美欧在国际传播和舆论引导方面的经验,采取"公助民办""中助外办"等多种形式,使之成为我国开展"一带一路"对外宣传和文化交流活动的重要力量。

对外宣传与文化合作交流是增强我国推进"丝绸之路经济带"建设软力量的一项重要工作,肩负着促进民心相通的重大历史使命,在新形势下一定要在各方面不断进行创新。在内容创新上,要以传承和弘扬丝绸之路精神为主题;在形式创新上,要以开展丰富多彩的交流活动吸引人;在体制创新上,要以形成广泛的区域合作机制为保障;在主体创新上,要以构建统一多元的舆论力量为动力。在扩大对外区域文化合作创新中,不断加强民心相通和文化包容,为推进"丝绸之路经济带"建设奠定深厚的民意基础,共同促进人类文明事业的发展。

总之,推进"丝绸之路经济带"建设高质量发展在我国区域开发战略转型升级中是一项全新的事业,没有现成的模式可以照搬照套,只有通过实践不断地进行创新。在我国区域开发战略的创新中推动"丝绸之路经济带"的发展,在推进"丝绸之路经济带"发展中促进我国区域开发战略的创新。建设"丝绸之路经济带"中区域开发战略的创新,目前主要是围绕着深化政策沟通、设施联通、贸易畅通、资金融通、民心相通等合作内容,而开展的体制创新、科技创新、产业创新、金融创新、文化创新等领域的创新。随着推进"丝绸之路经济带"建设的深入发展,将会有更多领域的创新,从而推动我国区域开发战略不断地向更高层次转型升级。

第十章　建设"丝绸之路经济带"与区域开发战略协调发展

为了促进"丝绸之路经济带"建设与区域开发战略升级的良性互动发展，我国各地区将根据"一带一路"框架下区域开发战略协调发展的空间布局，按照以协调发展理念引领"丝绸之路经济带"建设的要求，明确功能定位和区域分工，加快经济转型升级，通过推进"丝绸之路经济带"建设，促进区域经济协调发展。其重点是围绕我国东中西部地区协调发展，加强陆上"丝绸之路经济带"与21世纪海上丝绸之路、"一带一路"建设与长江经济带建设等方面的重大战略协调。

一、"一带一路"框架下我国区域开发战略协调发展的布局

"一带一路"框架下我国区域开发战略新布局在空间上覆盖我国34个省级行政区(含港澳台地区)，在由新亚欧大陆桥经济带(这里指丝绸之路经济带国内段)、沿海发展带(这里指21世纪海上丝绸之路国内部分)与长江经济带组成的"丌"字形基本骨架的基础上，通过纵横交织的公路、铁路、航空、管道和江河水路交通网络，形成了众多联通内外的国际大通道，通过各地区中欧

班列的开通,构建起了促进区域开发战略协调发展的交通网络体系,从而形成了我国"两带一路"为主轴的区域开发战略协调发展空间布局。这是一种新的区域协调发展战略布局,体现了分区推进与联动发展相统一、国内开发与对外开放相衔接、"点、线、网、面"相结合、区域合作与体制创新相协调、"陆、海、空、网"为一体的内在逻辑性。

（一）分区推进与联动发展相统一

"一带一路"框架下我国区域开发开放新格局,加强了国内东中西部与东北地区之间的协调发展。即在分区推进东部率先、西部开发、东北振兴、中部崛起区域发展总体战略的基础上,通过国内纵横交织的国际大通道建设,分别对接六大国际经济合作走廊建设,实现全面的"走出去"战略,把国内经济循环与国际经济循环联通起来,使我国沿海沿边内陆地区的比较优势得以充分发挥,促进东中西部与东北地区联动发展、协同发展,从而突破了原来各种区域之间条块分割的限制,使我国区域发展总体战略成为一个有机统一、协调发展的整体。①

（二）对外开放与国内开发相衔接

"一带一路"框架下我国区域开发开放新格局,加强了国内市场与国际市场之间的协调发展,实现了国际市场开拓与国内市场发展的直接对接,使中国与"丝绸之路经济带"沿线国家经济互补优势得到了发挥,不仅体现在中国作为整体与不同国家的经济耦合上,更体现在中国国内发展层次相异的不同省（自治区、直辖市）与沿线不同发展水平国家的经济互动上。通过这种多层次全方位的对内对外开放,促进国内区域开发战略的转型升级,以其包容性和普惠性为我国国内各地区的供给侧结构性改革提供了巨大发展空间,同时也为

---

① 李本和:《建设"丝绸之路经济带"与我国区域经济协调发展》,《中共贵州省委党校学报》2015 年第 6 期。

推进经济全球化注入了新动力。

（三）"点、线、网、面"相结合

"一带一路"框架下我国区域开发开放新格局,加强了平面空间范围内"点、线、网、面"的协调发展。这里的"点"是指包括各种自贸试验区、国家新区、开放高地等形成的新增长极。这里的"线",是指以通道建设为支撑的各种类型的"点"形成的多条经济带。这里的"网"是指由多种运输通道和多条经济带纵横交织形成的经济网络体系。这里的"面"是指通过不同经济网络所支撑起来的区域合作经济板块。目前,在国内通过"一带一路"建设布局和区域分工合作,正在形成以点连线、以线结网、以网撑面、点面结合、圈带聚合、协调联动的良好发展态势,从而为沿线国家和地区推进"一带一路"建设提供示范和借鉴。

（四）区域合作与体制创新相协调

"一带一路"框架下我国区域开发开放新格局,加强了沿线地区区域合作与体制创新的协调发展。即通过在全国各地建立各具特色的自由贸易试验区、国家级新区、开放型经济高地,扩大对外开放和加强国内外区域合作模式的创新,倒逼国内深化体制改革,突破各种行政区划壁垒和传统体制机制障碍的束缚,全面提升我国沿海沿江沿边内陆地区的外向型经济发展水平,进一步增强各地区深化改革的动力和经济发展的活力。

（五）"陆、海、空、网"为一体

"一带一路"框架下我国区域开发开放新格局,加强了立体空间范围内"陆、海、空、网"之间的协调发展。即在基础设施建设领域,依托高铁、航空、航天、互联网等先进技术,在全国通过四通八达的铁路网、公路网、航空网、水运网、信息网、管道网等建设,实现从陆地、天空、海上到网上的全面互联互通,从而使全国各地都能够在对外开放发展上突破时空距离的局限性,在同一个起跑线上与世界经济接轨,与沿线国家和地区一起共同参与"一带一路"建设。

二、协调发展理念引领"丝绸之路 经济带"建设的内在要求

推动"丝绸之路经济带"建设要树立协调发展的理念,就是要适应经济全球化和区域一体化的发展趋势,通过加强我国与沿线国家和地区之间的区域经济合作,实现资源优势互补与互利共赢,把"丝绸之路经济带"建设成为加快形成国内大循环为主体、国内国际双循环相互促进的协调发展带。协调发展是推进"丝绸之路经济带"建设与我国区域开发战略升级相互促进的内在要求。因此,我们必须牢牢把握我国区域开发战略的总体布局及其形成新格局的要求,不断增强区域发展的协调性。

(一)深化区域发展总体战略,推动区域全面协调发展

以新疆建设"丝绸之路经济带核心区"、甘肃建设"丝绸之路经济带黄金段"、陕西打造"丝绸之路新起点"为契机,强化生态环境保护,在我国西部地区率先建设生态绿色"丝绸之路经济带"。以中蒙俄共建经济走廊为契机,加大对外贸易投资合作力度,推动东北地区等老工业基地振兴。以内陆地区建设国际物流大通道、打造内陆开放型经济高地为契机,促进中部地区崛起,加大国家支持力度,加快市场取向改革。以实现"丝绸之路经济带"建设与21世纪海上丝绸之路建设全面对接为契机,促进沿海地区经济转型升级,支持东部地区率先发展,加快推进京津冀、长三角、粤港澳大湾区建设的创新引领与优化发展,更好辐射带动沿线其他地区经济发展。

（二）优化区域空间整体布局，培育区域协调发展增长极

推进建设"丝绸之路经济带"客观上要求进一步优化我国区域空间整体布局，协调推进京津冀协同发展、长三角一体化发展、粤港澳大湾区建设和长江经济带建设，使其成为推动我国区域协调与开放发展的重要引擎。要把"两横三纵"（以陆桥通道、沿长江通道为横轴，以沿海、京哈京广、包昆通道为纵轴）城镇化战略格局所涵盖的 20 多个经济区整合起来，形成大中小城市和小城镇合理分布、协调发展新格局。推动"丝绸之路经济带"与 21 世纪海上丝绸之路的协同发展，探索东部地区人口经济密集地区向沿线中西部地区有序转移与优化开发新模式，培育促进区域协调发展新的增长极。推进长江经济带建设与"一带一路"建设的融合发展，通过把长江经济带打造成世界级城市群和世界级产业集群，形成对"丝绸之路经济带"建设强有力的战略支撑。

（三）加快西部城镇化步伐，推动城乡与牧区协调发展

为适应"丝绸之路经济带"建设对我国新型城镇化发展的新要求，在我国沿线地区要积极推进以人为核心的新型城镇化，提高沿线西部地区城市规划、建设和管理的国际化水平。大力发展具有西部民族特色的县域经济，加快培育体现丝绸之路文化特点的中心城市和特色小城镇，促进西部特色农产品精深加工和农村特色文化旅游服务业发展，拓展少数民族农牧民增收渠道。在西部多民族地区建立嵌入式管理的促进民族融合发展的民族新村和新社区，推进西部少数民族地区城镇公共服务向农村和牧区延伸，提升美丽农牧区建设水平。

（四）强化政府区域协调职能，完善区域规划协调政策

国家提出"一带一路"《愿景与行动》规划后，国内"丝绸之路经济带"沿线的各地区纷纷制定了本地对接"一带一路"的实施方案，出台了有关的区域

规划和经济政策。然而,这些众多的区域规划和经济政策中,有许多过多地关注本地区的利益和眼前利益,而忽视了全局利益和长远利益。虽然体现了各地的特色,但在整个布局中的统筹协调性存在严重不足,具体表现为:区域经济政策理念上的碎片化、思路上的趋同化、执行中的孤立化和目标中的短期化。①

政府在推进"丝绸之路经济带"建设中如何加强区域规划政策协调? 习近平总书记2014年2月26日在北京主持召开京津冀协同发展专题座谈会上,首次界定了政府在促进区域协调发展方面的基本职能。② 根据习近平总书记的讲话精神,国家推进"丝绸之路经济带"建设,就是要在国内深入完善区域发展总体战略方面的合作协调机制。一是各省市的功能定位要从全局出发,克服争当区域老大的思想。二是各地区发展规划要着眼于区域协调,突破行政区划壁垒,加强与周边地区规划的衔接。三是各地方产业政策要实施错位发展,发挥比较优势,突出地方特色。四是相关地区之间要一体化发展,建立互惠互利、互联互通的合作体系。

三、建设"丝绸之路经济带"与促进
东中西部地区协调发展

东中西部地区协调发展是指区域之间经济发展差距趋于缩小,实现基本公共服务均等化,以及在地区之间存在有效的分工协作关系。我国东中西部地区协调发展是国民经济整体健康发展的重要条件。通过建设"丝绸之路经济带",发挥东部地区创新引领作用,扩大中西部地区对外开放,加强横贯东

---

① 丁任重、陈姝兴:《中国区域经济政策协调的再思考》,《南京大学学报(哲学·人文科学·社会科学)》2016年第1期。

② 参见《习近平就京津冀协同发展提七点要求》,见 http://news.xinhuanet.com/politics/2014-02/27/c_119538131.htm。

西、辐射南北的通道网络体系建设,将有助于实现各地区经济协调发展,对加快形成以国内大循环为主体、国内国际双循环相互促进的新发展格局具有重大意义。

（一）建设"丝绸之路经济带"是促进区域协调发展的动力

改革开放以来,中国区域之间经济发展存在较大差异,尤其是中西部及东北地区,经济发展水平至今仍明显落后于东部沿海地区。这不利于中国经济的长期可持续发展和社会稳定。究其重要原因之一,就是对外开放水平不高。我国改革开放四十多年的实践表明,东中西部和东北地区开放程度不同,造就了不同的发展速度和发展水平。对外开放发展带来的不仅是国内外资金、技术、人才等生产要素向本地区的流动和集聚,更重要的是可以促进本地区管理体制机制的创新,增强区域发展的内在动力。

新形势下,我国要实现高质量发展,缩小地区发展差距,促进区域经济协调,关键是要提升欠发达地区的对外开放水平,既包括中西部地区欠发达的省（区、市）,也包括东北地区的欠发达省（市）。推进"丝绸之路经济带"建设,通过国内外区域合作发展,可以为东中西部地区和东北地区扩大开放和促进区域经济协调发展提供重要战略机遇和发展动力,将改变我国对外开放水平地域间分布不均衡的状况,对促进中国区域产业布局调整和管理体制机制创新具有重大意义。一方面,它强调提高面向中亚、西亚、东北亚乃至欧洲的对外开放水平,为中西部和东北地区开拓了新的市场空间;另一方面,也有利于带动产业、技术、资金等资源流向中西部及东北地区,转移当前东部地区由于生产成本上升而日益增大的转型压力,创新区域协调发展机制,加强东、中、西部之间的经济联动性,[①]为促进区域经济转型升级与协调发展提供动力支持。

---

① 参见赵晋平等编著:《重塑"一带一路"经济合作新格局》,浙江大学出版社 2016 年版,第 184 页。

（二）国内大通道建设是促进我国区域协调发展的经脉

建设"丝绸之路经济带"和国际经济合作走廊，国内大通道建设要走在前面。其中，将国内综合运输体系和全国骨干流通大通道体系的建设与建设"丝绸之路经济带"的六大经济走廊的建设相联通，建立国内跨区域大通道和合作机制非常重要，是促进对外开放和区域协调发展的经脉。

到 2016 年年初，我国"五纵五横"①综合运输大通道基本贯通。综合交通网络已初步形成，综合枢纽建设明显加快，各种运输方式衔接效率显著提升。到 2018 年，全国铁路营业里程达到 13.17 万公里，公路里程达 484.65 万公里，高速公路里程达 14.26 万公里，定期航班航线里程 837.98 万公里，从而为推进"丝绸之路经济带"建设和促进经济带协调发展奠定了良好的基础。"十三五"时期，中国已构建横贯东西、纵贯南北、内畅外通的综合大通道，加强进出新疆，出入西藏通道建设，构建了西北、西南、东北对外交通走廊和海上丝绸之路走廊。

2015 年 3 月，商务部等 10 部门联合印发《全国流通节点城市布局规划（2015—2020 年）》，根据国家区域发展总体战略及"一带一路"建设部署，结合国家新型城镇化规划、全国主体功能区规划等，确定 2015—2020 年"三纵五横"全国骨干流通大通道体系。其中"三纵"为三条南北向流通大通道，包括东线沿海流通大通道、中线京港澳流通大通道、西线呼昆流通大通道；"五横"为五条东西向流通大通道，包括西北北部流通大通道、陇海兰新沿线流通大通道、长江沿线流通大通道、沪昆沿线流通大通道、珠江西江流通大通道。这些通道建设为对接"一带一路"建设创造了非常有利的条件，将有力促进我国区

---

① "五纵五横"中的"五纵"是指黑龙江黑河至海南省三亚、北京至上海、内蒙古自治区满洲里至港澳台、包头至广州、内蒙古自治区临河至广西壮族自治区防城港等五条南北向综合运输通道；"五横"是指天津至喀什、青岛至拉萨、江苏连云港至新疆维吾尔自治区阿拉山口、上海至成都、上海至云南省瑞丽等五条东西向综合运输通道。

域经济协调发展。

（三）中欧班列编织起我国各地区域协调与开放发展的纽带

2016 年 10 月，国家发改委网站公布了《中欧班列建设发展规划（2016—2020）》。按照规划，中欧铁路运输通道主要有西通道、中通道和东通道三条。① 西通道：一是由新疆阿拉山口（霍尔果斯）口岸出境，经哈萨克斯坦与俄罗斯西伯利亚铁路相连，途径白俄罗斯、波兰、德国等，通达欧洲其他各国。二是由霍尔果斯（阿拉山口）口岸出境，经哈萨克斯坦、土库曼斯坦、伊朗、土耳其等国，通达欧洲各国；或经哈萨克斯坦跨里海进入阿塞拜疆、格鲁吉亚、保加利亚等国，通达欧洲各国。三是由吐尔尕特（伊尔克什坦），与规划中的中吉乌铁路等连接，通向吉尔吉斯斯坦、乌兹别克斯坦、土库曼斯坦、伊朗、土耳其等国，通达欧洲各国。中通道：由内蒙古二连浩特口岸出境，途径蒙古国与俄罗斯西伯利亚铁路相连，通达欧洲各国。东通道：由内蒙古满洲里（黑龙江绥芬河）口岸出境，接入俄罗斯西伯利亚铁路，通达欧洲各国。

三大通道主要货源吸引区在国内区域布局中各有侧重与分工。西通道：西北、西南、华中、华南等地区，经陇海、兰新等铁路干线运输。中通道：华北、华中、华南等地区，经京广集二等铁路干线运输。东通道：东北、华东、华中等地区，经京沪、哈大等铁路干线运输。通过三大通道建设，中欧班列已经成为我国各地对外发展贸易的重要桥梁和纽带。目前，中欧班列初步探索形成了多国协作的国际班列运行机制。中国、白俄罗斯、德国、哈萨克斯坦、蒙古、波兰和俄罗斯等 7 国铁路公司签署了《关于深化中欧班列合作协议》。中欧班列的开启，受到沿线国家的欢迎和支持。截至 2018 年年底，中欧班列累计开行 1.3 万列，已经联通亚欧大陆 16 个国家的 108 个城市，运送货物超过 110 万标箱，中国开出的班列重箱率达 94%，抵达中国的班列重箱率达 71%。

---

① 《中欧班列建设发展规划（2016—2020）》，中商情报网，2016 年 10 月 17 日。

与沿线国家开展口岸通关协调合作,提升通关便利,平均查验率和通关时间下降了50%。① 中欧班列密切了亚欧大陆的经贸联系,使许多欧洲国家把发展眼光开始转向了中国,从早期对"一带一路"建设的不信任、猜疑,转向了表示愿意积极参与。欧洲国家对"丝绸之路经济带"建设态度的转变,将有利于我国东中西部地区在对外开放中促进区域经济协调发展。

中欧班列枢纽节点按照铁路"干支结合,枢纽集散"的班列组织方式,在内陆主要货源地、主要铁路枢纽、沿海重要港口、沿边陆路口岸等地规划设立43个中欧班列枢纽节点。中欧班列枢纽节点的设立,并与我国各地的国际互联网电商平台形成互补发展态势,不仅提升了我国各地的对外开放水平,同时也促进了我国各地区经济的联动发展。

通过中欧班列枢纽节点在我国各地的规划布局,可以看出,这与我国"一带一路"《愿景与行动》国内对外开放态势的布局总体上是相吻合的,基本实现了国内大通道建设与国际经济走廊建设的对接。特别是对中西部的内陆地区依托国内大通道实现"走出去"战略,打造内陆开放型经济高地具有重要意义。中欧班列通道建设不仅使国内各地区连通欧洲及沿线国家,也连通东亚、东南亚及其他地区;不仅是铁路通道,也是多式联运走廊,这将有力地促进国内东、中、西部及东北地区的对外开放和区域经济协调发展。

(四)四条经济带建设搭建起我国东中西联动发展的桥梁

在建设"一带一路"大背景下,随着我国对外开放的发展、区域发展总体战略的深入实施和"丝绸之路经济带"建设的推进,从东到西承接产业转移加快发展,目前我国从南到北正在形成四条横贯东西的经济带,即珠江—西江经济带、长江经济带、新亚欧大陆桥经济带和京津冀—呼包银经济带。这四条经济带的共同特征是在地理上是相互连接的带状区域,都是相互联系的便利通

---

① 推进"一带一路"建设工作领导小组:《共建"一带一路"倡议:进展、贡献与展望》,《人民日报》2019年4月23日。

道,带内地区之间具有垂直分工的现实基础,彼此之间以互补性经济结构和协作性经济关系为主。①

　　珠江—西江经济带以珠三角经济圈为龙头,连接我国东部发达地区与西部欠发达地区,在全国区域协调发展和面向东盟开放合作中具有重要战略地位。其规划范围包括广东省的广州、佛山、肇庆、云浮4市和广西壮族自治区的南宁、柳州、梧州、贵港、百色、来宾、崇左7市,区域面积16.5万平方公里。同时,根据流域特点,将广西桂林、玉林、贺州、河池等市以及西江上游贵州黔东南、黔南、黔西南、安顺、云南文山、曲靖的沿江地区作为规划延伸区。② 目前,广东、广西两省区正在促进广东广西经济一体化,探索我国跨省区流域经济合作发展新模式,把珠江—西江经济带建设成为西南中南开放发展战略支撑带、东西部合作发展示范区、流域生态文明建设试验区和海上丝绸之路桥头堡,为区域协调发展和流域生态文明建设提供示范。

　　长江经济带覆盖上海、江苏、浙江、安徽、江西、湖北、湖南、重庆、四川、云南、贵州等11省市,面积约205万平方公里,人口和生产总值均超过全国的40%。长江经济带横跨东中西三大区域,具有独特优势和巨大发展潜力。目前,沿江各省市正按照《国务院关于依托黄金水道推动长江经济带发展的指导意见》及其规划纲要的要求,齐心协力,争取把长江经济带建设成为具有全球影响力的内河经济带、东中西互动合作的协调发展带、沿海沿江沿边全面推进的对内对外开放带、生态文明建设的先行示范带。③ 其中,用好海陆双向开放的区位资源,创新开放模式,促进优势互补,培育内陆开放高地,加快同周边国家和地区基础设施互联互通,加强与"丝绸之路经济带"、海上丝绸之路的衔接互动,使长江经济带成为横贯东中西、连接南北方的开放合作走廊,成为

---

　　① 李本和等著:《促进中部崛起与区域经济协调发展》,人民出版社2009年版,第118页。
　　② 参见《国家发展改革委关于印发珠江—西江经济带发展规划的通知》(发改地区〔2014〕1729号)。
　　③ 参见《国务院关于依托黄金水道推动长江经济带发展的指导意见》(国发〔2014〕39号)。

东中西互动合作的协调发展带,是长江经济带建设的重要内容之一。

新亚欧大陆桥经济带是贯穿东中西部的跨度最长的经济带。大陆桥在中国境内全长4131公里,东起我国连云港,西至新疆的阿拉山口,贯穿江苏、山东、安徽、河南、山西、陕西、甘肃、宁夏、青海、新疆10个省区的主要中心城市,面积360万平方公里,占全国的37%。新亚欧大陆桥经济带是以沿线中心城市为依托,以经济协作区为平台,以我国的陇海、兰新铁路为骨架,由铁路、公路、航空、光缆、管道等综合运输大通道组成的经济密集带。特别是新亚欧大陆桥南干线的建设,使以上海为中心的长三角城市群成为发展的龙头,为新亚欧大陆桥经济带的发展增添了新的动力。新亚欧大陆桥经济带是我国推进"丝绸之路经济带"建设的主轴,也是联通中国—中亚—西亚经济走廊、中巴经济走廊的重要通道。规划建设好我国新亚欧大陆桥经济带对促进东中西联动发展和我国区域协调发展具有重大战略意义。

京津冀—呼包银经济带是横贯东北、华北、西北的经济联系纽带,是以环渤海经济圈为龙头,以京津冀城市群、呼包鄂榆城市群、宁夏沿黄城市群为依托,由京包、集二等干线运输通道组成的经济带,也是推进京津冀协同发展和经济转型升级的重要腹地。这条经济带虽然覆盖地区面积不大,也不如其他三条经济带那样发展的条件成熟,但在推进我国"丝绸之路经济带"建设中的战略地位非常重要,是联通中蒙俄经济走廊的重要大通道,也是促进我国东中西联动发展及其与东北地区协调发展的关键环节,同时也是促进我国沿海沿边内陆地区全方位对内对外开放合作发展的重要试验区。尤其是京津冀协同发展战略的实施,将为京津冀—呼包银经济带的发展注入强大动力并带来示范效应。

总之,在建设"丝绸之路经济带"背景下,通过扩大对外开放、国内的大通道建设、中欧班列的开通以及四条经济带的形成,使我国东中西部以及东北地区的发展,已经从过去的分区推进向联动发展、协同发展进行转变。在这一转变过程中,区域之间的竞争将被更多的区域分工合作所代替,各种生产要素的流通渠道将会更加顺畅,一个以国内大循环为主体、国内国际双循环相互促进的新发展格局正在形成。

四、推动陆上"丝绸之路经济带"与海上丝绸之路协同并进

习近平主席代表我国提出的"一带一路"倡议同时包括建设陆上"丝绸之路经济带"和"21 世纪海上丝绸之路"两个方面的内容。二者之间不是"一带"与"一路"简单的空间组合,而是一个有机统一的整体,是一种辩证统一的关系。习近平总书记形象地指出,这"一带一路","就是再为我们这只大鹏插上两只翅膀,建设好,大鹏就可以飞得更高更远"。

(一)"一带一路"倡议中"带"与"路"的辩证统一关系

为了更深入地理解"一带一路"中"带"与"路"的辩证统一关系,有必要从"丝绸之路经济带"与"21 世纪海上丝绸之路"的联系与区别上进行一些界定。

1. "一带"与"一路"二者之间的联系

二者之间的联系表现为"一带一路"作为一个有机统一的合作平台,是相互促进、密不可分的,都是形成国内国际双循环相互促进新格局的重要桥梁和纽带。只有实现丝绸之路建设的陆海对接,才能有全球不同地区和国家之间的文明交流与贸易往来,才能推动人类命运共同体的合作发展。二者在发展理念、发展目标、合作内容、共建原则上是相同的。在发展理念上,都秉持和平合作、开放包容、互学互鉴、互利共赢的理念。在发展目标上都是要共同打造开放、包容、均衡、普惠的区域经济合作架构。在合作的主要内容上,都是要实现政策沟通、设施联通、贸易畅通、资金融通和民心相通。在共建原则上,都坚

持共商、共建、共享的原则。

2."一带"与"一路"二者之间的区别

二者从联通国内国际双循环的空间范围、功能作用、实现方式以及合作对象等方面看,作为陆上的"丝绸之路经济带"和海上的"21世纪海上丝绸之路"还是有区别的。

"丝绸之路经济带"的空间范围主要是陆地,呈"带"状,侧重于通过六大国际合作经济走廊建设实现不同地域板块之间经济文化交流与合作。当前重点是沿线的铁路、公路、管道运输等方面的基础设施建设和油气资源开发等方面的产能合作。同时,在贸易投资方面也在加速推进。"丝绸之路经济带"在战略走向上有北线、中线、南线三条线。北线主要为中国经中亚、俄罗斯至欧洲(波罗的海);中线主要为中国经中亚、西亚至波斯湾、地中海;南线为中国至东南亚、南亚、印度洋。其合作的对象主要是面向亚欧非大陆沿线地区的内陆国家。

"21世纪海上丝绸之路"的空间范围主要在海上,就是依托重点港口城市,共同打造通畅安全高效的海上运输通道,呈"线"状,侧重于海路的畅通、新航线的开辟和有关海洋资源的合作开发与合理利用。根据"一带一路"《愿景与行动》规划,"21世纪海上丝绸之路"在战略走向上主要有两条线:第一条线,中国沿海港口过南海到印度洋,延伸至欧洲;第二条线,中国沿海港口过南海到南太平洋。随着新航线的不断开辟,"21世纪海上丝绸之路"正在向北冰洋延伸,我国和俄罗斯准备合作建设"冰上丝绸之路"。2017年6月20日,国家发改委、海洋局联合发布《"一带一路"建设海上合作设想》,提出共同建设中国—印度洋—非洲—地中海、中国—大洋洲—南太平洋,以及中国—北冰洋—欧洲等三大蓝色经济通道。这是中国政府首次就推进"一带一路"建设海上合作提出中国方案。其合作的对象主要是大陆靠近沿海地区的国家,以及有关的海岛国家。

（二）建设"丝绸之路经济带"的主要特点和优势分析

"丝绸之路经济带"建设是在全球空间范围内，以亚欧非大陆中间广大腹地国家为基础，以实现陆上国际经济走廊与21世纪海上丝绸之路的现代设施对接与贸易畅通为载体，通过不断向其他陆地面积延伸和拓展而要形成的区域经济合作共同体。"丝绸之路经济带"作为"一带一路"的重要内容，既与21世纪海上丝绸之路密不可分，同时又有着自己的一些特点和优势。

"丝绸之路经济带"相对于"21世纪海上丝绸之路"来讲，主要有以下几个方面的特点和优势：一是"丝绸之路经济带"地域广阔，国家和人口众多，而且绝大多数都属于发展中国家和欠发达地区，开发潜力巨大。习近平总书记曾指出："丝绸之路经济带总人口近30亿，市场规模和潜力独一无二。各国在贸易和投资领域合作潜力巨大。"①二是"丝绸之路经济带"沿线国家和地区基础设施都相对比较落后，急需要加强基础设施建设方面的互联互通，属于目前优先重点投资领域，市场前景广阔。三是在陆上"丝绸之路经济带"建设方面，我国具有高铁建设、基础设施工程建设方面的技术、管理和人才等的优势。四是在我国东部沿海周边的东海、台海、南海等地区局势不断紧张的情况下，推进"丝绸之路经济带"建设，比较安全可靠，可以规避许多不确定的风险。

（三）"一带一路"协调发展的现状分析与对策思考

建设"丝绸之路经济带"与21世纪海上丝绸之路，二者之间不仅在理论上有着辩证统一的关系，在实践中也存在着一定的优势互补关系。"一带"是"一路"的出发点和归宿，"一路"是"一带"在海上的自然延伸和拓展。只有把二者统一起来，才能形成全球性的国际贸易体系。在实践中，二者之间的

---

① 习近平：《习近平谈治国理政》，外文出版社2014年版，第290页。

关系具体表现在陆上中欧班列运输与海上货运班轮运输的优势互补关系上尤为突出。中欧班列的优势主要是速度快,但成本高,约为海运的三倍左右。货轮海运的速度慢,但成本低。因此,中欧班列与海运可以形成良好的优势互补关系,即海运运大宗商品,中欧班列运电子产品、农产品、水产品等,只有把二者有机统一起来,才可以大大密切中国与亚欧非大陆国家的经济联系。

在国内,目前阶段"一带"与"一路"的协调发展,主要是体现在:一是加强新亚欧大陆桥中国段与东部沿海港口城市的对接,重点是实现陆海联运的互联互通。目前已通过京津冀、长三角、粤港澳大湾区建设,形成了引领"一带一路"陆海联通与协调发展的三大增长极。二是通过新亚欧大陆桥中国段对东部沿海经济带承接产业转移和联通长江经济带以及中欧班列的开通与运营,促进东中西部地区对外经济贸易的协调发展。现在沿线中西部地区的安徽、河南、陕西、甘肃等省区,通过发挥承东启西、左右逢源的区位优势和交通优势,对接"一带一路"建设,已经从中获益,呈现出加快发展的态势。但还缺少这方面的统筹协调和发展规划,应像长江经济带建设一样,抓紧制定和实施国内新亚欧大陆桥经济带建设的专项发展规划。三是开辟西部陆海新通道,北接"丝绸之路经济带",南连"21世纪海上丝绸之路",协同衔接长江经济带。2019年8月,国家发改委印发了《西部陆海新通道总体规划》,对促进国内区域协调发展和深化国际经贸合作具有重要战略意义。

在国外,目前阶段我国在推进"丝绸之路经济带"建设方面,依托六大国际经济合作走廊建设进展较快。但是,在推进"21世纪海上丝绸之路"与"丝绸之路经济带"对接方面,特别是在联通亚欧非几大洲方面,还存在一些短板,突出地表现在海空军建设方面与西方发达国家相比,力量还相对比较薄弱,还处在"近海防御"和"远海护卫"阶段,与陆上"丝绸之路经济带"沿线国家和地区对接,在海外还缺少有关基础设施建设和战略支点。因此,在海权战略方面我国还不占优势的情况下,在组织实施"一带一路"倡议过程中,应重点推进"丝绸之路经济带"建设,相应地适时推进"21世纪海上丝绸之路"建设,这有助于充分发挥我国高铁建设等方面的陆权战略方面的优势。同时,随着我国海空军力量的不断发展和壮大,应通过国际合作,有重点地在国外沿海关键地区抓紧进行有关基地建设,有选择地在海上丝绸之路沿线地区形成若干个战略支点,当我国在海权战略方面占有一定优势时,再全面地组织实施"21世纪海上丝绸之路"建设,并实现与陆上"丝绸之路经济带"的全面对接与协调发展。

五、建设"丝绸之路经济带"与长江 经济带战略的融合发展

2020年11月14日,习近平总书记在全面推动长江经济带发展座谈会上的讲话中指出,要推动长江经济带发展和共建"一带一路"的融合,加快长江经济带上的"一带一路"战略支点建设,扩大投资和贸易,促进人文交流和民心相通。具有黄金水道美誉的长江经济带和欧亚大陆桥中国段"丝绸之路经济带"都是我国国土空间开发最重要的东西轴线,在区域发展总体战略及其形成国内国际双循环相互促进的新发展格局中具有重要战略地位。促进二者之间的融合发展,有利于推进我国经济增长空间从沿海向沿江内陆地区拓展,有利于优化沿江沿桥经济带产业结构和缩小东中西部地区的发展差距,对于我国形成陆海内外联动、东西双向互济的开放格局具有重要的现实意义和深远的战略意义。

(一)"丝绸之路经济带"与长江经济带融合发展的条件分析

在我国加快形成国内大循环为主体、国内国际双循环相互促进新发展格局的时代背景下,促进"丝绸之路经济带"与长江经济带融合发展,既有许多有利条件,但也面临着一些困难和问题。

1. 二者融合发展的有利条件分析

一是长江经济带与"丝绸之路经济带"的融合发展都具有较雄厚的经济基础和巨大的发展潜力。沿江有长三角城市群、环鄱阳湖城市群、长珠潭城市圈、武汉城市群、成渝城市群以及众多的国家级新区作为战略支撑。中国境内的"丝绸之路经济带"以新亚欧大陆桥为主轴,横贯我国东中西三大区域,沿桥经济带有长三角城市群、中原经济区、关中经济区、黄河上游经济区、天山北坡经济区以及一些国家级新区作为支撑,与长江经济带经济发展水平相比虽然相对较低,但经过新中国成立后的"三线"建设和20世纪末与21世纪初的西部大开发建设,工业基础实力有了显著的提升,开发潜力巨大。

二是长江经济带与我国境内"丝绸之路经济带"都有长三角城市群作为"龙头"引领和提供战略支撑。随着长三角区域一体化发展上升为国家战略,长三角城市群对长江经济带和"丝绸之路经济带"发展的"龙头"引领作用和战略支撑作用只会增强不会削弱。特别是随着长江通道和陆桥通道互联互通的各种基础设施建设的完善,东中西部地区之间在先进制造业和现代服务业方面的承接产业转移速度将会加快,在科技创新方面也会加强对接,将会为长江经济带与我国境内"丝绸之路经济带"的协调发展提供强有力的战略支撑。同时,因为有长三角城市群作为长江经济带和"丝绸之路经济带"共同发展的唯一"龙头",也便于实现长三角对二者之间融合发展的引领与协调。

三是长江经济带的黄金水道与"丝绸之路经济带"的陆桥通道在交通运输方面都各有独特的优势,客观上需要形成优势互补的融合发展格局。长江通道是货运量居全球内河第一的黄金水道,同时以黄金水道为依托在长江经济带上形成了多种运输方式协同发展的综合交通网络。陆桥通道是包括沿江地区在内的中欧班列开行频率最高的陆上货运物流大通道。但目前陆桥通道主要以铁路、公路、管道等为主构建的交通网络结构,交通网络结构相对比较单一。通过水陆两大通道的对接,实现公水、铁水、空水联运,可以在沿江沿桥形成更多的综合交通运输枢纽,便于编织覆盖全国的综合交通运输网络,充分发挥我国在对外开放发展方面的综合交通运输竞争优势。目前,我国由南至北的"西部陆海新通道"建设位于我国西部地区腹地,北接"丝绸之路经济带",南连"21世纪海上丝绸之路",协同衔接长江经济带,已开始在"两带"之间发挥互联互通作用。

四是长江经济带和我国境内的"丝绸之路经济带"相比,在自然资源和人文资源等方面各有特色。长江经济带水资源丰富,森林覆盖率较高,人口较密集,旅游资源以山水风光为特色,加工制造业和物流产业较发达。"丝绸之路经济带"因干旱少雨,绿色植被相对较少,特别是西北地区以戈壁沙滩为主,人口较少,旅游资源以丝路古迹、遗址等人文景观为特色,能源重化工业所占比重较大。因此,通过融合发展,二者之间可以在自然资源和产业结构方面实现优势互补,有利于南水北调、藏水入疆等特大工程合作项目的开展,也有利于长江经济带人口向"丝绸之路经济带"沿线地区迁移,促进两大经济带经济社会的平衡发展。

2. 二者融合发展的不利条件分析

一是沿桥"丝绸之路经济带"与长江经济带相比综合交通网络仍然存在较大差距,主要表现为网络结构不完善,覆盖广度不够,通达深度不足,技术等级偏低,在实现与长江经济带交通网络的设施对接和互联互通方面仍面临着不少的问题和困难。

二是陆桥经济带与长江经济带通道的各种运输方式衔接不畅,铁水、公水、空铁等尚未实现有效衔接。特别是陆桥沿线缺少较多较大城市群作为战略支撑,物流基地建设与产业园区建设不配套,长江经济带向陆桥经济带进行产业转移困难较多,综合交通枢纽建设亟待加强。

三是缺少长江经济带与境内"丝绸之路经济带"融合发展的长远规划和协调发展机制。目前,我国在长江经济带发展《指导意见》和《规划纲要》中虽然有加强长江经济带与"丝绸之路经济带"衔接互动的内容,但不够详细和具体,缺乏可操作性。同时,也缺少我国"丝绸之路经济带"与长江经济带协调发展的体制机制与合作平台。

四是"两带"融合发展缺少产业链、供应链、创新链、资金链、人才链的有效对接作为战略支撑。目前,长江经济带在产业链、供应链、创新链、资金链和人才链的对接方面,还仅仅局限在沿江地区以及"通江达海"与21世纪海上丝绸之路有关国家和地区的对接。我国境内的"丝绸之路经济带"在产业链、供应链、创新链、资金链和人才链的对接方面,还主要局限在沿线的一些国家和地区。"两带"之间在这些领域的对接还较少。

(二)"丝绸之路经济带"与长江经济带融合发展的政策建议

通过以上对"丝绸之路经济带"与长江经济带融合发展条件的分析,可以看出,自从"一带一路"倡议提出及实施以来,我国长江经济带及国内综合交通网络建设发展很快,尽管两大通道在实现互联互通方面还存在一些问题和困难,但是这些问题和困难通过共同努力是可以克服的,从总体上看"丝绸之路经济带"与长江经济带融合发展的条件日益成熟,有必要把二者之间的融合发展问题提到重要的议事日程中。

1. 抓紧制定"两带"融合发展战略规划

在规划中应明确长江经济带与我国境内"丝绸之路经济带"在促进东中西部地区协调发展中的分工与协作关系,加快长江经济带上海国际航运中心、武汉长江中游航运中心、重庆长江上游航运中心与我国"丝绸之路经济带"核心区新疆的战略互动与有效对接,加快长江经济带上的"一带一路"战略支点建设。发挥重庆长江经济带西部中心枢纽作用,增强对"丝绸之路经济带"的战略支撑。发挥成都和武汉的战略支点作用,把四川和湖北培育成为长江经济带连接"丝绸之路经济带"的重要桥梁和纽带。

2. 建立健全"两带"融合发展的体制机制

应成立国务院分管领导为组长,沿江沿桥各省主要分管领导参加的"两带"融合发展领导小组,就"两带"融合发展中的重大问题进行讨论、作出决策。"两带"各省区市的有关部门之间应形成常态化的融合发展工作机制。在"两带"融合发展中,应注意发挥长三角城市群的"龙头"引领作用和战略支撑作用,制定出台有关政策措施,在人才、资金、技术、管理等生产要素的流动方面,要向"两带"的沿线地区进行倾斜。

3. 加快实现"两带"交通设施互联互通

针对目前我国境内陆桥"丝绸之路经济带"交通运输网络比较薄弱的环节,应加强陆桥沿线地区的综合交通枢纽建设,提高覆盖广度、通达深度和技术等级。通过完善"丝绸之路经济带"有关交通基础设施建设和建立物流集散中心,来带动城市群规模的扩大和城市运营质量的提升。同时,应在"西部陆海新通道"建设的基础上,在"两带"之间建设多条运输通道,形成二者之间互联互通的运输网络,以促进扩大对外投资和发展贸易,并促进人文交流和民心相通。

4. 加快推进"两带"之间产业承接转移

这里所说的承接产业转移,主要是指我国"丝绸之路经济带"对长江经济带的承接产业转移。通过"两带"之间的承接产业转移,一方面为长江经济带的产业结构优化调整和转型升级腾出发展空间,另一方面可以增强我国"丝绸之路经济带"沿线地区的经济发展实力。通过"两带"之间合作共建产业园区,把有关生产基地向沿线沿边地区集聚,可以节省沿江地区对外开放发展的大量运输成本,又有利于促进"两带"之间的经济融合发展。更为重要的是通过承接产业转移,可以促进"两带"之间在产业链、供应链、创新链、资金链和人才链等方面的有效对接,这对于加快形成国内大循环为主体、国内国际双循环相互促进的新发展格局具有重要意义。

5. 积极推进"两带"之间人文交流合作

我国"丝绸之路经济带"与长江经济带之间的发展差距,表面上看是经济发展和设施建设方面的差距,深层次地看反映的则是地区之间人们发展理念和区域文化方面的差距,与"丝绸之路经济带"沿线地区相比,长江经济带在近现代中国开放相对较早,海外文化与长江文化在这里相互交融,形成了人们较开放和先进的发展理念,而"丝绸之路经济带"沿线,特别是西北地区人们的发展理念相对要封闭和保守一些。因此,积极推进"两带"之间的人文交流合作,有助于提升沿线西北地区人们的发展理念和增进"两带"不同民族之间人们的感情,实现民心相通,从而为"两带"之间经济社会的融合发展奠定良好的民意基础。

综上所述,建设"丝绸之路经济带"与促进我国区域开发战略协调发展密切相关,这既是坚持协调发展理念对建设"丝绸之路经济带"的内在要求,也是加快形成以国内大循环为主体、国内国际双循环相互促进新发展格局的客观要求。目前,在我国已经初步形成了以国内大通道为经脉,以中欧班列为纽带,以四条横贯东中西经济带为桥梁的协调发展格局。其中,"丝绸之路经济带"与"21世纪海上丝绸之路""丝绸之路经济带"与长江经济带建设之间的融合发展关系显得尤为重要,不仅关系到"丝绸之路经济带"自身的发展,也关系到我国陆海内外联动、东西双向互济开放格局的形成,因此,一定要坚持协调发展理念,从全局的战略高度,统筹协调好国家重大发展战略之间的关系,特别是要正确处理"一带一路"建设与长江经济带发展战略之间的融合发展关系。

第十一章　建设"丝绸之路经济带"与区域开发战略绿色发展

　　"丝绸之路经济带"疆域辽阔、地貌类型特征多样,既有黄土高坡、沙漠绿洲,也有雪域高原和崇山峻岭,形成了复杂的自然生态系统,孕育了丰富的生物群落,随着沿线国家和地区经济社会的快速发展,将会对自然生态系统形成巨大压力。因此,自"一带一路"倡议提出伊始,我国就将绿色发展置于重要位置。我国发布的"一带一路"《愿景与行动》规划明确提出"在投资贸易中突出生态文明理念,加强生态环境、生物多样性和应对气候变化合作,共建绿色丝绸之路"。① 我国还发布了《关于推进绿色"一带一路"建设的指导意见》等,推动落实共建"一带一路"的绿色责任和绿色标准。在建设"绿色丝绸之路"背景下推动我国区域开发战略的绿色发展,不仅对推动国内形成绿色发展的生产方式和生活方式具有重要指导意义,同时对沿线地区和国家生态保护修复和扩大生态产品供给也具有重要引领作用和示范作用。

---

　　① 国家发改委、外交部、商务部:《推动共建丝绸之路经济带和 21 世纪海上丝绸之路的愿景与行动》,《人民日报》2015 年 3 月 29 日。

一、绿色发展理念及其对我国区域 开发战略转型指导作用

国家用绿色发展理念来指导我国建设生态文明和引领"丝绸之路经济带"改善生态环境,是在借鉴有关科学理论和人类社会实践启示的基础上提出的新理念,有其深刻的科学内涵和重大的实践意义,对引领我国区域开发战略转型具有重要指导作用。

(一)绿色发展的科学内涵及其评价原理的理论探讨

绿色发展的科学内涵及其评价原理是构成绿色发展理念的重要内容。关于绿色发展的科学内涵和评价原理,目前学术界还没有形成统一的认识和界定标准。在此,只能根据国家领导人和有关专家学者的有关论述以及我国有关文件的阐述,进行一些理论探讨。

1. 绿色发展科学内涵的界定

什么是绿色发展?习近平总书记指出:"绿色发展,就其要义来讲,是要解决好人与自然和谐共生问题"。即人类发展活动必须尊重和顺应自然发展客观规律。习近平总书记认为,"人因自然而生,人与自然是一种共生关系,对自然的伤害会伤及人类自身。只有尊重自然规律,才能有效防止在开发利用自然上走弯路"。① 这说明,尊重和顺应自然规律,着力推进人与自然和谐共生,既是科学发展的科学内涵,也是绿色发展的本质要求。

对于生态系统与经济系统的关系而言,推动自然资本大量增值,提高发展质量和效益,减少使用自然资源及减少产生废弃物,循环使用废弃物,提升能

---

① 习近平:《在省部级主要领导干部学习贯彻党的十八届五中全会精神专题研讨班上的讲话》,《人民日报》2016 年 5 月 10 日。

源效率,增加使用可再生资源,就是绿色发展。其科学内涵用我国《生态文明体制改革总体方案》来进行具体概括,就是"树立空间均衡的理念,把握人口、经济、资源环境的平衡点推动发展,人口规模、产业结构、增长速度不能超出当地水土资源承载能力和环境容量"①。

绿色发展意味着,不仅经济系统提供的生产方式,即物质资本得到了质量和效益的提高;而且生态系统提供的生产方式,即自然资本也得到了质量和效益的提高。绿色发展提高了物质资本与自然资本的质量和效益,进而可以提升民众的幸福感与获得感。因此,习近平总书记强调,要"坚持节约资源和保护环境的基本国策,坚持节约优先、保护优先、自然恢复为主的方针,着力树立生态观念、完善生态制度、维护生态安全、优化生态资源,形成节约资源和保护环境的空间格局、产业结构、生产方式、生活方式"②。从这里可以看出,绿色发展的科学内涵不仅仅是解决物质资本和自然资本质量和效益提升的技术问题,而是涉及人们的发展理念、生态制度和生产生活方式等社会变革的系统性问题。

2. 绿色发展评价原理的探讨

对于绿色发展的评价问题,目前国际上还没有一个标准定义。所以,很难形成一个统一的评价指标体系。关于绿色发展,有人说,它是一个关于能源效率问题,是一个再生能源的问题,是一个少数尖端技术的问题。但是,这种理解是非常狭隘的。实际上,绿色发展是工业革命以来,人类社会面临的最深刻和最全面的发展理念和发展方式的转型。所有能源降低对物质资源的使用、降低排放、改善环境的发展模式,都可以称之为绿色发展。这就是我们给出的一个广义的定义。③ 所以,关于绿色发展的评价,既包括技术创新和绿色产业的评价,

---

① 中共中央国务院印发《生态文明体制改革总体方案》,见 http://www.gov.cn/guowuyuan/2015-09/21/content_2936327.htm。

② 习近平:《习近平谈治国理政》,外文出版社 2014 年版,第 209 页。

③ 张永生:《绿色转型如何成为贫困地区发展的新杠杆》,引自国研网。

也应包括人们的发展理念、生态制度和生产生活方式等方面的评价。如果只是将绿色发展定义为一个狭隘的技术创新和绿色产业的话,则由于经济发展是一个全方面的问题,就很难理解绿色发展给我国经济社会和经济全球化带来的巨大机遇。

对于绿色发展需要用新的指标来评价、测度。其基本原理就是根据生态经济学所揭示的三大原理,即实现可持续的经济增长、公平分配自然资本、有效配置自然资本的要求,搞清生态系统与经济系统的边界,测度出自然资本的数量及其质量和效益。根据我国《生态文明体制改革总体方案》部署,主要是通过建立资源环境承载能力监测预警机制及探索编制自然资源资产负债表等措施来做好基础性工作。目前,我国具体的绿色发展指标体系和评价体系正在研究和不断完善之中。

依据绿色发展评价原理制定其指标体系和评价体系,是实现绿色发展的重要制度保障。要做好这方面的工作,关键是坚持以习近平总书记的讲话精神为指导,来研究和制定我国绿色发展的指标体系和评价体系。新的绿色发展的指标体系和评价体系,不仅要体现科学性,还要体现普及性。不仅要使党政领导干部和专业技术人员能够掌握和运用,还应便于广大的老百姓都能够看明白、听得懂并自觉参与进来,更应该取得"丝绸之路经济带"沿线国家和地区的认可和支持。只有使我国绿色发展标准体系和评价体系广接地气、凝聚人心,才能更好地推进我国的生态文明建设,吸引国内外社会各界人士积极参与全球化的环境治理工作。

（二）绿色发展对我国区域开发战略转型的指导作用

促进人与自然和谐共生,坚持绿色发展理念,促进地区可持续发展,是"丝绸之路经济带"沿线国家和地区的共识。绿色发展是推进"丝绸之路经济带"建设中促进我国区域开发战略升级的重要体现,必须坚持节约资源和维护环境的基本国策,形成与自然和谐发展的现代化建设新格局,推进美丽中国建设。我国各地区在对接"丝绸之路经济带"建设中,在这方面应率先发展并发挥示范带动作用。

1. 以绿色发展理念为引领,促进人与自然和谐共生

我国推进"丝绸之路经济带"建设,应根据沿线各地区的资源环境承载能力和发展潜力调节城市规模和进行产业布局,建立绿色"丝绸之路经济带"示范区。特别是在西部地区,不仅"绿水青山是金山银山","冰天雪地也是金山银山",还一定要以绿色发展理念引领"丝绸之路经济带"建设,促进人与自然和谐共生。要自觉维护"丝绸之路经济带"沿线各地区生物多样性,实施濒危野生动物保护工程,强化野生动植物进出口管理,严厉打击野生动植物制品非法交易,要把"丝绸之路经济带"建成生态文明带。

2. 以主体功能区规划为基础,统筹各类空间性规划

在推进"丝绸之路经济带"建设中,以主体功能区规划为基础统筹各类空间性规划,推进沿线各地区的"多规合一"。要根据国家建立不同主体功能区的类型,采取有关政策,推进区域经济转型升级。推动"一带一路"交汇的京津冀、长三角、珠三角等优化开发区域产业结构向更高质量发展。推动新疆、甘肃、陕西、河南、安徽等沿陆桥经济带重点开发区域提高产业和人口集聚度。加大对沿线农产品主产区和重点生态功能区等限制开发区域的转移支付力度。在沿线的国家各类自然保护区的禁止开发区域要依法加强保护,严禁各种违规乱采滥伐行为,违者要依法追究责任。强化对黄河流域自然生态保护的激励性政策,建立健全流域生态治理和补偿机制。在"丝绸之路经济带"沿线有条件的地区优化整合设立一批新的国家公园,积极探索对生态功能区依法进行保护与科学开发利用的体制机制建设。

3. 推动低碳循环经济发展,全面节约和高效利用资源

我国"丝绸之路经济带"沿线地区是重化工业比较集中的地区,也是推进

供给侧结构性改革的重点地区。因此,要率先推进能源革命。加快"丝绸之路经济带"沿线我国中西部地区的风能、太阳能、生物质能、水能、地热能的发展,在沿线地区有序放开天然气、煤气层、页岩气的开采权。在沿线地区加大对新能源汽车的推广力度,提高电动车产业化水平。在推进沿线中西部地区的新型城镇化过程中,要提高建筑节能标准,推广绿色建筑和环保建材。在沿线中西部有条件的地区,要大力推广循环经济的经验和做法,推进企业循环式生产、产业循环式组合、园区循环式改造,减少单位产出物质消耗,全面节约和高效利用资源。

4. 加大生态环境治理力度,筑牢生态系统安全屏障

建设绿色"丝绸之路经济带",在我国沿线地区应率先建立统一的实时在线环境监控系统,探索建立跨地区环保机构。在筑牢沿线地区生态系统安全屏障方面,实施山水林田湖生态保护和修复工程,构建生态廊道和生物多样性保护网络。在"丝绸之路经济带"沿线的西北地区,要加快组织实施"藏水入疆"项目工程,从根本上解决我国西北地区特别是新疆南疆地区的"缺水少绿"问题。大力加强"丝绸之路经济带"生态脆弱的西北地区的荒漠化、石漠化、水土流失综合治理,增加绿地面积和森林蓄积量,扩大退耕还林还草范围,使沙漠变绿洲。建立跨区域的生态保护体制机制,强化对青海、西藏等江河源头和水源涵养区的生态保护。

二、推进绿色发展对"丝绸之路经济带"建设的重大意义

我国与沿线各国共建"丝绸之路经济带",是在走出一条全新的区域合作发展道路,将改变传统的经济发展模式,形成新的经济发展模式。面对我国在全球化中地位的提升和经济发展需要速度换挡、结构调整和动能转换的新常

态,在新形势下推进"丝绸之路经济带"建设,中国区域开发战略必须实现绿色发展的转型升级。坚持绿色发展,既是挑战,也是机遇,对促进我国区域开发战略转型和建设绿色"丝绸之路经济带"具有重大意义。

(一)绿色发展对"丝绸之路经济带"建设是挑战也是机遇

习近平总书记指出:"改革开放以来,我国经济发展取得了历史性成就,这是值得我们自豪和骄傲的,也是世界上很多国家羡慕我们的地方。同时必须看到,我们也积累了大量生态环境问题,成为明显的短板,成为人民群众反映强烈的突出问题。比如,各类环境污染呈高发态势,成为民生之患、民心之痛。"①如果中国以这种传统的发展模式推进"丝绸之路经济带"建设,这种倍增的环境污染趋势扩散到沿线国家和地区,将会给全球生态环境的改善带来不利的影响。同时也说明,坚持绿色发展对"丝绸之路经济带"建设既是挑战也是机遇。

1. 绿色发展有利于化解"丝绸之路经济带"建设潜在危机

传统的经济发展道路已经不再可行了,我国必须在推进"丝绸之路经济带"建设中通过绿色发展转型升级来化解许多潜在的危机。现在经济增长的背后隐藏了很多危机。传统政府主导发展模式下,政府债务问题、银行债务问题、地区经济失衡、经济社会失衡等问题,背后都隐藏着风险。此外,经济发展进入新常态后,也带来很多新的社会风险,包括民众诉求的变化,人们对社会公正的关注,对政府期望的不断变化和要求的不断提高。人口结构的变化也会给社会带来很大的冲击。所以,推进"丝绸之路经济带"建设一定要坚持绿色发展,化挑战为机遇,走出一条现代的经济发展道路。

---

① 习近平:《在省部级主要领导干部学习贯彻党的十八届五中全会精神专题研讨班上的讲话》,《人民日报》2016 年 5 月 10 日。

2. 绿色发展有助于形成"丝绸之路经济带"建设发展机遇

在推进"丝绸之路经济带"建设过程中,一定要抓住绿色发展的新机遇。在推进"丝绸之路经济带"建设过程中,传统的发展方式已经不可行,而新的绿色发展的机遇则不断出现。在生活温饱问题解决后,人们更加注重健康和精神生活的满足,新的绿色发展的生活方式已经成为人们普遍的需求,很多环保产业已发展成为新兴战略产业,包括沿线许多国家和地区也非常重视环保产业的发展。因此,循环经济的发展将成为未来我国经济发展和推进"丝绸之路经济带"建设的方向。

3. 坚持绿色发展将使中国成为新一轮经济全球化的引领者

随着中国推进"丝绸之路经济带"建设的广泛深入发展以及推动力量的不断增强,中国必然要成为全球化的引领者,如果还按照传统的经济发展模式,走"先污染后治理"的老路,代表不了世界经济绿色发展的前进方向,是不可能成为全球化的引领者的。美国时任总统特朗普在 2017 年德国 G20 峰会后不久,宣布退出应对世界气候变化的《巴黎协定》,立即遭到世界各国的反对,就是一个很好的反面例证。所以,中国在推进"丝绸之路经济带"建设过程中要成为新一轮经济全球化的引领者,就必须要实现经济发展绿色转型升级。

（二）绿色发展是"丝绸之路经济带"转型升级的迫切要求

"丝绸之路经济带"的转型升级有两类。第一类是传统意义上的发展模式的转变。我国过去的发展模式是政府主导下出口导向型的发展模式,作为全球制造工厂,生产和产品很多都是初级产品,效率低下,而且形成了经济的内外不平衡、地区不平衡。因此,推进"丝绸之路经济带"建设的第一类升级,就是从传统的低效率的不平衡的粗放式经济增长模式转变到基于创新驱动的有效率的平衡发展的集约式经济增长模式。这也是实现绿色发展要求的要有效配置物质资本的原理要求。

但是,仅仅完成这个转变,还不足以使中国在推进"丝绸之路经济带"建设中成为现代化强国和全球化引领者。因为即使完成了这个转变,实现经济社会等各方面的平衡,只进行产业结构的升级、技术创新的升级,仍意味着我国仍在重复工业革命以来,西方走过的传统工业化道路。升级版的"丝绸之路经济带"建设不应仅仅是类同于今天欧美式的发达经济。虽然他们的收入水平很高,很多方面比中国要好得多,但是他们不代表现在最先进的发展方式。他们的发展是建立在对全球资源的掠夺和转移给欠发达国家大量污染基础上的,是以牺牲众多国家的生态环境为代价的,没有解决好自然资本的公平分配问题,为了解决这一问题,他们的发展方式也要进行转型升级。

因此,中国推进"丝绸之路经济带"建设过程中,为了避免重复走美欧那种传统的工业化道路,就必须进行第二类升级,就是走上绿色发展所要求的公平分配自然资本的道路。欧美开创的传统的工业化道路,因为没有解决好自然资本的公平分配问题,现在已经不行了。中国改革开放四十多年来所走过的道路,有些方面也是在走"先污染后治理"的传统工业道路,现在也不行了。因此,在推进"丝绸之路经济带"过程中,为了解决好自然资本公平分配问题,即正确处理好穷人与富人、欠发达国家和发达国家、当代人与后代人的关系,促进全球范围内经济的可持续发展与增长,世界所有的国家,包括发达国家和发展中国家都必须进行第二类转型升级。

如果说第一类的转型升级是中国特有的话,那么第二类的转型升级则是全球共有的。沿线地区所有的国家,从发展中国家到发达国家,都必须进行这样一个转型升级,就是从工业革命以来基于高资源使用、高碳排放、高环境污染的不公平分配自然资本发展模式,转变到基于信息技术、知识创新和绿色发展的公平分配自然资本的发展模式。因此,中国在推进"丝绸之路经济带"建设过程中,实际上在区域开发战略上同时面临着上述两类转型升级,而且这两类转型升级必须同时完成。一是传统意义上发展模式的转型升级,另一个是现代意义上的绿色转型升级。我们推进"丝绸之路经济带"建设的愿景是,跳过以往的"先污染后治理"阶段,以新型的绿色发展方式实现中国的现代化,同时增进沿线各国人民的福祉。

(三)绿色发展是我国沿线地区资源节约和生态保护的需要

"十三五"时期,我国生态环境恶化和资源浪费态势虽有所趋缓,但尚未得到根本遏制,经济社会发展带来的资源利用和生态保护压力依然较大。在我国推进"丝绸之路经济带"建设中,沿线地区的资源利用和生态保护依然面临着严峻的考验和挑战。

1. 我国沿线地区资源禀赋不足且资源利用率不高

我国沿线地区能源、土地、水、矿产等资源人均资源占有量偏低,质量总体不高。人均占有石油、天然气、铁矿石、铅土矿仅为世界平均水平的 5.4%、7%、17%、11%,且大多分布在生态环境脆弱的中西部地区,开发利用代价较高。特别是我国西北地区作为"丝绸之路经济带"建设的核心地区严重缺水。我国单位国内生产总值能耗是世界平均水平的 1.7 倍,远高于发达国家。能源、矿产资源的无序开发造成资源浪费问题严重,非法开采、超计划生产、采富弃贫等问题屡禁不止,也造成了植被破坏、地表深陷、水土流失,并引发泥石流、山体滑坡等次生灾害。能源粗放利用造成大气雾霾严重、碳排放总量快速攀升。超承载取用水、大量排放废水造成江河断流、湖泊干涸、地下水位下降、水环境污染,生态用水被挤占。优质耕地、生态用地被大量占用,生态空间受到严重挤压。建筑垃圾资源化利用率和餐厨垃圾利用率仅为 7% 左右。

2. 我国沿线地区生态保护和修复的任务十分繁重

我国沿线地区生态环境承载能力不强,人均占有生态产品量低。可利用天然草原的90%存在不同程度的退化。农田生态系统质量下降明显,土壤酸化、次生盐渍化加重。物种濒危程度加剧,野生高等植物濒危比例高达15%—20%,外来入侵物种危害严重。随着生态保护和修复工程纵深推进,工程建设难度越来越大。沿线地区过度消耗生态资源的状况仍未得到缓解。西部地区一些地方、一些领域还在无节制地消耗资源,以破坏环境为代价换取经济发展。黄河、辽河流域水资源开发利用率分别高达82%和76%,远高于国际公认的40%警戒线。全国69.8%的湖泊、41.9%的水库处于富营养状态,"有河皆干,有水皆污"的现象越来越普遍。全国年内超采地下水215亿立方米,部分省区地表水开发利用程度超过60%。牧区牲畜超载率近50%,加剧了草原退化。农业生产方式粗放,依靠大量化肥农药来提高单产,造成农业面源污染问题日益突出。

3. 沿线地区开发无序挤压生态空间现象仍然存在

目前,我国中西部地区一些城市"摊大饼"式发展直接或间接侵占生态用地,填河、填湖、开山、开矿等高强度开发建设对生态空间造成严重挤压。湿地面积十年间减少了339万公顷,自然调节能力下降。拦河筑坝、交通航运等工程建设活动,严重破坏了各类水生生物的栖息地及生存环境。由于国家重点生态功能区绝大多数都分布在我国"丝绸之路经济带"建设的重点区域,使国内"丝绸之路经济带"建设具有区域开发开放和生态保护与修复等多重使命。西北地区有阿尔泰山地森林草原生态功能区、塔里木河荒漠化防治生态功能区、阿尔金草原荒漠化防治生态功能区、祁连山冰川与水源涵养生态功能区、甘南黄河重要水源补给生态功能区、黄土高原丘陵壑区水土保持生态功能区、秦巴生物多样性生态功能区等。西南地区有藏西北羌塘高原荒漠生态功能区、藏东南高原边缘森林生态功能区、川滇森林及生物多样性生态功能区、三江源草原草甸湿地生态功能区、若尔盖草原湿地生态功能区、桂黔滇喀斯特石漠化防治生态功能区等。东北地区有大小兴安岭森林生态功能区、三江平原湿地生态功能区、长白山森林生态功能区、呼伦贝尔草原草甸生态功能区、浑善达克沙漠化防治生态功能区、阴山北麓草原生态功能区、科尔沁草原生态功能区等。这些生态功能区的建设,客观上要求推进"丝绸之路经济带"建设过程中,在这些区域只能发展与其相适应的一些环保产业。

三、推进绿色发展对我国"丝绸之路经济带"建设的要求

以绿色发展推进"丝绸之路经济带"建设,客观上要求在区域开发开放过程中,必须坚持生态优先,大力加强生态廊道建设,切实加强对生态和生物多样性的维护,以解决生态环境领域突出问题为重点,加大生态环境保护力度,提高资源利用效率,为沿线人民提供更多优质的生态产品。①

(一)推进建设主体功能区,形成沿线地区开发开放建设新布局

要强化主体功能区作为推进"丝绸之路经济带"建设中国土空间开发保护基础制度的作用,围绕促进沿线地区的新型城镇化、农业现代化和生态文明化等战略布局的协调发展,推动自然资本增值。通过这些区域开发战略的转型升级,要在我国境内把"丝绸之路经济带"率先建成绿色发展示范带。

1. 围绕"两横三纵"布局推进沿线绿色城镇化建设

在《全国主体功能区规划》的"两横三纵"城镇化战略布局中的"两横"与我国陆桥经济带、长江经济带"两大通道"建设基本吻合,应实施生态廊道建设与国际通道建设的有机统一,建设绿色城市、海绵城市和智慧城市。要推进

---

① 《中华人民共和国国民经济和社会发展第十三个五年规划纲要》,《人民日报》2016 年 3 月 6 日。

"丝绸之路经济带"建设与长江经济带建设的融合发展,持续推动沿长江和陆桥"两横"通道建设与"两横"城市化战略布局的有机衔接,加快推进沿线优化开发和重点开发的城市化地区的规划建设,重点培育沿陇海、江淮、天山北坡等重点开发的城市化地区,加快建设形成新的区域增长极,促进区域协调发展。加快包昆通道及其沿线重点开发城市化地区的规划建设,加大交通等基础设施建设力度,提升宁夏沿黄经济区、黔中地区、滇中地区的经济规模,协同带动周边区域加快发展。

2. 围绕"七区二十三带"布局推进沿线绿色农业建设

充分发挥"七区二十三带"农业战略布局的引领作用,按照分类指导、突出重点、梯次推进的思路,进一步完善中西部地区农业产业体系,加强与"丝绸之路经济带"沿线国家和地区的农业合作,提高绿色农业产业化和规模化经营水平,大力发展农业社会化服务,加快推进现代农业建设,切实保障国家粮食供给安全和农业质量安全。重视突出农业空间的生态功能,在西北地区通过退耕还林还草,逐步缩减并退出超过资源环境承载能力的生产,促进受损生态环境恢复治理,探索休耕、轮种等有利于恢复地力的制度政策体系。

3. 围绕"两屏三带"布局推进沿线生态文明建设

在《全国主体功能区规划》的"两屏三带"布局中,有"两屏两带"(即青藏高原生态屏障、黄土高原—川滇生态屏障、北方防沙带、东北森林带)都位于我国"丝绸之路经济带"建设覆盖的重点区域。其中,有许多规划建设的重点生态功能区也都位于这些区域范围之内。因此,在推进"丝绸之路经济带"建设过程中,要加强对重点生态功能区保护和修复的力度,划定生态空间保护红线,严格控制开发强度,实行更加严格的产业准入环境标准,在有条件的地区,通过水系、绿带等构建生态廊道,有效保障全国的生态安全。要加大对中西部地区、长江经济带、东北地区等"丝绸之路经济带"建设重点区域的生态环境保护和治理,特别是要加大对这些区域农业面源和畜禽养殖污染治理的支持力度。

(二)推进资源节约集约利用,在沿线地区发展循环经济

在推进我国"丝绸之路经济带"建设过程中,要树立节约集约循环利用的绿色发展资源观,以中西部地区为重点,建立实现绿色发展的示范区,大力发展循环经济和绿色环保产业,全面提高资源利用综合效益。

1. 在"丝绸之路经济带"沿线地区推进能源消费革命

中西部地区作为我国推进"丝绸之路经济带"建设的重点区域,重化工业较多,能源消耗较大。因此,在中西部地区推行能源消费革命,具有重要意义。在中西部地区,要率先开发推广水能、风能、太阳能等新能源技术和产品,开展重大技术示范。在西北地区,水资源缺乏,应加快农业、工业、城镇节水改造,鼓励一水多用,优水优用,分质利用。在推进"丝绸之路经济带"沿线矿山建设中,要加强矿产资源节约和管理,建立健全资源高效利用机制。作为重点推进"丝绸之路经济带"建设的中西部地区矿产资源虽然比较丰富,但总量是有限的。因此,要强化矿产资源规划管控,推动矿产资源开发利用技术创新。提升装备制造和信息化水平,发展智能矿山。

2. 在"丝绸之路经济带"沿线地区构建绿色产业体系

在"丝绸之路经济带"沿线的工业园区建设中,要推行循环型生产方式,构建绿色低碳循环的产业体系,按照物质流的关联度统筹我国"丝绸之路经济带"产业布局,实施原料替代战略,建立再生产品和原料的推广使用制度,引导生产企业加大再生原材料的使用比例。在推进"丝绸之路经济带"建设的产业结构优化调整过程中,要大力发展绿色环保产业,扩大环保产品和服务供给。在中西部一些重化工业比较集中的地区,要大力培育服务主体,推广节

能环保产品,促进节能环保产业发展壮大。在一些环境污染比较严重的城市要加快完善企业资质管理制度,鼓励发展节能环保技术咨询等专业化服务,加快构建绿色供应链产业体系。

(三)加大环境综合治理力度,加强沿线地区生态保护修复

目前,我国区域经济社会发展仍然不平衡,东部一些地区进入工业化后期,环境质量出现好转态势,但中西部地区由于承接产业转移,仍然面临环境恶化的压力。区域环境分化趋势显现,在推进"丝绸之路经济带"建设过程中,环境综合治理要求高、生态保护修复范围广。因此,需要加强各方面的统筹协调。

1. 加大"丝绸之路经济带"环境综合治理的力度

推动地方党委和政府及其有关部门落实环境保护"党政同责"和"一岗双责",并将其纳入目标考核和任职审计范围,严格实施问责和责任追究制度。健全区域多元化环境保护投融资机制,积极推进环境金融产品创新,鼓励民间资本投资环境综合治理工程。全面落实新《环境保护法》和《大气污染防治法》,完善区域管理配套制度。改革环境治理管理制度,实行省以下环保机构监测监察执法垂直管理制度。在中西部重点生态功能区率先探索建立跨地区环保机构,推行跨区域协同治理模式。

2. 全面提升"丝绸之路经济带"生态系统的功能

按照国家规划对森林、草原、荒漠、湿地与河湖四大类生态系统保护和修复提出的要求,进一步提升我国沿线地区的自然生态系统的保护水平,形成我国"丝绸之路经济带"上的国土绿化网络。保护和治理草原生态系统,加强草原保护和合理利用,推进草原禁牧休牧政策,实现草畜平衡,促进草原生息。加快风沙源区治理步伐,通过造林种草,增加林草植被;通过设置沙障、砾石压

沙等措施固定流动和半流动沙丘;通过禁止滥樵、滥采、滥牧,促进荒漠植被自然修复,遏制沙化扩展。保护和恢复湿地与河湖生态系统。采取水量调试、生态补水、河湖水系连通等措施,确保重要湿地和河湖生态用水;通过加强围垦湿地退还、河岸带水生态保护与修复、湿地植被恢复、有害生物防控、人工湿地减污等措施,开展湿地综合治理。

3. 积极推进"丝绸之路经济带"生态系统的修复

要坚持源头保护、系统恢复、综合施策的方针,按照生态系统的整体性、系统性及其内在规律性,统筹考虑我国"丝绸之路经济带"沿线地区自然生态各要素,进行整体保护、综合治理,增强生态系统循环能力,维护生态平衡。要强化沿线重点生态区域综合治理,开展典型受损生态系统恢复和修复示范,推进青藏高原、黄土高原、云贵高原、秦巴山脉、祁连山脉、河西走廊、塔里木河流域、滇桂黔喀斯特地区等关系沿线生态安全核心地区修复治理,研究制定黄河流域生态保护和高质量发展规划,构建国家生态安全屏障。

4. 依法加强对"丝绸之路经济带"生物多样性保护

我国"丝绸之路经济带"沿线地区国家级自然保护区众多。其中,在东北地区的内蒙古、辽宁、吉林、黑龙江,西南地区的四川、贵州、云南、西藏,西北地区的陕西、甘肃、青海、宁夏、新疆等地分布较多。因此,推进"丝绸之路经济带"建设,要依法强化自然保护区建设和管理,加大对典型生态系统、物种、基因和景观多样性保护力度。在开展区域互联互通等基础设施建设中,要保护和改善大熊猫、朱鹮、虎、豹、亚洲象等珍稀濒危野生动物栖息地,建设保护繁育中心和基因库,开展拯救繁育和野生放归。在扩大沿边对外贸易中,要强化野生动植物进出口管理,严厉打击象牙、穿山甲等野生动植物及其制品的非法交易。

5. 努力扩大"丝绸之路经济带"生态产品的供给

加强对沿线地区的世界文化自然遗产保护和国家级风景名胜区、国家森林公园、国家地质公园建设。我国"丝绸之路经济带"沿线地区世界文化自然遗产和国家森林公园、国家地质公园众多。世界文化自然遗产中的古丝绸之路遗址、遗迹以西北地区的陕西、甘肃、新疆、青海、宁夏等地较多,国家森林公园和国家地质公园以东北地区的内蒙古、黑龙江、辽宁、吉林,西北地区的新疆、陕西,西南地区的云南、贵州、四川、重庆等地为多。这些生态产品的供给,是最基本的民生福利,也是中国当前最短缺的产品。在推进"丝绸之路经济带"建设过程中,应进一步加大世界文化自然遗产特别是丝绸之路文化遗址、遗迹的保护力度,加强文化旅游基础设施建设,加强与沿线国家和地区的政策沟通与协调,共同打造生态绿色的丝绸之路文化旅游经济带,从而为沿线人民提供更多公众休闲、旅游观光、生态康养等公共服务产品。

四、建设绿色"丝绸之路经济带"
需要沿线各国家的参与

建设"丝绸之路经济带"不仅在我国境内需要加强生态文明建设,在沿线众多国家中都有一个加强生态环境的保护与治理问题。特别是与我国相邻的中亚地区,有的国家生态环境十分脆弱,更需要实现绿色发展。2016 年 6 月,习近平主席在乌兹别克斯坦最高立法院的演讲中指出,"要着力深化环保合作,践行绿色发展理念,加大生态环境保护力度,携手打造'绿色丝绸之路'"。① 因此,建设生态绿色"丝绸之路经济带"需要沿线地区各国的共同参与。

---

① 《习近平谈"一带一路"》,中央文献出版社 2018 年版,第 112 页。

（一）推动环保企业走出去，建立沿线绿色产业体系

适应在国外沿线地区建设绿色"丝绸之路经济带"发展的需要，我国应抓紧在参与沿线市场竞争中，推动先进适用节能环保技术产品率先走出去。在"丝绸之路经济带"沿线大力发展绿色环保产业，通过加强政府沟通与企业对接，统筹协调推行绿色标识认证和政府绿色采购制度。加强沿线国家和地区间的绿色金融合作，建立沿线绿色产业投融资体系，扩大发行绿色信贷和绿色债券的规模，设立绿色发展基金，为培育绿色发展企业和推进生态绿色"丝绸之路经济带"建设创造良好的市场环境和金融环境。

（二）传承古丝绸之路精神，坚持开发与保护相结合

传承古丝绸之路精神，组织开展生态环境、动植物保护、气候变化、灾害预警、传染病防治等领域的区域合作，与沿线国家和地区一起共建生态绿色"丝绸之路经济带"。坚持开发与保护相结合，继续推动丝绸之路文化遗产申请，加大对古丝绸之路历史重镇、绿洲、宗教、遗迹等发掘和保护。同时，借助沿线丰富多彩的古丝绸之路历史文化遗产，积极开发文化旅游新产品，大力发展低碳经济，加强与沿线国家和地区优秀文化、影视和艺术作品的交流，深化文化旅游区域合作，共建生态绿色文化旅游"丝绸之路经济带"，为沿线人民提供更多的生态公共服务产品。

（三）广泛开展沿线区域合作，积极引导全球气候治理

在推进"丝绸之路经济带"建设过程中，要通过加强与沿线国家和地区的区域合作，共建生态绿色"丝绸之路经济带"，以造福沿线各国人民。推动建立公平合理、合作共赢的全球气候治理体系，为建设生态绿色"丝绸之路经济带"创造良好的国际环境。深化气候变化和绿色发展的多双边对话交流与务实合作，创新共建生态绿色"丝绸之路经济带"的区域协调发展体制机制。加

强与"丝绸之路经济带"沿线及周边国家、尚不发达国家和生态脆弱国家的合作,推动低碳发展和绿色金融的国际合作。组织开展应对全球气候变化和实现绿色发展关键创新技术研究和科技攻关的区域合作论坛活动,支持沿线发展中国家提高应对气候变化和实现绿色发展的能力。

(四)推动绿色发展成果共享,共同建设美丽丝绸之路

保护生态环境,应对气候变化,维护能源资源安全,是"丝绸之路经济带"沿线地区和国家面临的共同挑战,已经引起了国际社会对生态文明建设的共同关注。因此,在推进绿色"丝绸之路经济带"建设过程中,应把生态文明建设融入到政策沟通、设施联通、贸易畅通、资金融通和民心相通的各个领域和全过程,在沿线国家和地区,推动绿色发展规则共商、设施共建和成果共享,共同建设美丽丝绸之路,为保护全球生态环境作出积极贡献。

(五)加强绿色发展互学互鉴,共建人类生态文明带

实现绿色发展,不仅是我国区域开发战略转型升级的需要,也是整个"丝绸之路经济带"沿线国家和地区实现经济可持续发展的普遍要求。在推进绿色发展方面,由于经济社会发展水平、历史文化传统以及地理自然环境等方面的差异,各国采取的方式方法也有所不同,都有着适合本国国情的不同的绿色发展之路。其中,有的通过不断总结已经形成了比较成熟的经验和发展理念,有的已成为世界共识,写进了国际公约。例如,沿线的中亚地区和俄罗斯在发展生态农业方面有许多好的经验很值得我国学习,欧洲在发展绿色环保产业和加强对生态环境的保护方面有许多好的做法非常值得我国借鉴,还有一些世界环保组织所坚持的绿色发展理念也可以给我国推进绿色"丝绸之路经济带"建设提供许多有益的启示。同时,我国在推进人与自然和谐共生方面,也有许多优秀的历史文化传统和先进理念,很值得在沿线推广。因此,沿线各国之间通过互学互鉴和加强交流合作,在不断形成更多共识的基础上,完全可以

共同推进人类生态文明建设。

　　总之,坚持绿色发展,既是我国区域开发战略转型升级的重要体现,也是深入推进"丝绸之路经济带"建设的客观要求。树立绿色发展理念,既有着深刻的科学内涵,也有着重大的实践意义。面对保护生态环境、应对气候变化的全球性挑战,需要"丝绸之路经济带"沿线国家和地区的共同参与。中国将在境内率先建设绿色发展"丝绸之路经济带",同时继续承担应尽的国际义务,同沿线国家和地区深入开展生态文明领域的各方面交流合作,通过互学互鉴,推动绿色发展成果共享,携手共建生态良好的美丽丝绸之路,为世界生态文明建设作出应有的贡献。

第十二章 建设"丝绸之路经济带"与区域开发战略开放发展

在推进"一带一路"建设背景下最明显的特征就是我国在开发开放发展方面,通过对"四大区域政策板块"在空间上的新组合,形成了新的"五大区域板块"的空间组合方式,加大了沿海、沿边和内陆地区各省分层次对接"丝绸之路经济带"建设的力度,深入推进我国各地区全方位对外开放战略的转型升级。

一、"一带一路"框架下我国区域 开放发展新格局及时代特征

根据推进"一带一路"建设的总体部署,经过六年多的建设,我国国内的区域开发开放,已形成了具有明显时代特征的新布局。在此基础上,根据国际国内形势的新变化,正在加快形成国内大循环为主体、国内国际双循环相互促进的新发展格局。应在推动形成新的发展格局大背景下,统筹考虑推进"丝绸之路经济带"建设与促进我国各省的区域开放发展转型升级问题。

(一)"一带一路"框架下我国区域开放新格局的空间组合

根据"一带一路"《愿景与行动》的国内新布局和国家"十三五"规划的有

关开放战略部署,我国在国内有关"一带一路"规划的空间范围,同时涉及东中西部及东北"四大区域政策板块"。但是,在具体的划分上有了新的"五大区域板块"的空间组合方式,即西北和东北地区、西南地区、东部沿海地区、内陆地区。这种空间组合方式是在我国区域发展总体战略的"四大区域政策板块"划分的基础上,有一些新的调整。之所以要采取这种新的区域空间组合方式,就是因为在"一带一路"框架下,使各个地区有了新的战略定位和发展要求以及相互之间的互动合作关系,说明我国已经开始准备形成区域开发开放的新格局。其中,"经济带"的构建将是盘活整个区域棋局的关键。[①] 有关建设"丝绸之路经济带"的范围,除了从事 21 世纪海上丝绸之路建设的沿海地区及其重点港口之外,几乎所有内陆地区都直接或间接地属于其覆盖范围之内。通过建设"丝绸之路经济带",扩大内陆地区的开发开放,对推动形成国内大循环为主体、国内国际双循环相互促进的新发展格局具有着重大意义。

西北和东北地区是我国陆地边境线最长的地区。把西北和东北地区放在一起,是为了更好地突出这两个地区都是推进"丝绸之路经济带"建设的重点地区。二者之间在推进"丝绸之路经济带"建设方面有着密切的分工合作关系。其中,把新疆作为"丝绸之路经济带核心区",是要在这一区域范围内培育新的经济增长极,使之能够成为与西北各省合作,充分发挥民族人文优势,形成我国向西开放的重要窗口。内蒙古原来属于西部地区的政策板块,在此次区域开发开放的新格局中划入到东北地区的政策板块之中,主要是因为在我国东、中、西三大对外通道中有两条通道都处在此境内。此次新的区域调整,使内蒙古在密切与东北三省和华北、华南、华东地区经济联系的同时,也提升了自己在推进"丝绸之路经济带"建设中的战略地位。东北三省一区通过发挥地理区位优势,开放合作建设向北开放的重要窗口。东北和西北通过分工合作共同打造我国东、中、西三大对外开放发展的运输大通道。

---

① 黄志钢:《构建"经济带":区域经济协调发展的新格局》,《江西社会科学》2016 年第 4 期。

西南地区虽然陆地边境线不如西北和东北地区长,但处在世界地理几何的中心地带。把西南地区作为一个单独的区域板块提出来,说明西南地区在"丝绸之路经济带"建设中具有着特殊的战略地位。其中,广西、云南将在推进"丝绸之路经济带"建设中发挥重大作用。广西对接东盟,发挥战略支点作用。云南对接大湄公河次区域组织,形成辐射中心。两省区通过加强与周边国家合作,建设中孟印缅经济走廊和中国—中南半岛经济走廊,形成我国西南、中南地区面向南亚、东南亚地区的互联互通网络。

东部沿海地区一直是我国对外开放的前沿,也是我国发展最快的地区。把沿海和港澳台地区放在一起,是为了更好地发挥沿海地区在推进"一带一路"特别是 21 世纪海上丝绸之路建设中的排头兵和主力军作用,以及海外侨胞和香港、澳门特别行政区在参与和助力"一带一路"建设中的独特优势作用。沿海的长三角、珠三角和环渤海三大增长极是推进"一带一路"建设的排头兵和主力军,15 个港口城市是 21 世纪海上丝绸之路的重要节点。其中,把福建建设成为"21 世纪海上丝绸之路核心区",不仅对建设 21 世纪海上丝绸之路具有引领和示范作用,而且对稳定台海局势具有着特殊意义。珠江—西江经济带作为海上丝绸之路桥头堡,在外接东盟国家、内联西南中南腹地中发挥枢纽作用。① 加大海南省自由贸易港建设的力度,对深入推进 21 世纪海上丝绸之路建设和稳定我国南海局势发挥着重大作用。

中部和西部的内陆地区由于地理区位条件的制约,一直是我国对外开放的难点地区,但在承东启西、连接南北以及形成国内大循环方面具有独特优势。因此,把中部地区和西部部分地区一起作为内陆地区来统一筹划,则有利于国内开展沟通境内外、连接东中西运输大通道的建设,推动内陆省会城市打造成为内陆开放型经济高地。长江经济带作为横贯东中西、连接南北方的开放合作走廊,在培育内陆开放高地,加强与"丝绸之路经济带"和 21 世纪海上

---

① 2014 年 7 月 28 日国家发展改革委印发的《珠江—西江经济带发展规划》(发改地区〔2014〕1729 号)。

丝绸之路的衔接互动等方面发挥着重要作用。其中,加快推动中国长江中上游地区和俄罗斯伏尔加河沿岸联邦地区的合作,将为内陆地区省市参与"丝绸之路经济带"建设提供重要的合作平台,创新了我国与国外非相邻地区合作的新模式,对我国内陆省市的开放合作发展具有重要的引领和示范作用。

(二)"一带一路"框架下我国区域开放新格局的时代特征

"一带一路"框架下我国区域开发开放新布局与原来我国"四大区域政策板块"下的区域发展总体战略相比,以其为基础又是对区域发展总体战略的全面深化和升级,从而使我国区域发展总体战略从半封闭的平面化的区域发展战略上升为开放式全方位多层次立体化的区域发展战略,正在加快形成国内大循环为主体、国内国际双循环相互促进的新发展格局。这是一种质的飞跃,具有着鲜明的时代特征。

一是双循环。所谓"双循环",是指国内国际循环相互促进的新格局。但是,这两个循环在新格局中的战略地位和作用是不一样的,是以国内大循环为主体的双循环。其中,"一带一路"建设的是联通国内国际双循环相互促进的桥梁,也是促进双循环中不同区域战略协调发展的纽带,在推动形成新格局中发挥着重大作用。

二是开放式。所谓"开放式",是指新发展格局的真谛仍然是开放,即通过"一带一路"建设,我国的地区开放已从东部沿海地区的开放转向沿海、沿江、沿边和内陆地区的全面对外开放,促进东北、西北、西南陆地沿边开放与东部沿海地区开放的联动发展,改变了过去仅仅依靠东部沿海开放的半封闭式状态,对带动沿江、沿边和内陆地区开放合作发展与经济转型升级具有重大意义。

三是全方位。所谓"全方位",是指国内大循环参与国际循环的地区是全方位的。即我国有关"一带一路"规划的空间范围覆盖的全国 34 个省区市都在。其中,包括 4 个直辖市、23 个省、5 个自治区和 2 个行政特区。尽管在空间组合方式上有了新的划分和不同的战略定位,但在空间范围上同时涉及到东中西部及东北"四大区域政策板块"。有的个别省份虽然不在重点区域范围之内,但也直接或间接地参与其中。

四是多层次。所谓"多层次",是指我国参与国际循环的地区是多层次的。即在国内"一带一路"战略布局的基础上,分别由开放程度不同的 1 个"中欧班列"品牌、新疆和福建 2 个核心区、长三角珠三角环渤海 3 个排头兵和主力军、东西南北 4 个方向的对外窗口、6 条国际经济合作走廊、8 个内陆开放型高地、21 个自贸试验区、15 个沿海城市港口、16 个国家级新区以及众多口岸和纵横交织的运输通道、开放经济带所构成的多层面开放格局。它们分别对应"一带一路"沿线不同国家和地区的不同合作模式和合作平台。其中,自贸试验区建设是我国为对接打造高标准全球自贸区网络而进行的重大改革开放举措,代表着"一带一路"建设的方向。

五是立体化。所谓"立体化",是指新发展格局是由不同层面多种区域发展战略有机构成的立体化发展战略布局。即是一种以"一带一路"建设为引领,以京津冀、长三角、粤港澳三大增长极为引擎,以区域发展总体战略、主体功能区战略为基础,以对外开放战略、创新驱动战略为动力,以新型城镇化战略、乡村振兴战略、自贸区战略为支撑,并与沿海开放发展带、长江经济带、新亚欧大陆桥经济带等战略发展相协调的综合性发展战略布局,是由多种区域发展战略有机统一叠加在一起的复合型区域开放合作发展战略布局。

二、坚持以开放理念引领"丝绸之路经济带"建设开放发展带

在推进"丝绸之路经济带"建设中,坚持以开放发展理念引领区域开发战略升级,客观上要求在新形势下,我国各地区要提高对外开放水平,以国际经济合作走廊建设为基本骨架,以实施自由贸易区战略为重要抓手,在沿线地区

建设开放发展带,协同推进与国外沿线国家和地区的战略互信、经贸合作、人文交流,加快形成陆海内外联动、东西双向互济、国内国际循环相互促进的开放新发展格局。

(一)以经济大走廊建设为骨架,打造对外开放发展带

开放发展在推进"丝绸之路经济带"建设中,是促进我国区域开发战略转型升级的必由之路。目前,我国的对外开放发展已从过去的"引进来"为主发展到"引进来"与"走出去"并重的新阶段,已开始体现出国内大循环为主体带动国内国际双循环相互促进的新格局特征。而在"走出去"过程中,主要是以六大国际经济合作走廊建设为骨干有序展开的。其中,新亚欧大陆桥、中国—中亚—西亚和中巴三条国际经济合作走廊建设在带动我国东中西部地区联动开放发展方面发挥了重要作用。

1. 新亚欧大陆桥运输通道日趋顺畅,促进了经贸水平提升

新亚欧大陆桥经济走廊区域合作日益深入,将开放包容、互利合作的伙伴关系提升到新的水平,有力地推动了亚欧两大洲经济贸易交流。《中国—中东欧国家合作布达佩斯纲要》和《中国—中东欧国家合作索菲亚纲要》对外发布,中欧互联互通平台和欧洲投资计划框架下的务实合作有序推进。新亚欧大陆桥经济走廊在"丝绸之路经济带"建设的大力推动下,以交通物流为核心,建设项目逐步加强和落地,陆桥运输通道日趋顺畅。新亚欧大陆桥横贯欧亚大陆,将环太平洋经济圈与欧洲经济圈连接了起来,从交通的便利化程度来看,比绕道印度洋和苏伊士运河的水运距离缩短了 1 万公里,运费节约 20%,时间节省 50%。

连云港作为新亚欧大陆桥的东方桥头堡,其辐射范围不断扩大,国际影响日益深远,有效推动了沿桥沿线地区经济和社会发展。作为全国区域性主枢纽港之一,连云港拥有新亚欧大陆桥出海通道优势,被赋予"一带一路"建设

东西双向开放交汇点的新使命。近年来,以中哈物流合作为基础,连云港加快推进"深水大港、远洋干线、中欧班列、物流场站"的无缝对接。2018年1—7月,连云港国际班列开行414列,接发集装箱3.9万标箱,货值41.1亿元。

新疆作为新亚欧大陆桥中国段的西端,突出集结中心和口岸基地建设,扎实推进经贸合作。及时解决乌鲁木齐国际陆港区建设过程中的突出问题,陆港体系、国检综合试验区等重点任务取得积极进展。统筹抓好中欧(中亚)班列运行服务与改革创新,集拼集运业务开始运行,开行质量不断提升。现代商贸物流体系初步形成。目前,阿拉山口和霍尔果斯两个口岸已经在商贸物流的带动下发展成为两座现代物流商贸城市。2018年,霍尔果斯进出口货运量达1704.44万吨,进出口贸易额551.1亿元,与2017年同期相比分别增长18.62%和9.01%。巴克图口岸已成为新疆面向中亚和俄罗斯市场独具特色的农产品进出口基地、陆上通道和集散中心。

2. 中国—中亚—西亚经济走廊战略对接与合作深入发展

中国—中亚—西亚经济走廊建设作为"丝绸之路经济带"上的重要联结纽带,互联互通建设工作向纵深发展。中国与中亚五国及西亚地区17国的战略对接和合作进一步深入,在能源合作、设施互联互通、经贸与产能合作等领域合作不断加深。在能源方面,中国—中亚天然气管道向中国输送天然气气源主要来自土库曼斯坦的阿姆河天然气公司和乌兹别克斯坦国家输气公司。经乌兹别克斯坦和哈萨克斯坦从霍尔果斯进入中国,是目前世界上最长的天然气管道。2018年初,中国石油又成功开拓了哈萨克斯坦气源。交通运输设施方面,中国在塔吉克斯坦、吉尔吉斯斯坦、乌兹别克斯坦等中亚国家承建的国际公路、铁路、桥梁、隧道项目先后完工并投入使用。这对于中亚和西亚地区的经济发展具有重要的现实意义。另外,中吉乌三国国际公路将进一步延伸,贯通整个中国—中亚—西亚国际经济合作走廊,并以交通设施联通为基础,中吉乌国际公路已经建立起TIR系统,这对于提升国际运输便利化水平,促进经贸关系产生积极作用。在经贸与产能合作方面,中国已同塔吉克斯坦、哈萨克斯坦、吉尔吉斯斯坦等签署共建"丝绸之路经济带"双边合作协议。随着合作深入开展,贸易畅通和便利化进一步提高,这将带动中国—中亚—西亚经济走廊建设,并将进一步延伸到伊朗、伊拉克、沙特阿拉伯、土耳其等西亚北非地区的众多国家,成为一条打通欧亚非三大洲的经济走廊。

3. 中巴经济走廊合作建设项目顺利实施并开始发挥效益

中巴经济走廊建设把中国欠发达的西部地区与巴基斯坦(瓜达尔港)连通,为中国进入阿拉伯海、印度洋及周边地区提供通道,以能源、交通基础设施、产业园区合作、瓜达尔港为重点的合作布局确定实施。中国与巴基斯坦组建了中巴经济走廊联合合作委员会,建立了定期会晤机制,一批项目顺利推进。2018 年,中巴光缆的全线贯通将推动双方的信息互联互通,中巴的沟通联系将更加紧密。2018 年 5 月 26 日,白沙瓦—卡拉奇高速公路苏库尔至木尔坦段("苏木段"高速公路)的首段通车。"苏木段"高速公路项目南起巴基斯坦信德省苏库尔市、北至木尔坦市,全长 392 公里,总投资约 28.9 亿美元,是目前中巴经济走廊最大的交通基础设施项目。白沙瓦—卡拉奇高速公路是贯通巴基斯坦南北的交通大动脉,全线通车后对于维护政治稳定、促进经济社会发展具有重要作用。

中巴经济走廊建设有利于巴基斯坦所有省份和地区的发展,也使巴基斯坦成为中国在南亚的一个区域性商贸投资枢纽,同时瓜达尔港建成将成为中国同南亚、中东及非洲扩大经贸合作的节点。其项目的持续落地最直接的影响是为巴基斯坦人民带来了大量的就业机会。中巴经济走廊早期收获的项目已经为当地创造了 3.8 万个工作岗位,未来将创造更多的就业机会。中巴经济走廊项目也提升了巴基斯坦的教育和医疗水平,目前,中巴经济走廊项目在巴基斯坦当地建造的一批学校和医院已投入使用。中巴经济走廊上的红其拉甫口岸连接巴基斯坦和新疆,让新疆的喀什与巴基斯坦的瓜达尔港产业互动、港口互动,形成了中国与巴基斯坦互动发展与经济合作共赢的新局面。同时,也开辟了中国企业沿着"丝绸之路经济带"走出去与加强国际经济合作的新通道。

(二)以实施自贸区战略为抓手,形成对外开放新格局

在推进"丝绸之路经济带"建设中,加快实施自由贸易区战略,是我国提高对外开放水平的重大战略举措,努力提高上海等自贸试验区的建设质量,在更大范围内推广复制,可以为全方位、多层次、高质量参与国际循环和促进国内大循环创造良好的营商环境。

1. 国内多层次的自贸试验区网络正在形成

上海、广东、天津、福建4个首批自贸试验区建设取得积极成效,以负面清单管理为核心的外商投资管理制度基本建立,以贸易便利化为重点的贸易监管制度有效运行,以资本项目可兑换和金融服务业开放为目标的金融制度创新有序推进,以政府职能转变为核心的事中事后监管制度初步形成,彰显了自贸试验区的试验田作用。4个自贸试验区以服务国家战略为根本,各辟蹊径推动"一带一路"建设,差别化功能举措不断推出。上海自贸试验区建立亚太示范电子口岸网络;广东自贸试验区"走出去"与伊朗、马来西亚、印度尼西亚等国家自贸园区开展合作;天津自贸试验区推出"一带一路"过境货物专项便利检验检疫制度;福建自贸试验区以中欧班列(厦门)常态化运营为契机,融入"一带一路"建设。自贸试验区服务"一带一路"自贸区战略的营商环境受到境内外投资者的欢迎。国务院发展研究中心等第三方机构对上海自贸试验区的联合评估显示,82%的受访企业反映营商环境进步明显,95%以上的企业看好后续发展;有关问卷调查结果显示,企业对自贸试验区政府部门服务效率、企业设立便捷度、办事透明度等都打了高分。

2016年,在总结推广前期4个自贸试验区经验的基础上,国家决定在辽

宁省、浙江省、河南省、湖北省、重庆市、四川省、陕西省、海南省新设立 8 个自贸试验区。2019 年又增加山东、江苏、广西、河北、云南、黑龙江等 6 个省区设立自由贸易试验区。① 2020 年,国家又决定在北京、湖南、安徽新设立 3 个自贸试验区。其中,北京自贸试验区,是中国第一个以服务贸易、数字经济为核心主题的自贸试验区。在湖南和安徽设立自贸试验区,就是发挥在推进"一带一路"建设和长江经济带发展中的重要节点作用,推动科技创新和实体经济发展深度融合,加快推进先进制造业和战略性新兴产业集聚发展,形成内陆开放新高地。加上此前已设立的上海、广东、天津、福建 4 个自贸试验区,我国自贸试验区已达到 21 个,区域范围也从沿海进一步向中西部拓展,并开始建设上海自由贸易试验区新片区和浙江自由贸易试验区扩展区,以吸引沿线更多国家来华投资和贸易。

从布局上来讲,设立的 21 个自贸试验区既有沿海、中部、西部,又有东北,初步形成了先行先试的区域发展布局;从战略需要上讲,既服务于"一带一路"建设、京津冀协同发展、长三角一体化发展、粤港澳大湾区建设、长江经济带发展等国家战略,又服务于西部大开发、振兴东北老工业基地、中部崛起、东部率先发展"四大区域政策板块"的区域发展总体战略,与国家新一轮改革开放的战略布局相一致;从 21 个自贸试验区的战略定位,可以很明显看出在服务国家战略方面各自要完成的先行先试对接任务。这说明我国多层次、多领域辐射带动"丝绸之路经济带"建设的自贸试验区网络正在形成。

2. 国外全球自由贸易区网络正在加快构建

在国外,我国积极同"丝绸之路经济带"沿线国家和地区商建自由贸易区,大力推进区域全面经济伙伴关系协定、中国—海合会、中日韩自贸区等谈判,推动与以色列、加拿大、欧亚经济联盟和欧盟等建立自贸关系以及亚太自

---

① 《光明日报》2019 年 8 月 26 日。

由贸易区建设,致力于形成面向全球的高标准自由贸易区网络。除此之外,地处大洋洲的澳大利亚和新西兰是中国在发达国家中最先成功取得突破而且开放合作已在不断推进的国家,已被纳入 21 世纪海上丝绸之路建设之中。南美的智利、秘鲁、哥斯达黎加、阿根廷、巴西、巴拿马等拉丁美洲国家也给予中国对外贸易关系发展以有力的支撑,从而使"一带一路"建设自然延伸到拉丁美洲。

截至 2018 年,中国在"一带一路"框架下,与世界上 25 个国家和地区签署了 17 个自由贸易协定,正在与 27 个国家进行 12 个自贸协定的谈判或升级谈判。2020 年 11 月 15 日,东盟 10 国和中国、日本、韩国、澳大利亚、新西兰共15 个亚太国家正式签署了《区域全面经济伙伴关系协定》(RCEP),这是当前世界上人口最多、经贸规模最大、最具发展潜力的自由贸易区。2020 年 12 月30 日,中欧投资协定如期完成谈判。初步构建了周边自由贸易平台和全球自由贸易网络。完成全部谈判后,中国的自由贸易伙伴将由现在的 25 个增加到36 个,涵盖中国对外贸易的 50%,中国为新一轮的世界贸易升级谈判打下了坚实的基础。

三、开放发展使沿海省市在"一带一路"中扮演着重要的角色

从我国国内 21 个自贸试验区的空间布局来看,在分层次对接和形成全球自贸区网络体系的开放格局中,东部沿海省市在推进"一带一路"建设中扮演着排头兵的角色,在促进国内国际双循环中发挥着主力军作用。

(一)沿海各省争当推进"一带一路"建设的排头兵和主力军

河北省在京津冀协同发展的带动下,近两年出现了稳中有进的发展态势,特别是借力环渤海经济圈沿着"一带一路"对外开放合作发展的大好时机,对

外贸易取得了较大成效。据石家庄海关统计,2018 年 1—7 月河北省对"一带一路"沿线国家和地区进出口总值 579.6 亿元,比 2017 年同期增长 3.8%,进出口总值占同期河北省外贸进出口总值的 29.4%。其中,出口 467.1 亿元,比上年同期微增 0.5%;进口 112.5 亿元,增长 20.1%。从对外贸易方式看,一般贸易进出口占九成多。1 至 7 月,河北省以一般贸易方式对"一带一路"沿线国家和地区进出口 532.7 亿元,比上年同期增长 3.7%,占同期河北对"一带一路"沿线国家和地区进出口总值的 91.9%。以加工贸易方式进出口 23.3 亿元,比上年同期下降 17.5%;以对外承包工程出口货物方式出口 7.7 亿元,大幅增长 1.7 倍。从对外贸易区域看,对俄罗斯进出口居首位。1 月至 7 月,河北省对俄罗斯进出口 104.6 亿元,比上年同期下降 5.6%;对印度进出口 70.2 亿元,增长 7.5%;对阿联酋进出口 47.2 亿元,增长 34%。从对外贸易产品看,高新技术产品出口增长迅猛。1 月至 7 月,河北对"一带一路"沿线国家和地区出口机电产品 117.2 亿元;高新技术产品(与机电产品部分有交叉)出口 35.4 亿元,迅猛增长 95.2%;医药品出口 15.7 亿元,增长 22.6%;农产品出口 15.5 亿元,增长 5.8%。

山东积极打造"一带一路"建设的经贸合作平台。2014 年 3 月 18 日,由山东省贸促会牵头的"丝绸之路经济带高端商务对话会"在济南召开,来自东盟、中东欧 10 国驻华经济参赞、国内外有关商协会负责人齐聚一堂,他们谈论最多的话题就是合作。对话会给出的结果是,设立"山东—东盟项目合作办公室"、"山东—中东欧项目合作办公室"。山东省贸促会分别与印度尼西亚、缅甸、越南、泰国、菲律宾、立陶宛、匈牙利、斯洛伐克、捷克、波兰等驻华经参处签署协议,通过上述两个办公室,集中承接、推介各国驻华参处、国外商协会对鲁合作项目,并将其打造成东盟、中东欧各国及山东各市广泛参与的经贸合作平台。在对外发展中,山东青岛已成为我国开放政策最集中的区域之一。2018 年上海合作组织峰会在青岛成功召开,更加提高了青岛在国际上的影响力。2018 年,山东省外贸进出口总值 1.93 万亿元人民币,同比增长 7.7%,创历史新高。美国、欧盟、东盟、韩国和日本仍居山东前 5 大贸易市场地位,进出口总值超万亿元。对"一带一路"沿线国家进出口 5195.9 亿元,增长 7.3%,其中,对俄罗斯和印度进出口分别增长 24% 和 15.8%。

江苏构建"一带一路"交汇节点新格局。江苏依托"一带一路"交汇点的独特定位以及新亚欧大陆桥东端起点的区位优势,结合国家沿海开放、长江经济带建设两大国家战略,发挥产业优势,双向扩大开放,再造开放新优势。其中,连云港、徐州、南京作为重要节点城市,都有各自的定位。连云港依托其作为新亚欧大陆桥的东方起点,加快建设"前港后站、海陆互通、一体运营"的东方大港。徐州作为铁路枢纽城市,正在与周边省市加强区域合作,努力发展成为沿线地区新的增长极。南京的定位是综合枢纽城市,重点推进"一区一带三枢纽",即江北的国家级新区,构建东南科技创新示范带,打造空港、海港、高铁港三个枢纽,未来还将在制造业、服务业、服务外包软件、智能电网等方面进行创新发展。

上海大力提升对接"一带一路"建设的新能级。上海依托处于"一带一路"和长江经济带两大战略交汇点,积极谋划发挥两大国家战略叠加优势和上海自贸区制度创新优势。2015 年上海就制定了贯彻"一带一路"倡议的实施意见,提出将在三个方面有所作为:一是进一步推动国际贸易合作;二是进一步扩大金融开放;三是加快建设和完善枢纽型、功能型航运基础设施和服务体系。在推动国际贸易合作方面,上海通过搭建贸易网络、参与投资贸易标准制定、汇聚国际投资贸易服务机构等三大举措,成为"一带一路"倡议落实的先行者和领跑者。上海已率先推动商协会构筑"一带一路"沿线贸易网络。推动与相关国家和地区的合作;并由上海进出口商会牵头,会同其他国家级的商会于 2015 年 3 月 27 日成立"一带一路"贸易商企业联盟,以促进"一带一路"的贸易畅通。目前,上海作为长三角一体化发展的中心城市,正在高标准打造上海自由贸易试验区新片区,以更加开放的姿态领跑"一带一路"建设。

浙江争当"一带一路"建设排头兵。浙江的定位是,打造推动"一带一路"

建设的经贸合作先行区、"网上丝绸之路"试验区、贸易物流枢纽区,构筑陆海统筹、东西互济、南北贯通的开放新格局,争当"一带一路"建设的排头兵。浙江对外积极推动三大合作:一是强化经贸合作。以实施义乌国际贸易综合改革试点国家战略为契机,加快推进丝路新区、陆港新区、科创新区等试验区建设;建设跨境电子商务综合试验区,积极打造全球数字贸易高地;稳妥推进"义新欧"中欧班列常态化运行,打通义乌与中亚、欧洲等地区的陆路通道。二是拓展产业合作。主要是在沿线国家主要节点城市和港口布局建设一批境外经贸合作区,推动优质富裕产能在境外集群发展,打造一批国际合作的创新孵化器、科技园、产业园,集聚更高层次的海外技术人才、创新团队支撑浙江新一轮的产业转型。三是提升人文科技合作,打造国际旅游资讯平台,推广浙江丝绸之路文化、陶瓷文化、海洋文化,联合打造有丝绸之路特色的国际精品旅游线路和旅游产品。浙江通过开展对外合作,有力地促进了对"一带一路"沿线国家和地区的贸易发展。2018 年 1—11 月,浙江对"一带一路"沿线国家进出口 8211.0 亿元,增长 14.1%,占全省进出口总值的 31.5%,拉动全省进出口增长 4.4 个百分点。此外,"一带一路"沿线国家和地区也成为浙江投资的重要目的地。截至 2018 年 11 月,浙江在"一带一路"沿线投资项目总额为223.74 亿美元,占比 25.15%。

福建全力打造"新海丝"核心区。福建作为海上丝绸之路的主要发祥地之一,将全力打造"21 世纪海上丝绸之路核心区",力争成为"一带一路"互联互通建设的重要枢纽、海上丝绸之路经贸合作的前沿平台和海上丝绸之路人文交流的重要纽带。福建"一带一路"的重点方向是东南亚。中国—东盟海产品交易所已于 2014 年 11 月上线开业,并将在东盟 10 国设立分支机构,其中与泰国、印尼已进入具体谈判环节。同时,提升贸易便利化水平,为福建与海丝沿线国家和地区的贸易、投资、人员往来提供优质服务。2017 年 9 月 4日,金砖国家峰会在福建厦门成功召开,为福建对接"一带一路"走向世界,提供了更为广阔的发展空间。

广东争当"一带一路"建设主力军。广东在全国各省区市中第一个提出了衔接国家"一带一路"规划实施方案,并配套出台工作重点和近期优先的项目清单,力争把广东打造成为"一带一路"的战略枢纽、经贸合作中心和重要引擎。广东"一带一路"优先推进的项目清单共 68 项,总投资达 554 亿美元,涵盖基础设施、能源资源、农业、渔业、制造业、服务业 6 个领域。据悉,近五年来,广东在推进对接国家"一带一路"规划实施方案过程中,注意充分发挥深圳改革开放"排头兵"作用和"尊侨重商"的优良传统,积极参与粤港澳大湾区建设,在推进自由贸易试验区方面不断探索,全面扩大对外开放,努力争当推进"一带一路"建设的主力军。据国家工信部公布的数据,2018 年 1—11 月,广东外贸进出口总值 6.53 万亿元,比 2017 年同期增长 7%,保持了稳中向好的态势。其中,广东省前 7 位贸易伙伴为中国香港、东盟、美国、欧盟、中国台湾、韩国及日本,进出口分别增长 5.4%、12%、1.4%、3.9%、16.6%、10.5% 及 5.3%。同期,对"一带一路"沿线国家进出口 1.47 万亿元,增长 8.5%,高出广东省整体增速 1.5 个百分点,占广东省外贸总值的 22.4%,与"一带一路"沿线国家的贸易合作潜力持续释放。

海南发挥海上优势积极打造自由贸易港。海南省是中国最南端的省份,也是离东南亚最近的沿海省份,从面对太平洋和印度洋、面对世界的角度来看,就是新一轮改革开放的最前沿。作为中国最大的经济特区和自贸试验区,海南的开放是时代的需要。推进"一带一路"建设以来,海南依托"生态环境、经济特区、国际旅游岛"几大优势,已经成为 21 世纪海上丝绸之路的战略支点。其总体发展思路概括为一大抓手、两大目标、三大任务、四大突破、五大举措。一大抓手:即加大国际旅游岛开发开放力度,把海南岛打造成开放之岛、绿色之岛、文明之岛、和谐之岛。两大目标:即形成以现代服务业为主导的经济结构和建成 21 世纪海上丝绸之路的"南海服务合作基地"。三大任务:一是以健康产业为重点,加快开放型服务业发展;二是以洋浦自由工业港区为重点,抓紧建设自由贸易港;三是以"五规合一"为路径,破题"全岛一个大城市"。四大突破：一是服务业发展的体制机制创新的突破；二是以负面清单为重点的行政审批制度改革的突破；三是用足用好开放型政策的突破；四是以"互联网+"为支撑提升海南开放水平的突破。五大举措：一是面向"海丝"打造国际旅游休闲基地、国际人才港、大健康产业聚集区、全面开放的大市场；二是发挥华侨华人经济文化优势，建立以人文文化为引领的海上丝路，打造面向华人华侨的特色园区；三是利用港口和航运优势，促进海上丝路航运中心建设，加大航运基础设施建设投资力度，提高通行便利度，增强转运能力和综合服务能力；四是利用有"互联网+"优势，强化网络基础设施建设，打造线上"海丝"，积极发展跨境电子商务，形成跨时空的平台交易和服务，建设线上线下一体化的海上新丝路。五是发挥海洋经济优势，加快海洋经济转型，以重大项目、重大工程和重大政策为抓手，以海水淡化、海洋生物研发等为重点，促进海洋特色产业集群发展，积极争取建立"国家海洋经济示范区"。

（二）沿海城市在对接"丝绸之路经济带"建设中转型升级

东部沿海省市作为我国对外开放最早的地区，发展程度较高，在"丝绸之路经济带"向西发开发过程中依然扮演着重要角色，上海、浙江义乌、江苏连云港、山东青岛等局部特定地区和城市出海口作用明显，大多数地区和城市是输向中亚、欧洲商品和货物的主要来源地。东部地区产业和贸易结构转型升级，将带动中西部产业承接和转型，进一步增强与中亚等国的贸易互补性，带动"丝绸之路经济带"沿边经济体货物流通、人文交流。

上海是上海合作组织的创始地和重要对外沟通交流平台，为"丝绸之路经济带"建设提供了重要的国际交流合作机制。2013年在上合组织成员国元首理事会上，提出成立上海合作组织开发银行。这是一个与世界银行和亚洲开发银行一样的金融实体，有明确的章程，各国按一定出资比例共同筹备资金，这意味着"丝绸之路经济带"区域间的财政金融合作已发展到新的高度。这将有利于促进乌鲁木齐等国际区域性金融中心的建设和"丝绸之路经济带"沿线国家区域市场一体化的发展。以上海为代表的自贸试验区建设,已经总结形成可复制的一系列好的经验和做法,将为包括上海合作组织各成员在内的"丝绸之路经济带"沿线国家构建自由贸易区网络提供有益借鉴和重要启示。目前,以上海临港等地区为中国(上海)自贸试验区新片区,将打造与国际通行规则相衔接、更具国际市场影响力和竞争力的特殊经济功能区。

浙江的义乌作为世界著名的小商品城,按照国家统一战略部署,以大力推动和参与"新丝绸之路"跨区域合作交流项目和平台建设为主线,努力将义乌打造成为我国建设"新丝绸之路"自由贸易区的实验区和枢纽城市。浙江与中亚国家的贸易互补性很强,双方合作发展潜力很大。2014 年 1 月,"义新欧"(义乌—中亚五国)国际集装箱专列首发,标志着浙江义乌直达中亚的国际铁路联运物流大通道基本建成。2014 年 4 月 28 日,首批通过铁路转关方式进口的货物从乌兹别克斯坦撒马罕城,经新疆阿拉山口换乘国内火车后到达新丝路另一端——浙江义乌。义乌小商品借助新丝绸之路,对中亚出口实现跨越式发展。越来越多的浙江制造踏上新丝路,物流成本降低。2018 年1—11 月,"义新欧"班列往返开行 294 列,发运 23184 个标箱,其中,去程班列237 列,19752 个标箱,同比增长 99%;回程班列 57 列,3432 个标箱,同比增长10%。先后开通 9 个方向运行线路,沿线设立 4 个公司、5 个分拨中心,辐射欧亚大陆 35 个国家和地区。

江苏的连云港是新亚欧大陆桥东端起点,处于连接新亚欧大陆桥经济带、亚太经济圈、环渤海经济圈和长三角经济圈的"十"字节点位置,是陆上"丝绸之路经济带"向东延伸、21 世纪海上丝绸之路向西拓展的交汇点,是"一带一路"双向开放的重要门户。连云港参与"丝绸之路经济带"建设主要包括三个层面:一是打造衔接海陆丝绸之路的综合交通枢纽,在港口功能完善、高速高铁建设、航空航线开拓等方面不断提升,构建起"海、陆、空、铁、水、管"立体式综合交通网络体系。目前,连云港已开行至中西部地区以及中亚国家的 10 余条铁路班列,每年港口货物吞吐量的 60%来自中西部地区。承担的大陆桥过境集装箱运输量超过 60%。二是打造"丝绸之路经济带"东西双向开放门户，构建其东北亚西向拓展和中亚地区东向出海的加工生产、商贸物流基地。三是打造"丝绸之路经济带"产业合作集聚区，推动与陆桥沿线地区和国家的产业合作，建设成进口资源加工基地、出口产品生产基地和重化工配套产业基地。

山东的青岛作为我国东部沿海重要出海口，处于海陆丝绸之路交汇的节点位置，具有深化国际国内合作、聚集生产要素、吸引各方投资和带动区域发展的良好区位条件。基于青岛的优势和条件，青岛市政府提出打造面向韩日、辐射东南亚、陆联中亚欧的"一带一路"综合枢纽城市的战略构想，并力争在 2020 年将其规划建设成为四大功能载体。一是打造"一带一路"双向开放桥头堡。青岛将整合海陆要素资源，加快陆海丝绸之路双向衔接，深化与乌鲁木齐、霍尔果斯等西部口岸合作，搭建"青新欧"跨国货运铁路直达通道，推动"丝绸之路经济带"向东部沿海延伸。二是建设东亚海洋合作平台。即以青岛为龙头，以日照、滨州、潍坊、烟台、威海等沿海 6 市为腹地，建设东亚海上合作平台。三是构建"一带一路"经贸合作枢纽。以申建自贸港区为引擎，加快建设财富管理综合金融改革示范区，推动贸易投资便利化。四是打造"一带一路"综合保障服务基地。青岛与陆上"丝绸之路经济带"经过的甘肃、宁夏等 18 个省市签署口岸战略合作框架协议，与西安、郑州、成都、兰州、乌鲁木齐等 20 多个城市建设"无水港"或进行战略合作。

在沿海城市对接"一带一路"建设与开放发展的转型升级中，有一个显著的变化是，2020 年中央支持北京设立自由贸易试验区，以科技创新、服务业开放、数字经济为主要特征，构建京津冀协同发展的高水平开放平台，带动形成更高层次改革开放新格局。紧接着，国务院就发布了《深化北京市新一轮服务业扩大开放综合试点建设国家服务产业扩大开放综合示范区工作方案》，并将在北京举办的中国国际服务贸易交易会提升到与上海国际进口博览会一样的规格。它释放出了中国经济转向的一个巨大信号，就是国家基于对"疫情防控常态化"的研判,而对数字经济作出的战略重视。在新一轮对外开放发展中,大力加强"数字丝绸之路"建设,将被提到重要的议事日程上来。下一步,就是要进行一系列的经济政策调整,打造出一系列进出口贸易的数字通道。这将会对建设"丝绸之路经济带"未来的走向产生重大而深远的影响。

四、建设"丝绸之路经济带"助推中西部地区加快开放发展

自从"一带一路"倡议提出与实施以来,推进"丝绸之路经济带"建设的各项工作取得了明显成效,极大地推动了我国中西部地区的开放发展,特别是西北沿线地区逐渐从以前的开放后方变成了开放的前沿,取得了一系列的显著成果。

(一)建设"丝绸之路经济带"使西北成为向西开放的前沿

陕西发展"三大经济",打造"一带一路"联通枢纽。2018 年 3 月 9 日,陕西发布了《陕西省"一带一路"2018 年行动计划》,提出发展枢纽经济、门户经济、流动经济"三大经济",继续围绕新高地和五大中心建设,进一步强化陕西在"丝绸之路经济带"的支撑和联通枢纽作用。"一带一路"倡议提出以来,陕西省积极对接"丝绸之路经济带"建设,利用承东启西的区位优势,积极构建陆路、空中和网上的新丝绸之路,打造立体化的开放通道,推动大西安建设,使西安成为第 9 个国家中心城市,依托陕西自贸试验区建设,着力推进科技、教育、文化、旅游等人文交流,欧亚经济论坛、丝博会、丝路金融能源贸易中心等众多"丝绸之路经济带"交流合作国际平台落户陕西西安,促进丝绸之路沿线再现经济与文化繁荣。

新疆借力"丝绸之路经济带",逐步开创对外开放新格局。新疆围绕建设"丝绸之路经济带核心区"的目标定位,着力打造交通、商贸、科技、金融、医疗

五大中心建设。推动双向开放,持续深化经贸投资金融合作,在各领域探索对外开放新模式,并取得新进展、新突破。新疆乌鲁木齐的国际物流网络进一步拓展,与国内众多港口、丝绸之路沿线的白俄罗斯、哈萨克斯坦等国家建立了战略合作关系。新疆本土企业"走出去"步伐加快,依托特变电工产业优势,新疆特变电工股份有限公司在丝绸之路沿线众多国家设立了办事处,为其提供了从培训到运营维护一条龙式的系统化服务,推动了绿色高效的电源、电网建设。

甘肃加快"丝绸之路经济带"建设步伐,推动对外开放层次提升。近年来,甘肃围绕深度融入"丝绸之路经济带",加强顶层设计和制度性安排,出台了众多政策文件和实施方案。依托口岸经济、经贸合作平台,甘肃对外开放格局逐渐形成。铁路、公路、航空口岸以及海关监管等平台作用凸显;敦煌文博会、兰洽会、药博会等重要展会、节会品牌效应显现,国际影响力逐步提升。在平台的有力支撑下,甘肃"走出去、引进来"战略取得新突破。同时,借助通道优势,甘肃加快国际物流大通道建设,形成了对外开放新的增长点。

宁夏实施三大通道建设,积极融入"丝绸之路经济带"。宁夏紧抓"一带一路"倡议机遇,推进开放宁夏建设,积极主动投入"丝绸之路经济带"建设,持续拓宽陆路、空中、网上三大对外通道,内通外联的立体化开放通道正在形成。宁夏至中亚国际货运班列自 2016 年开通以来,承载着"宁夏造"蛋氨酸、碳化硅、轮胎以及来自山东、天津、河北、内蒙古等地的建材、机械设备、汽车配件、装饰材料等货物,经新疆霍尔果斯或阿拉山口口岸开往哈萨克斯坦、乌兹别克斯坦等中亚国家。利用国家批准银川河东机场向阿联酋开放第三、第四、第五航权的机遇,开通了迪拜经停银川到成都、郑州的航线,银川成为北京、上海、广州之后阿联酋航空公司在中国的第四个首航城市。依托中阿网上丝绸之路经济合作试验区建设,宁夏持续增强信息共享和科技合作动力,激发人文交流活力,逐渐成为"丝绸之路经济带"中阿合作的战略支点。

青海积极扩大开放,融入"丝绸之路经济带"的步伐加快。得益于"丝绸之路经济带"建设的不断深化,青海全方位开放水平不断提升。依托青洽会平台,青海与国内东中西部省区以及沿线国家和地区展开贸易合作,融入全球分工格局。近年来,青海积极开展务实的对外交流合作,内陆开放型经济格局正在形成,特别是在我国向西开放的国家战略中的门户作用和区位优势凸显,在经贸、产能、人文交流等方面都取得了新的进展和突破,有力地支撑了开放型省份的建设。依托中国(青海)藏毯国际展览会,哈萨克斯坦世博会青海主题日、青海能源农牧经贸推介会等平台和载体,有效地提升了青海的影响力和知名度。大力推动与沿线国家和地区的人文科技交流活动,目前,青海省内的3 所高校与丝绸之路沿线的 30 余个国家的众多高校和科研机构建立了战略合作关系。

(二)建设"丝绸之路经济带"使西南地区成为向南开放的窗口

从西南地区推进"丝绸之路经济带"的情况来看,重庆作为西部开发的"龙头",积极发挥区位优势,拓展国际互联互通大通道,加快建设内陆国际物流枢纽、口岸高地和开放高地。打通了"渝新欧"国际铁路、南向铁海联运、长江江海联运三大国际贸易物流大通道,并实现常态化运行,构建起东向、西向、南向、北向和航空五大国际物流通道体系。依托两江新区、国家自主创新示范区、7 个国家级开发区、7 个海关特殊监管区域等载体,初步形成"1277"国家级开放平台体系。坚持"引进来"和"走出去"并重,扩大开放领域,破除政策梗阻,打造合作品牌,推进共赢发展。大力拓展国际友好城市"朋友圈",积极参与中国—中东欧、中俄"两江地区"合作、中国—东盟、中美、中澳省州长论坛等多边、双边合作机制建设,着力加强与各国文化、艺术、教育、旅游等领域的交流与合作。

西南地区的其他省区在对外开放方面也迈开了重要步伐。四川紧抓由内陆走向门户、由后方走向前沿的历史机遇,深入实施"蓉欧+""三大发展战略"

"四项重点工程"建设,建立起与世界互联互通、无缝对接的开放大通道,拓展对内对外开放新空间,形成内外联动、东西双向互补的开放格局。云南利用南博会品牌和平台优势,推动云南融入"一带一路"国际合作,支持更多的企业"走出去",深入周边的老挝、缅甸、柬埔寨及斯里兰卡等国进行贸易和投资,助力"丝绸之路经济带"建设,云南全方位开放的新格局正在形成。广西以"南向通道"对接中国—中南半岛国际经济合作走廊建设为目标,面向东盟,以重大项目带动,拓展西南地区融入"一带一路"大格局,战略支点作用日益凸显。

(三)建设"丝绸之路经济带"促进了中部地区开放水平的提升

中部地区各省充分发挥各自的比较优势,积极推进"丝绸之路经济带"建设,特别是中部各省中欧班列的运行和各条大通道建设的开通,使中部地区承东启西、连接南北的区位优势和综合交通枢纽优势得到了充分发挥,大大缩短了中部地区对外开放发展的时空距离,使中部各省在对外开放发展中涌现出了许多对接"一带一路"的亮点。

河南省依托全国综合交通枢纽优势,打造出了郑州—卢森堡空中丝绸之路"双枢纽"模式,使"空中丝绸之路"成为"一带一路"倡议的重要组成部分,并被刻上了"河南印记"。沿江地区的安徽、江西、湖南、湖北等中部省份,依托中国长江中上游地区与俄罗斯伏尔加河沿岸联邦区的"两江地区"合作平台,积极开展中俄地区之间在经贸、投资、产业、人文等领域的合作,进一步深化中俄之间全面战略协作伙伴关系,大力提升对外开放合作水平。山西继承和发扬晋商传统,以设施联通为基础,以人文交流为纽带,以经贸合作为先导,以产能合作为突破口,加大"引进来"与"走出去"的步伐,对外开放水平得到了大幅度提升。截至 2018 年 10 月底,山西在 57 个国家备案设立 263 家境外投资企业,累计对外投资 26.3 亿美元,涉及采矿、制造、批发零售、建筑等领域。

五、推进"丝绸之路经济带"开放
发展存在的问题及对策思考

自从习近平总书记提出"一带一路"倡议以来,国内"丝绸之路经济带"沿线各个地区积极响应中央的号召并寻求新形势下开放发展的机遇,纷纷结合自身特点制定和出台了本地的对接方案和发展规划,并取得了重大成效。但是,在对接建设的规划制定和组织实施过程中,也暴露出一些矛盾和问题。

(一)推进"丝绸之路经济带"开放发展存在的问题

我国各地区在对接"一带一路"框架下的"丝绸之路经济带"建设方面,由于受地方利益驱使和传统发展模式的影响,存在的问题主要表现在以下几个方面。

1. 区域规划缺乏协调,功能定位差异不大

继国家提出"一带一路"《愿景与行动》规划后,国内各省陆续研究和制定了"一带一路"的具体建设方案,从规划的理念来看,只关心自家"一亩三分地"的思维定式仍然存在,缺乏相互协调。很多规划基本上都是以自我为中心设计的,争当区域"中心"的现象较多。这种"碎片化"的定位,在各个相邻省市的报告中屡见不鲜,虽然说明了省市所处的地理位置,但是系统性和科学性不强,区域经济发展没有找到真正的独特性和区域优势。新瓶装旧酒的做法不仅没有理念层面的突破和创新,反而陷入了一种不明重点、遍地开花的恶性循环。① 这种以行政区划为中心的规划理念很容易割裂国家关于"一带一路"《愿景与行动》规划整体布局的内在联系的协调性,不利于国内"丝绸之路

---

① 丁任重、陈姝兴:《中国区域经济政策协调的再思考》,《南京大学学报(哲学·人文科学·社会科学)》2016 年第 1 期。

经济带"建设的全面组织实施。

2. 注重基础设施建设,缺乏体制机制创新

从目前各省对接"一带一路"的规划和实施方案来看,对围绕"丝绸之路经济带"国际物流大通道建设,密集发展基础设施,修公路铁路,争取国家建设项目都非常重视。但对建设"丝绸之路经济带"过程中的区域合作体制机制创新,有关省市重视不足,没有与相邻区域的省份实行联合规划,缺乏这方面科学有效的配套的具体对接措施,"重硬件、轻软件"建设的现象仍然存在。各省之间缺少对接协调机制,特别是在推进区域市场一体化建设方面力度不够,在一定程度上影响了生产要素跨区域的有序自由流动。在争先恐后改扩建各种港口、站点、机场设施和打造国家物流中心的同时,忽视货源市场的科学预测与组织协调,缺乏全面发展与分工合作体制机制的创新。

3. 区域发展思路趋同,产业同构现象严重

在建设"丝绸之路经济带"过程中,一些内陆落后地区为了眼前经济发展而承接沿海地区一些传统产业转移,复制发达地区传统发展模式的现象较多,缺乏科技创新,从而形成了发展思路的趋同化和产业结构的同构化,包括建设了一些低附加值行业和"三高"产业。通过承接产业转移一些内陆地区的固定投资和 GDP 增速很快,然而产业结构的同构化,在有限资源约束下很快会碰到增长的极限。其结果,一方面存在着恶性竞争与重复建设的倾向,另一方面很容易形成严重的新的产能过剩。

4. 重视经济增长发展,轻视生态环境保护

在对接"丝绸之路经济带"建设中,一些地区急于经济发展,急于脱贫致富,存在发展目标短期化现象,重经济增长发展,轻生态环境保护的现象仍然存在。特别是在地区考核中,往往把经济增长发展当成是硬指标,而把生态环

境保护、坚持绿色发展方面的指标看成是软指标,有的甚至把坚持绿色发展当成口号提提,开会走走过场,而实际上并没有列入细化考核指标之中。甘肃省在祁连山自然保护区内违规采矿和建厂,给生态环境带来了严重污染,就是一个典型的反面案例。因此,在新一轮的对接"丝绸之路经济带"建设中,如不加以正确引导,很容易导致对区域生态环境的严重破坏。

5. 过分依赖国家政策,缺乏内生发展动力

我国各省在参与"丝绸之路经济带"建设中,之所以争当"起点"和各种区域"中心",很大的一个动因就是争取更多的国家项目支持,获得更多的优惠政策资源,而没有把主要精力放在内生发展动力的培育上。有的省份在规划中对国内省内布局开发很重视,对"走出去"向外开放发展动力不足,面对困难和挑战有为难心理,缺乏开放发展的战略眼光,从而丧失了建设"丝绸之路经济带"原有的初衷。

6. 发展规划目标远大,缺乏科学保障措施

在对接"丝绸之路经济带"建设中,一些地区发展规划愿景远大,摊子铺得过大,但不切合本地实际,超过了本地财政和社会资本所能承受的能力,有的缺乏对经济发展新常态的深刻认识和科学判断,仍按照以往的经济增长模式制定发展目标和前景规划,缺乏对沿线国内外市场环境深入细致的调查研究与准确判断,发展措施科学论证不足,缺少针对性和可操作性,很难保证得以真正组织实施到位。

(二)推进"丝绸之路经济带"开放发展的对策思考

关于"丝绸之路经济带"建设中我国各省如何对接的问题,习近平总书记曾经强调指出,"一带一路"建设既要确立国家总体目标,也要发挥地方积极性。地方的规划和目标要符合国家总体目标,服从大局和全局,要把主要精力

放在提高对外开放水平上,增强参与国际竞争力,倒逼转变经济发展方式和调整经济结构上来。要立足本地实际、找准位置、发挥优势、取得扎扎实实的成果,努力拓展改革发展新空间。① 习近平总书记这一讲话,对我国各地如何对接"丝绸之路经济带"建设具有着重要的指导意义。

1. 正确处理好国家总体目标和地方具体目标的关系

一是各地对接规划和实施方案,必须从全局观念出发,要服从国家"一带一路"建设的大局和全国经济转型升级的全局要求,打破争当区域"老大"、抢夺区域"龙头"的旧观念,树立协调发展的新理念,正确处理好眼前利益与长远利益、局部利益与全局利益、国家目标与地方目标之间的关系。在对接"丝绸之路经济带"建设中,既要体现本地发展特色,又要符合国家规划要求;既要发挥地方比较优势,又要立足国家战略定位。在实践中,努力实现地区发展与国家战略的有机统一。

二是各地要把工作着力点放在提高对外开放水平,增加国际竞争力,倒逼转变经济发展方式和调整经济结构上来。要通过建立各大区域内省与省之间的对话协调机制,提升各省之间的区域规划相互关联程度,打破以自我为中心的传统行政区划发展模式,密切区域分工合作,从根本上转变原有的利益格局,整合协调大区域资源优化配置,理顺省与省的产业链条,按照优势互补的原则,形成抱团发展,一致对外的利益分配格局和对外开放格局。

三是各地要进一步立足本地实际,找准位置,发挥优势,取得扎扎实实的成果。在对接"一带一路"规划和推进"丝绸之路经济带"建设过程中,各地不仅要注重发挥地理区位优势,还应在生态优势、产业优势、人力资源优势、区域文化特色方面发挥优势。一般来讲,沿海发达地区具有产业优势和开放优势,内陆欠发达地区具有生态优势和区域文化优势,沿边地区具有地理区位优势

---

① 《习近平在中共中央政治局第三十一次集体学习时强调借鉴历史经验创新合作理念让"一带一路"建设推动各国共同发展》,《人民日报》2016 年 5 月 1 日第 1 版。

和交通优势,应在整体布局中找准位置,在特色上发挥优势、各展所长、因地制宜、互补发展。

2. 完善区域规划顶层设计,形成各省协调发展的布局

一是"丝绸之路经济带"国内沿线区域内各相关省市应打破行政边界的限制,实现联合规划,一起商讨负责一体化发展相关规划的顶层设计,按照优势互补、各展所长的原则,在细化分工合作的基础上,进一步明确各省市的具体功能定位和发展方向。

二是国内沿线相关区域内各省市之间要着力加大协同发展的力度,充分发挥区域合作发展协调机制的作用。地方参与"丝绸之路经济带"建设,最终落脚点应该放在促进产业转型升级上,加快推进区域产业对接协作,形成区域间产业合理分布和上下游联动发展机制,避免区域间产业发展的同构性、重复建设与同质化恶性竞争。

三是沿线区域内各省市之间围绕推进"丝绸之路经济带"建设,要调整优化城市布局和空间结构,促进沿线城市分工协作,注重挖掘历史文化内涵和打造特色主导产业,形成各具特色的城市品牌,提高其综合承载能力和内涵发展水平。扩大环境容量生态空间,加强省区之间生态环境保护合作,在沿线地区要形成环境同治的区域合作机制。

四是沿线合作区域内各省市之间要着力加快推进市场一体化进程,改革行政管理体制,强化政府服务职能,破除限制各种生产要素自由流动和优化配置的各种体制机制障碍,推动各种要素按照市场规律在区域内自由流动和优化配置。

3. 推进合作体制机制创新,形成网络化区域合作组织

一是围绕东西"双循环"新格局的形成,在对接"一带一路"建设和长江经济带建设方面,要形成国内东西横向发展的各省之间的多层次区域合作组织,

由发改委、海关、商检、商务、铁路、水运、航空、税务等部门组成。重点围绕产业承接转移和城市化布局,加强沿线各省之间的政策沟通、贸易畅通、设施联通、资金融通,开展区域合作,建立起大通关体制机制,推动长江经济带与"一带一路"建设有机融会贯通,率先在国内建成开放型现代市场体系。

二是围绕南北"双循环"新格局的形成,打通南至孟中印缅经济走廊,北至中蒙俄经济走廊的国内南北纵向发展的运输大通道,加强沿线相关省市的区域合作,形成与南北通道和"一带一路"、长江经济带相交汇的网络化空间布局结构相适应的纵横交织的多层次区域合作组织。重点围绕现代物流业和先进制造业的发展,加强政策沟通、设施联通、贸易畅通,开展相关省市之间的区域合作,建立与南北纵向发展的多条经济走廊建设要求相适应的区域合作体制机制。

三是围绕形成国内大循环,深入实施"一带一路"建设、长江经济带建设等国家战略和东部率先、西部开发、东北振兴、中部崛起的区域发展总体战略,把联动发展与分区推进结合起来。要在"四大区域政策板块"内部形成与相邻省市之间多层经济圈发展要求相适应的区域合作组织。充分发挥处在网络节点上的中心城市增长极的辐射带动作用,形成我国"丝绸之路经济带"范围内的紧密型区域经济合作组织。

四是围绕促进国内国际双循环的协同发展,发挥各区域内经济圈与"一带一路"、长江经济带相对接的"圈带聚合"效应,构建起多层次、网络化、纵横交织、辐射周边、联通内外、各具特色的区域合作组织框架体系。形成不同层次的区域合作发展模式,从而为对接国外沿线不同地区和国家的区域合作创造有利条件,共同致力于"丝绸之路经济带"建设。

4. 建立各省对接"一带一路"建设的全面考核体系

各省对接"一带一路"建设的全面考核体系应以新发展理念为引领。党的十八届五中全会提出的坚持创新发展、协调发展、绿色发展、开放发展、共享发展的新发展理念,不仅是指引我国各地区规划建设的新理念,也是我国各地区对接"一带一路"建设所应坚持的新理念。要坚持新发展理念的全面发展、协调发展,要防止只重视某个领域发展而忽视其他领域发展的倾向,应建立以坚持新发展理念为引领的地区全面综合考核体系,充分发挥考核这根指挥棒对促进沿线地区经济社会开放发展的导向作用。

一是要加强以坚持创新发展为引领的区域产业转型升级的考核。我国组织实施"一带一路"框架下的"丝绸之路经济带"建设,其中很重要的动因之一,就是为了促进我国区域经济的转型升级,而区域经济转型升级主要依靠创新发展。没有创新发展,就不会有"一带一路"的成功实践,要克服我国对外发展道路上各种困难和多重挑战,更需要创新发展。因此,要把坚持创新发展作为参与"丝绸之路经济带"建设的首要考核标准。

二是当前要突出以坚持绿色发展理念为引领的生态文明建设考核。2016年12月22日,中共中央办公厅、国务院办公厅公布的《生态文明建设考核办法》提出,要在各地区形成一年一评议、五年一考核的考核评价机制。应把这一考核办法运用在各地区对接"一带一路"建设的各个领域。我国建设"一带一路"过程中,特别是在推进陆上"丝绸之路经济带"建设中遇到的环境问题较多。而目前有的地区发布的对接"一带一路"建设的实施方案中,对生态、环保、绿色的关注和政策设计严重不足,存在着诸多的短板,更需要突出加强这方面考核内容,鼓励各地区在开放发展中为建设绿色生态"丝绸之路经济带"作出不懈努力。

三是对各地区对接"丝绸之路经济带"建设的考核要突出开放发展的主题。在考核中不仅要看地区在本地的生产力布局,而且要看其企业沿着"一带一路"走出去在全球产业链条中的产业布局如何,在带动国内对外发展外贸投资中发挥的作用大小如何。特别是应把各地区企业及其产品沿着"丝绸之路经济带"走出去的数量和质量作为地区考核的一项重要指标。

四是要把协调发展放在各地区对接"一带一路"建设考核的重要位置。

考核中不仅要看本地区内部各市县之间是否协调,更要看相邻省市之间在区域规划、功能定位、产业发展、空间布局、实施举措等方面是否协调。在考核中,不能只听本地区的情况汇报,还应听取周边省市以及沿线地区的情况反映,通过考核把促进沿线地区协调发展落到实处。

五是要把坚持共享发展作为地方参与"丝绸之路经济带"建设考核的重要内容。我国推进"丝绸之路经济带"建设,不是为了少数人和少数地区致富,而是为了实现沿线广大地区和广大人民群众的共同致富与共享发展。因此,要把缩小贫富差距、城乡差距、区域差距以及所能提供的公共产品情况作为地方参与"丝绸之路经济带"建设考核的重要指标之一。

5. 要正确处理好政府、企业、社会和市场的关系

一是沿线各地政府在"一带一路"框架下推进"丝绸之路经济带"建设中,要推广和试行有关省市自贸试验区建设的成功经验,正确行使政府的职能,切实解决好工作中存在的缺位、越位和不到位问题。自觉消除区域间各种行政壁垒,为生产要素的自由流动和资源的优化配置搭建合作平台。加强跨地区基础设施建设和生态环境保护与社会治理方面的区域合作,尊重区域经济发展规律,协调区域经济发展矛盾,实现区域之间发展战略与具体措施的全面对接。

二是要突出企业在参与"丝绸之路经济带"建设方面的主体地位。加强"走出去"企业间的联系与合作,建立多样化沟通渠道和平台,"抱团"共同参与沿线地区国际市场的竞争与合作。政府应强化企业与金融机构的联系,鼓励企业合法投融资行为,为企业对外贸易投资提供资金支持,推动"政产学研用"之间的密切合作,为企业创新发展提供政策引导和经济支持,打通企业对外开放合作渠道,形成企业开放发展的合力。

三是要注意发挥行业协会对参与"丝绸之路经济带"建设的服务功能。要依法扶持和促进"丝绸之路经济带"沿线各种中介机构的建立和发展,充分

利用中介服务机构来培养企业的社会责任和分享信息技术的意愿,逐渐提高企业间的互相信任感,培育形成社会诚信体系,为本地企业沿着"丝绸之路经济带"走出去牵线搭桥。

四是要依托本地特色优势品牌积极开拓"丝绸之路经济带"国际市场。各地区应加强对沿线地区市场的调研,依托科技创新对本地优势特色产品进行系列开发,促进产业从产业链的中低端向中高端转型升级,形成集群品牌优势。要借助各种媒体来宣传和塑造本地区产业集群的品牌形象和文化内涵,积极支持企业"走出去"发展战略,让沿线国家和地区了解本地区产业集群的特点和优势品牌的使用效能和价值内涵,促成更多的对外区域合作与开放发展。

综上所述,目前我国各省已先后出台了对接"一带一路"发展规划和实施方案。从建设"丝绸之路经济带"的总体发展态势来看,已经取得了一些积极成果,并呈现出前所未有的开放发展特点。但是,在推进"一带一路"建设从谋篇布局的"大写意"向精耕细作的"工笔画"转变的新形势下,我国正在加快形成以国内大循环为主体、国内国际双循环相互促进的新发展格局,各地区在参与"丝绸之路经济带"建设过程中,也面临许多挑战,存在一些矛盾和问题。只有不断总结经验,坚持以新发展理念为引领,牢固树立起全国一盘棋的大局意识,加强区域分工合作,在对内对外开放发展中克服前进道路上的各种困难和问题干扰,进一步明确各自的功能定位、发展目标、战略任务,采取更加有针对性、有操作性的开放发展举措,才能在推进"丝绸之路经济带"建设高质量发展中取得扎扎实实的成效。

第十三章 建设"丝绸之路经济带"与区域开发战略共享发展

共享是推进"丝绸之路经济带"建设的内在要求,也是促进我国区域开发战略升级的本质特征。共享发展实际上是绿色发展中要求公平分配自然资本的进一步延伸,就是在推进"丝绸之路经济带"建设中要正确处理好我国发达地区与欠发达地区、城市和乡村以及国内发展与国外发展的关系问题,为我国和沿线各国人民提供更多更好的社会公共服务产品。

一、以共享理念引领"丝绸之路经济带"建设共享发展带

我国坚持以共享理念引领"丝绸之路经济带"建设,目的不仅仅是带动我国中西部地区的发展以及一些贫困地区的脱贫致富,同时也是为了让沿线国家和地区分享中国改革开放与合作发展的经验,让共建成果惠及更广泛的地区,让所有参与方获得实实在在的好处,以实际行动推动形成人类命运共同体。

(一)通过国际经贸合作,使沿线国家和地区共享物质文明成果

推进"丝绸之路经济带"建设,通过经贸往来,促进邻国间、次区域间的跨

区域资源配置、金融合作、产业转移、技术交换、劳动力流动、民生援助和环保合作,使沿线国家和地区在基础设施、城市化和工业化建设以及在改善民生和实现绿色发展等方面实现前所未有的发展变化,共享"丝绸之路经济带"建设带来的物质文明成果,进一步夯实经济全球化与区域一体化的物质技术基础。

1. 以共享理念促进发展成果惠及沿线国家和地区

近年来,中国进口需求迅速扩大,在对国际贸易繁荣作出越来越大贡献的同时,拉动了对华出口的沿线国家和地区经济增长。中国货物和服务贸易进口值均占全球一成左右。2018年,中国货物进口14.1万亿人民币,同比增长12.9%。2018年,中国对外直接投资1298.3亿美元,同比增长4.2%,对沿线国家和地区的直接投资占比逐年增长。世界银行研究组的量化贸易模型结果显示,共建"一带一路"将使发展中的东亚及太平洋国家的国内生产总值平均增加2.6%至3.9%。

2. 以共享理念引领改善沿线国家和地区的民生

中国把向沿线国家和地区提供减贫脱困、农业、教育、卫生、环保等领域的民生援助纳入共建"一带一路"的范畴,开展了中非减贫惠民合作计划、东亚减贫合作示范等活动,积极实施湄公河应急补水,帮助沿河国家和地区应对干旱灾害,向泰国、缅甸等国提供防洪技术援助。中国与世界卫生组织签署关于"一带一路"卫生领域合作的谅解备忘录,实施中非公共卫生合作计划、中国—东盟公共卫生人才培养百人计划等项目。中国累计与沿线国家和地区合作培养数千名公共卫生管理和疾病防控人员,累计为相关国家5200余名白内障患者实施免费复明手术。中国每年为周边国家近3万名患者提供优质的医疗服务。中国中医药团队先后在柬埔寨、科摩罗、多哥、圣多美和普林西比、巴布亚新几内亚等国家实施快速消除疟疾方案。特别是在2020年上半年的新冠肺炎疫情期间,中国在国内疫情取得阶段性胜利后,向127个国家和4个国际组织提供抗疫物资援助,并向受疫情严重的有需要的国家派出医疗卫生专家组,直接提供医疗卫生援助,并宣布中国新冠疫苗研发完成并投入使用后将作为全球公共产品,充分体现了推进"一带一路"建设的共享发展理念。

3. 以共享理念推动沿线国家和地区的绿色发展

中国坚持《巴黎协定》,积极倡导并推动将绿色生态理念贯穿于共建"一带一路"倡议。中国与联合国环境规划署签署了关于建设绿色"一带一路"的谅解备忘录。建设绿色丝绸之路已成为落实联合国2030年可持续发展议程的重要路径,来自100多个相关国家和地区的合作伙伴共同成立了"一带一路"绿色发展国际联盟。中国积极实施"绿色丝路使者计划",已培训沿线国家2000人次。中国发布《关于推进绿色"一带一路"建设的指导意见》《"一带一路"生态环境保护合作规划》等文件,推动落实共建"一带一路"的绿色责任和绿色标准。

(二)通过开展人文交流,使沿线国家和地区共享精神文明成果

推进"丝绸之路经济带"建设,通过传承和弘扬丝绸之路友好合作精神,促进文化交流、学术往来、人才交流合作、媒体合作、青年和妇女交往、志愿者服务等活动的广泛开展,可以让沿线国家和地区共享"丝绸之路经济带"建设带来的精神文明成果,分享到中国改革开放合作取得的巨大成就和宝贵经验,使丝绸之路精神深入人心,这将有助于铲除国家间对立与地区冲突的土壤。

1. 在多种交往对话中达成共识

"一带一路"作为中国提供给世界的公共产品与合作平台,特别是所传承和弘扬的丝绸之路精神是人类的精神文明成果,应由沿线各国共商共建共享。中国与沿线国家和地区通过多种交往渠道,围绕共建"一带一路"开展形成多样沟通、对话、交流、合作。中国通过组织召开世界政党高层对话会,就共建

"一带一路"相关议题深入交换意见。中国与相关国家先后组建了"一带一路"智库合作联盟、丝路国际智库网络、高校智库联盟等。英国、日本、韩国、新加坡、哈萨克斯坦等国都建立了"一带一路"研究机构,举办了形式多样的论坛和研讨会。中国媒体加强交流合作,"一带一路"新闻合作联盟建设积极推进,通过举办媒体论坛、合作拍片、联合采访等形式,提高了共建"一带一路"的国际传播能力。丝绸之路沿线民间组织合作网络成员已达 310 家,成为推动民间友好合作的重要平台,让国际社会及时了解共建"一带一路"的相关信息,通过多种交往对话达成共建"一带一路"的广泛共识。

2. 在多元文化交流中相互欣赏

中国与沿线国家有着丰富多彩的多元文化,它们都是人类精神文明的重要组成部分。中国与沿线国家和地区互办艺术节、电影节、音乐节、文物展、图书展等活动,合作开展图书广播影视精品创作和互评互播。丝绸之路国际影院、博物馆、艺术节、图书馆、美术馆联盟相继成立。中国与中东欧、东盟、俄罗斯、尼泊尔、希腊、埃及、南非等国家和地区共同举办文化节活动,形成了"丝路之旅""中非文化聚焦"等 10 余个文化交流品牌,打造了丝绸之路(敦煌)国际文化博览会、丝绸之路国际艺术节、海上丝绸之路国际艺术节等一批大型文化节会,在沿线国家和地区设立了 17 个中国文化中心。中国与印度尼西亚、缅甸、塞尔维亚、新加坡、沙特阿拉伯等国签订了文化遗产合作文件。中国、哈萨克斯坦、吉尔吉斯斯坦"丝绸之路:长安—天山廊道的路网"联合申遗成功。

3. 在教育培训合作中互学互鉴

中外高校合作设立了"一带一路"研究中心、合作发展研究院、联合培训中心等,在互学互鉴中为"一带一路"培养国际人才。中国设立"丝绸之路"中国政府奖学金项目,与 24 个沿线国家签署高等教育学历学位互认协议。2017年沿线国家 3.87 万人接受中国政府奖学金来华留学,占获奖学金人总数的

66.0%。香港、澳门特别行政区分别设立共建"一带一路"相关奖学金。在 54 个沿线国家设有孔子学院 153 个、孔子学堂 149 个。中国科学院在沿线国家设立硕士、博士奖学金和科技培训班,已培训 5000 人次。除此之外,中国各省区市有关地方高校和培训机构也加强了与沿线国家和地区高校和培训机构的教育交流与合作。

4. 在科技交流合作中共同提高

科技成果作为人类文明成果是无国界的,本应由沿线国家和地区共建共享。中国与沿线国家和地区签署了 46 个科技合作协议,先后启动了中国—东盟、中国—南亚等科技伙伴计划,与东盟、南亚、阿拉伯国家、中亚、中东欧共建了 5 个区域技术转移平台,发起成立了"一带一路"国际科学组织联盟。通过沿线国家和地区青年科学家来华从事短期科研工作以及培训沿线国家和地区科技和管理人员等方式,形成了多层次、多元化的科技人文交流机制。2018年,中国接收 500 名沿线国家青年科学家来华科研,培训科技管理人员逾 1200 人次。中国积极开展航天国际合作,推动中国北斗导航系统、卫星通讯系统和卫星气象遥感技术服务沿线国家建设,共享人类文明成果。

(三)坚持共享发展理念,正确处理与沿线国家和地区利益关系

在推进"丝绸之路经济带"建设中,沿线有许多国家都属于发展中国家或经济转型国家,都希望通过实现本国发展战略与"一带一路"倡议的对接,搭上我国经济发展快车,实现其发展的目标。为此,我国坚持共享发展理念,树立正确的义利观,正确处理好我国与沿线国家的利益关系。

1."走出去"的中国企业带头践行共享发展理念

随着中国企业"走出去"步伐的加快以及中国企业进一步国际化、全球

化,谋求共同利益与共享经济成果将成为中国企业走出去的新趋势,践行全球责任与提高国际义务将成为中国企业"走出去"的新思路,中国企业将以更多实际行动致力于全球的和平与发展,使沿线国家和地区共享中国企业带来的物质文明成果。在实施"走出去"的投资行为上,不能急功近利,不搞短期行为,要有长远战略打算,既要重视经济效益,更要重视社会效益,既要重视投资利益,更要赢得好名声、好口碑,自觉遵守所在国的法律法规,认真履行企业应尽的义务,承担更多的社会责任。

2. 对外贸易中协调好与沿线国家和地区的利益关系

我国在发展对外经贸合作关系上,要协调好同沿线国家和地区的共同利益和有关国家具有差异性的利益关切,寻找更多利益交汇点,想方设法调动沿线国家参与"一带一路"倡议的积极性,共同推动"丝绸之路经济带"建设。特别是在推进国际产能合作中,一定要兼顾"丝绸之路经济带"沿线国家各国国情。各国国情千差万别,发展要求各有侧重,在合作中要有不同的对策和方式,寻找共同利益诉求,在共享建设成果中充分调动相关各方的积极性和主动性。

3. 为应对人类面对的各种挑战积极加强国际合作

我国在应对人类共同面对的气候环境、自然灾害、疾病传染等各种挑战上,扩大对外援助规模,积极加强国际合作,认真履行和承担与我国国情相适应的国际责任和国际义务。目前,中国已经和30多个沿线国家签署了生态环境保护合作协议,与澜沧江—湄公河国家开展艾滋病、疟疾、登革热、流感、结核病等防控合作。特别是在首届"一带一路"国际合作高峰论坛以来,中国向沿线发展中国家提供20亿人民币紧急粮食援助,向南南合作援助基金增资10亿美元,为沿线国家实施了100个"幸福家园"、100个"爱心助困"、100个"康复助医"等项目,着力解决沿线地区发展失衡、治理困境、数字鸿沟、分配差距等问题,让世界各国的发展机会更加均等,让发展成果由各国人民共享。在 2020 年的新冠肺炎疫情期间,中国积极支持世界卫生组织等国际组织发挥作用,并宣布两年内提供 20 亿美元的国际援助。

二、建设"丝绸之路经济带"与
缩小区域经济发展的差距

缩小区域经济发展差距是正确处理好欠发达地区与发达地区之间共享发展关系的关键环节,也是在推进"丝绸之路经济带"建设过程中有效解决好自然资源的公平分配和有效分配的重要内容之一。自从 2013 年推进"丝绸之路经济带"建设以来,使我国经济增长态势发生了显著变化,中西部地区的发展速度总体上快于东部地区,东部与中西部地区之间的发展差距正在缩小,但在区域发展中仍然存在一些矛盾和问题,有待进一步解决。

(一)建设"丝绸之路经济带"给区域经济带来的新变化

通过推进"丝绸之路经济带"建设,中国更加注重社会公平公正,妥善处理好区际之间的利益关系,特别注重大力发展西部沿边和内陆少数民族较多省区的地方特色经济,在做大发展"蛋糕"的同时分好"蛋糕",共享对外开放带来的物质成果,让各地区各族人民有更多的成就感和获得感。

1. 中西部地区与东部地区之间经济发展差距逐步缩小

2013 年以来,由于受国际金融危机传导等因素影响,尽管东北地区和中西部地区一些省份困难加大,地区经济走势出现分化,但随着国内"丝绸之路经济带"建设的深入推进,经济建设重心从东部向中西部地区转移,中西部地区经济增速保持快于东部发展的总体态势,经济总量占全国的比重逐年提高,2018 年达到近 41.2%,比 2010 年提高约 3.4 个百分点。2018 年,中西部地区

的安徽、江西、贵州、云南、西藏的地区生产总值增速分别达到 8%、8.7%、9.1%、8.9% 和 9.1%，均高于全国 6.6% 的平均增速，区域发展差距逐步缩小。①

2. 西部内陆省份共享"丝绸之路经济带"带来的机遇

随着"丝绸之路经济带"建设的深入推进，给西北内陆省区参与通道建设和发展地方产业带来了共享的机遇。宁夏凭借突出的穆斯林人文资源优势，以中阿博览会、中阿空中丝绸之路、中阿金融合作试验区、中阿互联网经济试验区为交流合作平台，促进我国与阿拉伯国家和地区的人文交流与经济合作往来，建设面向沿线阿拉伯世界的物质文化产品生产基地、物流运输通道和商贸物流中心。甘肃积极打造"丝绸之路经济带黄金段"，依托敦煌"千佛洞"等名胜古迹，发展文化旅游等特色产业，推进兰州、武威、天水三大国际陆港和兰州、敦煌、嘉峪关三大国际空港建设，正在形成"一中心四枢纽五节点"的现代物流产业网络体系。陕西组织实施建设内陆改革开放新高地的实施方案，加快推动枢纽经济、门户经济、流动经济"三个经济发展"，持续推进"一带一路"交通商贸物流中心、国际产能合作中心、科技教育中心、国际文化旅游中心、丝绸之路金融中心"五大中心"建设。青海形成了以生态环保为基调的对外开放模式，发挥昆仑文化优势，与南亚西亚对话，努力形成民族服饰等特色产业品牌，抢抓清洁能源示范省建设机遇，积极打造"一通道、一枢纽、两基地"，即"丝绸之路经济带"上的重要战略通道、商贸物流枢纽、产业基地、人文交流基地。

西南地区的重庆充分发挥在西部大开发对外开放中的"龙头"作用，正在加快"一江两翼三洋"国际物流大通道建设。四川根据地处南北丝绸之路交汇处，并与长江经济带相对接的地理区位优势，主打好交通、产业和市场"三

---

① 参见 2019 年《中国统计年鉴》。

张牌",全域融入"一带一路"建设。贵州在不沿边不靠海身处内陆地区的不利条件下,发挥自己的地理环境优势和科技资源优势,大力发展大数据信息等地方特色产业,举办世界大数据产业博览会,全力打造服务于"一带一路"建设的全国大数据中心。

3. 西部沿边民族地区发挥地缘经济优势共享开放成果

随着建设"丝绸之路经济带"的深入开展,与沿海地区的21世纪海上丝绸之路建设、长江经济带建设相呼应,在全国形成了沿海、沿江、沿边、内陆全方位对外开放的新格局,对地处沿边地区的少数民族地区开放经济的发展形成了有力的支撑。沿边的民族地区,凭借独特的地缘经济文化优势,打造交通枢纽、文化科教和商贸物流中心,提升了区域经济发展质量,提高了当地民族群众的收入水平,已经开始共享开放带来的成果。

地处我国西北边陲的新疆,周边与8个国家相邻,以打造"丝绸之路经济带核心区"为目标,积极参与新亚欧大陆桥、中国—中亚—西亚和中巴经济走廊建设,在陆路运输和空港建设领域独树一帜,大力打造乌鲁木齐货运集结中心,举办中国—亚欧博览会,深化与周边国家在经贸、金融、科技、文化、卫生、教育等领域的合作。内蒙古围绕打造我国向北开放的重要窗口,积极推进中蒙俄经济走廊建设,着重发展农牧业及其衍生产业,推动铁路运输口岸、开放试验区建设,借助中蒙俄博览会平台,深化对外贸易发展。西藏围绕打造我国向西南开放的重要窗口,强化口岸联通引领对外开放,着力推动与印度、尼泊尔等周边国家的边境贸易合作,借助中国西藏文化旅游国际博览会,推动在农牧、文化、旅游等领域的共享发展。广西凭借与东盟陆海联通优势,围绕打造我国向南开放的重要窗口,构建了中越"两廊一圈"合作、泛北部湾经济合作和中国—中南半岛经济走廊合作框架,积极融入中新陆海贸易新通道建设,举办中国—东盟博览会,与东盟国家近50个港口建立了中国—东盟港口城市合作网络,共享对外开放合作的成果。

4. 带动丝绸之路沿线"老少边穷"贫困地区加快发展

党的十八大以来,我国大力推进精准扶贫工作,实施脱贫攻坚战略。西部地区有近 1100 万少数民族群众处于国家贫困线以下,主要分布在新疆、西藏、云南、贵州等省(区)。在推进"丝绸之路经济带"建设中,国家把支持"老少边穷"等贫困地区的发展放到了更加突出的重要位置,加大了对集中连片特困地区区域发展和脱贫攻坚扶持力度,大力支持新疆、西藏等少数民族地区发展,全方位对口援疆、援藏工作格局初步形成,把交通基础设施和文化旅游产业向广大贫困农牧区延伸,形成了许多新的合作产业园区和地方特色文化旅游景区。从而使一些特殊类型地区发展瓶颈得到缓解,有力地带动了丝绸之路沿途"老少边穷"等贫困地区加快发展。

据统计,2018 年,我国借力"一带一路"建设,通过扩大对外开放,带动贫困地区特色经济发展,精准脱贫有力推进,农村贫困人口减少 1386 万,易地扶贫搬迁 280 万人。① 其中,以"丝绸之路经济带"沿线"老少边穷"等贫困地区的减贫人口为绝大多数。2017 年笔者到西藏一个民俗文化村调研,看到当地藏族群众抢抓"一带一路"带来的文化旅游业发展机遇,在驻村干部带领下,大力发展各种银器、藏香猪、藏药等当地特色民族经济,不仅在吃住行方面得到了改善,在医疗、卫生、教育、文化、娱乐等方面比以前也有了很大改变。

(二)建设"丝绸之路经济带"中区域共享发展面临的问题

推进"丝绸之路经济带"建设过程中,在看到取得重大成效的同时,也应看到在我国区域经济发展中还存在诸多的国内外不利因素的挑战。由于受国际经济复苏乏力和贸易保护主义抬头的影响,我国区域共享发展中还存在一些突出困难和问题。

---

① 李克强 2019 年 3 月 5 日在第十三届全国人民代表大会第二次会上所作《政府工作报告》。

1. 区域共享发展的经济基础仍不牢固

在推进"丝绸之路经济带"建设过程中,各地区经济增速总体趋缓,地区经济分化明显。一是推进"丝绸之路经济带"建设沿线的中西部地区与东部地区相比,经济发展水平仍然不高,居民人均可支配收入较低(见表 13-1)。这在主要依托扩大内需拉动经济增长的大背景下,将会影响到我国经济的可持续发展。二是新疆作为"丝绸之路经济带核心区",区域内发展不充分不平衡问题突出,特别是南疆四地州经济社会发展滞后,基础设施条件薄弱,脱贫攻坚任务繁重。南疆四州如期实现脱贫攻坚目标任务艰巨,基本公共服务能力不足,民生领域还有不少短板,人均生产总值仅占全疆的 43%,群众生活还比较困难;贫困面大、程度深,占全疆扶贫人口的 85%,而且绝大多数都是少数民族群众。如不尽快解决,将会在很大程度上影响到社会的稳定。

表 13-1 我国东、中、西部及东北地区居民人均可支配收入

单位:元/年

地区	2014	2015	2016	2017	2018
东部地区	25954.0	28223.3	30654.7	33414.0	36298.2
中部地区	16867.7	18442.1	20006.2	21833.6	23798.3
西部地区	15376.1	16868.1	18406.8	20130.3	21935.8
东北地区	19604.4	21008.4	22351.5	23900.5	25543.2

资料来源:2019 年《中国统计年鉴》。

2. 国土空间无序开发利用状况依然存在

在推进"丝绸之路经济带"建设重点区域的中西部地区,全面节约高效利用自然资源的政府管理体制和市场配置机制还不健全,土地、矿产等资源开发利用仍较为粗放,监管能力相对不足,国土空间无序开发状态依然存在,有的

地方碳排放量过高和环境污染现象仍然严重,一些地方靠政策优惠等招商引资的现象较为突出,在很大程度上阻碍了资源的有效配置和生产力布局优化,影响了国土空间高效开发利用与合理保护。

3. 区际良性互动发展格局尚未真正形成

在推进"丝绸之路经济带"建设过程中,由于受发展阶段、发展理念和体制机制等多种因素影响,地区封锁、同质化竞争的状况仍未得到根本缓解,制约区域合作互动的利益藩篱和隐性壁垒尚未取得实质性突破,东部与中西部地区之间与区域经济梯度相匹配的产业梯度还没有完全建立,区域间产业、要素大规模顺畅转移和良性循环的动力还不足。东中西部地区的区域开放格局仍不平衡,对外开放与区域合作融合发展仍有待加强。

4. 促进区域共享发展的体制机制尚不健全

在扩大对外开放和加强区域合作过程中,中西部地区一些地方在区域发展中行政区经济的特点依然明显,通过扩大对外开放倒逼体制机制改革难度较大,有关区域开放合作改革试点经验总结和推广尚未开展。有的省市针对欠发达地区支持政策的针对性、精准性和有效性有待进一步提升,与其他相关政策统筹协调难度在加大。涉及调整中央与地方、地区与地区之间利益格局的深层次改革还不够深入,区域可持续发展的管理体制机制有待进一步规范和完善。

(三)以建设"丝绸之路经济带"促进区域共享发展的对策

在推进"丝绸之路经济带"建设中,需要促进区域发展总体战略的转型升级,巩固区域共享发展的经济基础,深入推进东中西部地区协调发展,努力缩小东部沿海发达地区与中西部欠发达地区之间的区域发展差距,有针对性地解决好沿线中西部各省之间以及内部发展不充分不平衡的问题。

1. 推进对外经济走廊建设，巩固区域共享发展的经济基础

以国内对外经济走廊建设为引领，以加快内外联运通道和区域性枢纽建设为基础，编织区域合作与共享发展的经济带。一是中央应制定出台我国新亚欧大陆桥经济带建设发展规划，以构建综合运输大通道为契机，加快推进东部地区向中西部地区的承接产业转移，促进沿线东中西部地区的共享发展。二是加强长江经济带区域合作，打造国内绿色经济长廊，以长三角一体化发展为龙头，带动长江中上游地区的共享发展。三是以京津冀协同发展为引领，加快环渤海地区合作发展，促进由南往北梯度发展，实现与东北地区哈长经济带的共享发展。四是以珠江—西江经济带建设为依托，以粤港澳大湾区建设为龙头，带动中南、西南地区的共享发展。国家应高度重视新疆作为"丝绸之路经济带核心区"内部发展不充分不平衡的问题，对南疆四州应从改善生态环境、加强基础设施建设、发展地方产业、提升公共服务能力等多方面入手，综合施策，解决好地区经济社会发展滞后问题，应制定出台有关促进南疆四州区域经济社会加快发展的专项发展规划。

2. 完善东中西协调发展政策，构建共享发展的产业体系

以形成与东中西区域经济梯度相匹配的创新链与产业链为引领，构建促进区域共享发展的现代产业体系。一是在东部地区加快实现创新驱动发展转型，发挥好自主创新示范区、高新技术开发区等创新引领作用，引领新兴产业和现代服务业发展，打造具有国际影响力的创新高地，加快推动产业升级，加强内陆合作与对外开放统筹，争创扩大开放新优势，深化自贸区试点建设，促进外贸创新发展，在更高层次参与国际合作与竞争。二是在中部地区全力构建现代产业新体系，以掌握核心技术为突破口，高水平发展新能源汽车、新一代信息技术、先进轨道交通等产业，建设一批战略性新兴产业和高新技术产业基地，打造全国先进制造业中心。三是在西部地区要培育现代产业体系，大力

发展特色优势农业,推进农业现代化,推动传统产业转型升级,依托资源环境承载力较强地区,提高资源就地加工转化比重,培育符合西部地区实际的战略性新兴产业,引导促进文化旅游等特色优势产业和现代服务业有序发展。四是在东北地区要全面深化体制改革,加快形成以创新为主要引领和支撑的经济体系和发展模式,推进产业结构调整,准确把握经济发展新形势下东北地区产业转型升级的战略定位,努力打造实施"中国制造 2025"的先行区。

3. 完善我国对口支援制度,形成区域共享发展的互助机制

完善东部沿海发达地区对中西部欠发达地区的对口支援制度和措施,把对口援助机制与发挥市场机制有效结合起来,增强区域之间互动发展的内在动力,促进对口支援从单方受益为主向双方受益转化。把东部沿海地区的人才、技术、资金、管理等方面的优势与中西部地区的资源、环境、区位优势有机结合起来,使东部发达地区在对西部地区的援疆援藏的支援工作中,能够共同受益。通过东部地区对中西部地区的对口支援,有序承接产业转移,一方面促进中西部地区的经济发展,另一方面也为东部地区新兴产业形成提供发展空间。

4. 健全生态保护补偿制度,形成区域共享发展的合作机制

建立健全东中西部地区之间以及地区内部省际之间的生态保护补偿、资源开发补偿等利益平衡机制,探索合理有效的生态补偿、粮食生产区补偿、生产要素流动补偿等方式,加大区际间自然生态系统和环境保护力度,增强抵御自然灾害的能力,加大水资源科学开发和高效利用,大力推进绿色发展、循环发展、低碳发展。积极推进黄河生态经济带、长江生态经济带、淮河生态经济带、汉江生态经济带建设,提升鄱阳湖生态经济区、三江源生态经济区等发展水平。围绕区域和流域的生态保护与环境治理加强区域合作,形成共建共享生态绿色"丝绸之路经济带"的体制机制。围绕生态功能区建设,健全东中西

部和东北地区区域生态保护合作服务体系,探索构建区域生态保护合作的组织保障、规划衔接、利益协调、激励约束、资金分担、信息共享、政策协调和争议解决等机制,加强区域间、各流域之间的协调协作,共享生态绿色"丝绸之路经济带"建设带来的发展机遇。

5. 发挥重要平台引领作用,形成区域共享发展的示范效应

在推进"丝绸之路经济带"建设中,要发挥好中西部和东北地区国家级新区和各种示范区等重要平台对区域共享发展的引领作用。要积极支持西部地区国家级新区健康发展,将其打造成为引领"丝绸之路经济带"建设共享发展的重要平台。支持中部地区打造推进"丝绸之路经济带"建设的重要通道枢纽和对外开放新高地,形成推动区域共享发展的示范基地。在东北地区,要充分发挥长吉图开发开放先导区、辽宁沿海经济带、沈阳经济区、大连金普新区的引领作用,使之成为共享"丝绸之路经济带"建设战略机遇与加快东北振兴的重要增长极。同时,可以借助我国沟通新老两条亚欧大陆桥的东、中、西三大通道建设,形成沿线国家区域共建共享的发展新格局。

三、建设"丝绸之路经济带"与
缩小我国城乡发展的差距

国家组织实施区域发展总体战略以来,促进了我国新型城镇化和新农村建设协调发展。但是,由于发展基础较为薄弱,城乡发展不平衡不协调的问题依然存在,特别是沿线的中西部地区城乡发展差距表现得尤为突出。

(一)建设"丝绸之路经济带"给我国城乡协调发展带来的机遇

建设"丝绸之路经济带"过程中,随着我国各地区的对外开放发展,特别

是各种国内大通道建设以及纵横交织的交通网络的形成,将会使我国的新型城镇化和乡村振兴战略得到协调发展,农民市民化的程度得到进一步提升,从而为缩小城乡发展差距创造有利条件。

1. 建设"丝绸之路经济带"有助于增强对农村的辐射作用

随着"丝绸之路经济带"建设深入发展,沿线中心城市要加快产业转型升级,将会把更多的生产要素引向农村,有效地改善农村的基础设施和服务功能,从而使一些处在国际和国内通道网络节点上的一些农村发展成为小城镇或新型社区,条件好的将会很快发展成为小城市,可以率先实施乡村振兴战略。同时,一些省区市交通枢纽和各种产业基地的建设,也会对周边地区农村的发展起到辐射带动作用,提升共享经济的发展水平。

2. 建设"丝绸之路经济带"将为农民提供更多的就业机会

建设"丝绸之路经济带"的深入发展,有许多基础设施建设需要实现互联互通,特别是对外承包工程项目的日益增多,将需要配套增加这方面的劳务输出。从目前我国进行劳务输出的劳动力来源的主要成分来看,绝大多数是来自农村新一代的农民工。同时,为了解决一些偏远山区和贫困地区的人口就业与脱贫致富问题,我国政府还专门组织开展了有关劳务输出的活动。因此,推进"丝绸之路经济带"建设,将会给我国农民提供更多的就业机会,并加快推进农业转移人口市民化进程。

(二)建设"丝绸之路经济带"中缩小城乡发展差距的对策思考

为了促进共享发展,建设"丝绸之路经济带",应把缩小城乡发展差距纳入其中。目前,我国有近六亿农民仍然生活在乡村。让广大农民能够过上城市化的生活,是最大的战略共享发展。为此,在推进"丝绸之路经济带"建设中,一方面,沿线广大地区乡村要主动加强对接;另一方面,国家和地方政府应加强对乡村开放发展的政策支持和扶持力度。

1. 发展特色县域经济,提升辐射带动乡村发展的能力

地处沿线的中西部地区农村应按照特色化、专业化的要求,发展特色县域经济,依托优势资源,促进农产品精深加工,积极对接"丝绸之路经济带"建设,提升对外开放水平,参与区域分工合作,促进产业转型升级,提升辐射带动乡村发展的能力。在中西部地区一些偏远山区和农牧区,应在尊重当地少数民族意愿的前提下,实施异地搬迁和建设集中连片的新社区,改善居民生活条件和工作环境,引导当地群众发展地方特色产业,繁荣农牧区经济,共享改革开放成果。

2. 建设特色美丽乡村,提升承接城市功能转移的水平

地处沿线和城市周边的农村,应抢抓"丝绸之路经济带"建设机遇,依托沿线基础设施建设和城市向农村的要素转移,全面改善农村的生产生活条件。在村镇建设、村落分布和生态涵养等空间布局上,应突出区域环境特色和民族文化特色。加快农村电网、宽带、公路、危房、饮水、照明等设施改造,改善农村办学条件和医疗卫生服务环境,加强美丽乡村建设。

3. 加大政策支持力度,促进城乡公共资源均衡配置

在推进"丝绸之路经济带"建设中,国家应加大对沿线中西部地区的县城和重点镇的政策支持力度,制定和完善统筹规划城乡基础设施建设的考核标准和评价体系。形成农村基础设施投入长效机制,促进沿线地区农牧业人口向乡镇和中心村的新社区集中,加强水电气路信等基础设施城乡联网和生态环境城乡统一布局建设,大力改善城镇公共服务农村的条件,采取有效措施,深入实施乡村振兴战略。

四、建设"丝绸之路经济带"与
增加区域公共服务的供给

增加区域公共服务供给是缩小区域经济发展差距的重要内容之一,也是解决欠发达地区与发达地区之间以及城乡之间在分配公共服务产品方面不均衡发展问题的重大举措,更是防止贫困跨代转移和缩小代际之间发展差距的社会保障。我国中西部地区与东部地区表面上看是区域经济发展方面的差距,而深层次地分析,实际上反映的是区域公共服务供给方面的差距。推进"丝绸之路经济带"建设的共享发展,不仅是为了缩小区域发展差距,减少贫困人员,更重要的还是要增加区域公共服务供给。

(一)建设"丝绸之路经济带"给增加公共服务供给带来的机遇

中国作为最大的发展中国家,改革开放以来经济持续发展,人民生活水平显著提高,但公共服务供给不足仍是短板,与人民群众日益增长的美好生活需要和多样化的需求存在较大差距。为适应国内外经济社会发展形势变化,中国提出的"一带一路"倡议,其重要目标就是将自身发展成果惠及沿线广大发展中国家,同时也将给国内各地区增加公共服务供给带来重大机遇。

1. 建设"丝绸之路经济带"为增加公共服务供给提供发展动力

当前我国经济增长的传统动力减弱,必须通过推进"丝绸之路经济带"建设,扩大对外开放"走出去"与"引进来"相结合,加大国内结构性改革力度,在化解过剩产能和压缩落后产能的同时,有效腾出空间推动形成新产业、新业态、新模式。教育、文化、卫生、体育、旅游等公共服务,是低能耗、少污染、知识密集、高附加值的服务经济业态,不仅在国内而且在沿线许多国家和地区都有很大市场,有潜力、有空间、有后劲。通过推进"丝绸之路经济带"建设,扩大我国与沿线国家和地区在这些领域的区域合作,将带动增加公共服务供给,把改善民生与增加经济动力、发展活力结合起来,是增强经济发展新动能的有效途径,也有利于推动我国的供给侧结构性改革。

2. 建设"丝绸之路经济带"为增加公共服务供给提供经验借鉴

建设"丝绸之路经济带"沿线地区不仅包括发展中国家也包括一些发达国家。其中,欧洲一些国家在很早以前就提出过关于共享发展的社会理念,作为高福利的社会在增加公共服务供给方面有些已经取得了良好的经验。通过加强我国与这些国家在各领域的区域交流合作,可以互学互鉴、取长补短,为我国增加公共服务供给提供有益借鉴,并结合我国各地区实际加以灵活运用,使每个人都有更好的教育、更稳定的工作、更满意的收入、更可靠的社会保障、更高水平的医疗卫生服务,切实推动全体人民在共建共享发展中得到更多获得感。

3. 建设"丝绸之路经济带"为增加公共服务供给提供经济支持

在推进"丝绸之路经济带"建设过程中,通过共享发展政策的实施,将更加关注贫困地区和低收入群体,加大对扶贫开发的工作力度,特别是基础设施的改善,将为增加这些地区的公共服务供给提供支持,可以在一定程度上校正各地区自然资本的分配不平衡和社会财富初次分配的差异,有利于缓解和抑制贫富差异拉大引发的区域矛盾和社会矛盾,为促进公平正义和社会和谐稳定奠定坚实的基础。

（二）建设"丝绸之路经济带"中增加公共服务供给的现状分析

我国在"十三五"期间全面建成小康社会取得了决定性成就。人民生活水平显著提高,高等教育进入普及化阶段,建成世界上规模最大的社会保障体系,基本医疗保险覆盖超过 13 亿人,基本养老保险覆盖近 10 亿人,在增加公共服务供给方面取得了巨大成就。目前我国在增加公共服务供给方面虽然取得巨大成效,但是也应看到发展不平衡不充分问题仍然突出,民生保障存在短板,社会治理还有弱项。特别是表现在中西部地区的公共服务供给方面,一些地方和领域不同程度地存在公共服务覆盖面不全、城乡区域差距较大、保障水平偏低、制度建设和改革滞后等问题,短板效应较为明显。而"丝绸之路经济带"建设的实施,就是要通过扩大开放,增加沿线地区的公共服务供给,实现共建共享发展的目标。

1. 公共服务设施明显改善,但供需矛盾依然突出

随着国家基本公共服务体系规划的实施,"基本"与"非基本"的政府职能边界逐步清晰,全国绝大多数省份以专项规划、行动规划或工作方案等方式落实国家基本公共服务体系规划,推进本地区可适用的基本公共服务项目及其标准全部落地。特别是在我国境内的"丝绸之路经济带"沿线地区,各级各类公共服务设施条件明显改善,服务能力和水平进一步提升。

但是,在我国中西部地区的偏远农村地区、边疆地区、少数民族地区,公共基础设施建设依然滞后,存在公共服务供给能力不足,质量水平不高等问题。特别是城市与农村之间的基本公共服务保障水平差距仍然很大。教育公平问题日益凸显,因有关政策不完善或落实不到位等原因,从而导致进城务工人员随迁子女新的"上学难、上学贵"问题。农村基层医疗卫生服务体系不健全,医疗技术水平不高,导致城市医院病源人满为患,而农村基层卫生室鲜少有人问津。

2. 公共服务产业投入增多,但供给模式比较单一

"十二五"期间,国务院印发实施了《关于加快发展养老服务业的若干意

见》《关于促进健康服务业发展的若干意见》《关于推进文化创意和设计服务与相关产业融合发展的若干意见》《关于促进旅游业改革发展的若干意见》《关于加快发展体育产业促进体育消费的若干意见》等一系列关于发展社会领域产业的政策文件,每年在教育、卫生计生、文化体育、旅游、养老等社会发展领域安排的中央预算内投资都在 500 亿元左右,其中 80% 以上用于中西部地区,重点向城乡基层、贫困地区、民族地区、边境地区、革命老区倾斜,为推动沿线地区"丝绸之路经济带"建设共享水平的提升创造了良好的条件。"十三五"期间,国家实施脱贫攻坚战略,为了扩大城镇就业,促进农村人口向城镇的转移,在公共服务产业不断增加投入力度。各地各部门也及时跟进,进一步细化政策要求,完善配套措施,使城镇新增就业超过 6000 万人,有 5575 万农村贫困人口通过多种途径扩大就业实现脱贫。社会领域产业正在成为满足和促进城乡居民消费,拉动内需,扩大就业通道,培育和催生经济社会发展的新动力。

但是,公共服务供给模式比较单一。长期以来,我国公共产品和公共服务不仅大多由政府负责投入和付费,而且还包揽了生产和分配,政府集公共服务的决策者、提供者和监督者于一身。尽管这种模式在一定程度上有利于政策资金的畅通和促进有关各方行动的一致性,政策落实较快,但过于单一的公共产品和服务供给模式与治理机制也存在明显的弊端,主要表现为集中决策和多元化需求、上级决策与基层能力以及决策意图与执行效果之间的矛盾,削弱了基本公共服务均等化政策效果,导致出现公共服务总体不足与局部浪费并存的问题。同时,这种模式排斥了其他社会力量的参与,限制了公共产品和公共服务供给规模的有效扩大,也因缺乏竞争激励机制而降低了公共服务的质量和效率。

3. 社会资本合作积极开展,但体制机制尚不健全

政府和社会资本合作积极开展,加快推进政府购买服务、社会投资踊跃参

与。2014 年年底,国务院印发《关于创新重点领域投融资机制鼓励社会投资的指导意见》,鼓励社会资本参与教育、医疗、养老、体育健康、文化设施建设,境内外资本对社会领域表现出极大的投资热情。2015 年,在全社会固定资产投资增速明显下降的背景下,"教育""卫生和社会工作""文化体育和娱乐业""公共管理、社会保障和社会组织"四类民间固定资产投资同比分别增长15.8%、53.3%、11.3%、25.9%,远高于同期全社会民间固定资产投资 10.1%的增速。①

但是,有关政府和社会资本合作,加快推进政府购买和社会投资参与等方面的体制机制尚不健全。一是有关法律体系不够完善,大多数公共服务领域的规范以政府文件、部门性规章为主,统筹层次不高,稳定性不强,约束力有限。二是均等化的公共财政保障机制不健全,政府间事权财权不匹配,特别是地方基层政府承担的事权较多,而财权却十分有限。三是一些制度设计存在城乡二元分割,基层公共服务资源存在条块分割且布局不合理。四是对公共服务机构缺乏有效的评估监督机制,对于推广政府和社会资本合作开展项目建设的风险防范与管控意识不强,出现问题后缺乏相应的责任追究制度。

4. 基本公共服务均有所提高,但地区发展仍不平衡

近年来,随着"一带一路"等国家战略的实施,特别是通过"丝绸之路经济带"沿线地区的互联互通建设,在交通基础设施建设等方面的基本公共服务水平均有所提升,但是东中西部地区之间以及城乡之间的公共服务方面仍发展不平衡,存在很大发展差距。特别是中西部地区与东部沿海地区相比,由于受经济发展水平不平衡的制约,不仅在非基本公共服务方面存在较大差距,就是在基本公共服务方面也存在较大发展差距。其中,比较集中地体现在基本的教育、医疗、卫生、保健等方面地区之间发展仍不平衡。

---

① 徐绍史主编:《〈中华人民共和国国民经济和社会发展第十三个五年规划纲要〉辅导读本》,人民出版社 2016 年版,第 346 页。

（三）建设"丝绸之路经济带"中增加公共服务供给的对策思考

国家"十三五"期间在增加公共服务供给方面取得了良好的经济效益与社会效益。其中，有一条重要的经验，就是要"坚持普惠性、保基本、均等化、可持续方向，从解决人民最关心最直接最现实的利益问题入手，增强政府职责，提高公共服务共建能力和共享水平"①。这不仅对于指导我国沿线地区增加公共服务供给具有很强的针对性和现实意义，而且对推进整个"丝绸之路经济带"建设都具有重要的借鉴意义。

1. 要实现无偿共享发展与有偿共享发展的有机结合

坚持普惠性、保基本、均等化、可持续的方向，是一个统一的整体、有机联系，缺一不可。其中，普惠性、均等化是目标要求，保基本是前提基础，可持续是长效保障。其关键内涵在于把政府提供无偿共享发展与市场提供有偿共享发展有机结合起来。因为是提供公共服务供给，所以必须具有普惠性和实现均等化。但是，由于我国沿线中西部地区有些还是欠发达地区，在政府财力有限的情况下，所以，只能是保基本，才能实现可持续发展。保基本的公共服务供给，由政府提供无偿共享发展。而超出基本公共服务供给的部分，则需要通过市场化的方式来获得有偿共享发展。这样才能努力做到尽力而为，量力而行。

2. 着力解决人民最关心最直接最现实的利益问题

在推进"丝绸之路经济带"过程中，要坚持问题导向，创造条件多渠道深入调查沿线各地区民情民意，着力解决人民最关心最直接最现实的利益问题，结合我国的供给侧结构性改革，根据新形势下人们对教育、卫生、医疗、保健、

---

① 《中华人民共和国国民经济和社会发展第十三个五年规划纲要》，《四川日报》2016 年 3 月 18 日。

体育以及旅游等方面出现的新需求的变化趋势,促进社会发展各领域服务供给与需求衔接协调。同时,适应推进"丝绸之路经济带"建设中城镇化加速和人口结构变化新趋势,在资源配置、项目布局、新城建设、旧城改造与乡村振兴等方面适当超前谋划,兼顾现实利益与长远利益。

3. 要有效发挥政府调节职能和市场机制的作用

新形势下经济增速放缓、财政收入趋紧,同时面对推进"丝绸之路经济带"建设中快速增长、日趋多样的公共服务需求,政府不可能做到"大包大揽"。因此,推进"丝绸之路经济带"建设,要进一步区分"基本"与"非基本",实际上就是在政府提供基本公共服务方面实行无偿共享发展,在市场提供非基本公共服务方面实行有偿共享发展。一方面,要更好地发挥政府职能作用,强化政府保"基本"职责,以贫困地区和基层为着力点,健全投入长效机制,着力提高中西部地区基本公共服务共建能力和共享水平,促进资源均衡配置与共享发展;另一方面,要发挥市场机制的作用,创造条件引导社会力量参与"非基本"公共服务供给,进一步打破行业分割、地区分割、行政层级分割,在推进"丝绸之路经济带"建设中要加强区域合作,推动设施共建共享,提高资源使用效率和政策实施效果。

4. 提升沿线地区基本公共服务均等化水平

目前,由于东中西部地区之间经济发展水平的差异,在基本公共服务均等化方面的标准也不一样,特别是对于中西部贫困地区标准较低。"均等化"是指基本公共服务要普遍普惠、人人享有、大体一致、保障公平,是国家提供基本公共服务的原则要求。在"十四五"期间,在国内推进"丝绸之路经济带"建设,应按照《中共中央关于制定国民经济和社会发展第十四个五年规划和二〇三五年远景目标的建议》提出的要求:"基本公共服务均等化水平明显提高,全民受教育程度不断提升,多层次社会保障体系更加健全,卫生健康体系更加完善"。① 在沿线地区的基本公共服务方面,不仅要实现均等化,而且在均等化水平标准方面也应该有所提升,这样才能使当地的老百姓有更多的获得感。

5. 满足各地区非基本公共服务多样化需求

在推进"丝绸之路经济带"过程中,由于涉及到的地区众多,特别是西部地区还有许多少数民族地区,经济和文化存在很多差异,表现在公共服务方面存在着多样化需求。因此,政府应在保障基本公共服务的前提下,在非基本公共服务领域采取多样化公共服务政策举措,满足多样化需求。一是要转变政府职能,开放市场并完善监管,减少行政审批干预,简化服务流程,为各类市场主体参与非基本公共服务营造公平竞争的发展环境。二是突出地方特色、民族特色、时代特色,提供质量过硬、适应个性化需求的公共服务。

6. 从多方面深化各单位公共服务领域改革

增加公共服务供给,关键是要理顺政府与市场的关系。一是要充分发挥市场机制的决定作用,创新公共服务提供方式,广泛吸引社会资本参与。二是更好地发挥政府职能作用,切实搞好规划,管好市场促进公平竞争,规范购买服务市场准入。三是加快推进事业单位分类改革,制定和采取有效激励政策和措施,最大限度地激发供给服务市场主体活力,克服"官本位"意识,创新从事公益服务事业单位体制机制。

总之,推进"丝绸之路经济带"建设,客观上要求要坚持共享发展。对于国内沿线地区来讲,目前主要是要正确处理好发达地区与欠发达地区之间、城乡之间发展差距的关系问题。为此,在建设"丝绸之路经济带"过程中应积极促进区域开发战略升级,针对东中西部地区的不同情况在做好巩固脱贫攻坚

---

① 《中共中央关于制定国民经济和社会发展第十四个五年规划和二〇三五年远景目标的建议》,2020 年 10 月 29 日。

成果的同时,还需要深入推进区域协调发展战略和大力实施乡村振兴战略,努力缩小区域之间、城乡之间的发展差距,增加对整个社会的公共服务供给,大力提升基本公共服务均等化水平,实现沿线地区的共享发展。对于国外沿线地区来讲,主要是分享中国改革开放的经验与合作发展的成果,让共建成果惠及更广泛的国家和地区,共同构建人类命运共同体。

第五篇

区域合作与战略升级

5

本篇从理论与实践相结合的角度，分析了"一带一路"背景下，随着"丝绸之路经济带"建设的深入推进与全面展开，我国区域发展总体战略出现的新变化，重点探讨了在推进"丝绸之路经济带"建设过程中西部开发、东北振兴、中部崛起、东部率先"四大区域政策板块"的区域合作与战略升级问题。

第十四章　建设"丝绸之路经济带"与
西部大开发形成新格局

中国西部是"丝绸之路经济带"的对外连接区和前沿地带,我国对外开放发展的六条国际经济合作走廊中有五条都是从西部地区向外进行对接、延伸和拓展的,在整个"一带一路"建设总体布局中具有着重要的战略地位和作用。西部各省份作为共建"丝绸之路经济带"的重点区域,正在抢抓机遇,积极应对各种挑战,发挥比较优势,加强区域分工合作,在新一轮的西部大开发中加快经济转型升级。

一、西部地区在"一带一路"建设中的
功能定位与分工合作

西部地区在地理上大体上可分为西北地区和西南地区两大块。西北地区包括新疆、青海、甘肃、宁夏、陕西、内蒙古等省区,古时就被称为"北方丝绸之路"。西南地区主要有云南、广西、重庆、四川、贵州、西藏等省区市,古时有"茶马古道",有时也被称之为"南方丝绸之路"。二者都是我国建设"丝绸之路经济带"的重点区域。"一带一路"倡议的提出与实施,使西部地区由过去的战略纵深腹地变成对外开放的前沿,从而使我国的西部大开发战略在新一轮对外开放发展中得到了转型升级。

（一）西部地区在"一带一路"建设中的功能定位分析

从西部地区在"一带一路"建设中的整体布局来看,区位比较优势明显,但西北和西南地区由于在地理区位、资源环境和发展水平方面存在很大差异,在促进沿边开发与开放发展的功能定位和发挥作用方面也应有一定区别。

1. 西北地区在"一带一路"建设中的功能定位分析

从区域经济协调发展的角度来看,西北地区一直是我国区域经济发展过程中的一块短板,此次西北地区在"丝绸之路经济带"建设中功能定位的提升,意味着西北地区将成为我国承接产业转移和基础设施建设投资的热点地区,将有助于改变我国东中西部地区发展不平衡的现状,促进区域经济协调发展。西北地区在面向中亚的通道建设方面,主要是畅通新亚欧大陆桥;在面向南亚和西亚的通道建设方面,主要是开通中巴经济走廊;在发挥商贸物流枢纽作用方面,重点是做好新亚欧大陆桥与中巴经济走廊的对接工作;在形成重要产业和人文交流基地方面,主要是加强国际能源合作和发挥好综合经济文化和民族人文优势,促进国内外沿线地区经济的协调发展。

2. 西南地区在"一带一路"建设中的功能定位分析

西南地区主要是建设成为面向南亚、东南亚的辐射中心,打造西部开发开放重要支撑和内陆开放型经济高地。在建设面向南亚、东南亚的辐射中心方面,主要是构建面向东盟区域的国际通道和建设好孟中印缅经济走廊。在打造西部开发开放重要支撑和内陆开放型经济高地方面,主要是提升重庆、成都的中心城市功能和国际化水平,发挥双引擎带动作用和支撑作用,推进国内外沿线地区的资源整合与一体化发展。① 西南地区的这种战略布局,意味着随

---

① 参见国家发展改革委、外交部、商务部:《推动共建丝绸之路经济带和 21 世纪海上丝绸之路的愿景与行动》,《人民日报》2015 年 3 月 29 日。

着沿边地区的对外开放发展,将通过珠江—西江经济带的建设和长江经济带向西南地区的进一步延伸,以及滇藏、川藏、青藏、新藏等交通设施的进一步完善,使北方丝绸之路与南方丝绸之路、陆上丝绸之路与海上丝绸之路在此交汇与对接,从而形成网络化的互联互通与城镇化建设的新格局,将有力促进西南地区内部与周边地区的协调发展。

(二)西部地区在"一带一路"建设中的分工合作关系

根据西部地区在"一带一路"建设布局中的功能定位分析,西部各省区在发挥比较优势和体现各地特色的同时,需要通过加强分工合作促进区域协调发展。西部地区在推进"丝绸之路经济带"建设开放协调发展中,主要有以下区域分工合作关系。

1. 西部与中东部地区的区域分工合作

西部地区与中东部地区在建设"丝绸之路经济带"方面的分工主要是体现在:一是西部地区要发挥沿边区位优势和向西、向南开放的重要窗口作用,在重要产业集聚方面应有不同于中东部地区的区域分工和产业特色。二是在人文交流基地建设方面应体现西部地区的地方民族特色,强调可以发挥本地区的民族宗教文化优势,加强与周边国家的交流合作。三是在推进本地区的生态保护与环境治理方面,按照主体功能区规划的要求,应有不同于中东部地区的明确的地域分工和严格的标准要求。

西部地区与中东部地区在建设"丝绸之路经济带"方面的合作主要体现在:一是在畅通新亚欧大陆桥的通道建设以及货源组织方面要加强地区合作。二是在畅通国内与国际经贸往来实现"大通关"体制方面要加强地区合作。三是在承接中东部地区的产业转移方面要加强地区合作。四是在沿线和流域的生态保护与环境治理方面需要加强地区合作。

2. 西北地区与西南地区的区域分工合作

西北与西南地区的分工主要体现在:一是发展战略走向有分工。西北地区主要是承担向中亚、南亚、西亚开放合作及通道建设的任务,而西南地区主要承担向南亚和东南亚地区的辐射以及面向东盟区域国际通道建设的任务。二是发展战略重点有分工。西北地区重点是打造"丝绸之路经济带"的新疆核心区及其与甘肃"黄金段"、陕西"新起点"的对接问题。而西南地区重点是实现"丝绸之路经济带"与21世纪海上丝绸之路的有机衔接,以及和长江经济带的对接任务,重庆和四川在其中扮演着重要的角色。三是在产业发展方面有分工。西北地区干旱少雨,适合发展有关石油等重化工和太阳能与风能等新能源产业;西南地区适合发展水电建设、特色资源深加工、特色轻工业和大数据等相关产业。

西北与西南地区的合作主要体现在:一是在建设西部陆海新通道方面需要加强合作。要实现西北"丝绸之路经济带"与西南"21世纪海上丝绸之路"有机衔接,虽然西部陆海新通道建设的重点在西南地区,但是西北地区在通道建设的支持方面很重要。二是在青藏高原文化旅游和特色产品的开发以及交通等基础设施的改善方面,应加强西南与西北的地区合作。三是在西北地区的生态环境治理方面有合作。如何把西南地区的水资源引入到西北地区,改善西北地区生态环境,需要加强地区合作。如"藏水入疆"工程中"红旗河"的修建,就需要西南与西北地区的紧密合作才能顺利实施。

3. 西北、西南地区内部的省际分工合作

西北地区省际之间在体现各自的产业特色以及社会治理、生态建设方面应有所分工,落实好主体责任。但是在实现"丝绸之路经济带"的新疆核心区、甘肃"黄金段"和陕西"新起点"等建设的对接方面应加强合作,其中陕西、甘肃在发挥综合文化优势和宁夏、青海在发挥民族人文优势方面也应该加强

合作,以便共同打造面向中亚、南亚的人文交流基地和富有西北地域风情的国际文化旅游目的地。

西南地区省际之间在发展各自的特色产业方面,应根据各省实际情况加强区域分工与错位发展。云南与西藏重点发展高原特色产业和民族文化旅游业,贵州重点是发展大数据产业,四川和重庆有一定的工业基础,重点发展现代产业基地;广西重点是发展与东盟的边境贸易产业。但是,在交通设施互联互通、城市群建设、文化旅游及流域生态环境的保护与治理方面应加强合作。其中,促进成渝城市群一体化发展是西南地区合作的重点。

二、西部开发在推进"丝绸之路经济带"建设中形成新格局

自从 20 世纪末中央提出实施西部大开发战略以来,西部地区在经济社会发展上取得了很大的成就,但主要是局限在省(区)内和国内开发。"一带一路"倡议的提出与实施,特别是随着"丝绸之路经济带"建设的深入推进,实现了北方丝绸之路与南方丝绸之路的对接。西部开发正在从省(区)内开发向国内合作开发转型,并从国内开发向国际合作开发升级,从而形成了西北与西南地区南北呼应、协同发展对外开放的新格局。

(一)西北地区推进"丝绸之路经济带"建设的发展态势

西北地区各省区积极响应"一带一路"倡议,在推进"丝绸之路经济带"建设中主动作为,努力打好地方特色牌,发挥区位通道优势和民族文化特色优势,以通道建设和人文交流带动对外经贸合作发展,取得了有目共睹的重大成效。

1. 新疆扎实推进"丝绸之路经济带核心区"建设

新疆是对接中亚的前沿地区,战略定位为"丝绸之路经济带核心区"。总

体发展思路是以"一通道"(国家能源资源陆上大通道)为主线,以"三基地"(国家大型油气生产和储备基地、大型煤炭煤电煤化工基地、大型风电基地)为支撑,以"五大中心"("丝绸之路经济带"重要的交通枢纽中心、商贸物流中心、金融中心、文化科技中心、医疗服务中心)为重点,不断完善"丝绸之路经济带核心区"建设方案,随着《推进新疆丝绸之路经济带核心区建设的实施意见》《推进新疆丝绸之路经济带核心区建设行动计划(2014—2020年)》《新疆丝绸之路经济带核心区建设优先推进项目清单》等文件的出台,围绕"一通道三基地五中心"等一批重大项目正处于推进落实阶段,大规模核心区建设已开始启动,并取得了积极成效。

一是突出体制机制创新,不断激发建设活力。大力推进自由贸易区试点经验复制推广工作,已复制推广试点经验93项,正在推进17项;起草了相关指导意见,在全疆综合保税区启动复制推广沿海自由贸易试验区改革开放经验工作,在更高层次、更高站位上设计核心区建设。研究部署乌鲁木齐国际陆港区建设等重大工作,研究解决喀什、霍尔果斯经济开发区建设发展、对外开放等重大问题,全力推进各领域重点任务的落实。建设重点项目网上申报动态管理平台,举办了2017年核心区建设项目对接会,签署贷款合同项目16个,贷款总金额1542亿元。

二是突出规划引领对接,加强高层政策沟通。新疆在原有规划和实施方案基础上,先后又出台了《贯彻落实习近平总书记重要讲话精神加快推进丝绸之路经济带核心区建设的意见》等一系列新举措,印发了核心区"五大中心"建设专项规划。先后与巴基斯坦、哈萨克斯坦等周边国家政府代表团开展推进"一带一路"建设交流研讨,强化了政策沟通和发展规划对接。研究制定新疆参与中哈、中蒙俄合作等实施意见,积极推动与周边国家交流合作平台建设,起草了《关于深化对哈萨克斯坦合作的意见》,对深化中塔合作进行了责任分工。新疆与中亚学院、中巴经济走廊联委会中方秘书长进行对接,组织开展了中巴经济走廊中中方7个重要节点县市专项调研,启动贯彻中巴远景规划实施意见的编制工作。

三是突出多路建设并举,提升设施联通能力。公路通道方面,2017年"双西公路"(欧洲西部—中国西部)国内段贯通。2018年7月15日,"一带一路"标志性工程—G7京新高速全面建成通车,形成了第二条全天候进出新疆的交通大动脉。截至2017年年底,全疆公路通车总里程达到18.6万公里。铁路通道方面,南疆铁路至兰新铁路联络线建成,一批重点交通项目相继建成和加快推进。新疆铁路营运总里程已达6244.4公里,高铁建成836.4公里。航空通道方面,全疆有21个民用运输机场,开通257条国内航线、24条国际(地区)航线。能源通道方面,2018年1—6月,新疆累计送出"疆电外送"电量240亿千瓦时,进一步拓展了电力消纳空间。信息通道方面,中巴光缆完成对接,中俄光缆边境站部分完成可行性研究前期调查。"网上丝绸之路"进一步完善。

四是突出集结中心建设,扎实推进经贸合作。统筹规划乌鲁木齐铁路口岸、复式联运海关监管中心和中欧(中亚)班列集结中心建设,努力实现中欧(中亚)班列运营常态化、规模化、高效化。新疆铁路加快从单纯通道型运输向"通道+枢纽"的转变,构建起以乌鲁木齐为起点的西联东出、东联西出全程物流通道。19条西行国际货运班列线路由乌鲁木齐集结中心始发,覆盖欧亚17个国家、24个城市,形成了多点始发、多点到达、多地运行的中欧班列运输新格局。2017年全年开行货运班列806列,是2016年的3.6倍。2018年上半年累计开行西行班列503列,同比增长89.1%。

五是突出资金融通创新,服务丝绸之路建设。在全国率先开展境外直接投资人民币结算试点。大力支持企业参与"一带一路"沿线国家和地区贸易往来,新疆跨境人民币业务累计结算从2013年的425亿元增长到2017年的2610亿元,涉及境外国家和地区从43个扩大到90个。截至2018年5月,辖区银行业金融机构共支持299个客户、1296个项目。积极推动合作中心跨境人民币创新业务发展,合作中心试点银行累计开立跨境人民币创新账户112

户,贷款金额 23839 亿元,其中涉及疆内企业及"走出去"的占比超过 50%。成功开展哈萨克斯坦坚戈现钞跨境调运业务。

六是突出载体平台建设,密切跨国人文交流。新疆是东西方多元文化的交汇点,这种得天独厚的人文优势已成为促进民心相通和开展区域经济合作的重要推动力量。新疆以此为纽带,全面加强科技、教育、文化、医疗、旅游等领域对外交流合作。科技方面,印发了《丝绸之路经济带创新驱动发展试验区总体实施方案(2018—2020)》,参与制定《2018—2025 年阿尔泰地区区域合作国际协调委员会工作计划》。教育方面,组织完成中国政府奖学金、"丝绸之路"中国政府奖学金项目、中俄政府奖学金等项目的申报、审核、推荐和自治区人民政府接受周边国家留学生奖学金项目申报评审工作,积极推进新疆农业大学与乌兹别克斯坦塔什干农业大学共建孔子学院工作。文化方面,组织文艺演出团赴香港参加"2018 年春节及元宵彩灯会"演出活动,在乌兹别克斯坦塔什干和撒马尔罕举办了中国新疆电影展。医疗服务方面,跨境远程医疗服务平台已连接域内 27 所医院和境外 3 个国家的 24 所大型医院。2018 年上半年接诊外籍患者 100 余人次;组织"中医关怀团"前往哈萨克斯坦阿拉木图市开展健康咨询和义诊活动。旅游方面,2018 年上半年接待国内外游客 5141 万人次,同比增长 30.46%。

七是突出城镇建设布局,加强口岸基地建设。新疆拥有 17 个国家级口岸,拥有发展边境贸易基地的优势。其中阿拉山口和霍尔果斯两个口岸都是公路和铁路两通的国家级口岸,有许多中欧班列都在此通行,两个口岸在发展对外贸易基地方面各有特色。阿拉山口口岸设有进出口加工区,带动了当地制造业发展。霍尔果斯口岸设有自贸区,民间对外贸易往来频繁。目前,两个口岸随着对外物流、人流的不断增多,已发展成为两个现代化新城。随着"丝绸之路经济带"建设的深入推进和交通等基础设施的完善,新疆的城市化网络将从北疆地区逐步向沿边地区和南疆地区拓展。新亚欧大陆桥和中国—中亚—西亚经济走廊的建设促进了乌鲁木齐集结中心的建设,带动北疆城市经济网络的形成。中巴经济走廊建设活跃了南疆的对外贸易往来,将使南疆地区的喀什与和田发展成为区域性中心城市,辐射带动周边地区的经济圈网络正在形成。

2. 陕西努力打造内陆改革开放新高地

陕西作为古丝绸之路的起点,面对新机遇,最初提出的战略定位是"丝绸之路经济带新起点",后又调整为内陆改革开放新高地。2018年4月,陕西省政府在《陕西省"一带一路"建设2018年行动计划》中明确提出,加快推动枢纽经济、门户经济、流动经济"三个经济发展",打造内陆改革开放新高地,持续推进"一带一路""五大中心"建设,以及优化发展环境和强化组织协调共七大任务,承担起建设向西开放重要支点的历史使命,进一步拓展对外开放的广度和深度。陕西凭借中国大陆几何中心的独特区位优势,正在成为东西双向开放的重要承接地,深度融入国际合作大发展格局。

一是深化政策沟通,搭建合作平台,服务开放发展。陕西积极构建与沿线国家和地区的交流、沟通、磋商的渠道与机制,与沿线36个国家正式缔结89对友城友好合作关系,与乌兹别克斯坦、吉尔吉斯斯坦、哈萨克斯坦等国家领导人家乡建立友好省州关系,"元首家乡"外交影响力凸显,友好城市的"朋友圈"不断扩大。不断完善服务保障体系,先后设立陕西自贸区仲裁法院、国际商事调解中心、知识产权运营服务中心,为企业提供国际贸易争议服务。建立了丝绸之路知识产权与技术成果集聚中心、交易中心和运营服务中心,助力各类要素集聚优化,泰国、韩国、柬埔寨、马来西亚等国先后在陕西设立总领事馆,英国、意大利等20国在西安设立签证中心,极大地方便了经贸、文化、旅游、教育等对外交流合作。

二是借力互联互通,打造枢纽经济,实现全面对接。近几年来,陕西围绕加快推动枢纽经济发展,持续推进"一带一路"交通商贸物流中心建设,立体化丝绸之路建设有了较快发展,连接全国的铁路、高速公路及航空交通网络日趋完善,全面对接"丝绸之路经济带"建设。全省铁路营业总里程达到5300公里,其中高铁营业里程超过850公里。新增高速公路通车里程916公里,通车总里程达5279公里。开通国内外航线338条,其中通达国内主要城市的航空快线21条,开通国际航线54条,通达25个国家的48个城市,包括14个"一带一路"沿线国家的26个城市。西安国家级互联网骨干直联点开通,"一带一路"语言服务及大数据平台正式启动。国内首条陆空联运跨境电商货运直飞航线开通,咸阳机场全货运航线增至14条。截至2018年7月底,中欧班列"长安号"累计开行超过1100列,开通9条向西通道,陆续联通西安至中亚五国、布达佩斯、华沙、汉堡、科沃拉等11个国家14个站点,基本实现了中亚与欧洲地区主要货源地全覆盖。

三是依托园区建设,加强创新驱动,助推贸易畅通。各类经贸合作园区和重点投资项目亮点不断,国际合作园区建设持续推进,中俄丝路创新园、半导体产业园、中欧工业园、陕韩产业园、陕港融资租赁、美国内布拉斯加(杨凌)农业科技园等一批国际合作园区相继落地开花,中国西部科技创新和杨凌现代农业国际合作中心稳步推进,在俄罗斯、澳大利亚及中亚国家启动建设现代农业示范园区。目前全省共建设国家级国际科技合作基地24个、省级国际科技合作基地71个,与40多个国家和地区建立了国际科技交流合作关系。自贸试验区"铁路运输方式航单归并新模式"等3项经验做法在全国复制推广,首批18项制度创新成果在全省复制推广,其形成制度创新案例118个。全面落实外资准入负面清单管理模式,截至2018年6月底,自贸试验区新增市场主体21248家,新增注册资本4267.95亿元。合作园区建设和创新驱动,促进了贸易便利化水平不断提升,2014—2017年陕西与"一带一路"沿线国家对外承包工程完成营业额48.17亿美元,年均增长40.1%,实现外贸进出口额10622.6亿元,年均增长8.7%。

四是加强金融合作,支撑资金融通,服务丝绸之路。陕西省政府与中国进出口银行、民生银行等金融机构达成一系列全面推进"一带一路"建设战略合作协议,向陕西省提供不低于 2500 亿元融资支持。积极对接中非基金,制定陕西非洲产业发展基金方案。推动金融机构合作,秦农银行发起的丝路农商行联盟正式成立。中国银行陕西分行推出"跨境周转通"等产品,累计实现跨境融资约 44 亿元。"通丝路"陕西跨境电子商务人民币结算服务平台正式上线,为小微企业提供出口贴现、打包贷款等十余种贸易融资产品和全产业链解决方案,力争成为西部地区标杆型跨境电商人民币结算平台。人民币跨境业务快速发展,截至 2018 年 6 月末,陕西跨境人民币结算金额达 2258 亿元,涉及国内 2898 家企业,境外 1748 家银行,辐射 114 个国家和地区,覆盖"一带一路"沿线 42 个国家和地区,累计实现跨境人民币结算金额 1967.04 亿元,为企业节约了大量汇兑成本。

五是弘扬丝路精神,加强人文交流,促进民心相通。借助陕西历史、文化、教育资源丰富的优势,弘扬丝绸之路精神,加强人文交流,增进了沿线人民的彼此了解。支持省内高校与境外 60 余所高校开展校际交流,发起成立"一带一路"职业教育联盟。"丝绸之路大学联盟",已有五大洲 38 个国家和地区的 151 所大学加盟。加大对来陕外国留学生的政策倾斜力度,每年安排 1200 多名中亚学生在西安求学。建设我国中西部地区最大的非通用语种人才培养基地,推进形成覆盖沿线国家的语言专业群。加快建设文化旅游中心,与海外中国文化中心交流合作,打造"国风秦韵"地方特色品牌,精心举办丝绸之路国际艺术节,推动中外文明交流互鉴,先后与联合国世界旅游组织、亚太旅游协会、国际会议协会及东亚地方政府会议等国际机构建立合作。开通了 20 多条丝绸之路国际旅游线路及旅游专列,西安丝绸之路国际旅游博览会规模和影响力逐步提升。2017 年接待境内外游客 5.23 亿人次,同比增长 16.4%。其中,接待入境游客 383.74 万人次,增长 13.3%,国际旅游收入达 27.04 亿美元,增长 15.6%。

六是建设西咸新区,促进转型升级,带动县域发展。西咸新区作为关中—天水经济区的核心区域,在深入实施西部大开发战略等方面具有重要作用。

其中,空港新城作为西北地区最重要的航空、铁路、高速公路汇集的核心交通枢纽,拥有陕西唯一的国家级对外开放口岸,是陕西发展临空经济的重要承载区。陕西通过打造枢纽经济,大力发展门户经济和流动经济,促进了西咸新区的转型升级。同时,随着推进"丝绸之路经济带"建设的深入发展,陕西省的县域经济发展也在加快转型升级。韩城是司马迁的故乡,过去主要是发展煤炭和石油产业,在推进"丝绸之路经济带"建设中,通过对外合作发展,已把煤炭和石油产业转移至国外,目前发挥区域文化优势,主要发展文化旅游和陶瓷产业,不仅建立了新城区,而且还带动了老城区的改造和升级,现已成为驰名中外的著名旅游景区。

3. 甘肃全力打造"丝绸之路经济带黄金段"

甘肃由于处在河西走廊区域境内,地域东西长 1600 多公里,占陆上丝绸之路在中国境内的 40%,提出的战略定位是"丝绸之路经济带黄金段",甘肃省会兰州市则定位为"丝绸之路经济带"黄金段上的"钻石节点"。根据《甘肃省参与丝绸之路经济带和 21 世纪海上丝绸之路的实施方案》,甘肃建设"丝绸之路经济带"的发展规划主要是围绕向西开放的纵深支撑和战略平台、丝绸之路的综合交通枢纽和黄金通道、经贸物流合作的区域中心、产业集聚和合作示范基地、人文交流合作的桥梁和纽带等战略定位而展开的,全方位融入"一带一路"建设,聚集重点领域加快建设进程,不断扩大与沿线国家和地区合作范围和领域,取得重要进展和积极成效。

一是综合交通枢纽和黄金通道的功能不断提升。建成丝绸之路的综合交通枢纽和黄金通道,是甘肃推进"丝绸之路经济带"建设与促进地区经济转型升级的最大机遇。从地缘上看,甘肃地处新亚欧大陆桥的核心通道,是古丝绸之路的咽喉要道。"一带一路"倡议使甘肃这条商埠重地和商贸古道重新焕发生机,功能作用不断提升。近年来,甘肃在打造交通枢纽、能源通道、信息交换中心和物流集散地等方面迅速发展。特别是 2017 年以来,随着《甘肃省合作共建中新互联互通项目南向通道工作方案(2018—2020年)》的实施,甘肃以打造交通大动脉为重点,以公路、铁路、航空和水运为主体的四通八达的交通网络体系逐步形成。

二是经贸物流合作区域中心的战略地位日益凸显。已建成武威综合保税物流中心,是甘肃首个享有境内关外、出口退税、交通免税、进口保税、外汇优惠、保税金融等特殊政策的口岸平台。建成的兰州新区综合保税区,吸引各类经济要素向兰州新区集聚。推进兰州、武威、天水三大国际陆港和兰州、敦煌、嘉峪关三大国际空港建设。兰州铁路口岸已顺利打通中欧、中亚、南亚、中新南向四大通道,已实现通关报送国际货运班列常态化运行。据兰州海关统计,2018年1—8月,甘肃累计进出口267.8亿元,比2017年同期增长39.2%。其中,出口94.3亿元,增长48.2%;进口173.5亿元,增长34.7%。进出口、出口、进口增速分别位列同期全国第1位、第1位和第4位。不断完善交通物流基础设施建设,正在形成"一中心四枢纽五节点"现代物流产业网络体系(兰州物流中心,天水,平(凉)庆(阳)、金(昌)武(威)、酒(泉)嘉(峪关)物流枢纽,张掖、陇南、定西、临夏、甘南物流节点。)

三是产业集聚和合作示范基地建设加快推进。甘肃特色较为明显的是经济作物种植,如旱作农业和节水农牧技术、林果业。特色较为突出的是畜牧养殖业,如牛、羊产业。甘肃工业基础较为雄厚的有石油化工、新能源、装备制造、冶金有色、建材等。优势明显的有地质勘探、建筑施工等。兰州新区、兰州白银及河西走廊等地,在国际物流、产业承接、机械装备上也发挥着越来越重要的作用。自"一带一路"倡议提出以来,甘肃深入推进国际产能和装备制造合作,鼓励省内大型骨干企业通过投资参股、合作开发、技术转移等途径,开展境外勘探、购买、开发能源资源,承接交通、水利、建筑等大型建设工程。在建设实践中涌现出一批知名企业,通过跨国并购的大型资源型企业,如酒钢、金川、白银公司;有实力的民营企业,如兰州海默、天水华天、金圣集团、恒康医疗等;发展态势良好的有八冶公司等企业,对外承包工程业务不断拓展。在推进

"丝绸之路经济带"建设的牵引下,甘肃的产业集聚和合作示范基地建设正在释放出更大的带动效应。

四是人文交流的桥梁和纽带作用不断强化。甘肃依托"一带一路"高校战略联盟和省内研究机构、大专院校等,加强与丝绸之路沿线国家在敦煌学、岐黄中医药、丝路文化以及中西亚文化等方面的合作交流,共有国家级国际科技合作基地 15 家,境外岐黄中医学院和中医中心达 13 个,国际友好城市达到 57 对。截至 2017 年年底,甘肃省已在丝路沿线十多个国家建立了海外岐黄中医学院或岐黄中药中心。先后与 80 多个国家和地区开展了文化交流活动,全方位、多角度地展现了甘肃文化风采。先后组织《丝路花雨》《大梦敦煌》《敦煌韵》《甘肃非遗展演》等一系列具有中国气派、陇原风韵的艺术精品在国外展示演出,引导甘南唐卡、天水漆器、庆阳皮影、定西草编、平凉剪纸等众多具有浓郁特色的非遗文化产品"走出去"亮相海外市场。

五是以"敦煌"文化为品牌大力开展丝绸之路文化旅游活动。甘肃历史上曾是古丝绸之路上中西方各民族多元文化的交汇地区,特别是中外宗教文化在这里相互融合发展,从而形成敦煌"千佛洞"这样的历史奇观。推进"丝绸之路经济带"建设给地处河西走廊上的甘肃文化旅游产业带来了新的生机和活力。甘肃依托丰富多彩的古丝绸之路文化和众多历史文化遗址,围绕推进"丝绸之路经济带黄金段"建设,打造"敦煌"品牌,开展敦煌文化研究、艺术展示、文化旅游等活动,大力发展文化旅游产业,吸引了许多国内外游客来此观光旅游和从事经贸洽谈活动,有力地促进了甘肃经济的转型升级。

4. 宁夏积极打造"丝绸之路经济带战略支点"

宁夏作为中国内陆地区首个也是唯一一个覆盖整个省级区域的内陆开放型经济试验区,在"丝绸之路经济带"建设中具有着明显的区位优势和宗教文化优势。2018 年宁夏回族自治区政府报告中,明确提出宁夏的战略定位为

"丝绸之路经济带重要战略支点"。① 其规划以阿拉伯国家和穆斯林地区为重点,充分发挥宁夏回族自治区宗教文化优势,着力建设"四大平台",即中阿空中丝绸之路、中阿互联网经济试验区、中阿金融合作试验区和中阿博览会战略平台,促进中阿全方位的交流合作和产业发展。② 在参与"丝绸之路经济带"建设中,宁夏通过加快内陆开放型经济试验区建设,将成为中国向西开放的战略高地、人文交流的桥梁纽带、承东启西的交通枢纽、能源合作的重要基地。

一是以规划引领构建多种国际合作平台与开放载体。近年来,为不断深化与"丝绸之路经济带"沿线国家和地区的务实经贸合作,宁夏相继出台《关于融入"一带一路"加快开放宁夏建设的意见》《关于支持企业"走出去"的若干意见》《关于加快"走出去"融入"一带一路"建设三年行动计划(2016—2018)》等一系列重要文件,切实推动企业"走出去"。2017 年,宁夏成功举办了第三届中阿博览会,网上丝绸之路大会等重大盛会。全年实现招商引资到位资金 2245 亿元,增长 12.2%。开通了银川至德黑兰的货运班列,新增了 13 条国际国内航线,航空旅客人数突破 800 万人次。作为内陆开放型经济试验区的核心城市,银川市抢抓国家"一带一路"和开放宁夏建设等重大机遇,在拓宽陆路、空中、网上三大对外通道,打造"两园三区"等开放载体,吸引国外先进生产要素向银川流动,支持企业走出去开展国际产能合作,推进更高层次开放型经济发展方面表现十分抢眼。作为宁夏对外开放的重要载体,银川综合保税区在集聚开放资源、服务外向型产业发展、提升营商环境方面的作用日益突出。石嘴山精细化工、银川羊绒制品等出口基地已被打造成国家级外贸转型升级示范基地,银川经济技术开发区也升格为国家新能源科技商贸出口创新基地。

---

① 《2018 年宁夏回族自治区政府工作报告》,宁夏回族自治区人民政府网,2018 年 7 月 10 日。

② 徐运平、朱磊:《宁夏:打造"丝绸之路经济带"战略支点》,《人民日报》2014 年 3 月 5 日。

二是在稳定传统市场的同时积极开拓新兴市场。从近年来对外贸易情况来看,宁夏对欧美日韩传统市场出口基本保持稳定,对"一带一路"沿线国家出口表现了一定的增长潜力。2017 年进出口总额 341 亿元,增长 58.9%,增幅居全国前列。传统市场中对欧盟、美国、日本和韩国等分别出口 47.7 亿元、45.3 亿元、13 亿元和 15.5 亿元,增长 78.7%、117.7%、6.1% 和 84.1%;新兴市场中,对阿拉伯国家、印度、马来西亚、泰国等"一带一路"沿线国家和地区分别出口 10.6 亿元、11.7 亿元、5.5 亿元和 5.3 亿元,增长 10.6%、25.5%、19.2% 和 51.8%。①

三是发挥民族文化优势促进人文交流,带动经贸合作发展。宁夏具有参与"丝绸之路经济带"建设的民族文化优势。浓厚的穆斯林文化是宁夏所具有的独特优势,阿拉伯人与宁夏回族人民拥有着相同的信仰和文化,彼此之间有着浓厚的兴趣。宁夏通过促进文化交流与经贸合作的融合发展,借助中阿博览会,宁夏正在逐步建立面向阿拉伯国家、穆斯林地区重要的清真食品、穆斯林用品生产服务基地和中阿优势特色产业对接基地。

四是通过政策创新和制度创新,以高水平开放促进高质量发展。2018 年6 月,宁夏出台《关于深入推进宁夏内陆开放区建设的实施意见》,对宁夏深度参与"一带一路"建设,推动试验区建设取得新进展,以更高水平开放促进高质量发展做出全面部署。从深度参与"一带一路"建设,协同推进"引进来"和"走出去",到构建开放合作和产业升级体系,积极开展政策创新、制度创新,营造开放型经济发展新环境等方面提出了 16 项工作任务和 61 项具体推进措施,涉及航空、铁路、信息、口岸、经贸、技术转移、产能合作、招商引资、保税区、园区、营商环境等多个领域,明确了牵头、配合部门和完成时限,为试验区建设在新阶段取得实效提供了保障。②

---

① 《2017 年全区对外贸易运行分析》,宁夏商务厅网站,2018 年 7 月 31 日。
② 《宁夏自治区制定出台深入推进试验区建设的实施意见》,宁夏回族自治区发展和改革委员会,2018 年 7 月 26 日。

5. 青海积极建设"一通道、一枢纽、两基地"

青海在历史上是古代丝绸之路的南线,曾经发挥过突出和特殊的作用,在对接"丝绸之路经济带"方面,青海提出将与西亚南亚直接对话,打造"丝绸之路经济带"的战略高地。青海在"丝绸之路经济带"建设中的战略定位,可以简要地概括为"一通道、一枢纽、两基地",即"丝绸之路经济带"上重要的战略通道、商贸物流枢纽、产业基地、人文交流基地。近年来,青海围绕国家赋予的战略定位,加大建设力度,在"丝绸之路经济带"中的战略地位日益凸显,通道、枢纽、基地的功能不断强化。2018 年 6 月,青海省制定并印发了《青海省2018 年度参与"一带一路"建设重点任务分工方案》,要求各部门按分工全力抓好各项重点工作,确保青海"丝绸之路经济带"建设迈上新台阶。

一是在战略通道建设方面持续推进。充分发挥初步建成的现代高新便捷的综合交通网络体系功能,进一步强化其在西北地区的交通枢纽地位,加快形成"丝绸之路经济带"上承东启西、连南接北的重要战略通道。在公路建设方面,G0615 花石峡至久治段,G0611 牙什尕至同仁段高速公路建成通车,全省 8个市州全部实现高速公路通达;继续推进 G6 扎麻隆至倒淌河高速公路建设,开工建设 G0612 西海至察汗诺高速公路,持续推进 G109 青海湖段(倒淌河至大水桥)改线工程、G572 贵南至三塔拉段改建工程、G347 都兰至德令哈段改建工程;开工建设 G227 城关经西宁至上新庄一级公路、G341 加定(省界)至西海一级公路、G215 涩北至察尔汗二级公路等国省干线。在铁路建设方面,格敦铁路基本完工,格库铁路、青藏铁路格拉段扩能改造工程加快推进,西成铁路先导工程开工。在航空建设方面,首次开通全货运航线,2018 年 6 月 25日,顺利开通西宁—西安全货运航线,为深度融入"丝绸之路经济带"建设搭建航空物流通道;国际、国内、省内航线持续增加,西宁至长沙至吉隆坡航线开始对散客开放。国内航线方面,2017 年新开通西宁—郑州后,2018 年又开通了乌鲁木齐—西宁—杭州、海口—西宁、无锡—太原—西宁、昆明—西宁—敦煌、乌鲁木齐—西宁—北海、乌鲁木齐—西宁—拉萨,加密 8 条航线,格尔木机场改扩建工程竣工投运,祁连机场实现校飞。

二是在商贸物流枢纽方面的功能不断提升。青海充分发挥区位、交通、物流等优势,高起点谋划和布局商贸物流,通过健全流通体系,完善市场体系,增强集聚辐射功能,加快发展智慧流通,建设法治化营商环境等,将青海打造成"丝绸之路经济带"上重要的商贸物流枢纽。截至 2017 年年底,青海在"一带一路"沿线国家和地区的营销网点达到 21 个,省内建设的综合性进口商品展销中心和平台达到 13 个。通过优化外贸发展区域布局,成立外贸发展基金,重点培育新型出口型企业等举措,全省对外贸易发展呈现出回稳向好的态势。截至 2017 年,全省共有 12 家出口超千万美元的企业,20 个国内外知名品牌。中欧班列开行范围不断扩展。在出口方面,极具地方特色的商品首次走出国门,如祁连玉石、磷酸铁锂、图码钢板、民族图书等,铝型材、焦炭、硅铁、钞棘制品及藏绣等传统商品出口规模持续扩大。在进口方面,美洲牛肉、锂电池隔膜生产设备等商品进口规模大幅增长。同时,青海积极承接东南地区梯度转移的加工贸易,成功引进了迪士尼乐园专属玩具生产加工企业。

三是在产业基地建设方面不断转型升级。青海加快推进传统产业转型升级,积极培育和扶持发展一批新兴产业,强化与沿线国家和地区的产业对接投资合作,着力打造"丝绸之路经济带"上新能源、新材料、新兴石油炼化、盐湖化工、有机生态农牧业等重要的特色产业基地。2018 年 2 月,《青海省创建国家清洁能源示范省实施方案》得到国家能源局的正式批复,青海新能源发展开启新的篇章。我国首个大型商业化光热电站中广核青海德令哈项目一次带电并网成功。为了促进先进制造业和信息产业的融合发展,不断提升青海与"丝绸之路经济带"沿线国家与省区在工业方面的深度交流融合,青海省持续加强政策支持,制定了《关于深化"互联网+先进制造业"发展工业互联网的实施意见(2018—2020)》,提出青海要通过全省实施工业互联网 512 工程,即完成 5 大类 12 项工业互联网重点工程,全力推动互联网与先进制造业融合发展。为进一步推进青海更深层次的开放发展,青海省出台了《关于推动实体零售创新转型的实施意见》《关于贯彻落实国家自由贸易区战略的实施意见》《青海省促进外贸回稳向好的若干措施》等政策文件,加强开放型经济体系建设的政策支持。

四是在人文交流基地建设方面持续广泛开展。充分发挥青海的部分少数民族与中亚、南亚及东北亚部分国家和地区在宗教信仰、民族风俗等方面相同或相近,以及人文资源丰富的优势,不断拓宽与沿线国家和地区人文交流的领域,不断创新交流方式,努力把青海建设成为我国与周边国家和地区深入开展人文交流的重要基地。青海频繁在"丝绸之路经济带"沿线国家和地区开展大美青海能源农牧经贸推介会、世博会青海主题日和企业对接洽谈会等经贸活动,有效扩大了青海的知名度,不断扩大交流规模,深化双方全方位的合作。省级领导率团出访以色列、土耳其、波兰、西班牙等沿线国家,并在人文交流、经贸合作等方面达成多项合作共识。青海与"一带一路"地区的教育交流和合作成效尤为明显,目前在青海留学的留学生国别已达 40 多个。30 多个沿线国家和地区 70 余个教育机构在青海高校建立了全面的教育合作关系。同时,青海积极参加俄罗斯、法国、英国、日本、越南和柬埔寨等国家的旅游展示活动,接待入境游客和旅游外汇收入不断再创新高。

五是大力发展对外文化旅游产业项目建设。充分发挥青海优势,特别是民族文化方面的优势,包括穆斯林文化和西亚文化的一些交流,提升唐蕃古道文化的拉动作用,实现对青海文化旅游产业的深度开发,推进丝绸之路南线文化与当地产业的进一步融合发展。三是加快绿色经济贸易区建设。青海具有高原特色的农牧产业和工业制品。青海利用独具一格的地理资源优势,打造特色产业链,实施"青海精品"战略,把藏毯、民族服饰特色轻纺以及较为先进的制造业、农牧业输送到西亚地区,力争把青海打造成为"丝绸之路经济带"的特色文化旅游产业基地。

（二）西南地区围绕打造对外开放"南大门"积极谋篇布局

西南地区处在世界地理几何中心的位置,北接"丝绸之路经济带",南连21世纪海上丝绸之路,有着良好的地理区位优势。西南各省区在推进"丝绸之路经济带"建设中,依托独特区位优势,积极推进中国—中南半岛和孟中印缅经济走廊建设,正在打造我国对外开放的"南大门"。围绕打造我国的东南亚、南亚等对外开放的窗口,在对接"一带一路"建设中积极谋篇布局,大力推进互联互通与发展贸易往来。

1. 重庆建设"一江两翼三洋"国际物流大通道

2014年12月,重庆出台了《关于贯彻落实国家"一带一路"战略和建设长江经济带的实施意见》。其战略空间布局为建设"一江两翼三洋"的国际物流大通道。根据规划,重庆要建成重庆东盟国际物流大通道的战略基地,以成为未来"一江两翼三洋"国际贸易大通道的汇集点。其中,"一江"指通过长江黄金水道直达上海进入太平洋;"两翼"分为西北翼和西南翼,"西北翼"通过"渝新欧"国际铁路大通道穿越欧洲通达大西洋,"西南翼"通过重庆—东盟南向国际物流大通道通达印度洋。① 为主动融入国家"两带一路"战略,重庆向东正在依托黄金水道进一步畅通长江流域特别是中下游发达地区的开放通道,贯通整个长江经济带;向西依托渝新欧国际铁路联运大通道,联通我国西部各省区,加强与沿线国家和地区的经贸交流合作;向西南通过云南和滇缅公路直达中印孟缅经济走廊,连接21世纪海上丝绸之路。②

渝新欧铁路2011年1月28日开出首趟列车,由此打通重庆通往欧洲的通道。该铁路是由重庆出发到欧洲的国际铁路货运专线,历时16天,比长江水运

---

① 《丝绸之路经济带起点,两带建设中枢纽》,《重庆日报》2014年3月5日。
② 马莉莉、任保平编著:《丝绸之路经济带发展报告2014》,中国经济出版社2014年版,第288页。

到上海再海运至欧洲节约 30—40 天。运行成本只是空运的 1/5,而兰渝铁路修通后,可实现 12 天到达杜伊斯堡。重庆还进行新的分拨点的选择,拟采用"1+N"的发展模式,即在现有线路的基础上,从沿线和杜伊斯堡延伸出去,发展 N 个分拨点。① 据 2015 年统计,渝新欧已实现每周 3 班去程的常态化,正在开行回国每周两班的计划。从货运运输量来看已达到 10000 标箱,进出口贸易 40 亿美元。据国家海关总署统计,重庆通过渝新欧运出的货物,占全国铁路运输到欧洲货物总量的 73%。"渝新欧"铁路的开通彻底改变了我国内陆地区货运对传统空运及耗时水运方式的依赖,为世界企业走进国内,也为"中国制造"走向世界创造了全新的路径,为中国西部地区通往欧洲地区架起了陆上货运大通道。

2. 四川全域融入"丝绸之路经济带"建设

四川提出的功能定位为"一带一路"的重要交通枢纽和经济发展腹地。四川作为"一带一路"的重要交通枢纽,主要是发挥四川承接华南华北、连接西南西北、沟通中亚、东南亚的重要交汇点和交通走廊的优势,以建设国际区域性航空、铁路、公路、水运、管道运输等基础设施建设为重点,打造以四川为中心、辐射中西部、连接国内外的多式联运的战略资源综合运输体系。四川作为"一带一路"的经济发展腹地,主要是发挥四川在对接"丝绸之路经济带"中的区位邻近、基础雄厚、互补性强的优势,重点是打好"市场牌""交通牌"和"产业牌"三张牌,建设西部地区重要的规模大、门类全的加工和制造业基地。

蓉新欧铁路 2013 年 4 月开通。当年 4 月,始发于成都青白江集装箱中心站的中欧班列蓉欧快铁正式开通。蓉欧快铁经过多次提速,目前单程运输时间已缩短至 10 天,是国内运输时间最短的中欧班列,仅为海运的三分之一,而成本仅为空运的八分之一到六分之一。成都出口货物至波兰罗兹。随着欧洲网络不断完善,中欧班列蓉欧快铁的海外分拨点还在巴塞罗那、巴黎、汉堡等

---

① 《重庆拓展国际大通道"渝新欧"有望上升国家战略》,《21 世纪经济报道》2014 年 5 月 16 日。

地设点,2018 年增至 11 处。随着中欧班列蓉欧快铁的稳定运行,国家向西开放通道被彻底打通,而随着成都全面实施"蓉欧+"战略,这一开放的速度得以进一步加快。在"蓉欧+"战略下,成都与欧洲之间已形成了中线、南线和北线三条大通道。"中线"即成都至波兰罗兹线,欧洲端点覆盖中欧、西欧地区;"南线"直达土耳其、覆盖南欧地区;即将开通的"北线",则直达俄罗斯。在打通连接欧亚陆桥的同时,成都期望借助这一通道的建设,从物流货运向产能转移扩张,推动产业转型升级,加快中国西部经济中心建设的步伐。事实上,包括联想、敦豪全球货运、飞利浦、沃尔沃、戴尔等全球企业巨头,已纷纷加入与蓉欧快铁合作的行列,一些企业甚至计划将部分产能转移到成都来生产。成都在加强引导国内企业参与"丝绸之路经济带"沿线项目合作的同时,正在深入推动相关沿线国家共建国际产业合作园,推进中韩创新创业园、中德产业创新平台、中法生态园等产业合作园建设。①

四川省商务厅牵头制定了"一带一路"251 行动计划,即锁定 20 个重点国家深度开拓、精造 50 个重大项目强力促进,优选 100 个外经贸优势企业示范带动,全面提升四川与"一带一路"沿线国家和地区的经贸合作水平。四川省还依托市场拓展"三大活动""千企行丝路"等活动,分区域开展经贸促进活动,推动四川产品、服务、技术开拓"一带一路"市场。2018 年 1—7 月,四川实现货物贸易进出口总值 3048 亿元人民币,外贸规模居中西部第一位,较 2017 年同期增长 27%。四川实现出口 1663.4 亿元,同比增长 28.8%;进口 1384.6 亿元,同比增长 24.8%。其中,与东南亚、南亚、中东、东欧国家进出口贸易增长显著,与沙特阿拉伯、孟加拉国、匈牙利分别激增 1.7 倍、1.6 倍和 97.3%,与印度尼西亚、越南、以色列、波兰、捷克等国的进出口值增速均超过 50%。

四川外贸进出口主要呈现出以下六大特点:一是加工贸易占比近六成,成为拉动外贸增长的主要力量,同时对外承包工程出口货物快速增长;二是对

---

① 《"蓉欧+":驶向"一带一路"的成都号列车》,《四川日报》2016 年 12 月 20 日。

"一带一路"沿线国家及地区外贸继续保持快速增长势头;三是外商投资企业是进出口主力军,而国有企业增速最快;四是成都仍保持"领头羊"地位,其中成都高新综保区是推动全省外贸增长的主要力量;五是机电产品出口快速增长,传统劳动密集型产品出口下降,农产品由升转降;六是机电产品进口占绝对主导,金属矿砂进口激增,农产品进口大幅下降。

3. 广西把对接东盟作为对外开放合作主要方向

广西发挥与东盟国家陆海相邻的独特优势,借助中国—东盟博览会等合作平台,加大凭祥自贸区以及友谊关等边境口岸的建设力度,扩大国际经贸合作交流,促进产业转型升级,打造西南、中南地区开放发展新的战略支点,形成21世纪海上丝绸之路与"丝绸之路经济带"有机衔接的重要门户。目前,广西省会南宁依托中国—东盟博览会平台,正在打造国际化都市圈,现在都市圈的轨道交通网已建成。

广西的钦州地区在推进"一带一路"建设中,充分发挥北面"丝绸之路经济带"与南面"21世纪海上丝绸之路"在此交汇对接的节点优势,正在加快发展外贸出口加工业,有力地促进了经济的转型升级。广西在对接"一带一路"建设中,进一步深化产业合作,重点在临港、工业、制造产业、机械制造、海洋产业、矿业、农业、旅游以及金融等现代服务业方面加强合作。推行钦州产业园和马中美丹产业园两国两园模式,积极建设跨境经济合作区、国际合作园区、自由贸易区,推动双方产业合作不断迈上新台阶。按照国家《西部陆海新通道总体规划》要求,未来将把广西北部湾打造成为国际门户港。

4. 云南在"茶马古道"基础上重建南方丝绸之路

云南位于东亚、东南亚和南亚"三亚"的枢纽地带,沿亚洲的6条大河①均

---

① 沿亚洲汇入云南的6条大河分别为独龙江(伊洛瓦底江)、怒江(萨尔温江)、澜沧江(湄公河)、金沙江(长江)、元江(红河)、南盘江(珠江)。

可在云南形成自然的国际大通道。这一举世无双的区位优势,让云南在"三亚"中具有不可替代的中心枢纽地位。云南可沟通四路(陆上、海上、草原、南方四大丝绸之路)、连接三洲(亚非拉三洲)、辐射两个半球(东半球和西半球),处于全球战略枢纽的核心位置,是全世界地理几何中心和经济地缘中心,是全球八小时航空圈的中心。因此,云南提出规划构建全球经济资源配置中心、全球运营中心、全球筹划中心、企业全球总部中心,打造全球商圈和航圈双中心、工业装备和金融双核心、战略和经贸双基地,实现中国与东盟、中东的三连环,与非洲、拉丁美洲的三挂钩。并进一步提出在云南打造全球性"多航圈、多中心"的战略构想,使云南成为连接五大洲、四大洋的运行枢纽,让云南成为全球营运中心、价值枢纽、链条核心。该计划旨在发展全球运筹管理圈层和链条,使云南成为国际产业链的核心环节,整合东盟优势,构造世界商圈,推动全球布局,全力提升云南的人流、物流、信息流、资金流,整合跨区域资源,发展高附加价值的转运服务。

从古时的茶马古道、南方丝绸之路,再到昆曼公路、泛亚铁路,让云南在中国与"西亚"交往中占据重要的位置。① 云南在"茶马古道"基础上正在重建南方丝绸之路,建设成为面向南亚、东南亚的辐射中心。目前,围绕推进孟中印缅经济走廊建设,云南高速公路建设不断加速,连接各省区与周边国家的公路网正在全面形成。同时,中越铁路、中老泰铁路建设不断推进。《大湄公河次区域便利货物及人员跨境运输协定》实施取得积极进展。推进金融合作,放宽外资企业的准入条件,并优先支持在云南省设立泛亚沿边开发银行,在边境口岸城市设边贸银行等。2018 年云南省外贸进出口额达 1973 亿元人民币,同比增长 24.7%,创历史新高。其中,云南与"一带一路"沿线国家(地区)贸易保持较快增长,进出口 1331.6 亿元,增长 30.3%,占全省外贸市场份额 67.5%。东盟占全省进出口额的比重达 46.1%,原油进口带

---

① 马莉莉、任保平编著:《丝绸之路经济带发展报告 2014》,中国经济出版社 2014 年版,第 290 页。

动云南与沙特阿拉伯、阿曼、阿联酋、科威特等中东国家贸易额大幅攀升。农产品、化肥和劳动密集型商品是云南出口主要的大类商品。对外开放发展有力地促进了云南地区的经济快速增长,2018 年云南 GDP 增长速度为8.9%,居全国第二位。

5. 西藏在对接"一带一路"中正在成为投资热土

西藏发挥地处我国西南边陲独特的大自然风光、高原特色产业和宗教文化优势,积极推进与尼泊尔等国家边境贸易和文化旅游合作,正在形成西藏特色文化旅游品牌,大型歌舞剧《文成公主》深受国内外游客的好评。大力发展藏香猪、藏香鸡、牦牛肉、酥油茶、青稞酒等西藏特色农牧业,积极扶持藏医、藏药等新兴产业。积极推进川藏铁路等国内通道建设,不断完善滇藏、川藏、青藏和新藏公路等基础设施建设,形成互联互通网络,加速周边地区向西藏地区的人口和产业集聚,正在打造成为我国向西开放的主阵地和经贸投资热点地区,加快外向型经济发展,促进产业结构转型升级。2018 年西藏地区的 GDP增长速度为9.1%,稳居全国第一位。

6. 贵州在对外开放发展中成为大数据产业基地

贵州省地处西南内陆地区,又不沿边靠海。贵州虽然在地理区位上不占优势,但在地理环境上很适应发展大数据产业。在推进"一带一路"建设的背景下,贵州省根据国家的统一布局,正在全力打造我国大数据产业中心。我国的巨大"天眼"就布局在这里。随着网上丝绸之路建设的推进,贵州省依托大数据产业的发展,将会在推动"一带一路"建设中发挥重大作用。目前,贵州正在形成以大数据信息产业为特色的对外开放模式,依托西南陆路交通枢纽区位的优势,借助世界大数据产业博览会等平台,参与东南亚、南亚等国际区域合作,融入中新陆海贸易新通道建设,扩大酒博会等品牌国际影响力,围绕先进制造业、大数据电子信息产业、山地特色高效农业等产业链实施对外开放。同时,贵州的中欧班列也在规划建设中,将会极大地改善贵州的对外发展条件。2018 年,贵州 GDP 增速为 9.1%,与西藏并列第一。

三、西部地区建设"丝绸之路经济带" 存在的问题及其对策

西部地区在推进"丝绸之路经济带"建设过程中,抢抓历史机遇,不断推进政策沟通、设施联通、贸易畅通、资金融通、民心相通,特别是在基础设施建设和对外贸易发展等方面取得了很大成就,有力地促进了城镇化的发展和产业结构的转型升级。但是,面对"一带一路"建设从谋篇布局的"大写意"向精耕细作的"工笔画"转变的新要求,以及加快形成国内国际双循环相互促进的新发展格局,也存在一些有待改进的短板和问题。

(一)西部地区推进"丝绸之路经济带"建设存在的主要问题

目前,西部地区已从过去的开放腹地变成了开放前沿,面临着许多发展机遇,近几年来有些省份发展速度较快。但是,也应看到,西部地区开放合作的基础和环境,与沿海相比仍有很大差距,完全照搬沿海开放发展的模式是不行的,也面临着一些新的矛盾和问题。

1. 重视开发建设轻视生态环境保护问题严重

西北地区是西部大开发和"丝绸之路经济带"建设的重点地区,也是我国生态环境比较脆弱的地区。这里人口稀少,少数民族居多,地大物博,蕴藏着丰富的石油、天然气等矿产资源。推进"丝绸之路经济带"建设,目前西北地区重视开发建设轻视生态环境保护问题仍比较严重,面临着生态环境安全和地区社会稳定的双重压力。因此,西北地区推进"丝绸之路经济带"建设,一定要按照中央的统一部署,坚持生态优先、稳中有进的原则循序渐进。

2. 重"硬件"建设轻"软件"建设现象较多

西部地区重基础设施"硬件"建设,轻体制机制"软件"建设现象仍然较多。近些年来,西部地区的基础设施建设方面都有很大的进展,拉动民族地区经济增长的产业大多集中在"通道经济"层面,传统的油气、矿产等高耗能能源经济仍然是推动一些民族地区经济增长的主导产业,以中欧班列为引领的"口岸经济"已成为各地区主打的品牌。但区域内外开放发展的战略统筹协调机制、生态建设补偿机制、区域分工合作机制等方面的创新仍是一个短板,如不及时加以解决,很容易形成新一轮的重复建设与恶性竞争,还有待进一步建立和完善这方面的体制机制。

3. 缺乏大的城市群和产业集群作为战略支撑

西部地区的新型城镇化和工业现代化建设滞后是制约其发展的重要原因之一。近几年,虽然有较大发展,但与东中部地区相比,仍然存在很大差距。特别是新疆的南疆地区,城镇化规模和产业水平仍然发展严重滞后,人口集聚能力有待提升。中心城市对周边地区的辐射带动作用还不明显,经济实力还有待加强,城市经济转型升级任重道远。据调查,2016 年新疆北疆地区的乌鲁木齐、克拉玛依、石河子、五家渠等城镇化率都在 75%以上,而南疆地区的克州、和田和喀什地区的城镇化率仅为 22.2%、22.26%和 23.79%。可见地区间城镇化水平相差极为悬殊。南疆地区城市之间距离远、城镇密度低的特点,使得城市之间仍处于相对封闭的发展状态,大大限制了南疆地区经济社会的发展。

4. 经济发展速度较快,但产业结构仍不合理

重化工业仍然占主导地位,民族特色产业小而分散,还没有形成规模经济。西南地区农牧业比重偏大并且发展方式仍然较滞后,第三产业发展仍相

对比较缓慢。特别是西北地区,现代服务业中的生产性服务业和环保产业发展滞后,远远不能满足新一轮西部大开发和对外开放合作发展的需要。以新疆的阿克苏为例,地区生产总值 2000 年为 93.54 亿元,到 2016 年增加到 792.8 亿元,年平均增长速度为 15.31%。其中,第一产业产值 2000 年为 43.12 亿元,到 2016 年增加到 233.38 亿元,年平均增长速度为 11.92%;第二产业产值 2000 年为 20.25 亿元,到 2016 年增加到 253.76 亿元,年平均增长速度为 18.36%;第三产业产值 2000 年为 30.16 亿元,到 2016 年增加到 305.66 亿元,年平均增长速度为 16.7%。三次产业增长中仍然是第二产业产值增长迅猛。

5. 多民族融合发展与社会稳定问题仍较突出

目前,在西北新疆地区,虽然在政府强有力保安措施的高压下,地区安全形势较为稳定,但仍不能放松警惕。域外的分裂势力和恐怖主义与域内的极端民族主义势力相互勾结,仍然不断地向我国境内渗透,大量潜在的安全风险仍然存在。在对"三股势力"保持高压态势的同时,还有待通过大力发展民族经济和加强人文交流合作,不断提升广大民众对民族团结的认同感和国家发展的自豪感,逐步化解各种潜在的安全风险,以维护边疆的社会稳定。

(二)西部地区加快推进"丝绸之路经济带"建设的发展对策

根据上述对西部地区各省区在推进"丝绸之路经济带"建设中的发展优势和特点,以及存在问题的分析,按照新发展理念的要求和扬长补短的原则,特提出以下发展对策。

1. 要高度重视西部地区的生态环境保护问题

特别是西北地区,常年干旱缺水,多沙漠少绿洲,属生态严重脆弱地区,关系到我国的生态安全。要把加强对生态环境的保护上升到政治的高度来认识,并与当前的反腐倡廉工作密切结合在一起,要从源头上斩断破坏生态环境违规乱采乱建背后的各种利益链条。

2. 要在开放发展中加快区域创新建设的步伐

在持续推进有关交通、城市和工业园区等基础设施建设的同时,要加快推动建立区域创新体系,进一步完善对外开放发展战略统筹机制、区域内的政策调控机制、区域之间分工合作机制、多民族融合发展机制、建设保障机制、生态补偿机制、社会安全机制等。要在实践中多方面探索总结经验,形成"丝绸之路经济带"沿线地区可供学习和借鉴的区域合作新模式。

3. 在沿线重要节点地区应该加快形成都市圈

西北地区按照国家发展规划要求,要加快建设以省会城市为中心的城市群和经济圈。特别是在"丝绸之路经济带"的核心区新疆,需要大力加强新型城镇化建设,加快形成城镇化网络体系。北疆要以乌鲁木齐为中心,打造北疆城市群,提高对整个欧亚大陆桥"丝绸之路经济带"建设的战略支撑能力。在南疆地区,要以喀什、和田等城市为中心,打造南疆城市经济圈,为中巴经济走廊建设提供发展动力。新疆要形成北疆城市群与南疆经济圈相互呼应、联动发展新格局。在构建新疆城镇化网络体系方面,除了有国家及内地各省的"对口"支持外,北疆地区也应加大对南疆地区的支持力度。其中,南疆与北疆地区之间的干部交流对推进南北疆地区之间的开放协调发展非常重要。西南地区在推进"丝绸之路经济带"建设过程中,也应加快以成渝城市群和贵阳、昆明、西藏等省会城市为中心的城市经济圈建设。

4. 积极推动西部地区产业结构调整与转型升级

依托"丝绸之路经济带"建设合作平台,加快推进东中部地区向西部地区的承接产业转移。同时,应鼓励西部地区面向中亚、西亚和南亚地区,加大国际合作力度,依托高新技术进行自主创新,积极推进产业结构调整与转型升级,筑牢现代产业基础,大力发展民族特色产业和产品,形成高质量的规模经济,创建民族特色经济品牌,形成面向国际市场竞争的新优势。

5. 深入推进多民族地区融合发展与和谐发展

坚决维护西部地区民族团结与促进社会和谐发展,要广泛深入开展东中部地区与西部边疆少数民族地区城乡社区之间的对口交流以及社区内汉族与少数民族之间的"结对认亲"活动。在西部少数民族聚集地区,实行嵌入式管理模式,促进民族文化融合与经济互助发展。加强对沿线地区多民族文化融合发展问题的研究,促进民心相通,维护国家统一和增进民族团结,提高群众对实现中华民族伟大复兴中国梦的认同感和自豪感。

总之,自从习近平总书记提出"一带一路"重大倡议以来,西部地区按照中央的统一部署,在推进"丝绸之路经济带"建设方面已经取得了很大的成效,近几年有些省区在经济增长速度方面已经持续走在了全国的前列,并从中获得了国家发展战略实施所带来的各种实实在在的好处,但是,面对国内新时代新任务和国际纷繁复杂的新形势,西部地区在推进"丝绸之路经济带"建设方面,在实现从谋篇布局的"大写意"向精耕细作的"工笔画"转变过程中,也面临着一些新的矛盾和问题。西部地区应按照加快形成国内大循环为主体、国内国际双循环相互促进的新发展格局的要求,在认真总结以往经验和教训的基础上,坚持以新发展理念为引领,加强区域分工合作,采取更加有效的举措,深化改革开放,加快推进西部大开发的转型升级,为国内民族团结和地区经济繁荣与社会稳定作出应有的贡献,为"一带一路"建设向沿线地区更加广阔的领域拓展提供强有力的战略支撑。

第十五章　建设"丝绸之路经济带"与加快东北工业基地振兴

东北地区包括辽宁省、吉林省、黑龙江省和内蒙古自治区的部分地区,属于国家推进"一带一路"建设重点覆盖地区之一。东北地区是新中国工业的摇篮和重要的农业基地,是全国经济的重要增长极。东北地区北面西面沿边,是加强"丝绸之路经济带"建设的重点地区;东面南面沿海,是对接21世纪海上丝绸之路的重点地区。东北地区具有沿海沿边内陆协同发展综合比较优势。在东北亚安全形势趋缓与区域合作不断升温的新形势下,国家推进"一带一路"建设,使东北地区的综合比较优势得到进一步发挥,依托中蒙俄经济走廊、环渤海经济圈和正在新开辟的中日韩经济走廊建设等合作平台,完善基础设施建设,促进体制机制创新,正在加快东北老工业基地新一轮振兴的步伐。

一、东北地区参与"一带一路"建设的战略定位及规划设想

"十三五"时期,东北老工业基地振兴取得积极成效,基本完成《东北振兴"十三五"规划》确定的振兴目标任务,发展基础更加坚实。但实现全面振兴

仍面临不少困难,主要是体制机制的深层次矛盾尚未理顺,加上周期性因素和国际国内需求变化的影响,经济下行压力仍然较大,有效投资需求严重不足,供给侧结构性改革和新旧动能转换任务艰巨。国家深入实施"一带一路"建设,积极推进环渤海地区合作发展,加快构建国内国际双循环新发展格局,东北地区以开放促发展促转型面临重要契机。

(一)东北地区参与"一带一路"建设的战略定位分析

我国"一带一路"《愿景与行动》对东北地区提出的要求是"发挥内蒙古联通俄蒙的区位优势,完善黑龙江对俄铁路通道和区域铁路网,以及黑龙江、吉林、辽宁与俄远东地区陆海联运合作,推进构建北京—莫斯科欧亚高速运输走廊,建设向北开放的重要窗口"。[①] 2016 年 11 月国家关于《东北振兴"十三五"规划》又进一步明确提出:"主动参与推进'一带一路'建设,加快推进国际产能和装备制造合作,优化对外开放布局,将东北地区打造成为我国向北开放的重要窗口和东北亚地区的中心枢纽"。[②]

由此可以看出,东北地区在我国"一带一路"战略布局的目标定位有两个,即"将东北地区打造成为我国向北开放的重要窗口和东北亚地区合作的中心枢纽"。其中,"将东北地区打造成为我国向北开放的重要窗口",是从国内战略布局角度来讲的。而将东北地区打造成为东北亚地区合作的中心枢纽,是从推进更大范围的国际区域合作的角度来讲的。这实际上是国内和国际两个层面的战略定位。

东北工业、农业基础雄厚,具有沿边沿海优势,经济、科技、文化等对外交流频繁,有成为我国向北开放的重要窗口和国际合作中心的潜力。近年来,随着东北亚地区紧张局势趋于缓和,经济增速放缓的东北老工业地区,正借助深

① 国家发展改革委、外交部、商务部:《推动共建丝绸之路经济带和 21 世纪海上丝绸之路的愿景与行动》,《人民日报》2015 年 3 月 29 日。
② 《国务院关于东北振兴"十三五"规划的批复》(国函〔2016〕177 号),2016 年 11 月 1 日。

度融入"一带一路"建设谋求振兴,加快向北向东开放发展的步伐,蓄势打造东北亚合作中心。

（二）东北地区推进"一带一路"建设的战略布局规划

根据国家关于《东北振兴"十三五"规划》的要求,东北在推进"一带一路"建设中,将东北地区打造成为我国向北开放的重要窗口和东北亚地区的中心枢纽,一方面是深化东北亚地区内外分工合作,另一方面是加强东北地区对外开放协调发展。

1. 围绕打造向北开放重要窗口深化东北亚地区内外合作

东北地区围绕打造向北开放重要窗口的地区内外分工合作,主要是通过推进中蒙俄经济走廊建设,深化对俄全面合作,加快对蒙合作步伐,促进东北地区三省一区的开放协同发展与经济转型升级。

一是推进中蒙俄经济走廊建设。建立健全三方毗邻地区地方政府合作机制,对接俄罗斯跨欧亚大通道、蒙古国"草原之路"倡议,促进政策沟通。共同规划发展三方公路、铁路、航空、港口、口岸等基础设施资源,加强在国际运输通道、边境基础设施和跨境运输组织等方面的合作。发展中蒙俄定期国际集装箱运输班列,建设一批交通物流枢纽。加强三方在能源矿产资源、高技术、制造业和农林牧等领域合作。丰富与俄蒙人文交流层次。开辟跨境区域旅游线路。支持呼伦贝尔中俄蒙合作先导区建设。发挥中俄、中蒙双(多)边海关和口岸合作机制作用,深化知识产权保护执法合作。积极探索与俄罗斯合作建设"冰上丝绸之路"。

二是深化对东北亚全面合作。积极稳妥参与推进中日韩经济走廊建设和自贸区建设。大力开展与日本的第三方市场合作,借助日本的资金和技术在沿线国家开辟第三方市场。深化与韩国在制造业、信息技术和文化旅游业等领域的合作。支持朝鲜的经济建设,大力开展在基础设施建设等领域的合作。

三是促进三省一区协同发展。首先,要创新协同发展机制。深化东北地区内部合作,完善区域合作与协同发展机制,共同打造向北开放的重要窗口。完善区域合作利益分配机制,强化区域互助机制。其次,丰富完善协同发展模式。加强内部次区域合作,促进东北东部经济带融合发展,推动东北三省西部地区与蒙东一体发展。大力推进跨省区能源、交通、水利等基础设施建设,优化重大生产力布局,避免无序竞争和重复建设。全面对接京津冀协同发展,加强与环渤海地区的经济联系,密切与长三角、珠三角、港澳台等地区交流合作,协同推进"一带一路"建设。

2. 围绕打造东北亚地区合作中心枢纽加强对外协调发展

东北地区围绕打造东北亚地区合作中心枢纽的对外协调发展,其主要目的是协调推进东北地区沿海沿边内陆全方位开放,充分发挥沿边近海的综合区位优势,确立东北地区在东北亚地区合作中心枢纽的战略地位。同时,通过提升开放型经济发展层次,打造开放型经济合作平台,推进辽宁、黑龙江自由贸易试验区建设,倒逼体制机制的深层次改革创新,为新一轮的东北振兴奠定良好的制度基础。

一是协调推进东北地区沿海沿边内陆开放。首先,要深入推进辽宁沿海经济带建设,优化产业布局,提升临港经济发展水平。加快建设大连东北亚国际航运中心、国际物流中心,推进区域金融改革开放。其次,是推动沿边开发开放,建设好满洲里、二连浩特、绥芬河—东宁重点开发开放试验区和珲春国际合作示范区。完善边民互市贸易政策,加强边民互市点建设。第三,加强内陆口岸和基础设施建设,开辟跨境多式联运交通通道,打造以装备制造、战略性新兴产业、服务外包等为特色的外向型产业基地。

二是打造东北开放型经济合作平台。推进中德(沈阳)高端装备制造产业园建设,继续加强中德(沈阳)企业合作基地建设。建设大连中日韩循环经济示范基地和跨境电商综合试验区。继续在东北地区复制推广自由贸易试验区改革试点经验。加快推动辽宁省自由贸易试验区建设,加快体制机制改革,全面推动结构调整,着力提升东北老工业基地发展的整体竞争力和协调性,形成协调对外开放水平的新引擎。办好中国—东北亚博览会、中蒙博览会以及中俄蒙经贸合作洽谈会等各类展会。完善口岸基础设施,推进检验检疫指定口岸建设,完善口岸公共卫生体系。

三是打造东北边境与跨境经济合作平台。以境内外联动、上下游衔接为要求,积极稳妥推进边境与跨境经济合作区建设。拓展边境经济合作区功能,促进二连浩特、满洲里、绥芬河、黑河、珲春、和龙、丹东等边境经济合作区加快发展,研究在条件成熟地区新设边境经济合作区,支持边境经济合作区与东部地区各类园区开展合作。推动设立二连浩特—扎门乌德跨境经济合作区,打造跨境产业链和产业聚集带。支持建设农业对外开放合作试验区。打造境外合作平台,通过控股、参股、管理合作等方式,推动边境与境外产业园区建立新型合作模式。

二、东北地区推进"一带一路"建设的对接情况与贸易发展

中日韩、中俄蒙等合作取得良好成效,尤其是中国东北与俄罗斯远东合作,为该地区的合作提供了借鉴。2019 年 3 月 20 日,中俄首座跨江铁路大桥—中俄同江—列宁斯阔耶铁路桥全线贯通,将为中俄甚至中欧贸易往来开辟新通道。其中,黑龙江基础设施建设成绩明显,吉林探索了跨境运输新模式,辽宁全域加入了"一带一路"建设,内蒙古持续推进满洲里对外通道建设,东北地区各省份在对外贸易发展方面都取得了许多积极成果。

(一)东北三省一区推进"一带一路"建设的对接情况

东北三省一区由于各自所处的地理区位和发展水平不同,在对接"一带

一路"中所具有的功能定位也是不同的。从总体上看,东北三省一区都能按照国家"一带一路"建设总体布局的要求,紧密结合本地区的实际情况,积极推进东北地区的对外开放发展,正在努力探索适合自身特点的发展模式。

1. 黑龙江全面加强对俄合作

黑龙江省与俄罗斯有着 2900 多公里的边境线,在中国对外开放中占有特殊地位。这里同时拥有中俄原油管道、中俄东线天然气管道、黑河公路桥等一批中俄两国重大项目。黑龙江围绕"中蒙俄经济走廊"建设,抓紧实施《"中蒙俄经济走廊"黑龙江陆海"丝绸之路经济带"建设规划》,在互联互通、经贸、人文交流等方面全面加强对俄合作,在推进公路铁路网建设、老城区改造和新型城镇化建设、产业转型升级以及对外营商环境的改善等方面的相关工作初见成效。

一是设施互联互通取得新进展。第一座与俄罗斯相通的跨境铁路大桥——同江中俄铁路大桥中方段工程 2018 年 10 月全部完成;黑河黑龙江公路大桥中俄双方累计完成投资 18 亿元,占项目总投资 72.8%,2019 年 3 月合拢,10 月建成通车;中俄原油管道二线正式投入运营,管道输油量达到每年 3000 万吨;与俄有关州区就跨境合作区达成共识,并签署了多份合作意向书,中俄双方正在加快推进申报工作。

二是经贸合作与人文交流持续推进。中国在俄罗斯的境内外园区有 40 多个,黑龙江省参加与建设的就占到近一半,又由于农业生产存在互补关系,所以农牧业园区占比较大。中俄博览会已连续召开了五届,成为推进"一带一路"建设的十个主要区域合作平台之一。黑龙江还在俄建立了 3 所孔子学院,连续举办了中俄文化大集、中俄文化艺术交流园等活动。省会城市哈尔滨举办的国际冰雕艺术节和服装展以及"五大连池"旅游景区的开发,每年都吸引着众多的国内外游客来此进行观光旅游和贸易投资项目洽谈等活动。2018 年黑龙江对俄贸易 184.53 亿美元,同比增长 68.6%,位列国内第一位。

三是黑龙江积极配合国家"中蒙俄经济走廊"规划,衔接好实施方案,以哈尔滨为中心,以大(连)哈(尔滨)佳(木斯)同(江)、绥(芬河)满(洲里)、哈(尔滨)黑(河)、沿边铁路四条干线和俄罗斯西伯利亚、贝阿铁路形成的联接亚欧的"黑龙江通道"为依托,建设连接亚欧的国际货物运输大通道,吸引生产要素向通道沿线聚集,发展境内外对俄产业园区,打造跨境产业链,构建发达的外向型产业体系,努力形成区域经济新的增长极。基础设施的改善、工业合作园区的建设与人文交流活动的开展,极大地促进了黑龙江对外贸易的发展。

2. 吉林探索跨境运输新模式

吉林围绕对接"一带一路"建设,重点是进行"长吉图开发开放先导区"的通道建设。优化和推动"长吉图开发开放先导区"的空间布局和协调发展的重点是长吉一体化。即在着力提升长吉两区的基础上,全面推进长吉北线、中线、南线三条产业带建设,加快长春与吉林市在工业、农业、服务业、基础设施等10个方面的合作,促进汽车、石化和其他产业之间的整合,实现长吉两区优势互补、良性互动、加快形成长吉经济圈。①

2018年9月,吉林与浙江携手开通珲春—扎鲁比诺港—宁波舟山港内贸货物跨境运输航线,开创了中俄跨境运输合作的新模式。吉林除了积极参与对俄合作之外,还与东北亚之间加强了联系。位于中朝俄三国交界处的吉林省珲春市,依托"一带一路"建设,逐渐摆脱近海而不临海造成的发展"窘境",不断加强东北亚国际合作。"一带一路"建设使珲春加速实现从中国内陆城市向连接日、韩、俄开放枢纽转变。2018年,珲春经俄罗斯扎鲁比诺港至韩国釜山的"铁海联运"航线,全年运行7个航次,运输货物573标箱;堪察加—扎鲁比诺港—珲春水产航线日趋成熟。

---

① 朱显平、姜杨:《吉林融入"一带一路"战略的重要举措》,《吉林日报》2015年7月11日。

近几年,吉林省跨境电商延续了近些年快速增长的势头,并完成了东北地区首单保税备货进口业务,全年出口额增速更是高达30%。长春市被批准成为国家第三批跨境电子商务综合试验区,珲春出口加工区升级为综合保税区,珲春经俄罗斯扎鲁比港至中国南方城市港口内贸货物跨境运输航线实现首航。同时,围绕推进"一带一路"建设,大力发展文化旅游业已成为吉林省的一个新亮点。特别是在长白山旅游景区深度开发的辐射带动下,周边地区的各种民俗文化村以及鹿茸、人参等特色加工产业如雨后春笋般地蓬勃发展起来,带动了当地产业的转型升级,同时也为对外发展人文交流和经贸合作架起了桥梁和纽带。

3. 辽宁全域加入"一带一路"建设

具有沿海沿边优势的辽宁省,是中国面向东北亚唯一的陆海双重门户,有着沿边沿海优势,可以发挥辽宁作为中国、俄罗斯、日本、韩国、朝鲜、蒙古最便捷的中转枢纽功能,以及与东北亚各国人缘相亲、经贸兼容互济等综合优势。① 在推进"一带一路"建设的背景下,辽宁积极利用背靠内陆面对大海的区位优势,推动地区经济跨越式发展。

一是适应全面对接"一带一路"建设新要求,创新区域管理体制。实现对战略布局的统一规划、统一管理、统一政策,打造符合国际间高标准经济合作和国内产业互动发展的行政管理体系,同时积极吸纳相关职能委办厅和高校研究机构的专家学者,建立服务于辽宁对接"一带一路"战略的高端智库,开展前瞻性研究。2018年,辽宁省决策创建"一带一路"综合试验区,印发了《辽宁"一带一路"综合试验区建设总体方案》(以下简称《方案》),这是国内首个在省级层面全域建设"一带一路"的路径拓展和实践创新。《方案》共8章34节,以2017年召开的首届"一带一路"国际高峰论坛"五通+智库"的建设合作

---

① 《辽宁"一带一路"综合试验区建设总体方案》,《辽宁日报》2018年9月10日。

发展为主线,提出发挥东北亚中转枢纽优势,以及与东北亚国家人缘相亲、经济互补等优势,探索共建"东北亚经济走廊",构筑"海陆空网冰"五维枢纽,对于辽宁深化改革,扩大开放,推进高质量发展,促进全面振兴具有重要意义。

二是通过对接"一带一路"建设,促进区域经济转型升级。通过对接陆上"丝绸之路经济带",加快装备制造业发展。主动对接中俄、中蒙远东边疆区的基础设施,打通俄罗斯远东地区经过满洲里,贯穿黑、吉、辽三省的高铁运输大动脉。着力推动"辽满欧""辽蒙欧""辽新欧""辽珲俄"四条中欧班列提质增效,整合多港多地发出的辽宁中欧班列运能资源。引进俄罗斯在船舶、民用航空器、高端装备等领域的高端技术,积极打造跨境园区和跨境产业链,形成装备制造业境内外循环发展模式。三是通过对接21世纪海上丝绸之路,整合港口资源优势,向东加强与日、韩港口合作,创建与日本、韩国合作的海铁联运新模式,多形式打造配套"大物流"。向南加强与国内沿海港口合作,精准定位环渤海海洋经济发展方向,充分发挥辽宁海岸线长、港口资源充裕的优势,形成辽宁重要的"港口经济圈",建设集中转腹地与服务功能为一体的复合型国际航运中心升级版。辽宁在形成"冰上丝绸之路"方面,则是开发运营"辽海欧"(大连港—白令海峡—欧洲北极东北航道)。这是我国北方港口经白令海峡、北冰洋至欧洲的新海上运输通道,可比南部传统线路缩短4000余公里。通过对接"一带一路"建设,从而使辽宁实现了由内向外的转型升级,对外贸易发展很快,促进了GDP的增速提升。2018年辽宁GDP增速居东北地区三省第一位。

三是辽宁省会沈阳正在努力建成东北地区连接"一带一路"欧亚大陆桥的重要枢纽城市。由沈阳市牵头,正在创建东北有关城市"一带一路"对外贸易合作信息平台。围绕中蒙俄经济走廊建设,推进大通道互联互通,争取将沈阳港项目纳入全省港口建设体系和发改委政策支持项目,加快提升"沈满欧""沈连欧"班列整体竞争优势,提高沈阳中欧班列综合运力和品牌影响力。注重突出功能区的先导作用,通过自贸区推进与"一带一路"沿线国家的国际产能和装备制造合作。培育外贸新业态新模式,综合施策,提升面向"一带一路"沿线各国转口贸易和服务贸易的比重。①

4. 内蒙古积极打造满洲里国际通道

内蒙古正在发挥联通俄蒙的区位优势,对接草原丝绸之路,大力发展文化旅游产业和草原特色加工产业,加快区域经济的转型升级。其中,内蒙古的满洲里市提出,计划通过环境的打造、人气的提升、基础设施的改造,把满洲里打造成面向东北亚的区域性国际贸易基地、跨境旅游基地、进出口加工制造基地、能源开发基地、国际物流中心、科技孵化合作平台,让满洲里成为"丝绸之路经济带"上的重要节点城市。② 近几年,满洲里口岸作为我国境内新亚欧大陆桥联通俄罗斯境内亚欧大陆桥的东通道和中蒙俄经济走廊上的重要节点地区,在对外贸易、跨境旅游和进出口加工制造基地建设等方面发展很快,已经从单一功能的通道口岸发展成集对外贸易通道、跨境观光旅游、进出口加工制造、国际物流中心等为一体的多功能现代化新城。

(二)东北地区推进"一带一路"建设的对外贸易发展

近几年,东北地区通过推进"一带一路"建设,有力地促进了对外贸易的发展。根据中商情报网讯发布的《2018"一带一路"贸易合作大数据报告》显示,东北地区与"一带一路"国家贸易扭转连续两年下降局面,2017 年与"一带一路"国家进出口总额为 616.9 亿美元,较 2016 年增长 22.0%,占全国与"一带一路"国家进出口总额的 4.3%。其中,出口额为 247.9 亿元,较 2016 年增长 7.7%,占中国对"一带一路"国家出口额的 3.2%;进口额为 3690.0 亿美元,较 2016 年增长 33.9%,占中国自"一带一路"国家进口额的 5.5%。东北地区与"一带一路"国家贸易长期处于贸易逆差,且逐步扩大,2017 年贸易逆

① 何强:《推动高质量发展 实现新时代振兴》,《沈阳日报》2019 年 1 月 10 日。
② 江新辉、李文博:《融入"丝绸之路经济带"》,《内蒙古日报(汉)》2014 年 3 月 4 日。

差为 121.1 亿美元,较 2016 年逆差持续扩大 75.6 亿美元。

　　东北地区中,2017 年辽宁对"一带一路"国家进出口总额最大且增速最快,其贸易额在 31 个省、区、市中排名第 7 位,为 429.0 亿美元,较 2016 年增长 29.6%,占东北地区对"一带一路"国家进出口总额的 69.5%。①"一带一路"国家是黑龙江最重要的贸易区域,2017 年其与"一带一路"国家进出口总额占其对外进出口总额的 75.1%。2017 年东北地区对"一带一路"国家出口额排名为辽宁、黑龙江和吉林,其中辽宁出口额占东北地区出口额的 79.3%。与 2016 年相比,吉林和辽宁出口增速均在 10% 以上,黑龙江出现一定的下降,降幅达 12.9%。2017 年东北地区自"一带一路"国家进口额排名为辽宁、黑龙江和吉林,其中辽宁进口额占东北地区进口额的 63.0%。与 2016 年相比,各省均有一定幅度的增长,其中辽宁增速最高,达 51.0%,吉林和黑龙江增速分别为 13.1%、11.9%。

(三)东北地区推进"一带一路"建设的对外贸易特征

　　东北地区对外贸易的发展,与东北地区近些年来借助"一带一路"建设,积极推进老工业基地转型升级,大力发展外向型经济有很大关系,并呈现出以下一些特征。

1. 进出口贸易市场主要为亚洲、大洋洲和东欧

　　从出口看,2017 年东北地区对亚洲、大洋洲地区出口额为 153.8 亿美元,较 2016 年增长 9.0%,占东北地区对"一带一路"国家出口总额的 62.0%,占中国对亚洲、大洋洲地区出口总额的 89.9%。东欧地区是东北地区的第二大出口市场,出口额为 35.0 亿美元,较 2016 年增长 1.3%,占东北地区对"一带一路"国家出口总额的 14.1%,占中国对东欧地区出口总额的 3.6%;其中辽

---

　　① 周天舒:《中国与"一带一路"沿线国家经济周期协动性研究》,上海外国语大学,硕士论文,2019 年 5 月 1 日。

宁是东北地区对东欧地区出口最多的省,出口额为 16.2 亿美元,占东北地区对东欧地区出口总额的 46.1%。

从进口看,2017 年中国东北地区自东欧地区进口额为 175.9 亿美元,较 2016 年增长 28.1%,占东北地区自"一带一路"国家进口总额的 47.7%,占中国自东欧地区进口总额的 28.1%,其中黑龙江是东北地区自东欧地区进口最多的省,进口额为 89.8 亿美元,占东北地区自东欧地区进口总额的 51.1%。亚洲、大洋洲是东北地区的主要进口来源地区,进口额为 105.5 亿美元,较 2016 年增长 40.5%,占东北地区自"一带一路"国家进口总额的 28.6%,占中国自亚洲、大洋洲进口总额的 2.5%;其中,辽宁是东北地区中自亚洲、大洋洲地区进口最多的省,进口额为 89.6 亿美元,占东北地区自亚洲、大洋洲地区进口总额的 85.0%。

2. 进出口贸易货物均以矿物燃料和钢铁等为主

东北地区对"一带一路"国家出口商品主要集中于矿物燃料、矿物油及蒸馏产品、沥青物质、矿物蜡、钢铁等。2017 年,矿物燃料、矿物油及蒸馏产品、沥青物质、矿物蜡出口额 44.9 亿美元,较 2016 年增长 80.2%,占东北地区对"一带一路"国家出口额的 18.1%;钢铁出口 35.8 亿美元,较 2016 年增长 12.3%,占东北地区对"一带一路"国家出口额的 14.4%。其中,辽宁是东北地区对"一带一路"出口矿物燃料和钢铁最主要的省份,其矿物燃料出口额为 44.5 亿美元,较 2016 年增长 94.3%,占东北地区对"一带一路"国家出口矿物燃料的 99.1%;钢铁出口额为 35.1 亿美元,较 2016 年增长 13.8%,占东北地区钢铁总出口额的 98.0%。

中国东北地区自"一带一路"国家进口商品主要集中于矿物燃料和有机化学品。2017 年矿物燃料进口额 187.2 亿美元,较 2016 年增长 42.1%,占东北地区自"一带一路"国家进口额的 50.7%,与东北地区对"一带一路"国家出口的矿物燃料相比,进口额远高于出口额,2013 至 2017 年每年的差额均超过

100 亿美元;有机化学品进口额 41.8 亿美元,较 2016 年增长 63.2%,占东北地区对"一带一路"国家进口额的 11.3%。其中,辽宁是东北地区自"一带一路"国家进口矿物燃料和有机化学品最主要的省份,其矿物燃料进口额为116.0 亿美元,较 2016 年增长 72.1%,占东北地区自"一带一路"进口矿物燃料总额的 62.0%;有机化学品进口额为 41.7 亿美元,较 2016 年增长 63.4%,占东北地区有机化学品进口额的 99.6%。

3. 进出口贸易主体国有企业逐渐成为主力军

国有企业逐渐超过民营企业成为东北地区对"一带一路"国家出口的第一大贸易主体。自 2013 年起民营企业的出口额逐年走低,2017 年为 82.6 亿美元,较 2016 年下降 8.3%,占所有贸易主体出口额的比重由 2013 年的59.1%下降至 2017 年的 33.3%;国有企业、外资企业占比近五年来平稳上升,2017 年国有企业的出口额达到 99.9 亿美元,占所有贸易主体出口总额的比重由 2013 年的 22.2%逐年上升到 2017 年的 40.3%,2017 年首次超过民营企业;2017 年外资企业的出口额达 65.1 亿美元,占所有贸易主体出口总额的比重由 18.4%逐年上升至 2017 年的 26.3%;其他企业出口占比仅约为 0.1%,但其增长最快,较 2016 年增长 40.7%。

国有企业是东北地区自"一带一路"国家进口的主要贸易主体。2017 年国有企业占比最高,外资企业和民营企业居二三位。2013 至 2017 年,国有企业在 2016 年的进口额占比降至 38.7%;其余四年国有企业的进口额占比均在40%以上,2017 年国有企业的进口额为 162.7 亿美元,较 2016 年增长 52.6%,占进口总额的 44.1%。外资企业、民营企业发展走势基本相同,2017 年外资企业的进口额为 110.1 亿美元,较 2016 年增长 22.6%,占所有贸易主体进口总额的 29.8%;民营企业进口额为 94.4 亿美元,较 2016 年增长 22.1%,占所有贸易主体进口总额的 25.6%。

4. 进出口贸易方式一般贸易占主导并增长较快

从出口来看,一般贸易仍占据东北地区对"一带一路"国家出口的主导地位,2017 年出口额为 155.9 亿美元,较 2016 年增长 28.5%,占所有贸易方式出口额的 62.9%。进料加工贸易、来料加工装配贸易、其他贸易、边境小额贸易自 2013 年以来出口额总体呈下降趋势,其中,2017 年进料加工贸易出口额为 39.8 亿美元,较 2013 年下降 13.0%;来料加工装配贸易出口额为 21.8 亿美元,较 2013 年下降 40.4%;其他贸易出口额为 20.3 亿美元,较 2013 年下降 53.8%;边境小额贸易出口额为 10.1 亿美元,较 2016 年增长 7.7%,较 2013 年下降 78.4%。

从进口来看,2017 年一般贸易增长迅猛,进口额为 234.5 亿美元,较 2016 年增长 47.6%,占所有贸易方式进口额的 63.6%;其他贸易自 2013 年以来总体呈上升趋势,进口额为 56.7 亿美元,较 2013 年增长 120.1%,是东北地区的第二大进口贸易方式,占所有贸易方式进口额的 15.4%。

5. 进出口运输方式均以水路为主并且逐年上升

从出口看,东北地区对"一带一路"国家出口的运输方式以水路运输为主,2017 年水路运输出口额 210.3 亿美元,较 2016 年增长 5.6%,占所有运输方式出口额的 84.8%;公路运输虽是第二大出口运输方式,但自 2013 年以来总体呈下降趋势,2017 年出口额为 18.2 亿美元,较 2016 年增长 17.1%,但较 2013 年下降 73.1%,占所有运输方式出口额的比重从 2013 年的 17.1%降至 2017 年的 7.3%;航空运输在 2015 年、2016 年下降后 2017 年增速明显,2017 年出口额为 11.4 亿美元,较 2016 年增长 41.0%。

从进口看,东北地区以水路运输和公路运输为主,并且上升较快。2017 年水路运输进口总额为 255.9 亿美元,较 2016 年增长 35.3%,占所有运输方式进口额的比重自 2013 年起逐步上升,由 2013 年的 59.0%上升至 2017 年的

69.4%;其他运输进口额为 67.9 亿美元,较 2016 年增长 25.3.%,虽然仍为第二大进口运输方式,但其占所有运输方式进口额的比重逐步下降,由 2013 年的 31.5% 降至 18.4%;公路运输增幅最为明显,2017 年较 2016 年增长 77.0%。

三、当前东北地区推进"一带一路"建设面临的机遇与挑战

当前,在我国与东北亚地区相关国家的共同努力下,朝核危机得到了一定程度的缓和,地区安全局势趋于向好,区域经济合作趋势不断升温,给我国东北地区推进"一带一路"建设和加快东北老工业基地的振兴带来了新的战略机遇,同时也面临一些新的潜在挑战。

(一)当前东北推进"一带一路"建设面临的新机遇

当前,随着"一带一路"国际合作的深入推进和朝鲜半岛局势的缓和,中国与东北亚地区各国领导人之间的互访日益频繁,就加强东北亚区域经济合作问题加强政策沟通。随着东北亚区域经济合作趋势的升温,将给我国东北地区的对外合作发展带来新机遇。

1. 东北亚各国领导人政策沟通带来的战略新机遇

2018 年 5 月,在第七次中日韩领导人会议上,李克强总理提出建设"东北亚经济共同体"。2018 年 8 月韩国总统文在寅提议,"韩朝中日俄蒙"东北亚六国及美国共建东北亚铁路共同体。2018 年 9 月,习近平主席在第四届东方经济论坛上更加明确提出,努力构建东北亚经济圈。俄罗斯提出了合作开发俄远东地区的构想。我国与东北亚各国领导人在政策沟通中,提出的共同努力加强东北亚区域合作的主张,为东北推进"一带一路"建设提

供了战略新机遇。

2. 朝鲜半岛紧张局势趋于缓和带来的历史新机遇

朝鲜半岛紧张局势趋于缓和,特别是朝韩铁路的联通和朝鲜工作重点开始向经济建设进行转移,加强了朝鲜与中国、俄罗斯、韩国的政策沟通与经贸合作;韩国总统文在寅提出对接中蒙俄经济走廊、共建东北亚铁路共同体的主张,将有助于开辟中韩日经济走廊。从而使"一带一路"建设向东环太平洋地区进行延伸,将从东面为东北新一轮振兴提供发展动力。

3. 中日韩经贸投资合作的深化带来了市场新机遇

日本作为中国第二大贸易伙伴国,开始倾向于对接"一带一路"建设。2018 年 5 月 9 日中日双方在日本签署了《中日第三方市场合作的备忘录》,标志着中日由双边经贸合作走向第三方市场合作,一起开辟海外市场,将有助于推动东北地区传统产业优化升级和战略性新兴产业的培育,增强东北地区的经济实力和在国际市场上的竞争力。同时,日本和韩国都是对华直接投资的重要国家,中日韩经贸投资合作的开展,也将为加快东北老工业基地的振兴提供动力支持。2018 年上半年对华直接投资前十位国家和地区中韩国和日本都位列前茅,由此可以看出韩国和日本是中国的重要投资来源国,而中国给韩国和日本带来了巨大的市场,中日韩产业优势的不同带来建立自由贸易区和推进中日韩经济走廊建设的基础。这些都为加快东北老工业基地振兴创造了有利的国际环境。

4. 俄罗斯远东开发和京津冀战略带来新的动力

俄罗斯在远东地区实施的国际合作开发战略,将使"丝绸之路经济带"建设向北进行拓展,为中蒙俄经济走廊建设培育新的增长极,从北面为东北振兴提供新的发展动力,从而有助于将东北地区打造成为我国向北开放的重要窗口。我国京津冀协同发展上升为国家战略,京津冀城市群的转型升级及环渤海经济圈区域合作的开展,将从南面为加快东北振兴提供新动力,并引领中蒙俄经济走廊建设与中日韩经济走廊在东北地区的对接合作,为将东北地区打造成为我国向北开放的重要窗口提供战略支撑。

5."两廊一圈"交汇聚合发展带来的合作新机遇

由于新开辟的中日韩经济走廊与中蒙俄经济走廊和环渤海经济圈"两廊一圈"在东北地区的战略对接,使得分别来自东面、北面、南面的地区发展动力在此交汇聚合,有助于促进东北亚区域合作的大发展,将会加快东北地区振兴的步伐,极大地提升了东北地区在国际上的影响力,从而有助于确立我国东北地区在东北亚地区的中心枢纽地位,并为将来开辟环北冰洋地区的"冰上丝绸之路"提供战略支撑。

（二）当前东北推进"一带一路"建设面临的新挑战

从东北亚地区来看,由于历史和现实的各种因素,各国之间的矛盾错综复杂,目前总体上虽有缓和的趋势,但各国之间的矛盾热点仍层出不穷,安全形势仍带有新的不确定性。从我国东北地区来看,在参与国际市场的竞争力来看还有一个不断提升的过程。

1. 东北亚地区的安全形势仍带有新的不确定性

一是朝韩关系虽然有缓和的趋势,但韩国在政治与军事上仍受制于美国,在朝鲜去核问题上美国与朝鲜之间仍然有一个讨价还价的谈判过程,使朝核问题和朝韩合作仍带有一定的不确定性。这种不确定性在很大程度上直接影响到一些企业在参与国际合作中的信心。

二是韩国与日本因历史遗留的领土、慰安妇等问题,两国关系一直比较紧张。2018 年年末和 2019 年年初多次出现的日本军机抵近韩国军舰飞行发生的摩擦事件,使得日韩两国关系又出现新的紧张状态。如果这些问题处理不好,将对中日韩经济走廊建设带来负面影响。

三是日俄之间因北方四岛(俄称南千岛群岛)领土问题还在谈判,日本急于要求归还,而俄罗斯则寸土不让。如果处理得好,将有利于区域经济合作发展;如果处理不好,也将对东北亚地区的合作带来不利的影响。

2. 我国东北地区参与国际市场竞争力有待提升

一是东北地区在我国"四大区域政策板块"中发展相对滞后。2014 年至 2018 年,东北地区经济总量占全国的比重从 8.4% 下降到 6.2%(见表 15-1)。一些城市特别是资源枯竭型城市、传统工矿区城市活力不足。因此,东北地区在推进"一带一路"建设中,要促进资源枯竭地区转型发展,加快培育持续替代产业,形成新的均衡发展的产业结构。

表 15-1 2014—2018 年东中西部和东北地区 GDP 增长及占全国比重情况

年份	东部地区		中部地区		西部地区		东北地区	
	绝对数(亿元)	占全国比重(%)	绝对数(亿元)	占全国比重(%)	绝对数(亿元)	占全国比重(%)	绝对数(亿元)	占全国比重(%)
2014	350101	51.2	138680	20.3	138100	20.2	57469	8.4
2015	372983	51.6	146950	20.3	145019	20.1	57816	8.0
2016	410186.4	52.6	160645.6	20.6	156828.2	20.1	52409.8	6.7
2017	447835.5	52.9	176486.6	20.8	168561.6	19.9	54256.5	6.4
2018	480995.8	52.6	192657.9	21.1	184302.1	20.1	56751.6	6.2

资料来源:2015—2019 年《中国统计年鉴》。

二是东北地区国有经济比重较高,企业缺乏活力。因此,需要抢抓"一带一路"机遇,打造对外开放新前沿,多吸引跨国企业到东北投资。以开放为突破口,以改革为动力,加快国有企业改革步伐,让老企业焕发新活力,增强市场竞争力。

四、东北地区深入推进"丝绸之路经济带"建设的对策思考

面对东北亚地区出现的新变化,东北地区应按照习近平总书记关于东北地区要在共建"一带一路"上发挥更大作用的指示精神,抢抓机遇,迎接挑战,站在构建东北亚经济圈新的历史起点上,深入推进"一带一路"建设,发挥东北亚中心枢纽作用,以开放促进深化改革,以改革推进对外开放。对外应积极开辟中日韩经济走廊与冰上丝绸之路;对内应充分发挥向北开放窗口作用,以扩大对外开放倒逼体制机制创新和产业结构调整,积极推进经济转型升级,加快东北老工业基地的振兴步伐。

(一)以建设东北亚中心枢纽为平台加强国际经济文化合作

东北地区周围边境线较长,分别与俄罗斯、蒙古、朝鲜接壤,处在东北亚中心位置,具有着良好的对外开放环境,随着朝鲜半岛紧张局势的缓和,更给东北地区推进"丝绸之路经济带"建设带来了难得的历史机遇,东北地区应充分发挥优势,抢抓历史机遇,积极扩大对外国际经济合作。

1. 要抓紧谋划建设中日韩经济走廊

目前我国推进的"一带一路"建设规划布局,有六大经济走廊。其中,在东北亚地区只有内陆地区的中蒙俄经济走廊。为了促进东北亚地区的陆海丝绸之路的战略对接,应以正在规划联通的东北亚铁路网、航空网和海路网为基础,抓紧谋划布局中日韩经济走廊,并努力实现与中蒙俄经济走廊在我国东北地区的战略对接,从而形成东北亚经济圈的基本骨架。

2. 要谋划布局建设"冰上丝绸之路"

构建"冰上丝绸之路",使之成为 21 世纪海上丝绸之路的新通道,可以

作为我国推进"一带一路"建设向北冰洋地区沿岸国家的自然延伸和拓展，加强与沿线地区的俄罗斯等国的国际区域合作，以东北亚地区经济圈为起点，向北环绕北冰洋到达欧洲经济圈。这是一条未来极具战略意义的商贸物流通道，对形成全球性的自由贸易网络体系和构建人类命运共同体具有重大意义。

3. 要积极参与俄罗斯远东地区的国际合作开发

我国和俄罗斯是新时代全面战略协作伙伴关系，自从推进"一带一路"建设以来，两国的地方合作越来越紧密。其中，比较成功的典型的就是中俄"两江地区"合作，取得了积极进展，使两国地方通过优势互补、互通有无而从中受益。应借鉴这一成功经验，把我国东北地区参与俄远东地区合作开发作为推进中蒙俄经济走廊建设的一个重要增长极来加以打造，将有助于联合俄罗斯来共建东北亚经济圈和"冰上丝绸之路"。

4. 要加快对接蒙古"草原之路"步伐

蒙古是西面与东北地区相邻的内陆国家，其"草原之路"迫切需要在东北地区寻找出海口，发展对外贸易。同时，蒙古以农牧业为主的草原经济与东北地区的制造业和重化工业有很大的互补性。因此，依托"中蒙俄经济走廊"建设合作平台，抓紧落实三国领导人达成的共识和有关合作项目，全面深入对接蒙古"草原之路"，不仅有助于北方"丝绸之路经济带"的稳定发展，还有助于促进东北地区的产业结构调整和经济转型升级。

5. 要促进对外贸易与人文交流融合发展

东北应以中国传统文化为底蕴，以"五大连池"、长白山天池、沈阳故宫等著名文化旅游景区为依托，以各种冰雕节、服装节和博览会为平台，加强对外人文交流和文化旅游合作，做好东北各民族民俗文化的对外传播工作，让东北文化产业走出去,提升东北文化的软实力和影响力,①促进对外贸易合作与人文交流合作的融合发展,建立东北地区与世界沟通的文明桥梁,为加快东北振兴的步伐和促进高质量发展开辟新路径。

（二）以打造向北开放重要窗口为契机倒逼体制机制创新

东北地区由于工业基础实力雄厚,科技创新能力较强,铁路、公路、航空网络密布,城镇化程度较高,而且具有沿边靠海的对外开放地理区位优势,本应在经济转型升级中走在全国的前列。但由于受制于各种体制机制的束缚,使区域内的区位优势和发展潜力未能发挥和释放出来。因此,东北地区在推进"一带一路"建设的新一轮对外开放和加快东北老工业基地振兴中,关键是要进行体制机制的创新。

1. 通过扩大对外开放合作,深化经济体制改革

东北地区应充分发挥边境线较长、通商口岸较多、陆海通道相距较近的区位优势,积极推进东北地区的自由贸易试验区建设,突破各种行政区划壁垒和地方局部利益的束缚,推进区域市场一体化发展,加强区域分工合作,在区域内实行大通关体制,大力提升对外贸易自由化和便利化程度。

2. 通过建立现代企业制度,深化国有企业改革

积极推进混合所有制企业经营管理模式,完善企业法人治理结构,广泛吸收企业员工入股分红,形成企业利益共享机制,构建企业员工命运共同体,重新唤醒企业员工的主人翁意识,进一步释放企业发展活力,激发企业内生发展动力。同时,国有资产管理部门要优化国有资本配置,大力提升国有资本参与国际合作的市场竞争力。

---

① 闫雪莹:《促进东北文化融入"一带一路"建设》,《吉林日报》2018年10月12日。

3. 通过大力发展民营经济,激活微观市场主体

政府要为民营企业发展提供政策支持和金融服务,加强对民营企业家精神的塑造和对民营企业人才队伍的培养,引导和规范民营企业沿着"一带一路"走出去,服务国家发展战略,积极参与中蒙俄和中日韩经济走廊建设,在参与国际市场竞争与合作中不断发展壮大自己。

4. 通过加强社会法制建设,优化市场营商环境

政府应从法律的层面,进一步明确放开外商投资入股比例,扩大招商引资规模和质量,加强对知识产权的保护,依法按照国民待遇原则保护外资企业的合法权益,以增强市场对外资企业的透明度和稳定性以及外资企业对市场的可预见性。

5. 通过大力发展企业协会,壮大市场中介组织

政府要支持、引导和规范市场中介组织的行为,充分发挥各类行业协会、商会联系面广、沟通渠道多的网络资源优势,为企业参与国际竞争合作牵线搭桥,为年轻人创业创新排忧解难,为大力发展民间经贸往来和国际文化交流做好高质量的中介配套服务工作。

6. 通过加强创新体系建设,实现更高质量发展

东北地区应充分发挥工业基础好、科技人才多、创新能力强的优势,积极推进"政产学研用"相结合,依靠先进科学技术,优化和提升传统优势产业,大力发展战略性新兴产业,下决心有序淘汰落后产能,积极推进产业转型升级,努力实现区域内经济向更高质量发展。

总之,目前在东北亚地区安全形势趋稳和区域合作升温的新形势下,推进"一带一路"建设,给东北老工业基地振兴带来了前所未有的新机遇。南有京

津冀城市群及环渤海经济圈的引领,北有俄罗斯远东地区合作开发的延伸,东有中日韩经济走廊的拓展,西有中蒙俄经济走廊的支撑。依托来自东西南北的动力在此交汇对接,使东北地区正在成为东北亚地区的中心枢纽,将为东北老工业基地振兴提供强有力的动力支持。但是,同时东北地区的经济发展也面临着一些新的挑战。既有与来自国际上一些发达国家贸易保护主义带来的外在挑战,同时也有由于地区内体制机制深层次矛盾尚未理顺带来的经济下行的压力。东北地区只有抢抓机遇,应对挑战,通过对外开放合作,倒逼体制机制改革,加强政府统筹协调,更好地发挥政府的调控职能,优化市场营商环境,深化国有企业改革,大力发展民营经济,激活微观市场主体,推进区域市场一体化,促进资本、人才、技术、管理等各种生产要素的自由流动,加强区域创新体系建设,才能更好地加快东北老工业基地新一轮的振兴发展。

第十六章 建设"丝绸之路经济带"与
发挥优势促进中部崛起

中部地区"既不沿边、又不沿海",虽然不在"丝绸之路经济带"建设的重点区域范围之内,但是,由于地处承东启东、联结南北的综合交通枢纽的位置,在实现陆海丝绸之路的对接和联动发展方面,具有举足轻重的战略地位。推进"丝绸之路经济带"建设,给地处内陆的中部地区发挥区域比较优势,促进新一轮的崛起带来了难得的历史机遇。2019 年 5 月 21 日,习近平总书记在南昌主持召开推动中部地区崛起工作座谈会上强调指出,中部地区的崛起要扩大高水平开放,把握机遇,积极参与"一带一路"国际合作,推动优质产能和装备走向世界大舞台、国际大市场,把品牌和技术打出去,从而为新形势下发挥优势推动中部地区崛起指明了方向。

一、"一带一路"背景下中部地区
新的战略定位与比较优势

推进"一带一路"建设,在给东部沿海和西部沿边带来发展机遇的同时,也提升了中部地区承东启西、联结南北的战略地位,其中最明显的变化,就是成为我国全方位开放发展的重要支撑区,在推动形成国内大循环为主体、国内国际双循环相互促进新发展格局中将发挥着重要作用,这将有利于中部地区比较优势的发挥。

(一)"一带一路"背景下中部地区崛起战略定位的变化

2006年,中央颁布实施《关于促进中部地区崛起的若干意见》,中部地区在国家规划中的战略定位是"三基地,一枢纽"。"十二五"时期,中部地区的粮食生产基地、能源原材料基地、现代装备制造及高技术产业基地和综合交通运输枢纽地位日益巩固,经济社会发展取得显著成就。经济总量占全国比重由2005年的18.8%提高到2015年的20.3%,综合实力和竞争力迈上新台阶。不仅推动中部地区发生了翻天覆地的变化,也带动了东中西区域良性互动发展。

"十三五"时期给促进中部地区全面崛起带来重大历史机遇,推进"一带一路"建设等重大国家战略实施为中部地区全面崛起拓展了新的空间。适应新形势新任务新要求,在巩固提升"三基地、一枢纽"地位的基础上,国家又科学确定了新时代中部地区在全国发展大局中的战略定位。即全国重要先进制造中心、全国新型城镇化重点区、全国现代农业发展核心区、全国生态文明建设示范区、全方位开放重要支撑区(以下称为"四区一中心")。① 其中,牢牢抓住推进"一带一路"建设的重大机遇,积极融入"丝绸之路经济带",对推进"四区一中心"建设具有重大意义。

(二)中部地区推进"丝绸之路经济带"建设的比较优势

中部地区拥有悠久的历史文明,新中国成立后中部地区绝大部分省份都是农业大省,是我国重要的粮食生产基地和能源原材料基地。改革开放以来,经过不断地承接产业转移和开放创新发展,使产业结构得到优化升级,交通基

---

① 参见《国家发展改革委关于印发促进中部地区崛起"十三五"规划的通知》(发改地区〔2016〕2664号),2016年12月20日。

础设施日益完善,现已成为我国著名的现代装备制造及高技术产业基地,在推进"丝绸之路经济带"建设方面,综合比较优势日益显现。

1. 中部地区承东启西、联接南北的区位优势明显

中部地区多数省份位居中原腹地,这种居"中"的地理区位,便于加强与周边东西南北各省的区域分工合作,有利于在推进"一带一路"建设过程中,扩大自己的发展空间。特别是在承接产业转移中,中部地区既方便承接来自东部沿海地区的先进技术产业,促进本地产业升级;也方便把富裕的优质产能向西部地区进行转移,为本地的产业转型腾出空间。

2. 中部地区的综合交通运输枢纽地位优势突出

中部地区的多数省会城市都长期承担着交通枢纽的重任。河南省会郑州位于京广铁路、陇海铁路交汇点上,是全国货运的交通枢纽。湖北省会武汉位于长江经济带与南北大通道的大"十"交汇点上,具有着水陆综合交通优势。安徽省会合肥近几年随着合肥南站和新桥国际机场的建成使用,已经从区域性交通枢纽转变成为全国性综合交通枢纽。江西省会南昌贯通京广、浙赣湘黔线,沟通长江经济带和东南沿海地区货运。这些省会城市依托开通的中欧班列,将沿着"丝绸之路经济带"走向世界。

3. 中部地区劳动力资源丰富且具有低成本优势

中部六省都是人口大省,有着丰富的劳动力资源,总人口达 3.65 亿,占全国人口的 26.5%。不仅如此,平均工资水平不及东部,使得劳动力价格优势明显。[1] 一方面,为中部承接东部产业转移和扩大内需市场积蓄了势能;另一方面,也为推进"丝绸之路经济带"建设提供了丰富的劳动力资源。

---

[1] 陈晓晨、吴永娟:《联通海陆:中部省份应抓住"一带一路"机遇》,《第一财经日报》2017年5月9日。

4. 中部地区具有能源资源和先进制造业品牌优势

中部地区经过长期发展,优质产能生产和现代装备制造及高新技术的品牌优势突出,而且培育了一大批领跑全国的能源资源型大企业及其产业队伍大军。目前,虽然一些资源型城市能源资源有些枯竭,正在转型升级,但所形成的配套工业体系、先进技术设备和高素质的专业人才队伍,在推进"丝绸之路经济带"建设中,随着国际产能合作日益广泛深入地开展,具有着广阔的用武之地。

5. 中部地区具有十分丰富的文化旅游资源优势

中部地区历史悠久,历史为中部留下了底蕴深厚的文化旅游资源。在历史人文景观方面,主要有河南的信阳伏羲庙、安阳殷墟、黄帝故里、开封古都,安徽的西递和宏村、老庄故里、寿县古城,江西的"瓷都"景德镇,山西的平遥古城,湖北的黄鹤楼,湖南的岳阳楼等。除此之外,还有众多的集自然与人文景观为一体的历史名山,安徽的黄山、江西的庐山、河南的天台山、湖北的武当山、湖南的武陵山、山西的五台山等。这些文化旅游资源在推进"丝绸之路经济带"建设中,随着沿线国际文化旅游合作的深入发展,将会发挥出越来越大的作用。

6. 中部地区具有加快区域经济发展的后发优势

目前,中部地区崛起势头强劲有力,市场需求潜力巨大,在推动形成国内大循环中优势明显。根据国家统计局提供的数据显示,我国在 2018 年的全年全社会固定资产投资中,分区域看,东部地区投资比上年增长 5.7%,中部地区投资增长 10.0%,西部地区投资增长 4.7%,东北地区投资增长 1.0%。[①] 在

---

① 国家统计局:《中华人民共和国 2018 年国民经济和社会发展统计公报》,2019 年 2 月 28 日。

我国"四大区域政策板块"中,中部地区投资增长幅度是最高的,这也预示着中部地区在推进"一带一路"建设和形成国内国际双循环新发展格局中将会加快崛起的步伐,充分发挥后发优势,经济发展大有可为。

二、中部地区建设"丝绸之路经济带"的区域分工合作发展

在借力"一带一路"助推中部地区崛起中,在看到中部地区比较优势的同时,也要看到中部地区还存在一些劣势。中部地区在我国"四大区域政策板块"中,地域空间范围相对较小,人口密度较大,人均占有土地资源较少,人地矛盾突出,只有通过加强区域分工合作,发挥优势,弥补短板,实施创新驱动战略,不断拓展发展空间,才能实现更高层次的新一轮崛起。中部地区在推进"丝绸之路经济带"建设中的区域分工合作关系,主要体现在以下几个方面。

(一)中部地区与西部地区的区域分工合作发展

中部地区虽然人力资源丰富且产业聚集规模渐趋强大,但缺少向外发展空间,缺少"走出去"的国际市场。西部地区虽然有靠近沿边对外发展通道的优势,但产业集聚规模和货源组织上仍然十分有限,难以提供国际交换的大量产品。因此,只有中部地区与西部地区加强分工合作,才能使西部地区在向西开放发展中有来自中部地区源源不断的货源在此进进出出,从而奠定自己在"丝绸之路经济带"建设中的战略地位,同时也使中部地区在"丝绸之路经济带"建设中有了更大的对外发展空间,以便更好地发挥交通联结枢纽、产业承接转移的战略支撑作用。

中部地区与西部地区的区域分工合作,主要体现在交通运输、物流配送、货源组织、产业转移、劳务支持、文化旅游以及生态文明建设等方面。特别是中部地区在向西部地区提供劳务支持和人才输送方面具有巨大的潜力,有利

于把中部地区的人口众多优势与西部地区的地大物博优势有机结合起来,实现两个地区的优势互补发展。

(二)中部地区与东部地区的区域分工合作发展

我国改革开放初期,由于受东部率先发展的影响,中部地区基本上是作为东部地区的劳务输出基地、能源原材料供给基地、农产品供给基地而存在的。自从国家实施促进中部崛起战略以来,中部地区在承接东部沿海地区产业转移中逐步发展壮大起来,形成了一批先进制造业基地、科技创新研发基地和现代物流中心。特别是中部地区的安徽融入长三角地区后,更加密切了中部与东部地区之间的经济联系。中部地区与东部地区之间可以在科技创新、成果转化应用、生态文明建设等领域,开展更高层次的区域分工合作。

新发展格局下,随着国家"一带一路"倡议的深入实施,中部地区可以发挥左右逢源的优势,不仅可以"西进"参与"丝绸之路经济带"建设,还可以"东融"加强与长三角地区、珠三角地区、环渤海地区的经济合作,参与建设21世纪海上丝绸之路"走出去"的战略,通过加强与东部地区的合作,形成国内大循环,拓展国际市场,提高市场竞争力,进一步促进相关产业聚集与科技创新,加快区域合作与内部分工,提升生产效率和发展质量,促进区域经济转型升级。

(三)中部地区内部省际之间的区域分工合作发展

中部地区六省紧密相连,合作潜力巨大。但是,过去由于受各自实行"分兵突围"发展战略的影响,如湖南融入珠三角、江西对接珠三角、闽三角和长三角、安徽融入长三角、山西融入环渤海经济圈,这在很大程度上制约了中部地区整体崛起的步伐,使中部地区"抱团"发展、承东启西、连接南北的综合优势并未得到充分发挥。在建设"丝绸之路经济带"的背景下,中部地区对内对外开放合作的空间越来越大,可以从多个方面提升本地区的区域合作水平。

一是中部地区的安徽、江西、湖南、湖北可以在加快推动长江中上游地区和俄罗斯伏尔加河沿岸联邦区的合作方面,加强分工合作,共同参与"丝绸之路经济带"建设,提升对外开放水平。二是围绕推进长江经济带建设和实施"引江济淮"国家重大工程项目开展流域生态文明建设合作,协调推进中部地区的绿色发展。三是加强中部地区省际之间特别是省会城市之间的科技产业分工合作,协调推进中部地区的创新发展。通过开展多方面的分工合作,构建起全产业链的区域产业分工合作体系,形成以区域性要素为纽带的全方位立体化的区域协作格局。

三、中部地区六省推进"丝绸之路经济带"建设的发展态势

根据国家对中部地区新的战略定位,近几年中部各省都在抢抓机遇,发挥比较优势,加强区域分工合作,积极对接"丝绸之路经济带"建设,组织实施新一轮的中部崛起战略,大力发展先进制造业,推进现代农业发展,通过产能"走出去",推动中部地区的经济转型升级。2016 年 6 月,在武汉召开的"中国中部国际产能合作论坛暨企业对接洽谈会"上,重点聚焦能源矿山、机械设备、网络信息、农业和农业产品加工五个板块,中部六省与海外各国签约了 28 个优质产能"走出去"项目,签约金额 29.33 亿美元。

(一)湖南大力加强"丝绸之路经济带"沿线地区经济合作

《湖南省对接"一带一路"战略行动方案(2015—2017 年)》提出,重点推动装备产能出海、对外贸易提升、引资引技升级、基础设施联通、服务平台构筑、人文交流拓展"六大行动"。在基础设施联通方面,湖南抓紧推进蒙西至华中煤运通道、怀邵衡、黔张常等铁路建设,打通面向西北的铁路通道,直接连通中国—中亚经济走廊。加快焦柳怀化至柳州段、湘桂衡阳至柳州段电气化改造、张吉怀铁路等项目建设,打通面向中国—东盟经济走廊和北部湾地区的

通道。加强渝长厦、常岳九、兴永郴赣、安张衡等铁路前期工作,推动与东南沿海地区的对接,打造连通陆上"丝绸之路经济带"和海上丝绸之路的通道。

在服务平台构筑方面,"一带一路"倡议提出后,湖南特别注意及时加强与"丝绸之路经济带核心区"新疆的项目对接。2014 年 7 月 22 日,由湖南省经信委、新疆自治区经信委联合举办的"2014 年湖南—新疆装备制造业产业合作对接会"在乌鲁木齐举行。本次活动得到湖南、新疆两地重点园区、企业、单位的积极响应,现场签约项目 7 个,涉及工程机械、轨道交通、矿山装备等多个领域。

在引资引技升级方面,2016 年 11 月,湖南省人民政府与中国进出口银行总行签署了《建设"一带一路"打造中部开放新高地》战略合作协议,根据协议未来五年进出口银行将投放不低于 1500 亿元信贷总量,助力湖南发挥"一带一路"区位优势打造内陆开放新高地。[①]

在装备产能出海和对外贸易提升方面,湖南娄底市与印度米塔尔钢铁公司合资建设了年产 150 万吨汽车薄板企业,可以为奔驰、宝马汽车提供板材。通过对外产能合作,引进钢铁精深加工的终端企业,向钢铁半成品、成品终端延伸,大大提高了原有产业的效率和品质。

在人文交流拓展方面,湖南还借助中俄"两江地区"合作平台,加强与俄罗斯伏尔加河沿岸有关联邦区的红色文化旅游合作。湖南是我国开国领袖毛泽东的家乡,俄罗斯伏尔加河沿岸的乌里扬诺夫是无产阶级革命导师列宁的家乡。中俄这两个地区都有优秀革命传统的红色文化基因,在这方面具有着良好的合作基础。中俄两国地方红色文化旅游合作,不仅加强了两国之间的民心相通,而且还促进了两国地方经济的合作发展。

(二)湖北积极推进"丝绸之路经济带"沿线国家项目合作

2014 年 8 月 5 日,湖北省召开对接"丝绸之路经济带"沿线国家合作项目

---

① 刘新光、邓亮山:《支持中部省份对接"一带一路"》,《金融日报》2017 年 5 月 12 日。

落实推进会,抢抓建设丝绸之路战略机遇,研究推进落实措施,务实推进向西开放。湖北省委省政府对主动对接建设"丝绸之路经济带"国家战略、促进向西开放工作十分重视,进行了专题研究部署。省委书记率领湖北省代表团出访哈萨克斯坦、土耳其、伊朗三国,签订的项目多、成果实、影响大,有关部门和企业积极跟进,巩固和扩大合作成效。

湖北在抢抓"一带一路"机遇和加快"走出去"步伐方面的突出特点,是各部门分工合作比较紧密。一是省外事部门主动与"丝绸之路经济带"沿线国家沟通。二是省商务部门加强与驻外使馆经商处的对接。三是省发改委部门积极争取国家发改委把"汉新欧"纳入国家规划,加快大通道建设。四是省旅游部门研究新举措,更多吸引旅客,促进解决国际远程航线人气不旺的问题。五是省贸促会把沿线国家和地区作为工作重点,引导企业规避风险,抱团出海。六是注重开展民族文化交流,促进民族对外交往。七是各级部门多措并举,带动湖北省商品、技术、服务在更大范围、更高层次上走出去。仅2016年湖北就共组织了67家企业参加43场境内外展会。

目前,湖北设立了12个国际合作工作站,在9个国家和地区成立湖北商会,与30个国家商协会签订合作协议,在境外布局了中俄托木斯克州木材工贸合作区、哈萨克斯坦KAZ产业园、马来西亚柔佛自由贸易区、中非循环经济产业园、中国—东盟北斗科技城(泰国)、中国—伊朗北斗高科技产业园、哈萨克斯坦湖北科力生工业园等八个境外产业园。数据显示,近几年来,湖北企业在"一带一路"沿线投资超过15亿美元,国际承包工程完成营业额近100亿美元。华新水泥、安琪酵母、人福医药等一批企业走向海外,快速成长。①

(三)河南积极打造"东西双向开放"出口货物新通道

地处中原腹地的河南郑州,同时还是陇海、京广两大铁路干线的交汇城

---

① 雷闯、张红、高源:《鄂企跨国公司时代渐行渐远》,《湖北日报》2017年5月26日。

市,这不仅有利于四周货物向郑州集中,也有利于到郑货物向周边省份、地区的货物集散,特别是郑欧班列的开通,使之已经成为国内外的货物集散中心。数据显示,于 2013 年 7 月开通的郑欧货运班列,行程全长 10214 公里,沿途经过哈萨克斯坦、波兰等 12 个国家、货源覆盖了国内的珠三角、长三角和环渤海经济圈,成为这些地区向西出口货物的新通道。而郑州正在建设的航空港经济综合试验区,又为郑州发展航空物流打下了良好基础。目前,郑州已与卢森堡等建立了"空中丝绸之路",外贸投资增长的 40% 来自于"一带一路"相关国家的合作项目。除此之外,河南还大力推进"网上丝绸之路"建设,强调加快建设跨境电商综合试验区,规划建设电子世界贸易组织核心功能集聚区。近几年,河南的"陆上丝绸之路"越跑越快,"空中丝绸之路"越飞越广,"网上丝绸之路"越来越便捷,买全球卖全球正在成为现实。

同时,河南省还充分发挥历史悠久、底蕴深厚的区域文化优势,组织开展百家姓寻根、黄帝故里祭典、伏羲庙祭祖等活动,广泛开展中外文化交流合作,向国内外"丝绸之路经济带"沿线地区大力传播和宣传中华文明,积极提升在国内外市场中的文化软实力。联合国世界旅游组织特别顾问安妮塔·曼迪蕊塔在 2018 年 5 月 28 日在河南郑州召开的《"一带一路"旅游城市市长峰会》上评价说:"河南省洛阳龙门石窟、安阳殷墟、登封'天地之中'历史文化建筑群、中国大运河河南段、丝绸之路河南段等五处世界文化遗产,对世界游客具有很大的吸引力,势必带来旅游产业经济效益的大幅提升"。[1]

据中国新闻网报道,2018 年,河南省外贸进出口总值 5512.7 亿元(人民币,下同),对中东欧 16 国等新兴市场贸易增长较为显著,进出口 84 亿元,增幅高达 81.3%。这是河南省进出口总值历史上首次突破 5500 亿元,再创历史新高。其中,出口 3579 亿元,增长 12.8%;进口 1933.7 亿元,下降 6.2%。对"一带一路"沿线国家和地区进出口 1187.9 亿元,增长 23%。民营企业进出

---

① 栾姗:《敞开大门 拥抱世界》,《河南日报》2018 年 5 月 29 日。

口增速较快,外商投资企业进出口下降,但占比仍超六成。

(四)山西积极推动建设成为水陆丝绸之路连结点

2014年,山西省《政府工作报告》中在加强区域合作上,明确提出了积极对接"丝绸之路经济带"。山西提出不但要积极对接"丝绸之路经济带",而且要以更积极进取的精神和更广阔的视野,把山西打造成陆上丝绸之路与海上丝绸之路的连结点,让山西成为中国水陆丝绸之路的重要起点,借助陆路连通欧亚地区,而通过水路则连通东盟的大区域经济合作带,为山西经济转型跨越发展,为配合国家的睦邻外交政策与区域合作发展战略作出更大的贡献。

1. 弘扬晋商优良传统,对接丝绸之路建设

山西省是我国煤炭资源大省,同时也是我国历史古迹、遗址和文物最多的省份。山西在历史上具有经商的传统,有着深厚的文化底蕴和商业氛围。推进"丝绸之路经济带"建设,给山西从煤炭资源大省向文化旅游强省的转型升级带来了机遇。山西省为了对接"一带一路"建设,曾专门组织开展了从平遥出发的"百万华商重走丝绸之路"活动,在国内外工商界引起了很大反响。其用意就是通过这一活动的开展,重新唤起人们沿着"一带一路"走出去经商的意识,让"晋商"优良传统能在对外开放发展的新形势下继续发扬光大。为此,山西专门成立参与"一带一路"建设领导小组,制定了参与建设的相关计划。山西已开通中欧班列,开放落地签证,正在建设中鼎物流园,诸多举措促进"一带一路"项目合作落地。

2. 持续加大通道建设,提升设施联通能力

2017年以来,山西优化提升"铁、公、机",加快建设"岸、港、网",着力构建空地网一体化的现代开发大通道,不断提升开放水平。在铁路交通方面,截至2019年,山西中欧班列已成功开行100多列。在航空方面,2018年10月

底,太原开通至澳大利亚悉尼和俄罗斯圣彼得堡两条远程洲际航线,有效增进了山西与欧洲、澳洲等地在经贸、旅游、文化及产学研方面的合作交流与发展。在高速公路方面,修编了《山西省高速公路网规划高速方案》,2014 年至 2018 年,新增高速公路 930 公里,全省 33 个出省口已有 23 个实现互联互通。在口岸建设方面,大同、运城、五台山航空口岸和太原铁路口岸被列入国家"十三五"口岸发展规划。武宿综合保税区、方略保税物流中心、兰花保税物流中心、永旺公用型保税仓库等一批海关特殊监管区已建成使用。大同进口肉类指定查验场及大同国际陆港封关运营。跨境电商平台和太原国际邮件互换局(交换站)建成投入使用。① 同时,山西还全面推进各项通关作业改革,压缩货物通关时间三分之一。

3. 推动企业对接合作,促进贸易畅通发展

近年来,山西积极组织企业参与"千企百展"国际市场开拓活动,先后在"一带一路"沿线 17 个国家举办了 26 站山西品牌丝路行活动,组织 500 多家企业携山西名优品牌产品参展。2018 年,利用中国—东盟博览会柬埔寨展为契机,山西集结 26 家晋企、1000 种产品在金边举办山西品牌展。在德国柏林国际轨道交通技术展,14 家晋企亮出轮对、高铁电机、精密零件等"山西制造",签署 2 项战略合作协议,对接国际企业 300 多家。② 2018 年 9 月 6 日至 7 日,山西产业转型升级发展国际项目合作对接洽谈会在太原举行。此次国际项目合作对接洽谈会,是山西实现绿色转型发展的重要举措。洽谈会有来自德国、意大利、荷兰等国家的 100 多个项目,涉及的项目内容包括交通、新能源、信息技术、化工、医疗、环保、教育、文化、旅游、现代农业等多个领域,将全方位促进山西实现转型,积极搭建各个领域的投资合作平台。2018 年 1 月至 10 月,山西对接"一带一路"沿线国家和地区进出口 254.7 亿元,同比增长 28.4%。

---

① 孟婷:《融入"一带一路"山西脚步铿锵》,《山西日报》2018 年 12 月 10 日。

② 孟婷:《融入"一带一路"山西脚步铿锵》,《山西日报》2018 年 12 月 10 日。

4. 加强国际产能合作,推动经济转型升级

在国际产能合作方面,山西省建立了国际产能合作项目库,组建了晋企"走出去"战略合作联盟,并赴冰岛、瑞典、芬兰、印度尼西亚、哈萨克斯坦以及非洲等国开展国际产能合作对接活动。截至 2018 年 10 月底,山西在 57 个国家备案设立 263 家境外投资企业累计对外投资 26.3 亿美元,涉及采矿、制造、批发零售、建筑等领域。其中,晋非经贸合作区是国家商务部首批批准的 8 个境外合作区之一,是山西第一个境外经贸园区。目前,园区有 40 多家企业入驻,且 80%以上为法国、南非、印度、马达加斯加等国企业,国际化程度在中国海外园区中首屈一指。通过挖掘毛里求斯旅游业、金融业发达的比较优势,以现代服务业作为合作区的主导产业,2015 年以来,晋非经贸合作区营业收入从 987 万元增长至 6.41 亿元,连年实现赢利,①从而成为山西"走出去"加强国际产能合作的一张名片。

5. 大力开展人文交流,夯实民心相通基础

"一带一路"倡议提出以来,山西同"一带一路"沿线国家在文化、旅游、医疗等各领域开展合作,加强交流,促进民心相通。在文化合作方面,2016 年,山西省文化厅与毛里求斯中国文化中心创新交流合作机制,签订了《在毛里求斯中国文化中心建设"山西省图书馆分馆"项目框架协议》,山西省图书馆首家海外分馆——毛里求斯分馆开馆,成为展示山西历史文化底蕴和对外开放形象的海外窗口。同时,组织《粉墨春秋》剧组赴德国、比利时、瑞士参加"中华风韵"对外文化交流活动,承办内地与港澳重点文化交流项目"香港与内地青少年绛州鼓乐研习活动"等。在旅游合作方面,2018 年 9 月,山西旅游推介会走进葡萄牙里斯本,相关部门、企业与葡方签署旅游交流合作协议,山

---

① 孟婷:《融入"一带一路"山西脚步铿锵》,《山西日报》2018 年 12 月 10 日。

西省内重点旅行社与欧洲 7 家旅行商签署客源互换合作协议。在医疗合作方面,山西省卫计委和俄罗斯传统医疗委员会签署了合作协议;山西省针灸医院与圣彼得堡中医院签署了战略合作协议,并成立了山西针灸医院圣彼得堡中医院;承办了"第五届中法家庭发展政策研讨会",并为 60 名发展中国家和 40 名非洲法语国家的相关人员进行了针灸推拿技术临床应用培训。

（五）安徽建设"一带一路"的重要枢纽和制造基地

2016 年 2 月,安徽省委省政府制定了《安徽省参与建设丝绸之路经济带和 21 世纪海上丝绸之路实施方案》。安徽根据"一带一路"战略走向,布局依托长江黄金水道和新亚欧大陆桥国际大通道,充分发挥承东启西、连南接北的区位优势,强化合肥作为内陆开放型经济高地的带动作用,以区域中心城市为支撑,以产业结构调整和转型升级为核心,坚持龙头引领、创新驱动、分类施策、重点突破,促进向东向西双向开放、对内对外联动发展,打造"一带一路"重要枢纽和先进制造业基地,从多方面推动"丝绸之路经济带"建设。

1. 推进战略互动与区域合作

作为中部地区的安徽省,同时又是长三角区域一体化发展的成员,在推进"一带一路"建设中扮演着特殊的角色。安徽凭借承东启西的地理区位优势,实施"东融西进"发展政策,在"东融"大力推进长三角区域一体化高质量发展的同时,"西进"对接"丝绸之路经济带",积极开展与欧洲、俄罗斯、中亚、非洲、东南亚等沿线国家和地区的国际产能合作。其中,重点是加强了安徽与欧洲和俄罗斯的区域合作。

一是与欧洲重要节点国家建立良好对接合作机制。落实好中德两国总理来皖访问达成的共识,出台《安徽省推进与德国交流合作工作方案》,拓宽合作领域,推动汽车、装备、化工等先进制造领域一批重大项目落地,建立对德长效合作机制。此外,还与匈牙利、意大利等国也逐步建立了完善的合作机制,在建材、汽车及零部件、电力、钢铁、化工、煤炭、工程机械、轻工纺织、农业、矿产资源和工程承包等领域展开合作。

二是依托中俄"两江地区"合作平台,与俄罗斯建立了多个层面的合作机制。与俄方签订省州级政府间合作协议9项,建立省级市级友城关系3对,积极推动合肥、芜湖、马鞍山、安庆等沿江城市开展对俄地方交流合作。2017年在合肥承办了中俄"长江—伏尔加河"地方合作理事会及青年论坛系列活动。截至2019年共举办俄罗斯高级公务员研修班5期,同时组织省内科技人员赴俄开展业务培训等。

三是组织实施安徽企业"走出去"发展战略。2014年开通合新欧货运班列,"安徽制造"直通亚欧大陆桥。海螺水泥企业在印度尼西亚落地生根后,又在缅甸安营扎寨。马钢公司与哈萨克斯坦签订钢铁合作项目。铜陵有色投资厄瓜多米拉多铜矿。江淮汽车和奇瑞集团加强与俄罗斯在汽车和农机等领域的合作。安徽古井集团首倡"中国酿世界香"的发展理念,力推中国白酒借船出海、抱团出海,正在成为飘香世界的中国白酒名片。截至2019年,古井贡酒产品已进入沿线的亚洲、欧洲和非洲等20多个国家和地区。

2. 大力拓展对外投融资领域

在融资方式方面,支持企业"走出去"创新融资方式。2018年,安徽省淮北市建投集团在香港联交所发行3亿美元境外债券,成为安徽省"十三五"期间地市级城投公司境外发行债券第一单,实现了从依靠国内资本市场的"单车道"进入了境内外资本市场协调发展的"双车道",对于疏通城市优质企业境内境外双向融资渠道,获取发展资金,降低融资成本具有重要意义。在利用外资方面,过去五年,安徽总共利用外资达736.3亿美元。其中,2018年实际利用外商直接投资170亿美元,比上一年增长7%。境外世界500强在皖设立企业增加到152家,当年新批境外企业(机构)99家。

在境外投资方面,截至2019年上半年,安徽参与境外投资的企业共有

895 家,资金达 77 亿美元,遍布 90 多个国家与地区。其中,2018 年对沿线国家和地区投资增长 1 倍以上。安徽的境外投资布局因国家不同而有所区别。在沿线发达国家的境外投资主要用于企业并购。其中,2017 年并购企业有 9 个,2018 年有 14 个。代表性的并购项目有安徽埃夫特智能装备有限公司收购意大利 GMA 公司 70% 股权,引进自学习功能的喷涂机器人技术;安徽中鼎密封件股份有限公司收购德国 WEGU 公司 100% 股权,引进专业生产汽车用高性能减震密封橡胶件生产加工工艺及技术;马钢集团收购法国瓦顿公司,获得了高铁车轮技术。在沿线发展中国家的境外投资主要是进行矿产开采和加工。代表性的项目有铜陵有色公司投资厄瓜多米拉多铜矿等项目。

3. 有效提升外经贸合作水平

安徽在进出口总额上,从 2013 年的 456.4 亿美元增长到 2018 年的 600 亿美元以上。从地域分布看,对印度进出口 30.7 亿元,对越南 25.9 亿元,对马来西亚 18.2 亿元。这三个沿线国家是安徽目前最重要的贸易伙伴;从出口结构看,高新技术产品比重增长较快,从 6.2% 提高到 24.7%;从贸易方式看,跨境电商贸易额年均增长 30%。

2018 年,安徽围绕服务国家发展战略,全面扩大开放迈出新步伐。有效克服中美经贸摩擦影响,积极稳存量、促增量,对"一带一路"沿线贸易和投资分别增长 9% 和 1 倍以上,进出口总额首次突破 600 亿美元,高新技术和机电产品出口额分别增长 34% 和 25%。积极参加首届中国国际进口博览会,组织 2463 家企业采购,成交额居全国前列。实际利用外资 170 亿美元,增长 7%。对省级及以上开发区进行优化整合。马鞍山综合保税区和合肥空港、安庆(皖西南)、皖东南保税物流中心封关运行。成功举办世界制造业大会,构建了世界制造业发展的高端交流平台,共签约合同类项目 436 个,投资总额 4471 亿元。[1]

---

[1]　李国英:《政府工作报告》,《安徽日报》2019 年 1 月 19 日。

2019年,安徽根据习近平总书记提出的建设"一带一路"从谋篇布局的"大写意"向深耕细作的"工笔画"转变的要求,瞄准重点国家和地区,谋划一批"一带一路"建设重点项目,加快推进海螺水泥、丰原集团、奇瑞集团等境外重点企业项目和省级境外园区建设。[1] 2019年上半年,安徽外贸外资仍然延续良好发展势头。一季度安徽对"一带一路"沿线国家进出口245.8亿元人民币,比2018年同期增长8%;其中以一般贸易方式进出口达185.7亿元,增长13.8%,占同期安徽对沿线国家进出口总值的75.5%。同期,以对外承包工程出口货物方式对沿线国家出口4.3亿元,增长1倍。

4. 人文交流促进了民心相通

在科教领域与"一带一路"沿线国家和地区开展了多种形式的交流合作。在科技交流合作方面,立足于建设创新型省份,加大引智力度,设立海外引进人才职称评审绿色通道评审委员会。在德国、乌克兰等沿线国家和地区设立海外引智工作站,组织科技人员赴沿线国家和地区开展业务培训,推动合肥物质研究院与俄罗斯科学院等科研院所签订多个科技合作项目。在教育交流合作方面,全面启动中德教育合作示范基地建设,推动池州市与韩友城求礼郡开展互派青少年文化体验交流活动,支持安徽师范大学成立"伏尔加河—第聂伯河"两流域研究中心,加强对俄交流合作,引导安徽大学等高校在沿线的智利、乌克兰、阿塞拜疆等国家设立孔子学院,讲授汉语,传播中国文化。其中,安徽大学在智利圣托马斯大学的孔子学院还被国家有关部门评为全球孔子学院前三甲,产生了较大影响。

在文化交流方面,发出好声音、讲好中国故事安徽篇,营造融入"一带一路"建设的良好氛围。2016年1—7月,邀请巴基斯坦媒体、环太平洋岛国联合记者团、马拉维国家媒体等近200名记者来安徽采访。组织"安徽企业在

---

① 郑莉:《我省深度融入"一带一路"建设》,《安徽日报》2019年1月21日。

东盟"采访调研团访问印度尼西亚、泰国、新加坡；省文化部门将黄梅戏带到澳大利亚和新西兰演出，在俄罗斯等沿线国家和地区开展"中国安徽周"等活动，在新加坡举办"安徽文化年"，在朝鲜举行"欢乐春节"黄梅清韵迎新春演出等活动，展示"徽风皖韵"。在旅游合作方面，与俄罗斯在天柱山合作共建"俄罗斯风情园"项目，在北京国际图书博览会上成功举办相识美好安徽暨美好安徽文旅文创走进"一带一路"宣传活动，推动皖南国际文化旅游示范区建设，使安徽入境旅游人数从 2010 年的不足 200 万人次上升至 2018 年的 607万人次。入境旅游外汇收入年均增长率达 12.66%。

在卫生、体育、环保领域的交流合作不断迈开新步伐。在卫生领域，自2012 年起开始负责对南苏丹的医疗援助工作，共派出 7 批 60 多人，同时还接收 3 批 26 名南苏丹医护人员来皖进修。积极开展对外医疗培训，截至 2019年 9 月，已有来自 43 个国家和地区的 445 名医护人员参加了培训。在体育领域，比较有影响的交流活动主要有承办中日韩围棋比赛、组织合肥国际马拉松邀请赛、池州国际徒步走大赛、六安皮划艇比赛等。在环保领域，比较有影响的活动有组织有关人员赴以色列参加"安徽省生态建设与绿色发展创新人才培训"，选派专业技术人员赴印度尼西亚开展"两季水稻物种资源的引进与应用"培训等。

（六）江西多措并举全面参与"一带一路"建设

《江西省参与丝绸之路经济带与 21 世纪海上丝绸之路建设实施方案》已公布，提出全面参与"一带一路"建设。具体包括一个目标、三大战略走向、四大举措。一个目标：至 2020 年江西对沿线国家和地区进出口额突破 300 亿美元，利用外资突破 100 亿美元，对外工承包额突破 100 亿美元，对外投资突破50 亿美元。三大战略走向：向西北，经新疆阿拉山、红其拉甫口岸，内蒙古二连浩特口岸，连接哈萨克斯坦等中亚国家、蒙古国、俄罗斯、巴基斯坦，通达中东欧、欧盟国家；向西南，经云南、广西边境口岸，通达越南、老挝、泰国、印度等东盟及南亚国家;向东南,经上海洋山、浙江宁波、福建厦门和莆田、深圳盐田等沿海港口,连接海上丝绸之路,通达东盟 10 国、巴基斯坦、孟加拉国等南亚国家,并延伸至南太平洋、非洲、欧洲国家。四大举措:一是将景德镇建成为全球陶瓷采购中心;二是发展南昌、景德镇航空产业;三是鼓励汽车企业走出去;四是推动与以色列农业合作。

在具体组织实施对接"一带一路"建设过程中,江西在一些领域已经取得了初步成效。一是发挥高校和人才优势,成立了面向"一带一路"的专门培训机构,目前已为"一带一路"沿线 99 个国家和地区培训了大量的商务官员和企业骨干,为江西深度融入"丝绸之路经济带"打下了坚实的基础。二是提出实施一批国际产能合作项目,加快赞比亚江西工业园等境外经贸合作区、地矿局伊朗夏拉夫阿巴德金矿等建设,支持昌河汽车、汉腾汽车与英国、德国等知名发动机公司合作。[1] 三是在 2018 年成功开通南昌—莫斯科首条洲际航线和南昌—新加坡定期国际航线。新增南昌—比利时的洲际全货机航线和南昌—香港的全货机航线。目前,已开通"一带一路"沿线国家和地区 15 条定期航线。通过多方面努力,江西的对外贸易出口有了显著增长。2018 年,江西省对"一带一路"沿线主要国家出口 121.6 亿美元,增长 17.5%,占比 35.8%。

四、中部地区各省借力中欧班列
打造对外开放经济新高地

中部省份位居中原腹地,各省省会城市长期承担着交通枢纽的重任,在参与"一带一路"建设过程中具有着得天独厚的通道枢纽优势。中部地区的湖北、河南、安徽、山西等省会城市发挥综合交通优势,先后开通了汉新欧、郑新

---

① 刘奇:《政府工作报告》,《江西省人民政府公报》2018 年 2 月 8 日。

欧、合新欧等中欧班列。推进"丝绸之路经济带"建设,依托中欧班列,打破中国各省市、中西部地区不同经济板块之间以及不同国家与地区之间的地域限制,在沿线各国家和地区,激活有别于海洋、航空物流的内陆经济流通版图,进而引发了沿线不同经济体产业格局变化,从而也为中部地区打造对外开放新高地创造了良好的环境和条件。

（一）汉新欧货运班列把长江通道与陆桥通道联结起来

汉新欧铁路 2012 年 10 月 24 日开通。该线路从武汉出发,路经安康、西安、兰州、乌鲁木齐,到达阿拉山口出境,穿越哈萨克斯坦、俄罗斯、白俄罗斯、波兰到达捷克梅林克帕尔杜比采,形成 10863 公里,运行约 23 天。中欧班列（武汉）15 条常态化运营路线途经 28 个国家。汉新欧货运班列开行的战略意义,在于把长江黄金水道与新亚欧大陆桥陆上通道紧密地联结起来,从而使我国最大的水上通道优势与最长的陆上通道优势实现了互补发展。2015 年中欧班列（武汉）回程货运量全国第一。2016 年全年开行 234 列,发运 21630 标箱,同比增长 45%,累计货运总量居全国第四位。然而,该路线运行后遇到的难题主要是货源难以组织,比海运成本远贵一倍,以及武汉未能进入中欧"安智贸"项目试点,使其运行受阻。但是,随着国外沿线地区货运条件的不断改善和我国对外贸易投资的发展,汉新欧铁路上的中欧班列将会迎来美好的明天。

（二）郑新欧货运班列打开了河南东西双向开放新通道

郑新欧铁路 2013 年 7 月 19 日开通,全程 10214 公里,沿途经过哈萨克斯坦、波兰等欧洲 12 个国家,货源覆盖了国内的珠三角、长三角和环渤海经济圈,成为这些地区向西欧出口货物的新通道。作为郑州航空港经济综合试验区的重要配套项目,郑新欧国际货运班列的运行,标志着郑州沟通世界的国际铁路物流大通道由此打通。2013 年 12 月 11 日,河南省召开"丝绸之路经济带"中欧物流通道建设国际交流会,亚欧大陆桥沿线 8 个国家的海关,以及境外铁路部门、企业界等 300 多名代表和专家学者聚集,探讨研究中欧物流通道建设合作机制。这次举办的"丝绸之路经济带"中欧物流通道建设国际交流会,对于共享"丝绸之路经济带"建设机遇,推动沿线国家和地区间经贸合作和文化交流发挥了重要作用。目前,河南充分利用全国综合交通枢纽的有利地位和内陆中原经济区货源充足的优势,在开行郑新欧货运班列的基础上,实施"郑州—卢森堡"双枢纽战略,开通了"空中丝绸之路",空中与陆上通道的紧密配合,大大加快对外开放的步伐。

(三)合新欧货运班列使"安徽制造"直通亚欧大陆桥

合新欧铁路 2014 年 6 月 26 日开通。首趟国际货运班列从合肥开发,"安徽制造"可直通新亚欧大陆桥、俄罗斯乃至整个欧洲。合新欧货运班列实现常态化运行并不断加密,从开运时的一年 10 余列增加到 2018 年的 182 列,2019 年上半年达到 220 列,同比增长 200%。位列全国第七位。货源半径,国内辐射上海、江苏、浙江、广东等省市,国外则延伸到德国、俄罗斯、白俄罗斯、乌兹别克斯坦和芬兰等沿线国家。返程班列与去程班列的比例由 2018 年同期的 34.14%增至目前的 46.38%。同时,开运多列企业定制班列,如阳光电源、志邦橱柜、江淮汽车等。合新欧货运班列的开通,有力促进了安徽对外贸易的增长,同时也带动了安徽家电、光伏、汽车等产业的发展。

(四)山西中欧班列开通为进出口企业开辟了贸易通道

2017 年 2 月 15 日,太原铁路局首趟中欧班列,载着拆分在 31 节敞车、10个集装箱中的巨型挖掘机,从中鼎园出发驶向满洲里口岸,最终抵达俄罗斯列索西比尔斯克站。12 月 13 日,一列从俄罗斯布拉茨克始发的中欧班列顺利抵达山西中鼎物流园。这是继 2 月 15 日山西省从中鼎物流园开行至俄罗斯的中欧班列后,首次从俄罗斯载货开行回程班列。这趟回程班列编组 41 车,载有 40 个集装箱重约 1231 吨木浆,经满洲里入境抵达山西中鼎物流园转运至三都纸业有限公司,历经 15 天,行程 6065 公里。类似的班列到达密度在 2018 年又进一步增加,实现了山西中欧班列常态化开行。截至 2018 年 9 月底,山西中欧班列已成功开行 26 列,覆盖"一带一路"沿线 5 个国家的 10 多个城市。中欧班列(山西—俄罗斯)的往返开行,解决了中欧班列货源不足的问题,极大地降低了企业物流成本,为山西及周边省份进出口企业开辟了一条安全、便捷、高效的贸易通道。中欧班列为增进山西与俄罗斯之间的友谊,加强合作提供了新的平台和渠道,对促进中俄贸易往来,打造山西中鼎物流园成为华北地区乃至全国装备制造业的集散基地,强力推动山西省现代物流与装备制造业融合发展奠定了坚实基础。

五、中部建设"丝绸之路经济带"存在的问题及其对策思考

自从国家组织实施"一带一路"建设以来,中部地区凭借区位综合交通优势,在改善交通基础设施、发展空港经济、优质产能生产、打造先进装备制造业及高技术品牌和推动中部城市群建设等方面都取得了重大成效。但是,在推进"丝绸之路经济带"建设方面,也存在一些发展的短板,需要在扩大高水平开放中通过加强区域分工合作,进一步得到有效解决。

(一)中部地区建设"丝绸之路经济带"存在的主要问题

中部地区由于在历史上受中原农耕文化影响很大,加之对外开放较晚,在开放发展理念、经济发展水平等方面至今与东部沿海地区仍有较大差距,在参与"丝绸之路经济带"建设方面还存在一些困难和问题,主要表现在以下几个方面。

1. 对内对外开放发展合作理念有待提升

目前,中部地区在对外开放发展方面,有些企业已开始沿着"一带一路"走出去,特别是民营企业近几年走出去的趋势明显,主要是分布在沿线的中亚、俄罗斯、欧洲、东南亚和非洲等一些国家和地区,而且具有很强的吃苦精神和开拓意识,但缺少抱团发展的企业合作理念,在外单打独斗的较多,力量比较分散,抗风险能力较弱。在对内开放发展方面的区域合作意识还有待增强,中部地区一些地方由于受小农意识影响较大,争当"龙头"老大的现象比较普遍,在区域分工合作方面,往往缺少合力,这也是长期以来制约中部地区崛起的一个重要因素之一。

2. 中部地区发展不均衡且产业结构不合理

区域发展差距、城乡发展差距较大,民生领域短板较多。长期以来重化工业比重偏高,农业大而不强,现代服务业发展滞后。由于开放起步较晚,人们的规则意识、品牌意识和创新意识还相对比较薄弱,对外营商环境欠佳,开放型经济所占比重不高,在推进"丝绸之路经济带"建设中还有待进一步提升。

3. 中部地区的劳动力资源优势有待发挥

中部地区一般都是人口大省,劳动力资源很丰富,但由于农村人口占很大比重,高等教育和专业培训短板突出,文化水平较低,缺少专业技能,丰富的劳动力资源并没有转变成人才资源优势,在"一带一路"沿线国家和地区外出当普通打工者多,从事中低端产业的人多,当小企业老板的多;当大企业高管的少,从事高端产业的人少,当大企业老板的则更少。这也是制约中部地区外向型经济发展缓慢的重要因素之一。

4. 中部地区的文化"软实力"有待增强

中部地区是中华文明的重要发源地,拥有着丰富的文化旅游资源,特别是黄河流域的炎黄文化、中原地区的殷商文化、淮河流域的老庄文化、长江流域的楚文化在全国乃至世界都有很大的影响力。但由于缺少深入系统的挖掘整理和扩大对外宣传方面的投入,对外开放发展中区域文化优势还没有得到充分的体现,文化旅游吸引力不足,文化的"软实力"有待增强。

5. 中部地区内耗多影响对外发展竞争力

中部地区的有关政府部门在对接"一带一路"沿线国家和地区的政策沟通与交流合作方面不够广泛深入。中欧班列线路众多,但市场开拓建设不足且存在自相竞争现象,特别是在对外运输议价上,各省班列线路各自为战,导致议价能力缺乏。为了竞争货源,各地政府争相提高补贴力度,缺乏统筹协调和对外发展竞争力。

6. 中部地区缺少"一带一路"研究机构

中部地区相对沿海地区来讲,缺少专门针对"一带一路"沿线国家和地区的研究机构,从而导致中部地区在对"丝绸之路经济带"沿线国家和地区的自然条件、政策法规、民族传统、市场环境和社情民意等方面的了解不够,知之甚少,对外开放合作发展过程中盲目性较大,针对性的政策及措施较少。

（二）关于中部地区建设"丝绸之路经济带"的对策思考

根据习近平总书记在南昌主持召开推动中部地区崛起座谈会上的讲话精神,针对中部地区在参与"丝绸之路经济带"建设方面具有的比较优势和存在的问题,应从以下方面去努力。

1. 树立对内对外开放发展的合作意识

一方面,沿着"一带一路"走出去的企业,要增强合作意识,加强各种商会和行业协会等市场中介组织的建设,通过建立企业战略联盟和建设企业合作园区实现"抱团"或组团发展;另一方面,要加强与东、西部地区之间以及各省之间的沟通与协调,细化区域分工合作,明确各自的工作重点和努力方向,形成对外开放发展的合力。

2. 在对接"一带一路"中实现转型升级

首先,要发挥承东启西的区位优势,在连接"一带"与"一路"中发挥好综合交通枢纽作用,大力发展现代物流业,提升跨区域的多式联运能力。其次,是要推动国际产能合作,借力"一带一路"把优质产能和装备技术推向国际大市场,形成具有中部特色的产业或产品品牌。第三,要紧密结合中部地区农业大省较多的特点,加强国际农业合作,引进先进农业技术,大力发展现代农业,推动乡村振兴。第四,要营造良好的促进对内对外开放发展的营商环境,增强人们的规则意识、创新意识、诚信意识,加强对外开放的体制机制建设。

3. 加强国际化高素质人才队伍的培养

适应当前融入"丝绸之路经济带"建设的需要,充分发挥区域内劳动力资源丰富优势,大力加强高等教育和职业培训工作,创新教育培训模式,实现校企结合,加强国际教育交流合作,提高文化水平和专业技术能力,把劳动力资源优势转变为人才资源优势。同时,要面向"一带一路"建设未来发展的需要,抓紧培育一批国际化应用型复合型高端人才队伍,增强创新发展的国际市场竞争力。

4. 放大中部地区文化旅游资源的价值

加强对中部地区区域文化旅游资源的深入挖掘、系统整理和扩大对外宣传,形成从文物资源的保护整理、成果的应用和展示、内涵的挖掘与提升,到媒体传播网络体系的构建等系列开发的新格局。拓展文化旅游资源的服务功能,大力提升中部地区对外开放发展的"软实力",积极打造传播中华文明的中部地区样板,为构建"一带一路"文化共同体作出自己应有的贡献。

5. 中部地区地方政府要加强统筹协调

在推进"一带一路"建设中,各级政府要做好统筹协调、政策沟通和建设服务保障工作。一要加强区域内部及区域之间、行业之间的统筹协调,特别是各省在中欧班列开行上,要形成对外分工合作发展的新格局。二要加强对"丝绸之路经济带"沿线国家和地方政府部门的政策沟通,扩大国际交流合作,创造良好的营商环境。三要为中部地区企业和单位向沿线国家和地区开展经贸合作、劳务输出、工程项目承包和扩大对外宣传等牵线搭桥,并做好服务保障工作,带动相关产业的对外发展,并以此为契机,促进中部地区的新一轮崛起。

6. 健全从事"一带一路"建设的驻外工作机构

通过健全从事"一带一路"建设的驻外机构,加强对沿线国家和地区的生态环境、安全形势、国际关系、发展水平和社情民意的了解,努力提高对外开放合作发展政策的针对性,减少盲目性,最大限度地避免和防范推进"丝绸之路经济带"建设过程中可能遇到的各种风险与挑战。同时,要特别注意加强对沿线国家和地区的市场调研,并及时地把有关信息反馈给本地企业,这样才有助于企业在对外贸易发展中更好地组织生产和提供沿线国家和地区老百姓喜闻乐见的商品和服务。

　　总之,"一带一路"倡议的提出和实施,特别是加快形成以国内大循环为主体、国内国际双循环相互促进新发展格局的提出,对于地处内陆地区的中部崛起来讲,是一次难得的历史机遇。中部地区有着综合交通枢纽、优质产能和先进装备品牌、文化旅游资源和劳动力资源等优势,应通过不断更新发展理念,加强与东西部地区的开放合作,实现优势互补发展,依托庞大的市场潜力,在实施招商引资"优进"的同时,实现产品和服务的"优出",使自己的优质产品和技术服务直通亚欧大陆桥,沿着"一带一路"走向世界,从而促进地区经济转型升级,为实现中部地区更高层次的崛起和促进沿线国家和地区经济社会的繁荣稳定作出应有的贡献。

第十七章　建设"丝绸之路经济带"与东部创新引领优化发展

改革开放四十多年来,东部沿海地区率先开放发展,在经济发展水平上已经接近甚至超过一些主要发达经济体的平均水平。其中,长三角城市群、珠三角城市群和京津冀城市群为引领的环渤海经济圈被公认为中国经济发展的"三大增长极",扮演着连接中国经济和世界经济的枢纽和桥梁作用。"一带一路"倡议提出后,东部沿海地区主动调整角色,除了继续扮演中国经济与世界经济的枢纽和桥梁作用外,还扮演着"一带一路"建设的排头兵和主力军角色。目前,京津冀协同发展、长三角一体化发展、粤港澳大湾区建设已上升为国家战略。这预示着三大增长极将成为未来引领我国区域开发战略升级和形成国内国际双循环新发展格局的三大引擎,同时也标志着我国东部沿海地区已从重点开发进入到优化开发的新阶段。

一、长三角城市群加快推进区域一体化的高质量发展

2018 年 11 月 5 日,习近平总书记在上海"进博会"开幕式讲话中,明确提出把长三角区域一体化发展上升为国家战略,从而为长三角城市群转型升级

指明了方向。推动长三角城市群向长三角区域一体化的转型升级,在一市三省全域范围内优化整合各种资源要素,推进更高起点的深化改革和更高层次的对外开放,在"一带一路"建设大格局和国内大循环为主体、国内国际双循环发展新格局中可以起到"动力源"的辐射带动效应。

(一)长三角城市群建设取得的成就及面临的挑战

长三角城市群位于上海市、江苏省、浙江省、安徽省范围之内,以上海为核心,由联系紧密的 26 个城市组成,国土面积 21.17 万平方公里,总人口 1.5 亿人。主要分布于国家"两横三纵"城市化格局的优化开发和重点开发区域,是"一带一路"与长江经济带的重要交汇地带,也是我国境内"丝绸之路经济带"中通道的东方起点地区;在国家现代化建设大局和全方位开放格局中具有举足轻重的战略地位。

改革开放四十多年来,长三角城市群从小到大,经过不断扩容,已发展成为我国经济最具活力、开放程度最高、创新能力最强、吸引外来人口最多的区域之一。特别是党的十八大以来,长三角城市群一体化发展取得了明显成效,经济社会发展走在全国前列。经济实力较强,经济总量约占全国 1/4。公共服务体系相对完善,跨区域社会保障便利化程度明显提高,公共服务初步共享。科教资源丰富,科技创新优势明显,已经形成了一批国际竞争力较强的创新共同体和产业集群。开放合作协同高效,自由贸易试验区已经探索形成了一批可复制可推广的经验。重大基础设施基本联通。交通干线密度较高,省际高速公路和城际高速铁路有效连接,沿海、沿江联动协作的航运体系初步形成。城镇体系日趋完备,城镇化率超过 60%。生态环境联动共保机制正在形成。

但是,在经济全球化的进程中,当前国际上保护主义抬头,新冠疫情持续蔓延,经济全球化趋势放缓,世界经济增长的不确定性较大,长三角城市群发展面临更加复杂多变的国际环境。长三角区域内发展不平衡不充分,跨区域共建共享共保共治机制尚不健全,基础设施、生态环境、公共服务一体化发展水平有待提高,科创和产业融合不够深入,产业发展的协同性有待提升,阻碍经济社会高质量发展的行政壁垒仍未完全打破,统一开放的市场体系尚未形成,全面深化改革还没有形成系统集成效应,与国际通行规则相衔接的制度体系尚未建立。特别是面对辐射"一带一路"建设和带动长江经济带发展的新形势新任务,其战略定位进一步提高、辐射带动作用有待进一步增强。因此,长三角城市群迫切需要通过区域一体化发展促进转型升级,向更高质量发展。

(二)长三角一体化发展面临的历史机遇与战略定位

从国际背景来看,当今世界面临百年未有之大变局,全球治理体系和国际秩序变革加速推进,世界新一轮科技革命和产业变革同我国经济优化升级交汇融合,为长三角一体化发展提供了良好的外部环境。从国内发展来看,中国特色社会主义进入新时代,我国经济转向高质量发展阶段,对长三角一体化发展提出了更高要求。我国推进"一带一路"建设和长江经济带发展战略的深入实施,为长三角一体化发展注入了新动力。党中央、国务院作出将长三角一体化发展上升为国家战略的重大决策,为长三角一体化发展带来新机遇。推进长三角区域一体化发展,是加快形成我国推进"一带一路"建设和参与国际合作与竞争新优势的必由之路,也是促进我国东中西区域协调发展和加快形成国内国际双循环新格局的重要途径。

长三角一体化的发展方向,就是以习近平新时代中国特色社会主义思想为指导,全面贯彻党的十九大精神,按照更好地服务于国家"一带一路"建设和长江经济带发展战略的新要求,坚持稳中求进工作总基调,坚持新发展理念,坚持推动高质量发展,坚持以供给侧结构性改革为主线,坚持深化市场化改革、扩大高水平开放,加快建设现代化经济体系,着力推动形成区域协调发展新格局,着力加强协同创新产业体系建设,着力提升基础设施互联互通水平,着力强化生态环境共保联治,着力加快公共服务便利共享,着力推进更高水平协同开放,着力创新一体化发展体制机制。努力提升配置全球资源能力和增强创新策源能力,建成我国发展强劲活跃增长极。

长三角区域一体化发展上升为国家战略,"一体化"的范围由原来一市三省的"城市群"扩展到一市三省的全域,加强了"城市群"与周边地区的深层次合作联系,"城市群"作为中心区的地位得到了强化,使长三角地区的功能也得到了提升。2019年12月1日,中共中央、国务院印发的《长江三角洲区域一体化发展规划纲要》提出,其战略定位为:全国发展强劲活跃增长极、全国高质量发展样板区、率先基本实现现代化引领区、区域一体化发展示范区、新时代改革开放高地。① 因此,在推进长三角区域一体化高质量发展的同时,很有必要处理好长三角一体化发展战略与"一带一路"建设和长江经济带战略之间的关系,在服务国家整体发展战略中发展和壮大自己,努力当好推进"一带一路"建设和长江经济带发展的"龙头",充分发挥对全国经济社会发展的重要支撑和引领作用。

(三)长三角一体化发展对"一带一路"建设的功能分析

长三角地区是新亚欧大陆桥的东方桥头堡和我国境内外"丝绸之路经济带"中通道的东方起点地区。从而决定了长三角一体化发展需要以"一带一路"建设为统领,在更高层次、更宽领域,以更大力度协同推进对外开放,深化开放合作,优化营商环境,构建开放型经济体制,不断增强国际竞争合作新优势。长三角一体化发展,对加快推进"一带一路"建设具有着举足轻重的作用,有助于全面提升长三角服务国家发展战略的功能。

1. 科技创新的全球成果集散中心

把长三角打造成为全球创新成果集散中心,既是长三角一体化发展上升

---

① 《长江三角洲区域一体化发展规划纲要》,2019年12月1日。

为国家战略的迫切需要,也是长三角自身创新发展的内在要求。一方面,随着"一带一路"建设的深入推进,国际贸易摩擦会逐步加剧,大力加强和加快我国核心技术、关键技术自主创新和集成创新,共建全球创新成果集散中心,支撑"丝绸之路经济带"新产业新经济发展,构建国际区域合作现代经济体系,其紧迫性已经越来越凸显。另一方面,长三角沪杭宁合四大中心城市聚集了丰富而高端的科技创新资源,全国四大综合性国家科学中心长三角拥有两个,分别布局在上海和合肥,杭州互联网技术创新水平国内最高,南京科教资源在长三角仅次于上海,四个城市都在国家创新型城市试点之列,具有共建全球创新成果集散中心的基本条件。依托两个国家科学中心优化整合一市三省科技创新资源,发挥长三角技术交易市场联盟作用,推动技术交易市场互联互通,把长三角打造成为全球创新成果集散中心,有助于推进"一带一路"建设的高质量发展。

2. 要素融通的国际资源配置中心

发挥上海国际金融中心辐射作用,把长三角打造成为"一带一路"要素融通的国际资源配置中心。上海作为国际金融中心,是国际资本投资青睐的"天堂"。国家在上海建立中国(上海)自由贸易试验区基础上,又进一步提出高标准建设上海自由贸易试验区新片区,就是希望上海成为全国开放度最高的自贸试验区,以投资自由、贸易自由、资金自由、运输自由、人员从业自由等为重点,推进投资贸易自由化便利化,打造与国际通行规则相衔接、更具有国际市场影响力和竞争力的特殊经济功能区,成为吸引全世界资金、技术、人才、信息的最具经济活力的资源配置中心。围绕上海国际经济、金融、贸易、航运中心等建设,重点是在上海自贸试验区推行货币自由流通,打通上海证券交易所与香港证券交易所、纽约证券交易所、伦敦证券交易所等世界各国证券交易机构的联系,逐步推动上海资本市场与国际资本市场的互联互通,带动整个长三角地区构建国际化、市场化、法制化的资源配置中心建设,为"丝绸之路经济带"建设提供资金等要素融通支撑,为"一带一路"贸易畅通创造条件。

3. 设施联通的国际综合交通枢纽

发挥上海国际航运中心带动作用,把长三角打造成为"丝绸之路经济带"设施联通的国际综合交通枢纽。长三角位于国家"两横三纵"城市化格局的优化开发和重点开发区域,是"一带一路"与长江经济带的重要交汇地带,在基础设施上与世界连接最为紧密,浦东机场、虹桥机场是连接中国与世界的主要国际枢纽机场,洋山深水港、宁波舟山港是国际集装箱运输运力最大的港口,以此为基础打造世界级机场群和世界级港口群。长三角有四通八达的高铁和高速公路运输网络,在通信、能源、新能源、高科技技术等领域,长三角不仅是国内水平最高,在世界也位居前列。在我国深入推进"一带一路"建设的新形势下,应以推进长三角一体化发展为契机,共建设施联通的国际综合交流枢纽,进一步完善从西太平洋沿海到北大西洋沿海的水陆联运的大通道,使中欧班列等交通运输工具在新亚欧大陆桥上更为畅通和便捷,为"丝绸之路经济带"建设提供设施联通支撑。

4. 贸易畅通的国际开放合作平台

长三角一市三省都是我国自贸试验区,其主要用意就是要打造示范引领"一带一路"建设和促进贸易畅通的国家开放合作平台。具体包括:联合打造具有全球竞争力的产业创新高地,形成若干个世界级制造业集群,协力办好中国国际进口博览会、世界互联网大会、世界智能制造大会、世界制造业大会等,加强综合服务、专业贸易等线下展示交易平台建设,联合打造海外投资和专业服务平台,建设中央商务区和国际贸易中心新平台,共同构建数字化贸易平台和国际服务贸易平台,携手打造面向全球的综合服务平台,加强国际合作园区平台建设等,使之成为国际组织和总部经济聚集区。共同促进"引进来"和"走出去"相结合,加快推进国际贸易投资合作,积极招引全球 500 强和行业龙头企业,共同开拓建立全球创新链、产业链和供应链,实现我国与沿线国家和地区互利共赢与共同发展。

5. 民心相通的国际人文交流汇聚地

深化国际人文合作,加强多层次多领域国际人文交流,着力打造国际人文交流汇聚地。其中,共建世界知名旅游目的地,联合开展具有长三角品牌特色的海外经济文化交流活动,推动优秀文化、文学作品、影视产品沿着"一带一路"走出去,是着力打造国际人文交流汇聚地的重要内容之一。为此,要深化与"丝绸之路经济带"沿线国家和地区的科技、教育、医疗等国际合作,提升国际友城合作水平,加强高端智库国际交流,扩大民间交往,深化民心相通。

（四）推动长三角一体化高质量发展的对策思考

按照习近平总书记提出的把长三角区域一体化发展上升为国家战略的要求,长三角一体化发展要着力落实新发展理念,构建现代化经济体系,推进更高起点的深化改革和更高层次的对外开放,同"一带一路"建设、京津冀协同发展、长江经济带发展、粤港澳大湾区建设相互配合,完善中国改革开放空间布局。根据习近平总书记要求,结合长三角发展实际,特提出以下对策思考。

1. 在发展理念上应突出"创新"和"开放"两大发展理念

在坚持新发展理念的统筹引领下,长三角一体化发展应重点突出创新和开放两大发展理念。长三角地区的最大优势在于创新,长三角城市群之所以能够成为我国最具活力的地区,根本动力在于创新。创新是长三角一体化高质量发展的内在动力,同时也是形成协调发展、开放发展、绿色发展和共享发展的前提。目前,国家有两个全国综合性科学中心,分别布局在长三角地区的上海和安徽,也是为了加大区域创新力度。如果这两大科学中心能够实现强强联合、优势互补,形成科技创新发展轴,则能更好地带动整个长三角地区的高质量发展。开放则可以为长三角区域一体化发展提供外部压力,促进古今中外文明互学互鉴与融合发展,树立一体化发展的意识,倒逼体制机制改革,构建现代化经济体系,形成推进"一带一路"建设和引领国际合作与竞争的新优势,带动整个长江经济带和华东地区发展,打造全面开放与高质量发展的新时代改革开放新高地。

2. 在战略定位上要紧扣"一体化"和"高质量"两个关键词

长三角一体化发展,不仅是国家推进高质量发展的动力源,更应成为中国经济高质量发展的标杆。一体化是重要发展路径,通过一体化使长三角一市三省形成合力,其目标是实现高质量发展。一体化的本质是实现资源要素的无障碍自由流动和地区间的全方位合作。推进长三角一体化,必须打破行政壁垒和局部利益的束缚,各地区任何政策的出台都要考虑到左右邻居,使各种资源要素都能得到充分发挥与协同发展。在高质量发展方面,要在基础设施、市场建设、公共服务、产业创新和生态保护等领域都要对标世界发达经济体,共同推进高质量发展,形成区域分工、产城融合、港城联动、城乡统筹发展的区域共同体,打造全国高质量发展样板区。

3. 在开放发展上应以"一带一路"建设为统领构建新体制

长三角一体化发展规划《纲要》提出:"以'一带一路'建设为统领,在更高层次、更宽领域,以更大力度协同推进对外开放,深化开放合作,优化营商环境,构建开放型经济新体制"。① 长三角一体化发展要以"一带一路"为统领实现高质量发展,就不仅是长江经济带建设的"龙头",而且还是推进"一带一路"建设的"龙头"。要发挥地处"两带一路"交汇地区的枢纽优势,对标世界级城市群和发达经济体,通过参与国际市场竞争合作,创新引领陆海丝绸之路

---

① 中共中央国务院印发《长江三角洲区域一体化发展规划纲要》,《经济日报》2019 年 12 月 1 日。

的协调发展。特别是要借助长江经济带和新亚欧大陆桥建设,加快向中西部地区承接产业转移的步伐,充分发挥对内陆地区"丝绸之路经济带"建设的辐射带动作用,形成与京津冀协同发展、粤港澳大湾区建设及沿海发展带紧密配合与协调发展的关系,深化开放合作,构建开放型经济新体制,为完善我国改革开放空间布局和率先实现东部地区创新引领优化发展做出新贡献。

4. 在合作发展上应体现一市三省区域一体化的互补优势

上海要发挥国际经济、金融、贸易、航运和科技创新"五个中心"的优势,着力提升大都市综合经济实力、金融资源配置功能、贸易枢纽功能、航运高端服务功能和科技创新策源能力,形成有影响力的上海服务、上海制造、上海购物、上海文化"四大品牌",推动上海品牌和管理模式全面输出,为长三角高质量发展和参与"一带一路"建设和国际竞争合作提供服务。江苏要发挥制造业发达、科教资源丰富、开放程度高等优势,推进沿沪宁产业创新带发展,打造具有全球影响力的科技产业创新中心和具有国际竞争力的先进制造业基地。浙江发挥数字经济领先、生态环境优美、民营经济发达等特色优势,大力推进大湾区大花园大通道大都市区建设,打造全国数字经济创新高地、对外开放重要枢纽和绿色发展新标杆。安徽要发挥创新活跃强劲、制造特色鲜明、生态资源良好、内陆腹地广阔等优势,推动皖江城市带联动发展,加快合芜蚌自主创新示范区建设,打造具有重要影响力的科技创新策源地、新兴产业聚集地、绿色发展样板区和联通中西部的重要开放枢纽。

5. 在区域治理上应探索全方位多层次网络式区域治理模式

要按照党的十九届四中全会精神的要求,构建区域协调发展新机制,积极推进长三角一体化发展区域治理模式的创新,在"创新共建、协调共进、绿色共保、开放共赢、民生共享"上求突破,把政府的宏观调控管理服务职能与市场化、法治化的合作方式有机结合起来,通过采用网络化、智能化等现代先进技术手段,探索构建一市三省政府主导,由企业、高校、智库、社会组织和个人等多种社会主体共同参与的共建共治共享的全方位多层次网络化现代区域治理体系,为我国乃至"一带一路"沿线国家和地区的区域治理体系与治理能力的现代化提供经验借鉴。

6. 在发展格局上应积极探索率先形成新发展格局的路径

在当前全球市场萎缩的外部环境下,习近平总书记提出,我们必须集中力量办好自己的事,发挥国内超大规模的市场优势,加快形成以国内大循环为主体、国内国际双循环相互促进的新发展格局。长三角区域要发挥人才富集、科技水平高、制造业发达、产业链供应链相对完备和市场潜力大等诸多优势,积极探索形成新发展格局的路径,勇当我国科技和产业创新的开路先锋,加快打造改革开放新高地,推动长三角区域经济高质量发展,加大科技攻关力度,提升长三角城市发展质量,增强欠发达区域高质量发展功能,推动浦东高水平改革开放,夯实长三角地区绿色发展基础,促进基本公共服务便利共享,在全国率先形成新发展格局。

二、珠三角城市群加快推进向
粤港澳大湾区建设转型

珠三角城市群一般指"珠江三角洲城市群",是由港澳与广东省的广州、深圳、珠海、佛山、江门、东莞等 16 个城市组成的城市群,背靠内陆腹地,面向南中国海,辐射珠江三角洲区域,并借助港珠澳大桥与港澳紧密融合,是我国境内"丝绸之路经济带"南通道的东方起点地区。改革开放四十多年来,珠三角城市群通过深圳、珠海、汕头等经济特区的建立,依托率先改革开放的政策优势以及香港和澳门回归后实施"一国两制"的制度优势,率先扩大对外开放,由弱到强,已发展成为我国经济国际化和外向度最高的地区。外资企业众

多,人均 GDP 在全国领先,外贸依存度高,是全球最大的电子、日用消费品生产和出口基地之一,一直是我国改革开放的排头兵。但是,珠三角城市群区域范围狭小,土地空间严重不足,经济发展空间有限,开放型经济水平有待提升,迫切需要转型升级,大力推进粤港澳大湾区建设。

(一)"一带一路"给珠三角城市群发展带来的机遇

在深入推进"一带一路"建设的新形势下,随着我国对外贸易规模的扩大和海外市场的不断拓展,党和国家出台了对外开放一系列新政策,给珠三角城市群加快推进向粤港澳大湾区建设转型发展带来了难得的历史机遇和政策机遇。

1. 粤港澳大湾区建设带来的机遇

联通"一带一路"的粤港澳大湾区建设,使珠三角城市群转型升级有了更加明确的发展方向和突破点,特别是港珠澳大桥的建成通车,使粤港澳大湾区建设呈现出加快发展的态势。目前大湾区建设处于工业经济向服务经济转型的过程中,正在为打造广深科技创新走廊,为推动粤港澳大湾区迈向世界级科技创新中心主要承载区奠定坚实的基础。同时,大湾区建设将推动人员、服务、资本和信息的流动及融合,逐步实现经济和生活空间一体化。因此,粤港澳大湾区发展有助于区域内功能提升,增强大湾区经济活力,稳固"一国两制"制度,解决港澳深层次矛盾。

2. 广东自贸区建设带来的机遇

珠三角城市群与长三角城市群相比,具有着毗邻港澳台和背靠东南亚的地缘优势以及华侨之乡的人缘优势,是一个在历史上有着"崇商重侨"传统的城市群。与组织实施"一带一路"建设相配套的广东自由贸易试验区建设,将使得珠三角城市群发展更加对外开放,不仅有利于推进粤港澳大湾区建设,还将为中国参与东盟、澳大利亚和新西兰等自由贸易区网络的构建创造良好的开放环境和条件。同时,有利于进一步拓展珠三角城市群面向海内外发展自由贸易的市场空间。

3. 深圳示范区建设带来的机遇

2019年8月9日出台的《中共中央国务院关于支持深圳建设中国特色社会主义先行示范区的意见》指出,深圳经济特区作为我国改革开放的重要窗口,已成为一座充满魅力、动力、活力、创新力的国际化创新型城市。深圳经济特区改革开放四十多年来办特区发展经济的经验,特别是"一国两制"框架下的粤港澳大湾区建设所创造的"前海模式"以及有关的体制机制创新,可以引用借鉴到"一带一路"沿线国家和国内相关省市区的对外开放合作中,有利于在强化区域创新技术、标准、专利和管理等"软件"方面建设的同时,扩大对外宣传,充分发挥"一带一路"战略支点的示范引领作用。

(二)粤港澳大湾区建设取得的成效及面临的问题

粤港澳大湾区是指由香港、澳门两个特别行政区和广东省的广州、深圳、珠海、佛山、中山、东莞、肇庆、江门、惠州九市组成的城市群。总面积5.6万平方公里,2017年年末总人口约7000万人,是我国开放程度最高、经济活力最强的区域之一。根据《粤港澳大湾区发展规划纲要》,其战略定位为:能够辐射带动周边广大地区的充满活力的世界级城镇群,具有全球影响力的国际科技创新中心,"一带一路"建设的重要支撑,内地与港澳深度合作示范区,宜居宜业的优质生活圈。[①]

1. 粤港澳大湾区建设取得的重大成效

自中央提出建设粤港澳大湾区以来,粤港澳大湾区定位为新时代国家重

---

① 《粤港澳大湾区规划纲要》,《人民日报》2019年2月19日。

大战略,对标国际一流大湾区,被视作继东京、纽约、旧金山大湾区之后对全球资本具有强大吸引力的第四大湾区。在"一带一路"倡议推动下,国家发改委和粤港澳三地政府于 2017 年 7 月 1 日共同签署《深化粤港澳合作,推进大湾区建设框架协议》(以下简称《框架协议》),粤港澳大湾区建设承担着在"一带一路"建设中扩大对外开放的任务,将打造成 21 世纪海上丝绸之路和辐射带动内陆"丝绸之路经济带"发展的新支点,为"一带一路"与中国自贸区融合发展提供示范。《框架协议》签订一年多来,大湾区建设取得了显著进展,收获了早期成果,已经使三地特别是港澳同胞受益。

一是在政策沟通方面,加强了大湾区建设的高层统筹。2018 年 8 月 27 日,习近平总书记出席推进"一带一路"建设工作五周年座谈会讲话时,强调指出各地区加强共建"一带一路"同粤港澳大湾区建设等国家战略对接。根据这一指示精神,粤港澳大湾区建设领导小组、广东省、广州市分别召开会议,深化内地与香港、澳门合作,加强了对大湾区建设的顶层设计和政策支持。商务部与澳门特区政府签订《内地与澳门关于建立更紧密经贸关系的安排》(CEPA)下的《投资协议》和《经济技术合作协议》。2019 年 2 月 18 日,中共中央、国务院印发了《粤港澳大湾区发展规划纲要》,并发出通知,要求各地区各部门结合实际认真贯彻落实。

二是在设施联通方面,"港、桥、路、仓"建设协同推进交通及物流畅通。港珠澳大桥全线贯通,广深港高铁香港段正式通车,广东省沿海已基本形成 6 个主要港口和 9 个地区性重要港口的分层次发展格局,带动人流和物流融通。启动粤澳新通道建设,提高澳门居民来往内地通行便利化水平,增加旅客自动通关通道,提升通关能力。同时,还在澳门建立了内港码头、仓库及跨境运输车队,在珠海保税区、珠澳跨境工业区建成大型仓储设施,加强大湾区与港澳台、葡语国家及东南亚等国进行长期贸易往来。

三是在贸易畅通方面,粤港澳大湾区内在行业、贸易伙伴、商品等方面各具发展特色。大湾区九市贸易结构逐渐优化,贸易伙伴主要集中在中国香港、美国及东盟,民营企业发展迅猛,城市国际贸易稳步发展。中国香港作为自由贸易港,贸易进出口基本实现全面自由化。中国澳门对外贸易进出口总量处于稳步上升态势。

四是在资金融通方面,大湾区金融资源跨境合作促进我国金融国际化发展。2018 年 5 月,广东粤港澳合作发展基金正式签约,标志着大湾区金融合作上了一个新台阶。大湾区拥有广州、深圳和香港三大金融重镇,金融合作涉及两种制度及三个区域。随着广东自贸试验区的发展,粤港澳金融合作在基于 CEPA 金融合作逐步向自贸区为基础的合作转变,涉及领域不断扩大,呈现出增速快、上升势头明显的特征。深港共同开展金融合作,在资本项目开放与人民币国际化、深港合作与金融业开放创新等方面正在形成"前海模式"。

五是在民心相通方面,大湾区加强了文化、教育、旅游等多方面融合,打造文化共同体。粤港澳大湾区建设一年多来,在区域内文化交流、职业教育、青年交流等方面进行了较频繁的往来。港澳两地在国际交流方面活动频繁,与位于"丝绸之路经济带"的西部省份进行商贸往来,鼓励企业投资,加强贸易往来和文化交流,进一步提升了大湾区与内地省份的经济联系与文化认同。

2. 粤港澳大湾区建设面临的主要问题

在肯定粤港澳大湾区建设取得重大成效的同时,也应看到在推进粤港澳大湾区建设过程中,与长三角城市群、环渤海经济圈相比,也面临着一些特殊的矛盾和问题。

一是粤港澳大湾区建设是在具有着不同的社会制度背景下推进的融合发展,属于"一国两制"框架下进行的资源优化整合配置,存在因法律制度、经济结构、文化背景等差异带来的地区性问题,有的年轻人对国家认同感不足,需要兼顾各方不同利益,必然有一个不断磨合的探索过程,推进融合发展面临不少体制机制困难。

二是香港和澳门经济结构相对单一,发展资源有限,随着资源环境约束加剧和面对对外贸易摩擦不断的新形势,实体经济和虚拟经济的发展都面临着很大的挑战。珠三角九市市场经济体制有待完善,产业结构和布局迫切需要转型升级。区域发展空间面临瓶颈制约,生态环境压力日益增大,人口红利逐步减退,整体竞争力有待进一步提升。

三是城市区域发展不平衡问题比较突出,城市公共服务水平差距仍然较大,全方位开放还不够充分。香港、深圳和广州是整个湾区的三大龙头城市,珠海则与平均水平相当,东莞、江门、肇庆与平均水平相比仍有较大差距。当前,粤港澳大湾区城市结构使资源过度集中在特大城市、省会城市、特区等,难以调动和发挥其他大湾区城市的积极性。

四是大湾区内部市场不统一,分属不同关税区域,市场互联互通水平有待进一步提升。大陆暂未完全放开资本账户,粤港和粤澳的金融市场两地分割现象明显,广州、深圳和香港都具备一定的金融实力,在不同的金融领域存在不同程度的竞争,同时与世界级金融中心存在较大差距,打破现有世界金融格局仍有较大挑战。

(三)促进粤港澳大湾区建设发展的对策思考

鉴于珠三角城市群向粤港澳大湾区建设转型升级中有着"崇商重侨"传统和拥有贸易国际化的巨大优势,以及面临的困难和问题,在推进"一带一路"建设中应出台区域协调发展的政策,发挥粤港澳各地所长,推动地区优势互补,积极促进我国南方地区陆海丝绸之路商贸及文化旅游等相关产业的联动发展。

1. 推动粤港澳大湾区建设在多领域的深度融合

发挥各地所长,通过体制机制创新,实现优势互补。粤港澳三地有着不同的政治制度、货币政策及文化背景,港澳有现代服务业优势和科技创新及雄厚的科研实力,广州和深圳有贸易、金融及行业总部的优势,广佛肇、深莞惠及珠中江城市群在制造业方面则有较强的优势,应通过体制机制创新,形成一体化区域市场,提升智能化技术改造,推动制造业与服务业联动合作发展,助力大湾区产业转型升级。

2. 加强与国内外丝绸之路经济带南通道的互通

粤港澳大湾区应充分利用其"华侨之乡"的商贸网络资源优势,对接国家西部大开发战略,密切珠三角城市群与新疆、西藏等省区市之间的贸易联系,促进中巴经济走廊与海上丝绸之路的战略对接。在推动国内"丝绸之路经济带"南通道与我国东南海上丝绸之路的贸易畅通方面发挥战略支撑作用。

3. 推进珠三角从工业经济向服务经济转型升级

要依托粤港澳大湾区建设平台,加强珠三角与欧洲、亚太等世界各地的商品交易所对接,建设高水平的"一带一路"商品交易平台、拍卖行、典当行、物流中心等贸易体系,积极推动广东与香港、澳门及台湾地区的经济与金融合作,不断扩大人民币国际化的使用范围,增强其与"丝绸之路经济带"沿线国家和地区的贸易畅通能力。

4. 完善粤港澳"一国"基础上的"两制"建设

要抢抓"一带一路"带来的历史机遇,以打造粤港澳大湾区为契机,完善"一国"基础上的"两制"建设。一方面,加强港澳与内地的经贸往来与人文交流,广泛深入开展文化、教育和旅游合作,增强港澳年轻人对中华民族的认同感,在发展经贸合作的同时巩固和提升"一国两制"的民意基础。另一方面,要完善"一国"基础上"两制"的制度体系,为推进祖国和平统一和推进"一带一路"建设提供经验借鉴。

5. 以大湾区建设促进珠江—西江经济带发展

依托广东自由贸易试验区与粤港澳大湾区融合发展建设平台,深化国内外区域合作。通过推动自贸区建设扩大开放,切实增强国内外贸易自由化和便利化程度。充分发挥粤港澳大湾区建设在推动珠江—西江经济带开放发展方面的"龙头"作用,促进广东与广西、云南等我国南部沿海内陆地区的开放发展,建设好中国对外开放的"南大门",实现珠江—西江经济带与中国—中南半岛、孟中印缅经济走廊建设的交汇对接,构建我国南方地区与东盟自由贸易区的经贸合作网络结构体系。

三、环渤海经济圈加快推进京津冀 城市群的协同发展

环渤海经济圈是我国境内"丝绸之路经济带"北通道的东方起点地区。环渤海经济圈在对外联通中日韩经济走廊和对内辐射带动呼包银经济带等"一带一路"建设方面,具有着重大的战略支撑作用。与长三角城市群和珠三角城市群相比,环渤海经济圈国际化水平较低,发展不够均衡,特别是京津冀地区彼此经济联系不够紧密。2014 年 2 月 26 日,习近平总书记在京津冀协调发展工作座谈会上,提出把京津冀协同发展作为国家战略,通过科学规划和顶层设计,推动首都经济圈一体化发展。随着京津冀协同发展战略的实施以及环渤海经济圈协作的开展,必将对"丝绸之路经济带"北线的建设以及对中日韩经济走廊的开辟产生重大而深远的影响。

(一)京津冀协同发展的空间布局及功能定位分析

按照《京津冀协同发展规划纲要》的要求,京津冀协同发展的空间布局为"一核双城三轴四区多节点"的骨架。"一核"即北京;"双城"为北京和天津;"三轴"为京津、京保石、京唐秦三个产业发展带;"四区"为中部核心功能区、东部滨海发展区、南部功能拓展区、西北部生态涵养区;"多节点"为石家庄、唐山、保定等区域性中心城市以及众多节点城市。在功能定位方面,北京市为

全国政治中心、文化中心、国际交流中心、科技创新中心;天津市为全国先进制造研发基地、北方国际航运核心区、金融创新运营示范区、改革开放先行区;河北省为全国现代商贸物流重要基地、产业转型升级试验区、新型城镇化与城乡统筹示范区、京津冀生态环境支撑区。①

从京津冀协同发展的空间布局及主要城市的功能定位来看,主要是想通过大规模投资带动周边城市经济同步发展,从而促进整个环渤海大湾区的一体化协调发展。一方面,可以为中西部都市圈的发展提供值得借鉴的协同发展经验;另一方面,也有助于实现我国北方"丝绸之路经济带"与海上中日韩国际经济走廊的战略对接。

（二）京津冀协同发展取得的新成就及面临的问题

近几年来,根据国家区域发展战略的统一部署,为推动京津冀协同发展,在交通基础设施、科技资源合作创新服务等方面都取得了很大的成就,但在发展中也存在一些有待解决的突出问题。

1. 京津冀协同发展取得的新成就

一是"轨道上的京津冀"骨架加快搭建。地铁 8 号线三期南段及四期、6 号线西延均在 2018 年岁末通车。238 公里市郊车开行,北京市内国家高速公路"断头路"全部打通,高速公路运营里程达 1058 公里。北京城市副中心将打造"4+5"的主通道联系中心城,即 4 条轨道和 5 条城市道路。京津冀的综合交通体系建设正在提速,京张铁路开始全线铺轨,市郊铁路怀柔—密云线全线通车,京秦高速、首都地区环线高速公路(通州—大兴段)建成通车,京雄高速正在加快推进建设。同时,为了做好世园会和冬奥会的交通保障,兴延高速、延崇高速平原段也在 2018 年底全线贯通。按照规划目标,到 2020 年,京

---

① 《京津冀:迈向世界级的城市群》,《环球市场信息导报》2015 年 9 月 2 日。

津冀基本形成多节点、网络状、全覆盖的区域交通网络,将形成京、津、冀之间以及相邻城市之间"一小时交通圈",主要城市与周边卫星城市之间"半小时生活圈"。

二是积极推进京津冀协同发展与"一带一路"的战略对接。中韩空中大通道 2018 年 12 月 6 日正式启用,打造了一条东北亚联通欧洲"来去分开、隔离运行"的国际空中运输通道。中韩空中大通道全长 1100 公里,国内段覆盖我国山东半岛及渤海湾地区,衔接韩国,实现了中韩两国航路由过去的"单向相对运行"全面升级为"双向来去分开运行"。此外,还带动了部分配套的国内航线进行了国际化升级。① 中韩空中大通道的建成启用,使未来北京大兴国际机场与渤海湾地区将实现进离港无缝对接,更加便捷地连接中国与日韩等东北亚国家,大大提升北京大兴国际机场枢纽辐射能力,可以更加有效地推进京津冀一体化协同发展。

三是京津冀科技创新分工合作已正式开展起来。2018 年 10 月 15 日,天津与北京签署了进一步加强京津战略合作框架协议。根据协议,制定涵盖了滨海中关村、宝坻京津中关村科技城等 10 个方面 23 条合作事项,两市将推动科技创新资源、空间资源、政策资源互补共享,推进多领域深层次务实合作迈上新台阶。河北省则围绕"京津研发、河北转化",提出了"5211"工程路线图,到 2020 年,河北将打造 5 个战略高地,建设 20 个示范园区、做强 100 个转化机构、转化 1000 项重大成果,同时将京津科技成果到河北转化孵化的比例提高到 10%。②

四是京津冀科技资源创新服务平台的建立及其开放应用,为三地当前科技资源的有效配置找到了一种极为重要的方式。随着京津冀三地产业版图正式加速重构,对区域协同发展的服务水平也提出了更高要求。为适应这一发展要求,2018 年年底,京津冀科学资源创新服务平台首次对外公开发布。该

---

① 《民航动态》,《航空维修与工程》2018 年 12 月 20 日。
② 孙玉松:《京津冀一体化,高端科技资源开放共享》,《科技日报》2018 年 11 月 12 日。

平台实现了京津两直辖市和河北省 11 个地级市全覆盖,已汇集涵盖科技机构、科技人才、科技成果、科技项目等 9 大类 70 多个子类的 500 多万条数据,面向三地政府、企业、科研人员提供信息和咨询服务。该平台也是国内首个跨区域科技资源信息综合服务平台,基于互联网地理信息系统(Web GIS)框架搭建,以"科技资源+数字地图+情报研究+平台服务"为模式,旨在打通京津冀科技资源经络,促进三地科技资源的开放共享。① 随着这一服务平台开放应用的深化和拓展,北京科技资源密集的优势今后将得到更好的体现和释放,进而带动发挥区域战略新兴产业集群优势,实现京津冀产业转型升级、联动发展和协同创新发展的目标。

2. 京津冀协同发展存在的突出问题

一是城市与城市之间资源和要素争夺激烈,功能交叉、同质化竞争比较严重。城市群面积很大,但是各城市之间的关联度小,城市分布的密度比较低,地区协作始终是京津冀城市群发展的最大问题。因此,如何破解京津冀城市群长期积累的深层次矛盾,完善以首都为核心的城市群形态,解决"产业同构、项目建设重复"粗放城市发展模式,是当前京津冀城市群发展亟待解决的重大问题。

二是在京津冀城市群发展过程中缺乏区域合作的体制机制创新。京津冀城市群的北京、天津,加上正在建设的雄安新区,都是经由政策扶持的特殊城市。北京的特殊之处有很多,是中国经济的管理和控制中心,加之又是诸多国企巨头的所在地,这些总部设在北京的企业,带来了利税和就业。天津近些年的发展也是国家巨大投资拉动的结果。因此,京津冀城市群发展主要是政策扶持的结果,靠政策扶持起来的地区是缺乏代表性的,对地区发展的带动性较弱,有时反而可能形成城市之间的竞争关系,从而造成地区整体发展缺乏合作

---

① 孙玉松:《京津冀一体化,高端科技资源开放共享》,《科技日报》2018 年 11 月 12 日。

动力。所以,京津冀城市群一体化的协同发展,最根本的是要创新区域合作的体制机制,解决区域内部合作发展动力问题。

三是目前北京疏解非首都功能并没有给周边的省市带来经济增长效应。根据 2018 年的有关统计数据显示,在京津冀城市群中,北京市经济保持平稳,天津市 GDP 增速则从前几位断崖式下跌成为全国最末位。在京津冀一体化当中,虽然北京疏解非首都功能的主要目标是河北省,但是,河北省的经济增速并未提升。特别是唐山市作为河北省经济水平最高的地区,目前经济上的亮点并不多。河北省会石家庄市,经济增速在全国省会城市中也不快。这说明,北京疏解非首都功能,已疏解的产业与当地的产业还没有形成配套发展能力,经济效益还没有显示出来。

四是京津冀城市群协同发展存在问题的根本原因在于缺少内在合作动力。从而造成了城市群当中各个城市联系不紧密,城市之间的竞争关系甚至于大于合作关系,个别发达地区带动作用很弱,大部分地区仍然处在落后状态,发展的整体协调性不强。城市群中缺乏内在合作动力背后的深层次原因,又在于缺少以市场机制或利益机制为纽带的区域合作关系。现在看来,主要靠国家政策扶持其发展不是长久之计,最根本的还是要转变发展思路,从现在的政策扶持导向转变为坚持以市场为导向的合作发展之路。

(三)京津冀协同发展的努力方向及对策思考

京津冀协同发展的努力方向主要是解决好三者之间的一体化发展问题。但是,对周边地区的辐射带动作用也很重要,其主要目的之一,还是要促进环渤海经济圈的发展,形成引领与推动东北亚地区"一带一路"建设的重要增长极。

1. 推动京津冀协同发展的努力方向

在推进"一带一路"建设框架下,京津冀协同发展的努力方向主要表现在两个方面。一方面,是京津冀城市群一体化发展内涵质量的提升;另一方面,是京津冀城市群对周边地区辐射带动能力的增强。这两者之间是互为条件和基础的。京津冀高质量协同发展水平提升,有助于对周边辐射带动能力的增强;而对周边辐射带动能力的增强,又会促进京津冀高质量协同发展水平的提升。

在京津冀城市群一体化发展内涵质量的提升方面,在注重京津冀基础设施和产业对接一体化发展的同时,更要注重着力破除地区之间各种利益藩篱和行政区划政策壁垒,推动建立区域战略统筹协调机制、市场一体化发展机制、区际利益补偿机制、区域分工合作机制、基本公共服务均等化机制和区域政策调控机制等,①增强城市群内在合作发展动力,密切城市与城市、城市群与区域之间的经济联系,积极探索以中心城市引领城市群发展、城市群带动区域发展新模式,从而为我国"丝绸之路经济带"沿线地区城市群的发展提供经验借鉴。

在京津冀城市群发展对周边地区辐射带动能力的增强方面,周边的环渤海大湾区人才基础雄厚、交通便利、工业基础扎实,具备发展湾区经济的基础和条件。应以京津冀城市群作为环渤海地区的中心区域和动力源,打破行政区划制约,辐射带动河北周边、辽宁南部、山东北部,形成环渤海大湾区建设的新格局。这将有助于实现我国北方内陆"丝绸之路经济带"与东北亚21世纪海上丝绸之路的战略对接,继而把推进中蒙俄经济走廊建设与开辟中日韩经济走廊联通起来,形成东北亚国际经济合作区。同时,以环渤海大湾区为战略引擎,向西部延伸可以辐射带动呼包银经济带的发展,促进我国北方东中西部地区的联动发展。

2. 推动京津冀协同发展的对策思考

从京津冀城市群及环渤海经济圈在政治资源、科技创新资源和人文资源

---

① 连玉明:《京津冀协同发展呈现三个趋势》,《北京日报》2019年1月18日。

丰富的特点出发,针对其协同发展中存在的突出问题,在推进"丝绸之路经济带"建设方面,应着力发挥京津冀及环渤海经济圈在政策沟通、设施联通、贸易畅通和民心相通等方面的主力军作用。

一是通过发展理念和体制机制的创新,形成内聚外联的合作动力。对内激发以市场为导向的发展活力,提升城市之间、城市与区域之间的内生合作发展的动力,建设高质量发展的世界级城市群和产业集群;对外提升京津冀的国际化水平和环渤海经济圈的开放程度,通过举办各种政策论坛和开展多种人文交流,发挥引领示范作用,为我国"丝绸之路经济带"沿线地区发展城市群提供有益的经验借鉴。

二是以加强两市一省自贸试验区建设为突破口,以发展数字经济、服务贸易和促进科技创新及其成果转化为特征,打造对内对外开放合作平台。通过加强地区政策协调,破除各种利益藩篱,努力提高两市一省在教育、医疗、卫生及养老等方面的公共服务水平。为疏解非首都功能,应出台有针对性的优惠政策,促进人才、技术、资本等要素从优化开发区域向重点开发区域进行转移。

三是通过发挥京津冀科技创新资源丰富的优势,打造具有全球影响力的科技创新中心。扩大科技创新公共服务平台的应用范围,有效配置国内外创新资源,发挥辐射带动作用,促进京津创新链与河北产业链的深度融合,形成科技创新对产业发展的动力,推动"丝绸之路经济带"北线东中西部地区的分工合作,促进沿线地区经济转型升级。

四是以构建高效便捷的京津冀现代综合交通运输体系为突破口,打造环渤海经济圈及其与周边地区陆海交通设施互联互通的网络结构体系,促进我国"丝绸之路经济带"北线地区基础设施的互联互通,为沿线地区多种资源要素的高效便捷流动及发展对外贸易提供强有力的支撑。

五是充分发挥京津冀人文资源丰富的优势,规划建设能体现环渤海特色的文化旅游经济圈。以加强京津冀与"一带一路"沿线国家和地方之间的教育、文化和旅游合作交流为纽带,以在沿线国家和地区建设更多的孔子学院为载体,搭建起东连东北亚经济圈、西至大西洋欧洲经济圈民心相通的桥梁,促进中华优秀文化与沿线地区之间多元文化的融合发展,共同打造人类文化共同体。

四、三大城市群的"一带一路"区域分工与合作发展

东部沿海地区的京津冀、长三角和珠三角三大城市群作为我国推进"一带一路"建设的主力军和排头兵,在新一轮的对外开放发展格局中,通过创新引领优化升级为国家战略,应有更加明确的区域发展角色定位和发挥更高层次的战略功能作用,并形成良好的国际区域分工合作关系,才有利于充分发挥各自的比较优势,通过实现优势互补与强强联合,才能更好地为共同推进我国新一轮的对内对外开放和加快形成国内大循环为主体、国内国际双循环相互促进的新发展格局做出新贡献。

(一)三大城市群在引领"一带一路"建设中的区域分工

长三角、珠三角和京津冀将充分发挥其地理区位、资源禀赋和开放优势,彼此呼应,创新引领率先实现东部地区优化发展,分别从东方、南方和北方三条线展开,沿陆路和海路两个维度延伸,驱动"一带一路"在亚欧非和太平洋、印度洋范围内展开,正在构建起连接欧洲经济圈和亚太经济圈的全球性贸易体系。

京津冀城市群作为北方"丝绸之路经济带"的东方起点地区,依托环渤海经济圈,重点是面向东北亚地区的国际区域分工合作,辐射带动我国北方地区呼包银经济带对接"丝绸之路经济带",推动中蒙俄经济走廊建设和促进中日韩经济走廊的形成与发展,同时为开辟"冰上丝绸之路"提供战略支撑。

长三角城市群作为"丝绸之路经济带"中通道的东方起点地区,要发挥好

陆海丝绸之路交汇的战略支撑作用。对外主要是通过引领"一带一路"建设，加强与环太平洋地区的亚太经济圈和环大西洋地区的欧洲经济圈的对接，促进国际区域分工合作；对内主要是通过引领长江经济带和新亚欧大陆桥经济带建设，辐射带动我国东中西内陆广大地区的联动协调发展，促进区域开发战略全面转型升级。

珠三角城市群作为"丝绸之路经济带"南通道的东方起点地区，通过粤港澳大湾区建设，要体现"一国两制"的独特优势，发挥好内引外联的特殊作用。对外主要是面向东南亚地区，并沿着21世纪海上丝绸之路分别向欧洲、非洲和大洋洲拓展，重点是加强中国—中南半岛经济走廊与孟中印缅经济走廊的战略对接与协调发展；对内主要是通过与珠江—西江经济带的对接，辐射带动我国南方广大内陆地区的对外开放发展。

（二）三大城市群在引领"一带一路"建设中的合作发展

在深入推进"一带一路"建设和加快形成新发展格局的新形势下，京津冀、长三角、珠三角三大城市群主要面临着两大转型升级问题。一是城市群内部区域一体化方面的高质量发展，发挥好促进国内大循环的战略支点作用；二是三大城市群之间的合作发展，发挥好在促进国内国际双循环中的战略链接作用。

1. 在一体化高质量发展方面要突出共同创新引领

三大城市群在创新引领一体化高质量发展方面，应体现各自的区域创新特色。京津冀城市群的一体化发展要突出体制机制的创新，应重点解决区域合作内生动力不足和区域发展不平衡问题；长三角城市群的一体化发展要突出科技合作体系的创新，应重点解决区域科技成果的研发与转化应用和促进产业优化升级问题；珠三角城市群的一体化发展要突出"一国两制"框架下国际合作的制度创新发展，应重点解决我国对外合作发展中不同制度条件下的贸易便利化和区域合作模式的转型升级问题。通过京津冀、长三角和珠三角三大城市群各有侧重的创新发展与转型升级,形成促进国内大循环的战略支点,从而更好地为"一带一路"沿线不同国家和地区的合作发展发挥辐射带动作用。

2. 在三大城市群之间关系上要突出开放合作发展

目前,在沿海三大城市群协同发展上存在的最大问题是南北发展不平衡,存在着南强北弱的发展态势。即珠三角、长三角经济实力较强,而京津冀经济实力相对较弱,这与新形势下引领"一带一路"建设的新要求很不相适应。除了京津冀要加强自身的努力外,还应发挥长三角在三大城市群之间合作发展的战略链接作用,与南北两大城市群发展战略联动转型升级,把三大城市群分别与国外挂钩连接的产业链和供应链联通起来,联手打造以国内市场为主、双循环的产业链和供应链,在我国东部沿海地区形成对外开放发展的紧密型的区域分工合作关系。

总之,新形势下推进"丝绸之路经济带"建设,对东部地区创新引领优化发展提出了更高的要求。东部地区的京津冀、长三角和珠三角地区作为东部地区创新引领优化发展的三大增长极,已上升为国家战略,正在通过转型升级打造成为推进"一带一路"建设的"三大引擎"。京津冀、长三角和珠三角地区在引领我国形成国内大循环为主体、国内国际双循环相互促进的新发展格局中,应加强区域分工与国际合作。一方面,要加快自身各有侧重的区域创新发展,提升区域一体化发展质量;另一方面,还要辐射带动周边地区的发展,在推进我国北线、中线和南线的"丝绸之路经济带"建设中发挥好战略支撑作用。

参 考 文 献

陈炎著:《海上丝绸之路与中外文化交流》,北京大学出版社 2002 年版。

陈元、钱颖一主编:《"一带一路"金融大战略》,中信出版集团 2016 年版。

《邓小平文选》第二卷,人民出版社 1994 年版。

《邓小平文选》第三卷,人民出版社 1993 年版。

丁任重、陈姝兴:《中国区域经济政策协调的再思考》,《南京大学学报(哲学·人文科学·社会科学)》2016 年第 1 期。

冯并著:《"一带一路":全球发展的中国逻辑》,中国民主法制出版社 2015 年版。

葛剑雄、胡鞍钢、林毅夫等:《改变世界经济地理的"一带一路"》,上海交通大学出版社 2015 年版。

谷克鉴:《国际经济学对引力模型的开发与应用》,《世界经济》2001 年第 2 期。

国家信息中心"一带一路"大数据中心:《"一带一路"大数据报告(2016)》,商务印书馆 2016 年版。

国家发展改革委、外交部、商务部:《推进共建丝绸之路经济带和 21 世纪海上丝绸之路的愿景与行动》,人民出版社 2015 年版。

国家统计局编:《中国统计年鉴》,中国统计出版社 2015、2016、2017、2018、2019 年版。

贺书锋、平瑛、张伟华:《北极航道对中国贸易潜力的影响——基于随机前沿引力模型的实证研究》,《国际贸易问题》2013 年第 8 期。

黄茂兴著:《历史与现实的响应:21 世纪海上丝绸之路的复兴》,经济社会出版社 2015 年版。

黄群慧、韵江、李芳芳著:《"一带一路"沿线国家工业化进程报告》,社会科学文献出版社 2015 年版。

金立群、林毅夫编:《"一带一路"引领中国》,中国文史出版社 2015 年版。

金巍主编:《梅花与牡丹:"一带一路"背景下的中国文化战略》,中信出版集团 2016 年版。

孔令刚、蒋晓岚著:《区域创新资源与区域创新系统》,合肥工业大学出版社 2011 年版。

李本和等著:《促进中部崛起与区域经济协调发展》,人民出版社 2009 年版。

李进新著:《丝绸之路宗教研究》,新疆人民出版社 2008 年版。

李忠民著:《"丝绸之路"经济带发展研究》,经济科学出版社 2014 年版。

厉以宁、林毅夫、郑永年等:《读懂"一带一路"》,中信出版集团 2015 年版。

梁海明著:《"一带一路"经济学》,西南财经大学出版社 2016 年版。

梁留科主编:《产业互补与合作——丝绸之路经济带核心区发展战略》,科学出版社 2015 年版。

林梅村著:《丝绸之路考古十五讲》,北京大学出版社 2016 年版。

刘青峰、姜书竹:《从贸易引力模型看中国双边贸易安排》,《浙江社会科学》2002 年第 6 期。

刘思峰、谢乃明等编著:《灰色系统理论及其应用》,科学出版社 2013 年版。

刘伟、郭濂主编:《"一带一路":全球价值双环流下的区域互惠共赢》,北京大学出版社 2015 年版。

刘卫东、田锦尘、欧晓理等著:《"一带一路"战略研究》,商务印书馆 2017 年版。

刘迎胜著:《丝绸之路》,江苏人民出版社 2014 年版。

刘育红著:《"新丝绸之路"经济带交通基础设施与区域经济增长》,中国社会科学出版社 2014 年版。

鲁晓东、赵奇伟:《中国的出口潜力及其影响因素——基于随机前沿引力模型的估计》,《数量经济技术经济研究》2010 年第 10 期。

骆许蓓:《论双边贸易研究中重力模型的距离因素》,《世界经济文汇》2003 年第 2 期。

马克思:《资本论》第一卷,人民出版社 2018 年版。

马克思:《资本论》第三卷,人民出版社 2018 年版。

《马克思恩格斯文集》第 1 卷,人民出版社 2009 年版。

《马克思恩格斯全集》第 46 卷(上),人民出版社 1979 年版。

《马克思恩格斯全集》第 26 卷 III,人民出版社 1975 年版。

马莉莉、任保平编著：《丝绸之路经济带发展报告：2014》，中国经济出版社 2014 年版。

马莉莉、任保平编著：《丝绸之路经济带发展报告：2015》，中国经济出版社 2015 年版。

《毛泽东文集》第七卷，人民出版社 1999 年版。

任保平、马莉莉、师博等著：《丝绸之路经济带的合作机制与内陆型改革开放》，中国经济出版社 2016 年版。

芮传明著：《丝绸之路研究入门》，复旦大学出版社 2009 年版。

单文婷、杨捷：《引力模型在中国与东盟贸易中的实证分析》，《亚太经济》2006 年第 6 期。

盛斌、廖明中：《中国的贸易流量与出口潜力：引力模型的研究》，《世界经济》2004 年第 2 期。

孙中山著：《建国方略》，中州古籍出版社 1998 年版。

王胜三、陈德正主编：《一带一路列国志》，人民出版社 2015 年版。

王义桅著：《海殇？——欧洲文明启示录》，上海人民出版社 2013 年版。

王义桅著：《"一带一路"：机遇与挑战》，人民出版社 2015 年版。

武斌著：《丝绸之路史话》，沈阳出版社 2019 年版。

《习近平谈治国理政》，外文出版社 2014 年版。

《习近平谈治国理政》（第二卷），外文出版社 2017 年版。

《习近平谈"一带一路"》，中央文献出版社 2018 年版。

徐绍史主编：《〈中华人民共和国国民经济和社会发展第十三个五年规划纲要〉辅导读本》，人民出版社 2016 年版。

中共中央宣传部：《习近平总书记系列重要讲话读本（2016 年版）》，学习出版社、人民出版社 2016 年版。

中国人民大学气候变化与低碳经济研究所：《中国低碳经济年度发展报告（2012）》，北京石油工业出版社 2012 年版。

中国人民大学重阳金融研究院编：《欧亚时代——丝绸之路经济带研究蓝皮书 2014—2015》，中国经济出版社 2014 年版。

中国人民大学重阳金融研究院编：《"一带一路"国际贸易支点城市研究》，中信出版社 2015 年版。

《"一带一路"沿线国家安全风险评估》编委会编著：《"一带一路"沿线国家安全风险评估》，中国发展出版社 2015 年版。

张洁主编：《中国周边安全形势评估："一带一路"与周边战略》，社会科学文献出版社 2015 年版。

张西平著：《丝绸之路中国与欧洲宗教哲学交流研究》，新疆人民出版社 2010 年版。

张旭昆：《制度变迁的成本—收益分析》，《经济理论与经济管理》2002 年第 5 期。

赵共乐：《早期丝绸之路探微》，北京师范大学出版社 2011 年版。

赵晋平等编著：《重塑"一带一路"经济合作新格局》，浙江大学出版社 2016 年版。

赵晋平等编著：《聚焦"一带一路"经济影响与政策举措》，中国发展出版社 2015 年版。

赵可金著：《"一带一路"：从愿景到行动》，北京大学出版社 2015 年版。

赵磊著：《"一带一路"：中国的文明型崛起》，中信出版社 2015 年版。

赵磊主编：《"一带一路"年度报告：从愿景到行动》，商务印书馆 2016 年版。

赵磊主编：《"一带一路"年度报告：行者智见》，商务印书馆 2017 年版。

赵磊主编：《"一带一路"年度报告：智慧对接》，商务印书馆 2018 年版。

赵磊主编：《"一带一路"年度报告：企业践行》，商务印书馆 2019 年版。

邹磊著：《中国"一带一路"战略的政治经济学》，上海人民出版社 2015 年版。

［古希腊］阿里安：《亚历山大远征记》，李活译，商务印书馆 1979 年版。

［乌兹别克斯坦］艾哈迈多夫：《16—18 世纪中亚历史地理文献》，陈远光译，人民出版社 2011 年版。

［美］保罗 A.萨谬尔森、威廉 D.诺德豪斯：《经济学》（第 12 版），杜月升等译，中国发展出版社 1992 年版。

［加拿大］贝旦宁：《东方遭遇西方》，孙新峰、张言亮译，上海三联出版社 2011 年版。

［澳］贝哲民：《新丝绸之路》，程仁桃译，东方出版社 2011 年版。

［美］比尔·波特：《丝绸之路：追溯中华文明史上最辉煌的篇章》，马宏伟、吕长青等译，四川文艺出版社 2013 年版。

［美］布热津斯基：《大棋局》，中国国际问题研究所译，上海人民出版社 2014 年版。

［日］川胜平太：《文明的海洋史观》，刘军译，上海文艺出版社 2014 年版。

［美］德隆·阿西莫格鲁、詹姆斯·A.罗宾逊：《国家为什么会失败》，李增刚译，湖南科学技术出版社 2016 年版。

［英］哈·表金德：《历史的地理枢纽》，商务印书馆 2015 年版。

［美］拉鲁什·琼斯：《从丝绸之路到世界大陆桥》，江苏人民出版社 2015 年版。

［法］鲁保罗：《西域的历史与文明》，耿昇译，人民出版社 2012 年版。

［英］马丁·雅克：《大国雄心：一个永不褪色的大国梦》，人民出版社 2012 年版。

［英］马丁·雅克：《当中国统治世界——中国崛起和西方世界的衰落》，张莉、刘曲译，中信出版社 2010 年版。

［美］马汉：《海权对历史的影响（1660—1783）》，海洋出版社 2013 年版。

［英］诺曼·戴维斯：《欧洲史》，郭芳、刘北成等译，世界知识出版社 2007 年版。

［美］彭慕兰：《大分流：欧洲、中国与现代世界经济的发展》，史建云译，江苏人民出版社 2010 年版。

［美］芮乐伟·韩森：《丝绸之路新史》，张湛译，北京联合出版公司 2015 年版。

［美］塞缪尔·亨廷顿：《文明的冲突与世界秩序的重建》，周琪等译，新华出版社 1988 年版。

［美］斯塔夫里阿诺斯：《全球通史》，吴象婴、梁赤民等译，北京大学出版社 2005 年版。

［英］斯坦因：《西域考古记》，商务印书馆 2013 年版。

［瑞］斯文·赫定：《丝绸之路》，江红、李佩娟译，新疆人民出版社 2013 年版。

［美］托马斯·弗里德曼：《世界是平的》，何帆、肖莹莹、郝正非译，湖南科技出版社 2006 年版。

［法］托马斯·皮凯蒂：《21 世纪资本论》，中信出版社 2014 年版。

［英］吴思芳：《丝绸之路 2000 年》，山东画报出版社 2008 年版。

［美］伊曼纽尔·沃勒斯坦：《现代世界体系》，罗荣渠等译，高等教育出版社 1998 年版。

［俄］尤里·塔夫罗夫斯基：《大国之翼："一带一路"西行漫记》，尹永波译，中共中央党校出版社 2017 年版。

［伊朗］志费尼：《世界征服者史》（全两册），何高济译，商务印书馆 1999 年版。

Anderson J.E., Van Wincoop E., *Gravity with Gravitas: A Solution to the Border Puzzle*, National Bureau of Economic Research, 2001.

Battese G.E., Broca S.S., "Functional Forms of Stochastic Frontier Production Functions and Models for Technical Inefficiency Effects: A Comparative Study for Wheat Farmers in Pakistan", *Journal of Productivity Analysis*, 8, 4(1997).

Bacchetta P., Wincoop E., "Why do Consumer Prices React less than Import Prices to Exchange Rates?", *Journal of the European Economic Association* 1(2003).

Bin Yang, "Buddhism and Islam on the Silk Road", *Journal of World History*, 22, 4

（2011）.

Brysac，and Shareen Blair，"The Virtual Silk Road"，*Archaeology*，4（2000）.

Christopher I.Beckwith，*Empires of the Silk Road*，Princeton University Press，2009.

Edgar Knobloch，*Treasures of the Great Silk Road*，The History Press，2013.

Foster，Robert W.，"Journeys on the Silk Road"，*Historian*，76.1（2014）.

Helpman E.，Krugman P.R.，*Market Structure and Foreign Trade：Increasing Returns，Imperfect Competition，and the International Economy*，MIT Press，1985.

HemanE.Daly，JoshuaFahey，*Ecological Economics：Principles and Applications，Second Edition*，Washington，DC：Island Press，2010.

James，N.，"Silk Road Riches No Embarrassment"，*Antiquity*，85，328（2011）.

Jim Brewster，*The Silk Road Affair*，Outskirts Press，2009.

Jonathan Tucker，*The Silk Road：China and the Karakorum Highway*，I.B.Tauris&Co，Ltd，2015.

Jurgen Osterhammel & Niels P.Petersson & Dona Geyet，*Globalization A Short History*，Princeton University Press，2009.

Kathryn Ceceri，*The Silk Road：Explore the World's most Famous Trade*，Nomad Press，2011.

Levi，Werner，*Modern China's Foreign Policy*，Literary Licensing，LLC，2012.

Linnemann H.，*An Econometric Study of International Ttrade Flows*，Amsterdam：North-Holland Publishing Company，1966.

Lincoln Paine，*The Sea and Civilization：A Maritime History of the World*，New York：Alfred Knopf，2013.

Louise Levathes，*When China Ruled The Seas：The Treasure Fleet of The Dragon Throne*，1405－1453，Oxford Universit Press，1944.

Luce Boulnois，Wong How Man，Amar Grover，*Silk Road：Monks，Warriors&Merchants on the Silk*，Airphoto International Ltd，2012.

Mark Notrll，*Travelling The Silk Road：Ancient Pathway to the Modern World*，American Museum & Natural History，2011.

Peter Frankopan，*The Silk Road：A New History of the World*，Bloomsbury，2015.

Robert S.Ross，*China's Ascent：Power，Secuity，and the Future of International Politics*，Cornell University Press，2008.

Valerie Hanson，*The Silk Road*，Oxford University Press，2012.

责任编辑：吴焰东
封面设计：石笑梦
版式设计：胡欣欣

图书在版编目（CIP）数据

建设"丝绸之路经济带"与我国区域开发战略升级研究/李本和 等 著. —北京：
  人民出版社,2021.11
ISBN 978 - 7 - 01 - 023416 - 8

Ⅰ.①建… Ⅱ.①李… Ⅲ.①丝绸之路-经济带-区域经济发展-研究-中国
  Ⅳ.①F127

中国版本图书馆 CIP 数据核字（2021）第 094727 号

建设"丝绸之路经济带"与我国区域开发战略升级研究
JIANSHE SICHOU ZHILU JINGJIDAI YU WOGUO QUYU KAIFA ZHANLÜE SHENGJI YANJIU

李本和 等 著

人民出版社 出版发行
（100706 北京市东城区隆福寺街 99 号）

北京汇林印务有限公司印刷 新华书店经销

2021 年 11 月第 1 版 2021 年 11 月北京第 1 次印刷
开本:710 毫米×1000 毫米 1/16 印张:32.5
字数:440 千字

ISBN 978 - 7 - 01 - 023416 - 8 定价:128.00 元

邮购地址 100706 北京市东城区隆福寺街 99 号
人民东方图书销售中心 电话 （010）65250042 65289539